TOSHIRO MIFUNE

三船敏郎、この10本

黒澤映画だけではない、世界のミフネ

監修　三船プロダクション

編・著　高田雅彦

東京　白桃書店　神田

三船敏郎略歴

1920年4月1日　中国山東省 青島生まれ。
1925年　四歳のとき大連に移り住み、小中学校時代を当地で過ごす。父・徳造が「スター写真館」を開業。
1939年　徴兵検査で甲種合格。二十歳で召集を受け、公主嶺の陸軍第七航空教育隊に入隊。写真部に配属され、航空写真を扱う。半年後には牡丹江の第八航空隊に転属。
1945年　四年もいた滋賀県八日市を経て、5月初めに熊本県隈之庄の特攻基地に転属。二十五歳のときに終戦を迎える。足かけ七年も軍隊にいたが、上等兵どまりであった。戦後は、友人がいた横浜の杉田に住む。
1946年　東宝撮影部の知人・大山年治を頼り、カメラマン助手の仕事を求めて履歴書を提出、これが第一回ニューフェイス募集に回り、俳優として補欠採用される。
1947年　谷口千吉監督の抜擢により、『銀嶺の果て』で映画俳優の道を歩み出す。
1948年　黒澤明から『酔いどれ天使』の主役の一人に抜擢される。これが大評判を呼び、人気が沸騰。
1951年　三十一歳の時に出演した『羅生門』がベネチア国際映画祭でグランプリを受賞。国際俳優としての第一歩を踏み出す。
以降、国内外においてここに記すまでもない活躍を見せ、1986年には紫綬褒章を受章するとともに、米カリフォルニア大LA校から、名誉学位に当たる「UCLA」メダルを授与される。
1989年　六十九歳にてフランス政府より芸術文化勲章を受ける。
1993年　七十三歳にて勲三等瑞宝章を受章。
1997年12月24日　七十七歳で死去。
2016年11月14日　ハリウッド殿堂（WALK OF FAME）入りを果たす。
2017年　没後二十年を迎える。

Photo Gallery

Poster
Private Photo

【主演作】『吹けよ春風』
（昭28/ 監督：谷口千吉） 三船の隠れた傑作。越路吹雪とデュエットする「黄色いリボン」の替歌は絶品

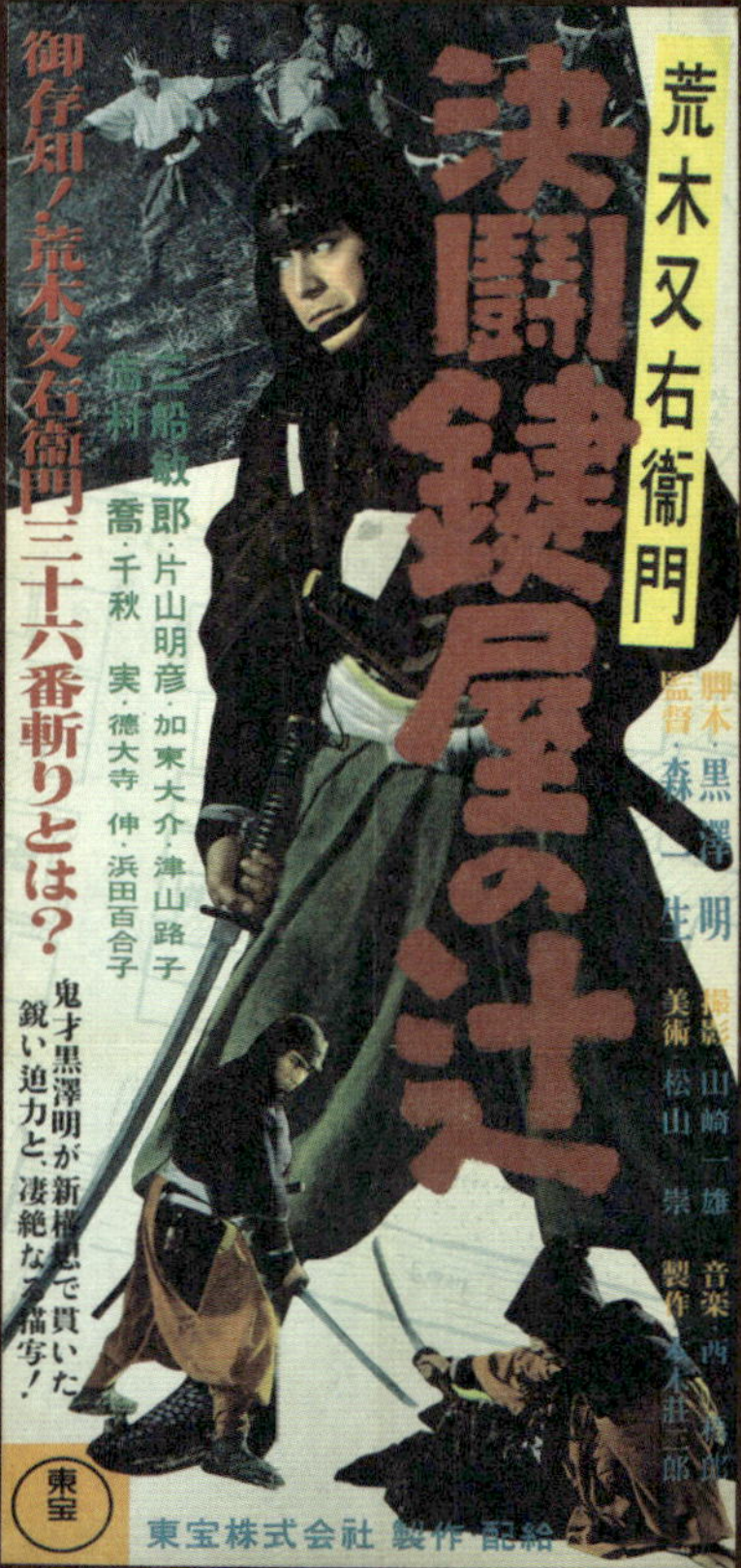

【主演作】『決闘鍵屋の辻』
（昭27/ 監督：森 一生）

【主演作】『天下泰平』
（昭30/ 監督：杉江敏男）

【主演作】『続・天下泰平』
（昭30/ 監督：杉江敏男）

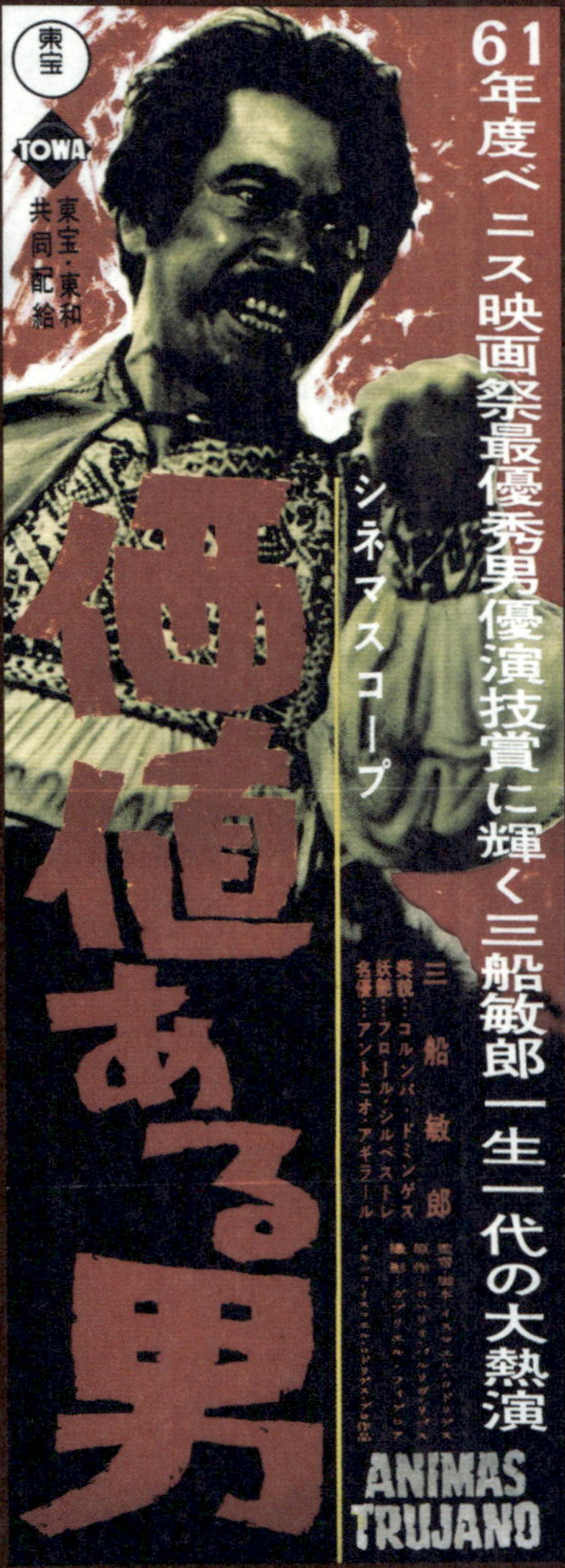

【主演作】『価値ある男』
（昭36/ 監督:イスマエル・ロドリゲス＝メキシコ映画）

【主演作】『ならず者』
（昭31/ 監督：青柳信雄）

【主演作】『無法松の一生』
（昭33/ 監督：稲垣 浩）※再公開時のもの

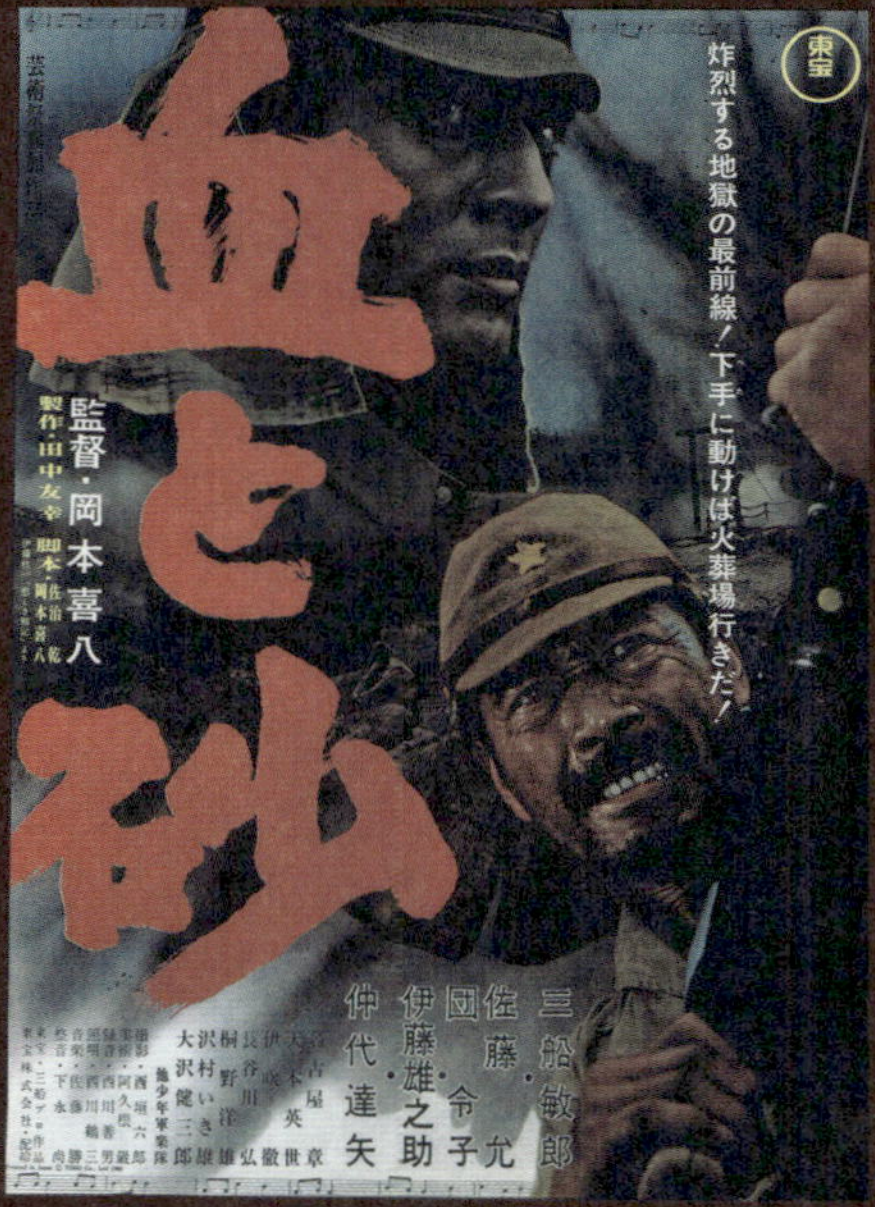

【主演作】『血と砂』
（昭40／監督：岡本喜八）

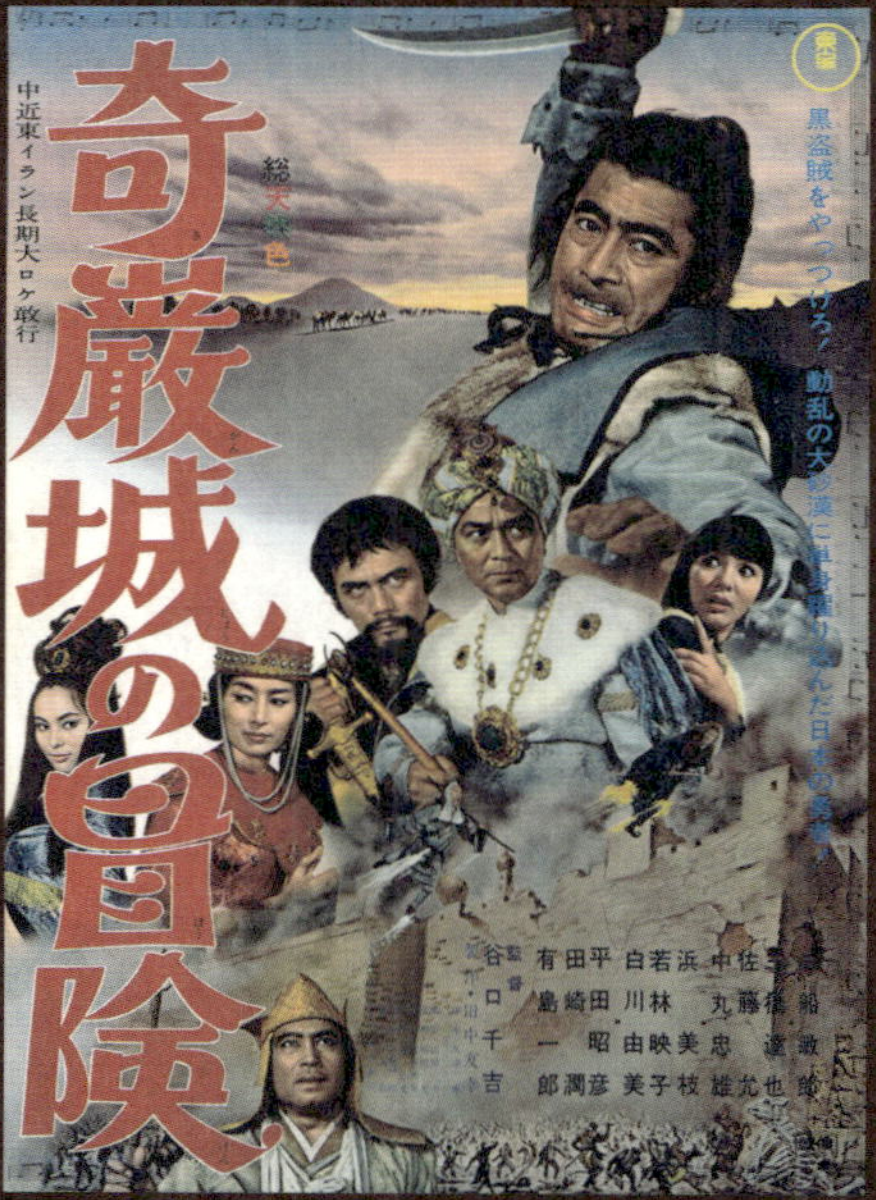

【主演作】『奇巌城の冒険』
（昭41／監督：谷口千吉）

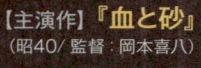

【助演作】『下町 ダウンタウン』

（昭32/ 監督：千葉泰樹）※ルビが「したまち」となっているのに注目

【助演作】『東京の恋人』
（昭27/ 監督：千葉泰樹）
原節子との共演作。「荒城の月」を歌う三船が見られる

【助演作】『石中先生行状記』
（昭25/ 監督：成瀬巳喜男）
成瀬作品の本作では「青い山脈」を歌う

【助演作】『婚約指環《エンゲージリング》』
（昭25/ 監督：木下恵介＝松竹）木下恵介監督による田中絹代とのコンビ作

【助演作】『妻の心』
（昭31/ 監督：成瀬巳喜男）

【助演作】『ひまわり娘』
（昭28/ 監督：千葉泰樹）
有馬稲子を全力で助演する

【助演作】『男ありて』
（昭30/ 監督：丸山誠治）

※ポスターはすべて山口勝弘氏提供による

自宅空撮

成城町七四六（現成城六丁目25）の
自宅を空から捉える。
手前が三船邸

自宅（旧）

地番が「成城町七七七」の頃。
初めての自宅

自宅

U氏と交換した「成城町七四六」の家。
七七七番地の家の斜め前に位置する

建て替えられた自宅

玄関脇にはガレージがあった
（寺島映画資料文庫所蔵）

自宅前にて①

自宅前にて香港のスター女優・尤敏（ゆうみん）と

自宅前にて②

香川京子さんらと

愛息二人と共に

長男・史郎氏、次男・武志氏と
史郎氏が成城学園初等学校5年生の時、昭和35年頃の撮影と思われる

軍隊時代の三船敏郎
現在の長男・史郎氏とソックリであるのに驚く

航空教育隊に配属
飛行服姿が凛々しい

和装の三船

実際、自宅で和服を着ることは
ほとんどなかったという

自宅にて①

愛用のパイプを手に

自宅にて②

自宅で油絵に挑戦

『下町』撮影時のオフショット

『下町』撮影時に、山田五十鈴と
中野の功運寺にある林芙美子の墓を参る

自宅にて③

書斎にてくつろぐ

『価値ある男』撮影時のスナップ

メキシコのピラミッドをバックに

自宅にて④

『赤ひげ』撮影時

自宅でも髭の手入れは欠かさなかった

パイプがお似合い
これぞ紳士の嗜み
（寺島映画資料文庫所蔵）

一層渋みを増した頃

昭和56年12月21日、三船プロからも程近い
調布市入間町の理髪店「信濃」にて撮影
（寺島映画資料文庫所蔵）

自前の髭で外国映画の
撮影に臨む

平成3年2月20日撮影
『シャドウ・オブ・ウルフ』のために
伸ばしていた髭を「信濃」にて剃り落とす
（寺島映画資料文庫所蔵）

映画での勇姿

すっきりして
一服

※プライベート・フォト：記載のないものについては、すべて三船プロダクション提供

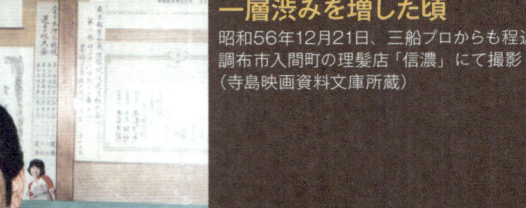

序

TOSHIRO MIFUNE

早いもので、俳優・三船敏郎が没して二十年という歳月が流れた。名コンビと謳われた黒澤明の作品や、もう一方の巨匠・稲垣浩の時代劇などに出演したことにより、海外でも多くの主演映画が公開された三船。『羅生門』（昭和二十五年）を元とした『暴行』（1964年／監督：マーティン・リット）や、『七人の侍』の翻案である『荒野の七人』（1960年／監督：ジョン・スタージェス）といったリメイク作や、まったくの模倣作である『荒野の用心棒』（1964年／監督：セルジオ・レオーネ、主演：クリント・イーストウッド）というイタリア製〝スパゲッティ・ウェスタン〟――ご承知のとおり、わが国では〝マカロニ・ウェスタン〟と称される――まで生み、TOSHIRO MIFUNEの名は、日本国内はもとより世界中に響き渡ることとなった。

結果として、〝世界のミフネ〟と称された三船は、主演映画における役柄と「飲んでますか」や「男は黙って――」のCMの印象も相俟って、長年に亘り豪快なイメージを保っていたが、ご承知のとおり自身のプロダクションの経営難や撮影所の閉鎖、様々な私生活に関する報道もあり、その晩年の印象はあまり芳しいものではなかった。

三船が逝去したのは、平成9（1997）年も押し詰まった、クリスマス・イブの12月24日。発表された死因は全機能不全であった。かねてより認知症を患っているとして、週刊誌やTVのワイドショー・ネタにもなっていたが、幼少期から大の三船ファンであった筆者は、平成7年6月に公開された熊井啓監督の『深い河』に出演した三船を見て、いまだ矍鑠《かくしゃく》とした姿にいたく心を打たれたばかりで、まさか七十七という歳で亡くなってしまうとは思ってもいなかった。とは言え、『深い河』では、少ない出演場面から見てもさすがに衰えは隠せず、本作出演後、二年半ほどのブランクがあったこともあって、この頃には映画出演はもう無理なのではないかと、半ば諦めの境地に達していたことも確かであった。

今、当時放送されたワイドショーや新聞報道などを眺めてみると、世界的俳優・三船敏郎の死を悼む声は、マーロン・ブランド、チャールトン・ヘストン、アラン・ドロン、ジョディ・フォスターといった著名俳優や監督のスティーヴン・スピルバーグなど、海外から寄せられたものがほとんど。その逝去の報に際して成城の三船プロダクションの事務所に駆けつけたのが、いかに生前からの本人の希望どおり、弔問を辞退していたとはいえ、身内同然の黒澤久雄を除いては、工藤夕貴や里見浩太朗といった晩年にお付き合いがあった幾人かの俳優のみであったことは、なんとも寂しい気持ちにさせられた。また、その葬儀に集まった一般のファンの数も、石原裕次郎（三万三千五百人）や勝新太郎（一万一千人）、渥美清（三万五千人）などの俳優諸氏に比べると、圧倒的に少ない千八百人程度にとどまっている。歌手であり女優でもあった美空ひばりの葬儀には四万二千人、名コンビであった黒澤明監督にも三万五千人の弔問客があったと聞くし、平成21（２００９）年に行われた裕次郎の二十三回忌法要イベントには、なんと十万人のファンが会場となった国立競技場に駆けつけたという。いったいこの差は何なのか？　世界的にその名を知られ、輝かしい実績もある三船敏郎の葬儀に、その百分の一の人間しか集まっていない事実には、いまだに得心がいかない筆者である。

あれほどの世界的名声を得た俳優としては、その関連文献もほとんどが黒澤作品に関わるものばかりで、三船敏郎本人のみを取り上げた著書は、追悼のムック本を除けば、平成26（２０１４）年に刊行された『サムライ　評伝三船敏郎』（松田美智子著、文藝春秋）くらいしか見当たらない。これもまったくもって不可解である。

成城の街で撮影された映画、いわゆる〝成城ロケ映画〟を紹介する書『成城映画散歩』（白桃書房、２０１７年）の原稿執筆に当たり、長く成城に居住した三船敏郎と成城学園の関係を記述した箇所について確認をとる必要が生じた筆者は、ご子息の三船史郎さんにお話を伺うべく三船プロダクションの事務所を訪ねた。そこで知ったのが、平成29（２０１７）年が「三船敏郎没後二十年」という節目の年に当たるという事実であった。

ところが、驚くべきことに、これを記念する著書やイベント等の企画は、今のところなにもあがっていないという。つい、「それでしたら、私が何か書きましょうか⁉」と口ずさんだのが運の尽き、いや、運命の分かれ道！　筆者は、三船敏郎という俳優にいかに子供の頃から憧れ続けてきたかということと、その出演映画やテレビ映画を熱心に見続けてきたかを、史郎さんと奥様の暁美さん、そしてご子息の力也さんに対して語りに語り、本書の企画を、ほぼ思いつきのまま提案させていただいた。これは筆者に何かが乗り移ったわけでもなんでもなく、頭の中に何年も前から、いつかは三船敏郎という偉大なる俳優の、いまだ紹介されていない底知れぬ魅力を世界に向けて発信したい、という願望があったからこそのことである。そして、こんな野心を抱くようになったのは、それだけ三船敏郎が〈忘れられた＝語られない存在〉になっている、という悔しい事実があったからに他ならない。

なにせ三船敏郎という俳優は、筆者が物心ついたばかりの昭和34（1959）年4月に公開された東宝映画『或る剣豪の生涯』でその勇姿に接して以来、この映画で演じた〝日本版シラノ・ド・ベルジュラック〟の哀しき剣豪は、幼稚園児だった筆者の脳裏にしっかりと刻印された。同年10月公開の『日本誕生』における日本武尊（ヤマトタケルノミコト）、『ハワイ・ミッドウェイ大海空戦　太平洋の嵐』（昭和35年）の山口多聞司令官、『悪い奴ほどよく眠る』（同年）の復讐鬼・西幸一など、やはり幼稚園時代に接した三船敏郎の役柄は、幾度も祖父母や父親に連れて行かれたこともあって、今でもその時の状況まで思い出せるほど鮮明に、この目に焼きついている。何ゆえにこんなに映画館に通う子供だったかについては、のちほど説明させていただくが、何はともあれ三船敏郎は、筆者の人生で最初のヒーローとなったのであった。

話を戻すと、「三船敏郎、この10本」というタイトルをすぐに思いついた筆者は、本の内容を「黒澤映画以外で三船敏郎が活躍する主演作、及び助演作をそれぞれ十本ずつ選び、それを詳しく紹介する」というものにしたい旨を、ご家族に対して熱く語った。先に述べたとおり、三船敏郎という俳優といえば黒澤作品に関連して語られるばかりで、そのほかの出演作は、岡本喜八作品という例外を除けば、取り上げられることは極めて稀。黒澤作品以外の三船敏郎は、ほとんど語られることがない。いったい何故にこのような差別が生じるのか？

確かにクロサワ映画でのミフネは、本当に素晴らしい。どのキャラクターも魅力たっぷりで、まこと語られるに相応しい輝きを放っている。筆者が初めて意識した黒澤作品『悪い奴ほどよく眠る』は、それこそ何度観に行ったか分からないほどで、三船が吹く口笛のメロディー（テーマ曲の変奏）は、子供ながら口ずさめてしまうほど耳に残った。『椿三十郎』（昭和37年）の最後の決闘の凄まじさに心踊らされた時には、何度劇場に〝ロビー・カード〟を見に行ったことか。

後追いで見た『酔いどれ天使』（昭和23年）や『蜘蛛巣城』（昭和32年）での三船の無残な死に様も、『羅生門』（昭和25年）における必死の斬り合いも、『七人の侍』（昭和29年）で見せたコミカルさも、最後のコンビ作となった『赤ひげ』（昭和40年）における荘厳なる演技もみな、若き日の筆者をして俳優・三船を心から尊敬させるに十分な魅力を備えていた。クロサワ映画の中の三船は、それほどまでにまばゆい輝きを放っていたということであり、共演歴のある丹波哲郎は、三船の訃報に接して、「(三船の演技は) 黒澤作品以外は〝木偶（デクの坊）〟だった」と語っていたほどである。

しかしながら、少年時代の筆者を真に熱狂させた三船敏郎は、前述の稲垣浩監督作品の中で豪快に活躍する剣豪をはじめとして、あるときは谷口千吉監督のアクション映画の颯爽としたヒーローだったり、そして、あるときは丸山誠治監督や松林宗恵監督が撮った戦争映画の人間味溢れる指揮官であったかと思えば、またあるときは岡本喜八監督の処女作『結婚のすべて』や『独立愚連隊』などに登場するちょっとヘンな奴だったり、さらにあるときには、成瀬巳喜男監督や千葉泰樹監督作品などで見られる市井の人＝普通の人であったりと、黒澤作品ではけっして見られない人間的な弱みやユーモア、温かさなどを備えたキャラばかりで、どれもこれも魅力たっぷり。

ところが、残念なことにこれらの作品がきちんとした形で紹介されている書物には、いままでほとんどお目にかかったことがない。これらの作品を広く世間に知らしめずして、果たして三船敏郎の魅力を後世に伝えられるのか？ これまでずっと遺憾に思っていたこともあって、敬愛する三船さんの〈クロサワ映画以外の出演作〉について語り尽くす本を作るというアイディアが、いきなり筆者の口から飛び出したのであった。

こうして生まれた「三船敏郎、この10本」と題した当〝三船本〟の構想について、三船プロダクションの取締役である暁美さんと、三船敏郎の血を継ぎ同プロダクションの取締役も務める力也さんから、大いなる賛同を得た筆者は、早速「企画書」を作成。これを前著『成城映画散歩』の出版に尽力してくれた白桃書房の大矢社長に――いささか強要気味に――持ち込むや、これまた即決を受けるという展開に――。こうして本著の企画は、「三船敏郎没後二十年」を迎える平成29年末の発刊に向け、急速に動き出したのであった。

その後、筆者が勤務する成城大学の社会人講座「学びの森」（平成28年秋冬講座）のラインナップに、三船敏郎の俳優としての魅力を伝える講座「世界のミフネ」の開設を提唱した筆者は、講師を務める美学・映画学研究者・小河原あや氏に協力、デビュー作となる『銀嶺の果て』（谷口千吉監督・黒澤明脚本）を皮切りに、全六回の〝三船講義〟を展開し、手前味噌ながら受講者の方々から大好評を得る。

これに加えて、成城学園教育研究所の所長を務める宮﨑修多教授に対しては、成城学園が設置を検討している「ミュージアム（博物館）」に、成城に住んだ映画人の遺品や、記念となる品々を収める構想を進言した筆者。将来の布石として、まず手始めに、伊福部昭や佐藤勝といった作曲家たちが『ゴジラ』や黒澤作品の音楽を生み出したグランドピアノ（米国メイスン&ハムリン社製）を、成城学園に寄贈いただくことに成功する。もちろんこれは、東宝スタジオの今井田能壽社長のご好意・ご提言を受けてのことであったが、成城学園と東宝との太いパイプを感じた瞬間でもあった。なにせ成城は、成城学園（当初は成城第二中学校と成城玉川小学校）とP・C・L（Photo Chemical Laboratory＝写真化学研究所：東宝の前身）がこの地にやって来たことで発展してきた街なのだ。いつの日にかは、成城の地に居を構えたマキノ雅弘、斎藤寅次郎、成瀬巳喜男、稲垣浩、山本嘉次郎、黒澤明、青柳信雄、市川崑、山田洋次といった監督たち、それに三船敏郎、志村喬、石原裕次郎をはじめとする映画俳優たちが遺した品々を成城学園内に展示することができたらと、ひとり夢想する筆者である。

振り返ってみれば、実家が写真館を営んでいたことから、戦地では航空教育隊に配属、航空写真を組み合わせて敵地の地図を作り上げる任務や、特攻隊員の教育係として、残された家族に送る遺影の撮影を命ぜられていた三船。六年も軍隊にいたのに、反抗的態度が災いしたか、〝上等兵どまり〟であったこともよく知られる逸話である。写真の腕前が良かったことで〈命拾い〉したのも確かだが、若き少年特攻兵の命を救えなかったことが、のちのちまで三船の心を苦しめ続けることにもなる。本人自ら、「のちに細やかな神経を配り、潔癖さや几帳面さを見せるようになるのは、戦地での習性が成したもの」と語っているほどだから、軍や戦地での経験がどれほど人間・三船の内面に影響を及ぼしたかは、推して知るべし、である。

除隊後、三船は軍隊で知り合ったキャメラマン・大山年治に紹介された東宝撮影所を訪ねる。もちろん、父から教わり、軍で習得した撮影技術を生かす職業に就きたかったのであろう。ところが、当てにしていた撮影部は〈人余り〉状態で、その履歴書は東宝が行っていた新人俳優募集「第一回ニューフェイス」へと回されていく。本当ならキャメラマンになりたかった三船であるから、採用面接ではこれまた反抗的な態度を貫き、今に伝わる微妙な採用のされ方をした三船は、昭和22年、前述の『銀嶺の果て』にて銀幕＝俳優デビューを果たす。本作で助監督修行中の岡本喜八と結んだ友情物語も、本書の中で詳しく紹介するが、三船はやがて岡本と共に下宿した成城の地に居を構えることとなる。

俳優として成功を収めた三船は、やがて大オープンセットを備えた撮影所兼映画製作プロダクションを設立するに至る。黒澤明と決別した後の三船の栄光と苦悩については、前掲『サムライ 評伝三船敏郎』に詳しいので、その苦労譚や私生活については本書では一切触れない。

本書では、筆者の独断と偏見により選出した三船敏郎の黒澤作品以外の代表作、主演作・助演作各十本を紹介・解説するとともに、三船の「全出演作」及び「外国映画出演作」完全リストを掲載、幻に終わった企画も加えた海外における三船の活躍について詳細に解説する。これだけでも、いかに三船が素晴らしい俳優であったかが、お分かりいただけるはずだ。

なお、本書はあくまで〝演技者・三船敏郎〟の魅力と、その出演作品の面白さや見どころを紹介することに主眼を置いていることから、〝人間・三船〟の実像や私生活には言及せず、これまで語られた証言をいくつか紹介するにとどめた。ただし、三船の演技のメソッド・神髄に触れている部分は別である。「三船を語る」と題した章を設け、俳優仲間やスタッフたちが感じた〝演技者・三船〟の表現方法をまとめて採録しているほか、主演作・助演作篇には、これまで目にすることが難しかった三船本人による証言・コメントも掲載しているので、是非お目通しいただきたい。

さらには、美学・映画学研究者の小河原あや氏が〈演技者・三船敏郎の表現力〉について解析する「三船敏郎のまなざしに射ぬかれて」と題した考察に、前述の三船プロダクション設立に至る経緯や会社の概要について矢野進氏（世田谷美術館学芸部長）が概説するコラム「三船プロダクションのトリッセンスタジオと三船芸術学院」を掲載。三船敏郎が成した偉業を、演技者・経営者という二つの顔＝観点から解き明かしていく。

加えて本書には、かつて三船敏郎本人が『週刊アサヒ芸能』に連載した自叙伝「私の人生劇場」の第一回目（1961年9月3日号）をもとに、三船の戦争との関わりを読み解く項も設けている。映画界入りまでの歩みを、本人の口から語った自伝は誠に貴重であり、引用して掲載することとした次第だ。

写真は、三船プロダクション提供による「プライベート写真」の他、スチールはこれまであまり見ることができなかったものを厳選して掲載した。ポスターもほとんど紹介されたことがないものを中心に選んである。

巻末には、映画賞や叙勲・褒章などの「受賞歴」の他、やはりこれまできちんと紹介されることがなかった「テレビドラマ」や「ヴァラエティー番組」、さらには「CM（コマーシャル）」への出演歴を加えた「三船敏郎出演作品一覧」を添えている。これで、「三船敏郎のすべて」と呼べる書物に少しでも近づけたとしたら幸いである。

これらの資料は、共著者の一人である寺島正芳氏が主宰する「寺島映画資料文庫」と、三船敏郎出演映画のポスター蒐集家である山口勝弘氏の協力を得て、初めて公開できたものばかりだ。両氏との邂逅は、筆者にとってはまこと僥倖であった。


以上、いささか欲張り過ぎる内容かもしれないが、これを「没後二十年」を迎える節目の年に発表できる光栄に身を震わせながら、筆者はこの序文をしたためている。読者の方々には、前に述べたように黒澤明監督作品以外で、いかに三船敏郎がその俳優としての魅力を輝かせていたかをしかと認識していただきたいと思う。何度も申し上げるが、クロサワ映画以外の三船の演技や作品は、これまであまりに無視され続けてきたからである。

思えば、初めて三船敏郎の雄姿を故郷の山形宝塚劇場のスクリーンで見てから、六十年にならんとしている。筆者の実家が当劇場――東宝映画の封切館であった――の株主を務めていた関係で、祖父母は当館にはフリーパス状態。幼稚園に入る前から、毎週のように祖父母に連れられ劇場通いをした筆者であるから、必然的に〝我が少年時代の三大アイドル〟は、三船敏郎と植木等、それにゴジラ、ということになってしまった。どれも、東宝映画のスクリーンを賑わせたスターばかり――男性ばかりなのはどうしたことか？――だが、すでにゴジラはハリウッド殿堂〈ウォーク・オブ・フェイム〉入りを済ませていたし、植木等も『クレージー黄金作戦』（昭和42年）で、劇中にてではあるが、殿堂入り（？）を果たしている。そんな状況の中、三船力也さんから届いたのが、待望久しい「三船敏郎殿堂入り」の知らせであった。

聞けば、その年2016（平成28）年11月の某日、米国はカリフォルニア州ロサンゼルス、ハリウッド大通りにおいて「三船敏郎殿堂入り」の式典が執り行われるという。日本人俳優としては早川雪洲、マコ岩松に続いての殿堂入りとなるそうだが、まったくもって遅過ぎるくらいのタイミングである。これも、『SEVEN　SAMURAI（七人の侍）』（1954年）をはじめとした黒澤作品は言うに及ばず、アカデミー外国語映画賞を受賞した稲垣浩の『SAMURAI（日本題名は「宮本武蔵」）』（1954～1956年）、本田宗一郎をモデルとした日本人実業家を演じた『グラン・プリ』（1967年／監督：ジョン・フランケンハイマー）、リー・マーヴィンと互角に渡り合った異色の戦争もの『太平洋の地獄』（1968年／監督：ジョン・ブアマン）、幕末にアメリカ大陸に渡った武士の冒険を描いた『レッド・サン』（1971年／監督：テレンス・ヤング）、二度目の山本五十六役となる米国製戦争映画大作『ミッドウェイ』（1976年／監督：ジャック・スマイト）、くそ真面目な日本軍の潜水艦艦長を馬鹿馬鹿しくも真剣に演じた戦争コメディ『1941』（1979年／監督：スティーヴン・スピルバーグ）などの業績が評価されてのことであろうが、何故に没後十九年後のことなのか――。

それでも、幼少時代からの憧れのスター・三船敏郎が久々に大舞台に躍り出ることは、筆者にとって喜び以外の何物でもなく、三船さんご一家のお誘いもあり、迷いなく式典への同行を決めた筆者。本書では、この誠に晴れがましき式典の模様も、コラムを設けてお伝えしようと思う。同行をお許しいただき、式前後に行われたレセプションや、完成したばかりの三船敏郎に関するドキュメント映画『MIFUNE THE LAST SAMURAI』（スティーヴン・オカザキ監督）の上映会にもお招きいただいた「三船プロダクション」の方々には、本当に感謝の念しかない。この場を借りて御礼申し上げるとともに、本書をご家族の皆さんに喜んでいただける充実した内容に仕上げることを固くお約束する次第である。

没後二十年を迎えた平成29年12月には、成城大学の「学びの森」秋冬講座において、特別企画が開設。「世界のミフネ」の第二回目の講座に加え、三船史郎さんをお招きしての講演会（オープン・カレッジ）や、ゆかりの品の展示などが学内で執り行われた。これによって、少しは三船敏郎さんとそのご家族への恩返しができたかと、安堵しているところだが、今後は『MIFUNE THE LAST SAMURAI』の公開が待っている。三船敏郎の本質を捉えたこの素晴らしきドキュメント映画についても、項を設けて詳しくご紹介したい。

本書は、どの章、どの作品から読んでいただいてもけっこうである。結果的に〝人間・三船〟についても触れることになってしまったが、お読みいただければ、三船敏郎の俳優＝演技者としての魅力が必ずや実感いただけるに違いない。そう、筆者が今さら申すまでもなく、三船敏郎こそ日本が生んだ唯一無比の「世界のスーパースター」なのだから……。

目次

序

第1部　演技者・三船敏郎

第2部　三船敏郎の出演映画を見る

CONTENTS

第1部

演技者・三船敏郎

TOSHIRO MIFUNE

三船敏郎　役柄の変遷を追う

まず初めに、三船敏郎が出演映画の中で演じた様々な役柄を、十四のタイプに分類して、その変遷を追ってみたい。これまで、このようなことを試みた事例は見当たらず、初のこととなると思うが、役柄・キャラクターをカテゴライズすることによって、三船が何を得意とし、どういう俳優であったかが少しは見えてくるはずだ。

1. 悪役（ヤクザ・犯罪者・黒幕等）：『銀嶺の果て』ほか

生涯を通じて、国内外において百五十一本の映画に出演した三船敏郎。そのデビュー作は、谷口千吉の初監督作にして盟友・黒澤明の脚本による『銀嶺の果て』（昭22）という山岳アクション映画だったが、その役柄も元々のタイトル『山小屋の三悪人』のとおり、悪人＝ギャングの若者であった。

序文にも記したとおり、不思議な因縁から第一回東宝ニューフェイス試験に合格した（一旦は不合格となるも、撮影部の嘆願により補欠合格扱いとなった、と言われる）三船は、その野生的な風貌やふてぶてしい面接態度から、〈ヤクザ者〉とのレッテルを貼られ、当初は高峰秀子や黒澤明もそういう目で三船を見ていたという。処女作を準備中の谷口監督が小田急線の車両で偶然三船を見かけ、これが自社の新人男優と知ったその日から、三船に惚れこんだ谷口が三船に熱心に出演オファーをかけたことも、よく知られる逸話である。

当の三船はそもそもキャメラマン志望だったことから、一旦は「ツラ（俳優）で飯を食うつもりはない」と固辞したものの、背広一着を作ってくれるという誘惑に負け（?・）、このギャング役を受諾、俳優はこれ一本きりのつもりで本作への出演を決める。

やがて、この映画の編集を担当した黒澤明に俳優としての才能を見出された三船は、黒澤の次作『酔いどれ天使』（昭23）でも、師匠格の山本嘉次郎が監督した群像劇『新馬鹿時代　前篇・後篇』（昭22）に引き続き、闇市に巣食うヤクザ役を担うことになる。軍隊＝戦争を経験し、明日の命も知れぬニヒルな感覚に捉われていた三船にとっては、そのシャープな顔立ちと分厚い胸板の魅力も相俟って、こうした〈悪人〉役は、まさに地で演ずることができる〝はまり役〟となるのであった。

悪役にて俳優生活のスタートを切った三船だが、〝純粋な悪役〟というのは意外に少ない。黒澤明が労働争議に明け暮れる東宝撮影所を離れて大映で撮った『羅生門』（昭25）においては、平安時代のヤクザならぬ〈盗賊〉多襄丸に扮した三船。黒澤から演技プランを提出するよう求められたとか、猛獣が出る映画を共演の京マチ子と一緒に見せられたとかのエピソードもよく聞くところだが、この荒々しく、かつふてぶてしい盗賊役を実に生き生きとこなしている。

昭和28年の『抱擁』（監督：マキノ雅弘）という映画で、恋人のため花を摘みに行った谷で事故死してしまった営林技師に瓜二つ、というギャングに扮し、その五年後に『人生劇場　青春篇』（昭33／監督：杉江敏男）※1でお馴染みの侠客・飛車角を演じたあとは、すっかりヤクザ役とは縁の切れた三船敏郎に、再びヤクザ役を振ってきたのは、その手の映画ならお手のものの映画会社・東映※2であった。

『羅生門』パンフレット

『銀嶺の果て』三船自筆の役名入りスチール
（三船プロ提供）

東映では若いときに演じた新興ヤクザではなく、大物ヤクザ、いわゆる親分役を当てられることがほとんどだった三船だが、いかにも悪役然とした親分ではもちろんない。貫禄を増した三船には、当然ながら、関東のヤクザ組織を一本化する「関東同盟」の理事長（『日本の首領（ドン）野望篇&完結篇』昭52～53／監督：中島貞夫※3）や、ヤクザ組織の三代目親分（『制覇』昭57／同監督）といった、それなりの格式と威厳を備えた立派な――と言うのも変だが――ヤクザ役が振られている。特に『日本の首領』においては、もはやかつて演じた、滅び去っていく運命にある若きチンピラ・ヤクザではなく、佐分利信、片岡千恵蔵といった大物ヤクザ（俳優）をも御して、タイトルどおり〝日本のヤクザ組織のトップ〟にのし上がるという役柄が与えられていて、かねてからの三船ファンの筆者としては、実に誇らしい気分にさせられたものだ。

その後も、ヤクザというより〈黒幕〉・〈顔役〉といった、さらに大物感を増した役柄が求められた三船。例えば、特別出演した『聖女伝説』（昭60／監督：村川透）では〈政界の黒幕〉、黒澤の助監督出身の出目昌伸がやはり東映で撮った『玄海つれづれ節』（昭61）においては〈土地の顔役〉、さらに『CFガール』（平1／監督：橋本以蔵）という東映映画でも〈財界の大物〉といった役どころに扮し、これを卒なくこなしている。

さらに風格と年輪を増した三船に振られたのは、過酷な環境の中に生き、〝爺〟と称される漁村の長老（『春来る鬼』平1／監督：小林旭）であるとか、エスキモーの族長（『シャドウ・オブ・ウルフ』1993／監督：ジャック・ドルフマン）といった、もはや悪人とか大物とかいったイメージをも超越した、遥かな高みに達した人物像であった。

※1　昭和58年公開の東映版『人生劇場』（深作欣二、佐藤純彌、中島貞夫による共同監督作品）では、三船は主人公の青成瓢吉（永島敏行）の父親・瓢太郎に扮している。
※2　三船の東映映画への登場は、『風林火山』（昭44）で佐久間良子を借り出したときの返礼、いわゆる〝バーター〟出演であった。
※3　京都国際映画祭の名誉実行委員長を務め、「三船敏郎賞」を創設した中島監督は、撮影中の三船は、両先輩俳優をうまく立てていたとおっしゃっていた。

若かりし日々に遡れば、三船は同じ〈悪人〉＝〈犯罪者〉でも脱獄囚や泥棒といったいささかダーティーな役柄も演じている。成瀬巳喜男や黒澤明、谷口千吉らと共に「映画芸術協会」を立ち上げた山本嘉次郎が「太泉映画」（東映の前身）と提携して撮った『脱獄』（昭25）では、まじめな自動車修理工が女と酒のいざこざから罪を犯して服役、好きな女が心配になって脱獄を敢行する――、という悪人とも言えないような犯罪者を、さらに谷口千吉（監督）＆黒澤明（脚本）のコンビ作『愛と憎しみの彼方へ』（昭26／映画芸術協会＝東宝）では、已むに已まれぬ心情から脱獄を企てるに至る模範囚に扮した三船。『白痴』（昭26／松竹）に次ぐ原節子との共演作『東京の恋人』（昭27／監督：千葉泰樹）では、もともと善人なのだが、実は宝石の偽物作りの名人という、言ってみれば〈犯罪者〉役をある意味、無骨かつ爽やかに演じていた。この作品には、三船が「荒城の月」を歌うシーンがあるので注目である。

〈泥棒〉役としては、『羅生門』の盗賊・多襄丸を除けば、黒澤作品『どん底』（昭32）での捨吉役がその最たるもので、これを見れば、三船は〝鼠小僧〟の次郎吉を演じても様になったのではないかと思えてくる。また、〈犯罪者〉とは言い難いが、黒澤プロダクション第一作目となる『悪い奴ほどよく眠る』（昭35）で演じた公団副総裁秘書の西幸一（実は板倉）も〝復讐の鬼〟という役柄からすれば、悪役の系譜に入るキャラクターと言ってよいだろう。

〈悪人〉役からその俳優人生のスタートを切った三船だが、本章に記した役柄分類をご覧になれば、黒澤作品はもとより、その他の出演作でも実に多彩な役柄を演じていたことがお分かりいただけるだろう。三船を指して、不器用だとか、大根だとか称する方もいらっしゃるようだが、『用心棒』に代表される侍・武将などの〈偉大なるワンパターン〉の役柄を除けば、三船は難しい役柄をけっこう器用にこなしていたのである。

2. 医師・師範：『静かなる決闘』ほか

役者としてのイメージが〈悪人〉一色となることを恐れたものか、黒澤が『酔いどれ天使』の松永＝ヤクザ役の次に三船に与えたのが、正反対の役柄である〈医師〉役であった。昭和24年に黒澤が大映で撮った『静かなる決闘』では、『酔いどれ天使』に続いて医師――今回は風格のある立派な医師――を務めた志村喬の息子として、戦場で治療中に梅毒に感染したことから婚約者（三條美紀）との結婚を諦めるという、悩めるモラリスト＝青年産婦人科医師に扮した三船。戦後の医療技術の進歩からして、梅毒に感染したくらいで結婚できないことはあり得ないことから、本来ならそこまで深刻に悩む意味も必要もなく、物語の設定や主人公の懊悩自体に無理があるとされた作品であるが、三船は黒澤の期待に応え、人間としての弱さや純粋さを見事に表現している。

ここで三船が見せた演技からは、デビュー作にありがちな新鮮さ、初々しさが感じ取られ、なるほど大概の新人は、普通はこういった役から俳優人生をスタートするものなのだと、改めて感じ入った次第だ（念のために申し上げるが、三船は普通ではない、ということである）。

本作以降、三船が医師を演じることは、木下恵介監督と組んだ唯一の作品で不倫ものの『婚約指環（エンゲージリング）』（昭25）くらいしかなく、その後は立派で豪快な名医（新出去定）に昇りつめた『赤ひげ』（昭40）までまったくなくなる。山田洋次が三船に最大限のリスペクトを捧げた『男はつらいよ 知床慕情』（昭62）では獣医（上野順吉）を演じた三船。意外なことに普通の先生＝教師役は一度もなく、〈師範〉役としては黒澤版のリメイク作である『姿三四郎』（昭40／監督：内川清一郎）で柔道の師範・矢野正五郎と、『最後のサムライ ザ・チャレンジ』（1982）における〈剣の師範〉役のふたつくらいしかない。後者は、『グラン・プリ』のジョン・フランケンハイマーと久々に組んだ外国映画（京都の竹林でロケされた）だが、ご覧になった方はそう多くはないだろう。確かに男臭くて豪快な三船が、小学校や中学校の先生に扮しては、生徒たちが萎縮してしまうのは目に見えているし、三船の大学教授なども想像することもできない。

3. 刑事（警察関係者・探偵含む）：『野良犬』ほか

『静かなる決闘』の医師の次に黒澤が三船に与えた役柄は、〈刑事〉であった。これは太泉スタジオで撮影した『野良犬』（昭24）でのこと。三船はこの新東宝映画で、復員後すぐに荷物をそっくり奪われるという経験をしたことから、刑事の道を選んだという軍隊帰りの若者・村上に扮している。全財産のリュックを盗まれるという、まったく同じ経験を持ちながら、片や木村功扮する若者・遊佐のほうはピストル泥棒＝殺人犯になった、との設定は、いかにも黒澤らしい。善と悪の対立とそこから生まれる葛藤は、黒澤が好んで取り上げたシチュエーション＝テーマであった。登場人物を対比してドラマを作り上げていくのは、黒澤作劇の常道であるし、本作は新米刑事が失敗を重ね、ベテラン刑事（これが志村喬）に鍛えられていく、という黒澤の好きな〝青二才〟の成長物語（師弟もの）の原点となった作品でもある。

三船が警察関係者に扮した映画は意外に少なく、〝暗黒街〟シリーズの第一作目となる『暗黒街』（昭31／監督：山本嘉次郎）での、ヤクザの一掃を図る捜査主任・熊田と、同シリーズの最高傑作とも言える岡本喜八作品『暗黒街の対決』（昭35）での左遷刑事・藤丘（実は〝暴力団撃滅〟専門のエキスパート）のみである。この手の役柄は、警察官ではないが、『密輸船』（昭29／監督：杉江敏男）での国際麻薬団の悪事を暴く海上保安官と、『金田一耕助の冒険』における〝十一代目〟金田一探偵くらいしかない。三船はもっとたくさん刑事役や警察官役をやっていたかと思っていたが、これだけということは、監督・プロデューサー諸公からはお堅い警察官などは似合わないと、ハナから決めつけられていたのかもしれない。

4．荒くれ者・暴れん坊：『ジャコ萬と鉄』ほか

『銀嶺の果て』に続く、谷口＆黒澤のコンビ作は『ジャコ萬と鉄』（昭24）という、〈荒くれ者〉同士による対決ものであった。〝男性映画〟と呼んでも差し支えない、この男臭くて骨っぽい作品は、北海道札幌市の西に位置する積丹（しゃこたん）半島の鰊（ニシン）漁場が舞台となる。この映画は、漁場を仕切る頭＝網元（進藤英太郎）から樺太に置き去りにされたとの恨みを持つ〝ジャコ萬〟という出稼ぎ漁師＝ヤン衆（月形龍之介）が、網元に復讐を仕掛けてくることで、物語が動き出す。悪役たる〝ジャコ萬〟と、これに対抗する網元の息子・鉄（これが三船敏郎）※4による〈男と男の対決〉を、『銀嶺の果て』と同様、迫力満点の現地ロケにて描くアクション映画である本作は、のちに東映が深作欣二によってリメイク（脚本は谷口＆黒澤の

『ジャコ萬と鉄』
TOHO SCREEN

『密輸船』
パンフレット

※4 この鉄もまた戦争帰りで、白木の箱が届き死んだとばかり思っていた息子が突然帰ってきて、母親（英百合子）らはビックリ仰天する。

ものがそのまま使用）したほどの完成度を見せている。

この映画で三船が演じた若衆・鉄は、いわゆる〈荒くれ者〉ではないが、これが徐々に迫力と凄みを増した〈暴れん坊〉へと発展していくことは、本作をご覧になった方ならよくお分かりいただけるであろう。大映映画『馬喰一代』（昭26／監督：木村恵吾）における腕っ節の強い〈馬喰《ばくろう》〉片山米太郎は、その最たるもので（なにせ〝北海の虎〟との異名を持っている）、博打と喧嘩に明け暮れる乱暴者を、三船はまるで地で行くように――実際には違うのだが！――生き生きと演じきっている。

さらに三船は、東映を離れた中村錦之助（当時）が、自身が代表を務める「日本映画復興協会」の名の下に作った『祇園祭』（昭43／監督：山内鉄也）においても、貧農の味方につく熊左なる〈馬借《ばしゃく》〉の親方に扮している。かねてより千歳船橋の乗馬クラブ「清風会乗馬クラブ」で訓練を重ね、馬を自在に乗りこなすことができた三船にとっては、この手の役はお手の物だったに違いない。

暴れん坊のイメージが最大限に発揮されたのが、黒澤明による世紀の傑作『七人の侍』（昭29）の菊千代であることは、どなたも異論のないところであろう。一方の巨匠・稲垣浩の念願のリメイク作『無法松の一生』（昭33）における〈車引き〉富島松五郎は、〈暴れ者〉ながらも心優しき一面を併せ持つ魅力的な人物像となっていて、本作の監督を務めた稲垣浩は、『どぶろく

『馬喰一代』
大映ウィークリー

『どぶろくの辰』宣材

『ならず者』
パンフレット

の辰』（昭37）や『暴れ豪右衛門』（昭41）といった主人公の名をタイトルに冠した作品においても、引き続き三船を豪快な飯場（タコ部屋）労働者＝脱走常習犯の辰や、加賀農士の豪右衛門といった、曲がったことの嫌いな〈暴れん坊〉かつ〈ヒューマニスト〉役にキャスティングしている。ちなみに、昭和三十年代は当時の東宝の両巨頭である稲垣と黒澤が、交互に三船を主演に据えて、次々と作品を送り出していた時期に当たる。

この系譜に連なる作品としては、義理人情に厚いが気の短いヤクザ（ダフ屋のビュイックの牧）を演じた『男性No.1』（昭30／監督：山本嘉次郎）や、酒とバクチ生き甲斐を感じ、飯場を渡り歩く山稼人・寛次に扮した『ならず者』（昭31／監督：青柳信雄）といった映画がある。『ならず者』では珍しくも三船の歌声が聴けるので、機会があったら是非ご覧いただきたい。黒澤の盟友・谷口千吉監督による〝タクシー・ドライバーもの〟『吹けよ春風』（昭28）で聴くことができる「黄色いリボン」の替歌も、三船をこよなく愛する筆者のような者にとっては非常に嬉しいプレゼントであったが、こちらで三船が歌う「山の男の唄」（佐藤一郎作詞、佐藤勝作曲）※5もレコードになったほどなので、一聴の価値がある。

『山の男の唄』レコード見本盤
（三船プロ所蔵）

※5　この歌は、昭和31年5月、コロムビアよりSP盤として発売され、三船敏郎唯一のレコードとなる。佐藤勝の証言（『キネマ旬報』1998年3月上旬号特集記事「追悼三船敏郎　映画の用心棒」）によれば、これを知った黒澤は、三船に苦言を呈したという。これは「役者が歌を歌うなど、余計なこと」、という意味だったのだろうが、それを言ってしまうと、石原裕次郎、勝新太郎、小林旭といったところは余計なことばかりしていたことになる。

5. 豪快な男（海の男含む）：『海賊船』ほか

暴れん坊や荒くれ男の役でなくても、三船には〈豪快な男〉のイメージが終生ついて回った。「飲んでますか」のアリナミンや、「男は黙って」のサッポロビールのCMなどは、そのイメージを最大限に生かしたものである。ここに、無法松のような心優しき男の面が加わった役柄が、三船の最も〈ミフネらしい〉キャラと言えるかもしれない。この中で最も多く演じたのが、〈船長〉役である。

三船は、『海賊船』（昭26）という稲垣浩作品で、東シナ海を荒らす心優しき海賊船船長〝支那海の虎〟に扮したのを皮切りに、『港へ来た男』（昭27／監督：本多猪四郎）では捕鯨船の船長、三島由紀夫の瑞々しい青春小説を映画化した『潮騒』（昭30／監督：谷口千吉）では主人公の信治（久保明）が乗り込む「歌島丸」の船長、そしてその名もずばり『囚人船』（昭31／監督：稲垣浩）では、少年囚を鍛えるため遠洋漁業に出る「愛天丸」（海上刑務所と呼ばれる）の船長に扮している。さらに、三船プロで作った『怒涛一万浬』（昭41／監督：福田純）でマグロ船に乗り込む新任の漁撈長、ずっとのちのやはり三船プロ製作映画『犬笛』（昭53／監督：中島貞夫）では、誘拐された子供を追う主人公（菅原文太）を助ける海上保安庁巡視船の船長、そして、三船プロの最終作となった『海燕ジョーの奇跡』（昭59／監督：藤田敏八）においても、船長ではないが主人公・ジョー（時任三郎）を乗せる高速ボートの男（クレジットでは「漁師」）に扮した三船。こうした作品で〈海の男〉のイメージを強めていったことは間違いない。

『囚人船』パンフレット

その三船、モーターボートを自宅に所有していたことから、昭和33年に狩野川台風が襲来した際、床上浸水で孤

立した成城の五軒の住宅に、そのモーターボートを使って救助に向かった一件は、いまや三船ファンの間では知らぬ者とてない有名なエピソードとなっている※6。

〈豪快な男〉としては、他にも『激流』（昭27）のダム工事に関わる青年技師、『黒帯三国志』（昭31）と『嵐の中の男』（昭32）で演じた柔道家（小関昌彦、渡三郎とそれぞれ名前が違う）、『男対男』（昭35／以上はすべて谷口千吉監督作）の沖仲士＝荷役人の班長などが挙げられる。とにかく谷口は、『銀嶺の果て』以来、よほど三船に惚れ込んだか、『大盗賊』（昭38）や『奇巌城の冒険』（昭41）といった冒険ファンタジー映画に至るまで、起用したほとんどの作品で、男性フェロモンを撒き散らす〈豪快無比な男〉ばかりを三船に演じさせている。

6. サムライ＝侍・剣豪・武将：『宮本武蔵』ほか

三船敏郎と言えば、サムライ（ＳＡＭＵＲＡＩ）である。黒澤作の時代劇以外にも多くの映画で侍を演じた三船。なんと言ってもはまり役は、複数の作品でその役を演じた浪人・三十郎（これに似た侍を含む）と宮本武蔵であろう。

※6 御殿場にて『隠し砦の三悪人』のロケ中だった三船は、その撮影が台風による大雨で中止になったことから、一旦成城の自宅へと戻る。その夜、食事と酒を済ませたところにかかってきたのは、成城警察署からの出動要請であった。「よし、来た！」と一声発した三船は、成城学園東側を流れる仙川の氾濫により孤立した五世帯の住民たちを救出するため、ボートを愛車ＭＧ－ＴＤで引いて自宅を飛び出していく——。この顛末については、前掲『成城映画散歩』に詳述しているので、ご参照されたい。

三十郎に関しては、黒澤が編集をしようとフィルムを確認したところ、あまりのスピードの速さで三船の姿が流れて見えないコマがあった、というエピソードが一番有名だが、この浪人はその存在すべてが魅力的である。

さらに三船は、自身が主演を務めた稲垣浩の三部作（昭29〜31）以外にも、大谷友右衛門が佐々木小次郎を演じた三部作の完結篇『完結・佐々木小次郎 巌流島決闘』（昭26）で、武蔵役をこなした経験がある。その延長線上での稲垣三部作だったわけだが、東映で中村錦之助が演じた武蔵（内田吐夢による五部作）のほうが、青年・武蔵の懊悩が良く伝わってくるという大変もっともなご意見もある中、三船・武蔵が八千草薫のお通さんからいいように振り回され、男としてもがき苦しみ悩む姿に、黒澤映画や他の時代劇では決して見られない人間らしさを感じ取ってしまうのは、果たして筆者のみであろうか。

『宮本武蔵 決闘巌流島』パンフレット

悩める侍役としては、唯一の溝口健二作品への出演となった『西鶴一代女』（昭27）での公家の若党・勝之介（身分違いの不義密通を働いたため斬首されてしまう）や、稲垣浩の『戦国無頼』（同年）における浅井長政家臣・佐々疾風之介、それに『或る剣豪の生涯』（昭34）での〝和製シラノ〟駒木兵八郎などがあるが、これ以降の三船は、とにかく立派で強そうな侍・武士・武将を演ずることが多くなる。『西鶴一代女』は新東宝映画であるので、お春（田中絹代）の〝最初の男〟役に三船を借り出すのは、なかなかの難事だったようだが、溝口健二は「若党は三船だと決めてかかり譲らなかった」（内川清一郎「『西鶴一代女』の周辺」今村昌平ほか編『［講座］日本映画⑥日本映画の模索』岩波書店、1987年、所収）ということだから、やはり三船の初々しい魅力を買っていたのであろう。

稲垣時代劇での三船は、ご承知のとおり〈豪快無双な侍〉役ばかりだが、『或る剣豪の生涯』においては、珍しくも大き過ぎる鼻に赤ら顔という醜男《ぶおとこ》に扮している。しかし、見た目はともかく三船扮する駒木兵八郎なる武士は、その中身は文武両道に秀でた立派な人間であるので、美剣士ではあるが口下手で思いを寄せる千代姫（司葉子）に愛情を伝えることができない苅部十郎太（宝田明）に同情し、その恋の告白の身代わりを務めることとなる。この時の三船は、当然ながら宝田に比べて台詞の量が圧倒的に多く、これに対する稲垣への不満の表明として、深夜に稲垣の成城の自宅へとスポーツカーでやって来ては、家の周りをぐるぐると十回ほど周っていくという方法をとる。これは、有名な「黒澤のバカヤロー！」事件※7のあとになされたものだが、もしかすると稲垣は、黒澤よりも早くから三船に「バカヤロー」呼ばわりされていたのかもしれない。なにせ三船は、よく言われているとおり現場に台本を持ち込まない主義で、台詞は全て自宅で頭に入れてから撮影に臨むという几帳面な俳優であったから、現場で台詞を直すことが多かった稲垣に対しては、少なからぬ不満を覚えていたものと推察される。

もちろん初期にも立派な侍役を演じていた三船。昭和27年の『決闘鍵屋の辻』における荒木又右衛門の役では、リアリズムにとことんこだわる森一生監督が他の侍には〈へっぴり腰〉での斬り合いを強いる中、三船・又右衛門にはどっしりとした型を持つチャンバラ＝殺陣をさせていたのが目を引く。

後期の作品においては、三船にヘンテコな侍（人物）役を演じさせることはなくなった黒澤だが、『蜘蛛巣城』（昭32）では、物の怪の予言を信じ、妻の唆しにも押されて主君を暗殺、自らも同じ運命を辿って自滅していく戦

※7 『蜘蛛巣城』（昭32）における、味方の兵から無数の矢を放たれ、無残に死に果てるシーンで、その矢を浴びせたのが、ほとんどが成城大学の弓道部の学生だったことから、心底からの恐怖を覚えた三船。これにより毎夜うなされることとなり、果ては黒澤邸の周りを車で回って「バカヤロー！」と怒鳴って去って行った、というあの有名な事件。

国武将・鷲津武時を、三船に鬼気溢れる表情と必死の（！）体技をもって演じさせている。弓矢を雨あられと浴びせかけられるこのラスト・シーンによって、かの「黒澤のバカヤロー！」事件が生まれたという説は、至極もっとものように思える。

滅び去っていく侍役は、他にはあまり見当たらないように見える三船だが、例えば、主君により長男の嫁にと押しつけられた側室＝拝領妻を、藩の世継ぎの情勢が変わった途端に「返上」を命ぜられ、この理不尽な「上意」に対して、死を賭して反抗する武士に扮した『上意討ち　拝領妻始末』（昭42／監督：小林正樹）や、幕末の世に生きた官軍先方隊の隊士――これも百姓上がりで、やがてニセ官軍の汚名を着せられる運命にある――を精一杯若々しく演じた『赤毛』（昭44／監督：岡本喜八）、さらには新選組局長・近藤勇を重々しい表情で演じた『新選組』（昭44／監督：沢島忠）、加えて、米本土に渡った侍が大活躍する異色の西部劇『レッド・サン』（1971／監督：テレンス・ヤング）などでの三船は、すべて運命の歯車の中で破滅していく〈悲壮な侍〉役ばかり。『レッド・サン』を除いて、すべて自身の「三船プロダクション」による作品である事実は、誠実・実直な＝偉そうにしない性格で知られる、ミフネの奥ゆかしさの表れであろう。

現代劇で演じた〈滅びゆく男〉としては、前述の『銀嶺の果て』、『酔いどれ天使』のギャングやヤクザ、それに黒澤プロダクション第一作目となる『悪い奴ほどよく眠る』（昭35）の復讐鬼・西幸一に、自ら演出に当たった『五十万人の遺産』（昭38）における元軍人などがいる。実に間の悪い時に誘拐事件に巻き込まれ、運転手の子供の身代金を払う決断をしたことから、会社の地位を失うばかりか破産の憂き目にも遭う『天国と地獄』（昭38／監督：黒澤明）の権藤金吾（「ナショナルシューズ」常務）は、その人道的かつ自己犠牲的行為を称賛され、ある製靴会社の経営を任されたことで、最終的には破滅の道を免れている。

『蜘蛛巣城』以降は、黒澤の痛快娯楽時代劇『用心棒』（昭36）とその続篇『椿三十郎』（昭37）での〈一匹狼〉を頂点として、強くて立派で豪快な侍役ばかりを演じた三船。数少ない例外としては、仇討ちを期して諸国を旅する若き侍兄弟（弟は池部良！）に扮したオール・スター作品『弥次喜多道中記』（昭33／監督：千葉泰樹）※8に、実父である井伊直弼の首を取るという数奇な運命を辿る侍・新納鶴千代を演じた『侍』（昭40／監督：岡本喜八）があるが、これを除けば、与えられるサムライ役は強過ぎるくらいに強い者ばかりになっていく。

例えば、『スター・ウォーズ』（1977／監督：ジョージ・ルーカス）の原型となった黒澤による〝敵中突破〟もの『隠し砦の三悪人』（昭33）での武将・真壁六郎太は、オビ＝ワン・ケノービか、はたまたヨーダかといった無敵の強さを発揮するし、『戦国群盗伝』（昭34／監督：杉江敏男）における野武士・甲斐六郎や、机龍之介（仲代達矢）による大量殺戮シーンでアメリカでも人気の高い『大菩薩峠』（昭41）で演じた剣客・島田虎之助も、異様な迫力・腕前を見せていたものである。

稲垣浩による一連の時代劇でも、三船は一層の強さを発揮する。例えば『柳生武芸帳』二部作（昭32〜33）の、武芸帳を奪おうと躍起になる武士・霧の多三郎や、同じく稲垣の大作『大阪城物語』（昭36）に登場する、関ヶ原

『五十万人の遺産』宣材

『柳生武芸帳』
パンフレット

※8　この映画で三船は、池部と共に「安来節」にて「ドジョウすくい」の芸を披露。お茶目なところを見せている。

合戦で家族を失った浪人・茂兵衛（巻き込まれ型のキャラで、どこか菊千代を思わせる）、原節子と最後の競演を果たした『忠臣蔵 花の巻・雪の巻』（昭37）に出てくる講談上の人物・俵星玄蕃、それに『士魂魔道 大龍巻』（昭39）における謎の虚無僧など、稲垣作品に出てくる三船は、すべて強いことこの上ない武士・侍ばかりであった。

晩年の三船が〈お気に入り〉として、DVDでよく見ていた作品のひとつは、『連合艦隊司令長官 山本五十六』（昭43）。そして、もう一本が自身のプロダクションで製作、大ヒットを記録した時代劇『風林火山』（昭44／監督：稲垣浩）であったと聞く。後者の時代劇大作で三船は、武田信玄（中村錦之助）に仕えた伝説的軍師・山本勘助を演じているが、とにかく本作における三船は、その片目で足が不自由な異様な風体はもちろん、冷酷非道ではあるものの、時折垣間見られるシャイで温かみのある性格と言動がなんとも言えない魅力を放ち、中学生時代の筆者もつい夢中になって、繰り返し劇場へと足を運んだものだ。三船さんご自身がのちのちに至るまで、本作に愛着をお持ちになっていたとしたら、筆者としても大変嬉しいことである。

日本の時代劇のあり方を根本的に変革し、マカロニ・ウェスタンやアメリカ映画にまで影響を与えた『用心棒』のヴァリエーション的作品としては、勝・座頭市と直接対決までしてしまった、その名もズバリ『座頭市と用心棒』（昭45）と、稲垣浩との最後のコンビ作『待ち伏せ』（同年）がある。この〝用心棒〟キャラは、のちにテレビ映画「荒野の素浪人」（三船プロダクション製作）にも登場し、第1エピソードが昭和47年1月にスタート、第2エピソードは昭和49年1月よりNET（当時）にて放映された。ちなみに、第1シーズンでは〝ムシリ〟であった髪型が、第2シーズンでは三十郎と同じ〝総髪〟スタイルに戻っていたところに、大きな安心感があった※9。この素浪人、「椿三十郎より三倍強い」という理由で、その名も九十郎ということになっていたのが笑えるが――。

後年は、時代劇では高名な歴史上の人物（武士・武将）を演じることが多くなる三船。中村錦之助が坂本竜馬を力演した『幕末』（昭45／監督：伊藤大輔）では土佐藩士の後藤象二郎、やはり錦之助が「時代劇復活」を期して、柳生但馬守や大石内蔵助を熱演した東映時代劇『柳生一族の陰謀』、『赤穂城断絶』（どちらも昭53／監督：深作欣二）では、尾張大納言と江戸幕府旗本・土屋主税に扮し、独立プロ時代の盟友である〝錦兄〟を力強くバックアップしている。

また、志村喬※10が千利休を本物ソックリに演じた『お吟さま』（昭53）では利休に切腹を命じる豊臣秀吉、海外資本で作られた『将軍 SHŌGUN』（1980／監督：ジェリー・ロンドン）や『兜 KABUTO』（1990／監督：ゴードン・ヘスラー）では徳川家康（前者では家康をモデルとした虎長なる大名）を演じるなど、その大物ぶりにはますます拍車がかかるばかり。やはり米資本で小谷承靖監督が撮った幕末アクション『武士道ブレード』（1978）では江戸幕府特命全権大使の林復斎（儒学者・外交官）、まさに〈ゲスト出演〉であった東映版『水戸黄門』（昭53／監督：山内鉄也）では加賀藩の前田家家老・奥村（黄門様一行に助けられる娘の父）、東京12チャンネル開局15周年を記念して作られた三船プロ製作時代劇「大江戸捜査網」の劇場版『隠密同心』（昭54／監督：松尾昭典）においては、老中の松平定信に扮するなど、晩年に至るまで〝時代劇には欠かせない顔〟の地位を守り抜いた三船である。

※9 第2シーズンでは着衣も三十郎に近いものが採用されていて、どう見ても三十郎のその後の姿を描いた、という感覚で見てしまう。ちなみにその着衣だが、実際に『用心棒』の撮影を〝農場オープンで覗き見した湯川幹夫さん（後述）は、三十郎の着物はグリーン、袴は茶色だったと証言している。

※10 志村喬とは生涯に亘って親戚同様の深い付き合いを続けた三船。共演作は五十本をとうに超えている（五十二本説あり）。病魔（肺気腫）に侵され、辛い症状に苦しむ志村に対して、「死ね！」と怒鳴りつける芝居に、三船はどういう心境で臨んだのであろうか。

7. 軍人：『連合艦隊司令長官　山本五十六』、『日本海大海戦』ほか

三船敏郎が演じた役で、侍に次いで多いのが〈軍人〉である。名もなき一兵士を演じることは少なく、三度も演じた山本五十六を代表として、実際に存在・活躍した軍人もしくはその人物をモデルにした役を与えられることが多かった三船だが、初めての軍人役は昭和28年公開の戦記映画『太平洋の鷲』（監督：本多猪四郎）であった。ここで三船は、ハワイ方面に展開する米太平洋艦隊への攻撃を命じられた「飛龍」雷撃隊の隊長・友永大尉を演じる。三船扮する友永が実際とは異なる〝ヒゲ面〟であったのは、『七人の侍』撮影の合間に本作に出演したためであったが、この事実は、両作の公開時期が逆になってしまったことから、あまり気づかれることがなかったようだ。

七年後に作られた、言わば〝太平洋〟シリーズの第二作目となる『太平洋の嵐　ハワイ・ミッドウェイ大海空戦』（監督：松林宗恵）で少将に昇格した三船は、ミッドウェイ（ミッドウェーと表記されることも）作戦の第二航空戦隊司令官・山口多聞に扮する。

その出自ゆえ〝和尚〟と呼び称された松林監督の手によるこの戦記映画にあって、三船は旗艦となる空母「飛龍」と運命を共にして、自ら太平洋の藻屑と消え去る悲運の司令官を、悲壮感と言うより無常観たっぷりに演じている。松林はラストで、三船の山口司令官が田崎潤扮する加来艦長と、共に沈んだ空母「飛龍」の艦橋でしみじみと語り合うシーン――要するに、死者の語らい――を挿入するといった、それまでの戦争ものではお目にかかったことのないファンタジックな演出を施しており、本作は子供心にもやけに印象に残る戦争映画となった。

続くシリーズ第三作目――当時は、誰もシリーズとは呼んでいなかったが――となる、やはり松林作品『太平洋の翼』（昭38）で、三船は源田実をモデルとした千田なる航空司令に扮する。こちらは、松山航空隊基地に集中配

備された新型戦闘機「紫電改」のパイロットを務める加山雄三、佐藤允、夏木陽介ら若手男優が主人公となることから、出番も少なく※11あまり目立った印象は残していない。それでも、いかにも頼りがいのある上官役が似合い出した三船への憧れは、一層増すばかりの筆者であった※12。

隠れた愛好者が多い、静かなる戦争映画——なにせ戦争をせずに、部隊が島から完全撤退する話である——『太平洋奇跡の作戦 キスカ』（昭40／監督：丸山誠治）で、孤立したキスカ島守備隊を米軍に気づかれぬうちに全員救出する、という隠密作戦を指揮する「第一水雷戦隊」司令官の大村少将を演じると、次に出演した三船プロ製作による戦争映画『血と砂』（同年／監督：岡本喜八）では、同じ岡本作品である『独立愚連隊』（昭34）で演じた「気が狂った部隊長」（後述）とは一転、位は曹長に落ちたが、人間味と勇気を兼ね備えた名もなき兵士（役名は小杉）に扮した三船。ここでは終戦間近の北支戦線で、少年軍楽隊を率いて八路軍に奪われた砦を奪還に向かう隊長役を、全身から滲み出る魅力たっぷりに演じている。これを〈男臭い〉と言わずして、なんと言うべきか？ ただし三船は、本作で軍人役として初めて〈戦死〉してしまうのだが——。

その後、アメリカ映画『太平洋の地獄』（1968／監督：ジョン・ブアマン）※13で大尉らしき日本軍兵士に扮

※11 この映画で三船の出番が少ないのは、『天国と地獄』の権藤金吾役にかかり始めていた時期であったからであろう。

※12 昭和38年1月の本作公開後、同年7月から『少年マガジン』で連載が始まり、我々少年に大人気を博したちばてつや作の戦記漫画「紫電改のタカ」で、松山三四三航空隊の物語を追体験（こちらには源田実が実名で登場）したことが、この映画と三船の印象を一層強めたのは間違いない。

※13 筆者が日本初公開時に見たラスト・シーンは、日米の兵士が結局は相容れることなく、無言で別れていくというものであった。ところが、セルDVD収録ヴァージョンでは、いきなりの艦砲射撃か何かの砲弾によって二人が過ごす日本軍施設は爆破、三船とリー・マーヴィンの両兵士があっけなく命を落とすという結末になっている。もしかすると、こちらがアメリカ公開版なのではないかと思うが、深い余韻を残す（おそらくは）日本初公開版のほうが、はるかに戦争の空しさを伝えられているように感じるのは筆者のみであろうか？

した以外は、すべて地位の高い軍人ばかりを演じることとなる三船。まずは、のちに〝8・15シリーズ〟の第一作目と呼ばれるようになる『日本のいちばん長い日』（昭42／監督は小林正樹から岡本喜八に変更）で、戦争終結に最後まで抵抗した陸軍大臣・阿南惟幾を演じたのをきっかけとして、シリーズ第二作目『連合艦隊司令長官　山本五十六』（昭43／監督：丸山誠治）では、そのキャリアを通じて三度も演じることとなる同司令長官を、続く丸山監督作品で同シリーズの三作目となる『日本海大海戦』（昭44）では、同じく連合艦隊司令長官である東郷平八郎を、たっぷりの貫禄と静かなる迫力をもって見事に演じきっている。

ちなみに〈山本五十六〉役は、シリーズ第四弾となる『激動の昭和史 軍閥』（昭45／監督：堀川弘通）と米戦争映画大作『ミッドウェイ』（１９７６／監督：ジャック・スマイト）にて、〈東郷平八郎〉役は、東映版の日本海大海戦『海ゆかば』（昭58／監督：舛田利雄）で再演することとなる。もしかすると黒澤明降板後の『トラ・トラ・トラ！』でも山本司令長官を演じることになったかもしれない三船は、まさに〈究極の山本五十六役者〉と称されるべき俳優である。

『太平洋奇跡の作戦 キスカ』パンフレット

スティーヴン・スピルバーグが作った戦争コメディ『１９４１』（１９７９）では、米本土攻撃を担った日本軍潜水艦「伊19」の艦長・ミタムラに扮した三船。ここでは、同艦に乗り込んでいるドイツ軍大佐クリストファー・リーと噛み合わない会話（言語）で楽々と意思疎通をはかる威勢の良い艦長役を、嬉々として演じていたのがなんとも愉快であった。帝国軍人としてはあり得ない設定（艦内に〝へのへのもへじ〟の落書きがあった）や言動を、監督に提言の上、きちんと直させたというエピソードは、帝国軍人はけっして涙など見せないと、泣くことを拒否した『太平洋の地獄』の時とまったく同じである。

現役の軍人ではないが、三船は今や〝封印映画〟となって、見ることが叶わない『仁川（インチョン）』（1981／監督：テレンス・ヤング）という海外作品で、インチョン上陸作戦に関わる〝サイトーさん〟（クレジットも「Saitō san」）なる元帝国軍人＝海軍大佐役を、さらには熊井啓監督のたっての希望により、体調不良（認知症に罹っていたとも言われる）を押して出演した『深い河』（平7）では、インパール作戦に参加し、現地で戦友の死肉を食べたことに苦悩する元軍人を、悲壮感たっぷりに演じている。結果的に、この映画が三船の遺作となったわけだが、到底映画に出られるような状態ではなかった三船が、ライトがつきカメラが回ると、覚醒したかのように俳優として立派な演技を見せたことは、熊井啓監督が自著で詳しく述べているところだ。

8. 実在の人物・神話上の人物：『国定忠治』、『日本誕生』ほか

軍人や武士・武将もそうだが、三船は実在の人物も多く演じている。『お吟さま』で秀吉を演じた三船が、逆に利休を演じたのが、やはり熊井啓が監督した『千利休 本覚坊遺文』（平1）である。愛弟子である本覚坊（奥田瑛二）の回想により、何ゆえに利休が秀吉の怒りを買って死なねばならなかったのかとの謎が明かされていく、という形式を採るこの映画にあって、三船はかつて父とも仰いだ志村喬が病魔に苦しみながら演じたこの偉大なる茶人を、滲み出る威厳と気迫をもって堂々と演じきっている。この作品には、かつての〝スター・プロ〟の盟友とも言える萬屋錦之介が出演、利休十哲の一人である織田有楽斎を力演し、これが遺作となったばかりか、三船との最後の共演作ともなった。

時代劇では、これまでに紹介した歴史上の人物以外でも、谷口千吉が撮った『国定忠治』（昭35）で、この著名な上州の侠客に、同じく谷口作品の『大盗賊』（昭38）では、戦国時代に和泉の国・堺で活躍した伝説的貿易商人

である呂宋助左衛門に扮した三船。戦争映画の『二百三高地』（昭55／監督：舛田利雄）で明治天皇を演じるなど、神話上の人物に二人ほどチャレンジしているのは後述のとおりである。

三船が演じた現代の偉人は意外に少なく、アメリカに招かれてギャラを三十万ドル（当時のレートで一億八百万円）も稼いだという『グラン・プリ』（1967／監督：ジョン・フランケンハイマー）でのHONDA（本田技研工業）の創業者・本田宗一郎（実際の役名は矢村）と、石原プロモーションと三船プロダクションという二大〝スター・プロ〟製作による大作『黒部の太陽』（昭43／監督：熊井啓）で演じた、黒四設計事務所＝関西電力の現場責任者・北川次長のほかは、やはり石原プロ製作によるレース（サファリ・ラリー）映画『栄光の5000キロ』（昭44／監督：蔵原惟繕）で演じた、やはり自動車業界人である日産自動車常務くらいしか見当たらない。

『グラン・プリ』撮影時のサイン入りオフショット（三船プロ提供）

その代わりと言っては何だが、三船には途方もない人間（?）を演じた実績がある。それは神話上の人物、いや神と称してもよい存在である古代日本の皇族「倭建命《ヤマトタケルノミコト》」と「須佐之男《スサノオ》」、そして「不動明王」という仏教の信仰対象、いわば〈神様〉である。

東宝オールスター出演による〝東宝映画1000本製作記念作品〟『日本誕生』（昭34）で倭建命＝日本武尊と須佐之男の二役を演じた三船は、同じ稲垣浩が監督した『ゲンと不動明王』（昭36：宮口しづゑによる児童文学の映画化）においては、そのものズバリの不動明王まで演じている。一歩間違えれば嘲笑の対象ともなりかねない神様役を、三船は生真面目かつ豪快に演じていて、筆者は子供心にも出演の子役・小柳徹君（ゲン役）同様、憧れと畏敬の念をもって、この仏頂面（?·）の神様を眺めたものだった。

なお、実在の人物としては、千葉泰樹が撮ったバックステージもの『金の卵 Golden Girl』（昭27）※14に池部良や越路吹雪らと共に〈賛助出演〉した際、本人役で出演したことがあるが、現在、本作のフィルムには容易に接することができない。

9. 普通のサラリーマン・市井の人・公人：『ひまわり娘』ほか

前項とは真逆の、まったく普通の人間、例えばサラリーマンや会社重役といった〈市井の人〉を演じたこともある三船。この項では、あまり取り上げられることのない、三船が演じた意外な役柄をご紹介してみたい。まずはサラリーマンからいくと……。

有馬稲子の東宝入社第一回作品となる『ひまわり娘』（昭28／監督：千葉泰樹）が、三船がサラリーマンを演じた第一作目となる。有馬演ずるところの女事務員・節子の同僚で、彼女と仲良しの〝弁慶さん〟こと日立一平を実に当たり前にこなした三船は、同じく源氏鶏太原作による『天下泰平』正続篇（昭30／監督：杉江敏男）でも、シベリアから復員した経験を持つ電気製作所社員・立春大吉に扮している。この映画で、一旦は派閥争いに破れて会社を去る羽目に陥るが、捲土重来を期し、会社の株を買い占めて、やがてライバルたちを追放、「天下泰平」の日を迎える、といういささか型破りなサラリーマン役をこなした三船は、この手の映画でも充分に通用（?·）するこ

※14 文字で書くと笑ってしまうが、本作は「東邦映画」のニューフェイス試験に合格したヒロイン（島崎雪子）が、スターの地位は得たものの、やがて生活が荒み、苦悩の日々を過ごすが、人間として、またスターとして成長していく、という内容となっている。

とを証明する。

さらに、忠臣蔵を現代の企業戦争に置き換えた『サラリーマン忠臣蔵』正続篇（昭35～36／監督：杉江敏男）では、浅野内匠頭をモデルとした赤穂産業・浅野社長（池部良）を助ける桃井社長を演じ、自らのプロダクション第一回作品にして自身の監督による『五十万人の遺産』（昭38）でも、かつて従軍していたフィリピンから秘匿された〈山下将軍の財宝〉を持ち帰るべく脅迫を受ける元軍人という特殊な役柄ながらも、今は平凡な暮らしをしている松尾武市なるサラリーマンに扮している。

また、ゲスト出演した『続・社長洋行記』（昭37／監督：杉江敏男）では、ヒロイン・尤敏《ゆうみん》の婚約者として、いかにも生真面目な青年実業家といった風情（役柄上は華僑とのこと）で登場。ヒロインに思いを寄せる小林桂樹の思いをぶち壊しにする仇役を、三船は飄々と演じている。これは、『椿三十郎』（昭和37年1月）、そして『どぶろくの辰』（4月）の公開後の6月のことであるから、ラスト・シーンにいきなり登場する（それも普通の！）三船に観客はかなり驚いたことだろう。

重役に昇進した例としては、お馴染みの黒澤映画『天国と地獄』（昭38）における「ナショナルシューズ」常務の権藤金吾や、助演した石原プロ作品『ある兵士の賭け』（昭45／監督：千野皓司）での新聞社社長役がある。

黒澤現代劇での三船は、苦労して重役まで昇りつめた靴職人であれ、公団副総裁の娘婿となる秘書であれ、一種異様なテンションを漲らせているので、とても普通の会社員や役人とは思えぬ存在感がある。ここにリアリティーがあるかと問われれば、現実にはこんな人はいないと答えるほかないが、この黒澤流の切羽詰まった現代サラリーマンたちは、けっしてほかの監督や脚本家には創造し得ない〈究極の勤め人〉と言ってよいだろう。

サラリーマン役以外で特筆すべきは、なんと言っても第2部第1章「三船敏郎、この10本【主演作篇】」で紹介する『吹けよ春風』（昭28／監督：谷口千吉）の名もなきタクシー運転手であろう（役名は松村となっているが、劇中、名前で呼ばれることはない）。未だ本作をご覧になっていない方なら意外に思われるかもしれないが、気のいい運ちゃん役が、三船には実にお似合いなのだ。筆者には、本作の監督・谷口千吉よりも、この直前に出演した『港へ来た男』（昭27）の監督・本多猪四郎の生真面目で心優しき性格が乗り移って（?）、豪快無比なキャラを持つ三船をして、あのように爽やか、かつ無垢な人物を演じさせているように思えてならない。自ら思い浮かべるイメージどおりに演じられるかどうかは、もともと持った資質も大きかろうが、黒澤はもちろん、木下恵介や溝口健二のもとでも仕事をこなした三船は、すでにそれだけの力を身につけていたのである。

その本多猪四郎の監督作で、若き恋人たち（小泉博・白川由美）の健気な人生設計を描く『この二人に幸あれ』（昭32）という映画では、オーケストラの音楽家（カップルを応援する義兄で、東洋交響楽団ではホルンを吹く）、山口淑子の引退記念映画『東京の休日』（昭33／監督：山本嘉次郎）では、アメリカ帰りの山口がお墓を建てようとする寺の和尚（柳家金語楼）の甥（山口とは幼馴染みの設定）、さらには、盟友・岡本喜八監督による〝暗黒街〟シリーズの一篇『暗黒街の顔役』（昭34）では〈気の弱い自動車修理工場主〉を演ずるなど、普通なら絶対にオファーされないような、ちっぽけな役柄もソツなくこなした三船。語られることの少ない小品やオールスター映画に登場する、なんでもない役を演じているときの三船も、新鮮かつ魅力的な輝きを放っていて、どれも必見である。

面白いものでは〝SF昔話〟とでも言うべき『竹取物語』（昭62／監督：市川崑）で演じた「竹取の造（みやつこ）」、すなわちかぐや姫の育ての親となる翁と、かつてハワイに写真一枚だけで嫁いでいった日本人妻、いわゆる〈写真花嫁〉の厳しい実生活を描いた『ピクチャー・ブライド』（1994／監督：カヨ・マタノ・ハッタ）※15における、無声映画の〈弁士〉役がある。

『吹けよ春風』の宣伝写真

© 東宝

筆者が未見の映画では、山本嘉次郎監督の二作、『悲歌（エレジー）』（昭26）での〈検事〉役（主人公の作曲家・上原謙の音楽を、その直弟子と共に非難する、といった役柄）に、『女ごころ誰か知る』（昭26）における〈スポーツ用品店店主〉（主人公のアイスホッケー部主将・池部良の先輩で、後輩に芸者を紹介したことからひと波乱生じる）といった役がある。

また、米映画『大統領の堕ちた日』（１９７９／監督：ウィリアム・リチャード）での〈日本人執事〉役と、外国映画にカテゴライズされることが多いが、実は日本映画の『シャタラー』（昭62／監督：トニーノ・ヴァレリ）における〈保険会社調査員〉役、それに、晩年の出演作『ストロベリーロード』（平３／監督：蔵原惟繕）で演じた田岡という人物も、筆者はいまだ作品に接しておらず、残念ながら詳細な役どころを述べることができない。

公人としては、ケン・アナキン監督の『太陽にかける橋 ペーパータイガー』（１９７６）における、東南アジア某国（クーラゴン）の〈日本国大使〉役、角川映画の『犬神家の一族』（昭51／監督：市川崑）に続く大ヒット作『人間の証明』（昭52／監督：佐藤純彌）での〈国会議員〉（主人公である岡田茉莉子の夫）役がある三船。歳を重ねるにつれ、こうした役柄が似合うようになってきたのは当然にしても、１９７０年代も後半となり、いかにも〝ゲスト出演〟的な役柄が増えてきた時期には、かなり寂しい思いをしたものだ※16。

10．善人・正義漢：『石中先生行状記』ほか

『吹けよ春風』のタクシー・ドライバーはどこから切り取っても徹底的な善人だったが、三船は他にも〈善き人・正義の人〉を演じた経験がある。圧倒的な純粋さで観客を魅了したのは、まずは成瀬巳喜男の監督作『石中先

生行状記』（昭25／新東宝）における農民役が挙げられる。これは、主人公である石中先生（宮田重雄）を狂言回しに、三組の登場人物の人生模様を描くオムニバス形式の映画だが、三船は第3エピソードに登場。無口でシャイ、おまけに喋ると〈どもり〉がちになってしまう若き農民を、真摯に演じた結果、本作は三船の出演映画中、最も愛すべき作品となった。このように朴訥で微笑ましい三船は、ほかの映画ではけっして見られないものである。相方を務める若山セツ子も実に素朴で可愛らしいが、その若山に「何か歌え」と言われて、三船は「青い山脈」を歌い出すお茶目さも見せる。これは、たとえ無骨さが売りの三船であろうと、どこにでもいる普通の農民役を割り当てた成瀬の功績であり、三船は監督の期待に見事に応えたと言えよう。

本作の正統的続篇である『戦後派お化け大会』（昭26／監督：佐伯清）にも出演した三船。こちらでは役が変わり、サーカスのピエロ、実はピストル騒ぎを起こす源さん（河村黎吉）の息子という役で登場する。ピエロの三船というのも実に意外なキャスティングで、これもまた皆さんに見ていただきたい、知られざる三船出演作の一本である。

〝正義〟というキーワードから捉えれば、黒澤明が松竹で撮った第一作目となる『醜聞（スキャンダル）』（昭25）

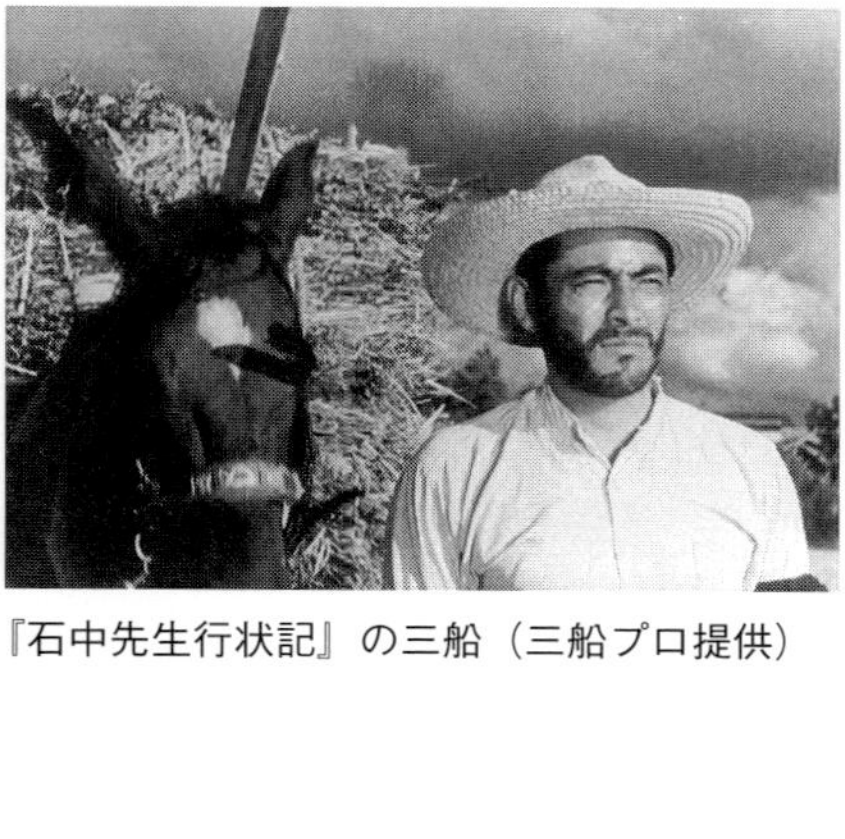

『石中先生行状記』の三船（三船プロ提供）

※15 本作の出演者の一人、タムリン・トミタは、2016年11月にハリウッドで行われた「三船敏郎殿堂入り式典」の折にも、律儀に顔を見せていた。
※16 1970年代初頭に、三船プロダクションがテレビ時代劇製作受注で多忙を極め、肝心の三船の映画出演作が五年にも亘ってなくなった時期は、さらに寂しかったものだが。

も忘れてはならない。ここでの三船は、今でいう〈フライデー（かつてはフォーカス）〉された人気歌手のスキャンダルの相手となる画家に扮し、覗き見趣味のマスコミ＝ジャーナリズムを監督の黒澤に代わって糾弾する、という役目を担っている。声高に社会正義を振りかざすという点では、『赤ひげ』の新出去定医師が一番の〈正義漢〉かもしれないが、新進画家を初々しく演じる三船は、でっち上げのラブロマンス報道に対して、敢然と訴訟を起こす行動に出る。こうした実直な〈硬骨漢〉もまた、若き日の三船にはなくてはならない役のひとつであった。

11．スポーツマン：『男ありて』ほか

〈善人〉の系譜に入るものとしては、スポーツマンという役もある。志村喬がプロ野球チームの監督に扮した〝野球映画〟『男ありて』（昭30／監督：丸山誠治）では、野球＝仕事一筋で家族をも顧みない監督・島村（これが志村喬）率いるチーム「スパローズ」で主将を務める、矢野という〈プロ野球選手〉に扮した三船。ここでは、また実にそれらしい演技を披露して、観客を十分に納得させている。こういう役を演ずる時の三船は、実に大きく見えるから不思議だ。これは、丸山監督の誠実さがその登場人物の性格付けによく反映された映画で、三船が人間味と共に器用な一面を見せた本作もまた、ファンには必見の作品であろう。

野球関連作品では、石原慎太郎が特ダネ狙いの二流新聞記者を力演する『危険な英雄』（昭32／監督：鈴木英夫）における、〈野球選手〉役も見逃せない。

『男ありて』の出演者たちと　© 東宝

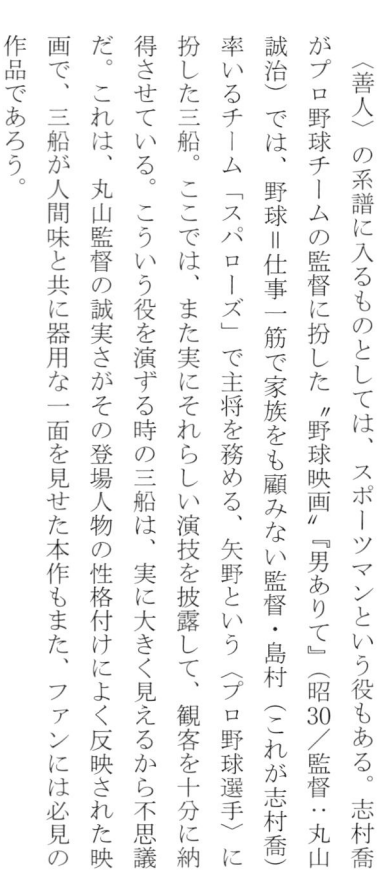

誘拐犯人に向かって、テレビを通じて少年の解放を呼びかけるプロ野球チームの選手（チーム名は「パイレーツ」。誘拐された少年がファンだったという設定）というささやかな役だが、三船が演じるとこれまた説得力が倍加するから不思議である。

12. メロドラマ・不倫ものの登場人物：『婚約指環（エンゲージリング）』ほか

色恋沙汰を扱う映画にはほとんど無縁、といった印象の強い三船敏郎。ところが、意外なことに、いわゆるメロドラマや不倫ものにも何本かの出演作がある。まずは、出ていること自体が意外な、木下恵介監督作品『婚約指環（エンゲージリング）』（昭25）を挙げねばならない。この松竹映画では、ヒロインを務めた田中絹代の夫（宇野重吉）の担当医師にして、妻である田中と惹かれあう不倫相手役を務めた三船。続く東宝製メロドラマ『霧笛』（昭27／監督：谷口千吉）でも、ヒロイン（山口淑子：ハリウッド帰りの第一回作品となる）と恋に落ちる馬丁《ばてい》の千代吉を演じて、この手の艶っぽい映画でも十分通用することを証明している。ちなみに、千代吉はお茶目で愛すべき面も持ち併せており、この映画ではコミカル・タッチの三船を楽しむこともできる。

さらに、〝名匠〟の肩書きをほしいままにしていた成瀬巳喜男監督が夫婦の危機を抒情豊かに描いた、〝地方（群馬）版メロドラマ〟※17『妻の心』（昭31）において、三船は老舗薬舗主人（小林桂樹）の妻・高峰秀子と微妙な関

※17 本作のロケは群馬県の桐生市にて行われた。〝地方版メロドラマ〟と言うべき成瀬作品には、他にも神奈川県厚木市近郊の農家の未亡人（淡島千景）と新聞記者（木村功）の密やかな恋を描いた『鰯雲』（昭33）と、やはり静岡県清水市（現静岡市清水区）にある酒屋の未亡人（こちらも高峰秀子）に惹かれる義弟（加山雄三）の悲劇を描く『乱れる』（昭39）がある。

係に陥る〈地方銀行の行員〉を、ある意味淡々と――朗らかに、と言ってもよいくらいに――演じ切って、自らのキャリアに新たな路線を開拓する。過剰な演技を嫌う成瀬が、三船をこういう役に起用するというのもある意味、冒険的なことだったと思うが、台詞やアクションに頼らぬ感情表現＝物言わぬ演技を、三船はここで実に巧みにこなしている。

同年公開の佐分利信監督作『愛情の決算』（昭31）でも、ヒロインたる未亡人・原節子に秘めたる愛情を告白する夫の戦友（復員兵～学生を経て毎朝新聞の記者になる）に扮して、三船はさらにメロドラマにおける実績をアップ。翌三十二年には、千葉泰樹監督によるショート・ピクチャー※18『下町（ダウンタウン）』に出演。地味ながらもひときわ強い印象を残すこの悲恋映画で、三船は戦地から帰ってくる夫をひたすら待ち続けるお茶の行商女・山田五十鈴と、一夜限りの恋に落ちる鉄屑販売業者――彼もまたシベリアからの復員兵である――を演じて、その役者人生に新たな地平を切り拓いている。本作での三船は、男と女の微妙な心の機微をさらに見事に表現しており、役者としての幅を大いに拡げたと言えよう。

『愛情の決算』
パンフレット

ところが、これ以降、三船にメロドラマの役が巡ってくることはなく、せっかくの新境地は発揮せず終いとなる。『無法松の一生』（昭33）や『或る剣豪の生涯』（昭34）、それに『風林火山』（昭44）といった密やかな恋心を抱く役柄を演じた作品でも、吉岡夫人（高峰秀子）、千代姫（司葉子）、由布姫（佐久間良子）といった秘めたる思いを寄せる女性と、三船が本懐を遂げるようなことは、残念ながらけっしてなかった。

こうしてみると『愛情の決算』と『妻の心』などの不倫相手役は、池部良か宝田明あたりが演じたほうがよさそうな役柄であり、これを三船が演じたという事実＝実績はもっと評価されてよい。色白の二枚目・ドンファンを演じることはなかった三船だが、一度でいいから「うーん、寝てみたい」※19といった台詞を、映画の中で聴いてみたかったものである。

13. ヘンな人・駄目な奴・狂人：『結婚のすべて』ほか

長い俳優生活の中で、三船敏郎は〈ヘンな人〉、〈駄目な奴〉といった系譜に属する役柄を演じた経験もある。〝世界のミフネ〟に対していかにもヘンテコな役を振るのは、三船のデビュー作『銀嶺の果て』の現場で意気投合し、その後も同じ下宿で共同生活を送った経験のある岡本喜八監督（岡本は谷口組のフォース助監督であった）がもっぱらであった。その珍妙な役柄には以下のようなものがある。

いの一番で挙げねばならないのは、岡本の処女作で、当時の〝現代〟女性の結婚観をストレートと変化球を投げ分けて描いた『結婚のすべて』（昭33）で演じた、オカマっぽい喋り方をする舞台（バレエ）演出家役である。見れば、長い前髪をかき上げる仕草が妙に女性っぽく、バレエのタイツ姿なのも大いに笑える。本作はいわゆる〈カメオ出演〉で、実際ポスターなどにもクレジットはされていない。観客も、まさか三船が――それもこんな役で――出てくるとは思ってもいなかったに違いない。本作への出演は、岡本の監督デビュー作には必ず出演する、と交わした若き日の二人の約束によるものと言われていて、三船は律義にこの約束を守ったことになる。時期的に

※18　ショート・ピクチャー（SP）とは、二本立て体制となる昭和三十年代初頭に多作された一時間程度の中篇映画のこと。東宝では〝ダイヤモンド・シリーズ〟と称された。本作の他に、やはり千葉泰樹による『鬼火』（昭31）や『青い芽』（昭31／監督：鈴木英夫）、『憎いもの』（昭32／監督：丸山誠治）、『新しい背広』（昭32／筧正典）といった作品がある。

※19　寝具メーカー「丸八眞綿」のコマーシャル・フィルムにおいて、寝心地の良さそうな眞綿に寝そべるプリシラ・プレスリーに向けて三船が発した決めゼリフ。〝ドンファン〟三船も、一度は見てみたかった役柄である。

は『無法松の一生』（4月22日公開）と『隠し砦の三悪人』（12月28日公開）の間に当たっており、三船の俳優としてのイメージを考えれば、よく会社がこんな役を演じるのを認めたものだと思う。もしかするとこれは、稲垣浩や黒澤明の監督たち、さらには東宝の幹部らには、内緒での出演だったのかもしれない。

続く三船の珍演は、やはり岡本喜八による〝暗黒街〟ものの第一作目『暗黒街の顔役』（昭34）で見られる。ここで三船に与えられたのは、もちろん主役ではなく、物語の舞台となる自動車修理工場の主人という〈チョイ役〉である。これがまたなんとも情けない役で、暴力団の幹部に金を融通してもらったばかりに、邪魔者を消す場所にその工場を利用される羽目に陥るが、気が弱くてこれを断れないという、今風に言えば実に〝トホホ〟な役柄なのだ。この役がミフネである必然性はまったくなく、いったいぜんたい岡本は三船をなんだと思っているのか、と言いたくなるほどだが、肝心の三船は嬉々としてこのヘンな役を演じているように見える。

極めつけは、岡本の次々作『独立愚連隊』（昭34）である。ジョン・フォードなどの西部劇をこよなく愛する岡本の、デビュー前からの念願の企画で、ニヒルかつコミカル、そして戦争を揶揄する姿勢が賛否両論を呼んだ〝娯楽アクション〟映画だ。公開当初は、好戦的に過ぎるとか、やたらに中国人を殺し過ぎるとかの批判もあった戦争ものだが、三船は本作にもゲスト的にワンシーンだけ登場。主人公の従軍記者、実は弟の死の真相を究明しに来た軍曹（佐藤允）が潜り込む部隊、その名も「独立愚連隊」の部隊長・児玉大尉に扮している。いずれ岡本のアイディアによるものであろうが、これがまたとんでもなくヒドイ役で、三船扮する児玉部隊長は部下の策謀により城壁から突き落とされて以来、頭がおかしくなってしまったという、いささかお恥ずかしい設定がなされている。

そのみっともない言動たるや、黒澤が原水爆の恐怖におびえるあまり狂ってしまう老人（鋳物工場主・中島喜一）を演じさせた『生きものの記録』（昭30）以上のヴォルテージ。こういう役なら伊藤雄之助あたりに振るのが常道だが、これを三船に演じさせているというのが岡本の〈鬼才〉たる所以である。会社（東宝）に対する反骨精神の発露なのかもしれないが、それにしてもこの役は三船の長い役者人生の中でも、最もコミカル（ヒステリカル？）かつラジカルな役と言ってよい。これに比べれば、『白痴』（昭26／監督：黒澤明）での、純粋さのあまり狂ってしまう赤間伝吉などは、まだましな方である。

このように、会社から〝変化球＝クセ球ばかり投げる男〟すなわち〈異色作・異端の作品しか撮らない監督〉とのレッテルを貼られていた岡本喜八だけあって、三船に与えたのは――若い時から気心の知れた同志であるがゆえ、なのかもしれないが――ヘンテコな役ばかりという結果になっている。もちろん東宝を代表するスターであるから、『暗黒街の対決』や『血と砂』などで、三船に〈正統派ヒーロー〉的役柄も振ってはいるのだが……。

以上の岡本作品での異色キャラに負けないのが、『用心棒』の直後にメキシコへと渡って出演した『価値ある男』（1961／監督：イスマエル・ロドリゲス）における農夫・アニマス役である。メキシコはオアハカ州の貧しい農夫に扮した三船は、日本ですべての台詞――もちろんすべてスペイン語である――をすべて丸暗記したうえで撮影に臨む。ところが、その声は結局、すべて現地の声優により吹き替えられるという、三船にとっては大変心外かつ屈辱的な措置――実は、当初から予定されていたそうだが――が採られる。そして、ここで演じた酒浸りで博奕好き、おまけに怠け者の農夫というキャラは、現在の目、それも三船ファンの視点から眺めても、わざわざメキシコくんだりまで出張って行って演ずる必要があったのかと思うほど、必然性や価値に乏しい役柄、すなわち〈ヘンな役〉に見える。

映画の最後でアニマスは、娘が作った赤子の引き取り金を使って、ようやく念願だった村祭りを取り仕切る地位「マヨルドーモ」に就く。ところが、三船・アニマスは、かえって人々から嘲笑を浴びたうえ、女房が犯した罪を背負って、刑務所入りとなるという情けない結末を迎える。なにゆえに三船は、このような映画と役柄に熱心に取り組んだのか？　ご子息の史郎さんによれば、『用心棒』撮影後には、家じゅうにスペイン語のセリフを――それもカタカナで――貼り付けて憶えたくらい、熱心にこの作品に取り組んだようだが、今となっては大いなる謎である。

現在、この映画に接するのは容易でなく、筆者は三船プロダクションのご厚意により、メキシコ大使館から譲り受けたという貴重なＤＶＤを見せていただく光栄に預かった。観終わってみて、三船が演じたこの役柄だけは、納得しかねる気持ちになったことだけは、ここに特記しておきたい。奥様の幸子さんやご長男の史郎さんなど、ご家族の方たちにとっては、メキシコやアカプルコ旅行ができたことで、大変有意義な出演だったかもしれないが……。

『価値ある男』でのオフショット（三船プロ提供）

14. 冒険者・巻き込まれる男：『大盗賊』ほか

最後の項が〈ヘンな役〉では、三船さんも救われないと思うので、メキシコならぬ遠い異国の地にまで出向いて活躍した役柄、言ってみれば〈冒険者〉を演じた作品を紹介して、この章を締めくくりたい。

すでにご紹介した作品には、フィリピンに残した山下将軍の財宝を捜すため、再び戦地を巡る元フィリピン派遣軍の生き残りに扮した『五十万人の遺産』や、やはり三船プロダクション製作作品で、マグロ船に乗り込みカナリア群島まで渡っていく漁撈長を演じた『怒涛一万浬』、そして米国大統領に献上する黄金の宝刀を警護する役目を負った侍・黒田重兵衛の活躍を描いた『レッド・サン』がある。スティーヴン・スピルバーグ監督作『１９４１』における米本土（結果的にハリウッド）攻撃を敢行した「伊号潜水艦」艦長・ミタムラも、これに類する役柄であろう。

ここで初紹介となるのが、谷口千吉監督による二つの〝冒険活劇〟の主人公である。三船は、谷口作品には黒澤作品（十六作）に次ぐ全十三作に出演。他の作品では、『吹けよ春風』を除けば男臭い役柄が大半だったが、この二作は子供から大人まで楽しめる〝特撮ファンタジー〟となっており、かなり異色のコンビ作と言える。

まず紹介するのは、『大盗賊』（昭38）で演じた〈呂宋助左衛門〉役である。この人物は、実際に戦国時代の和泉国・堺に生きた貿易商人だが、ここで三船は、呂宋助左衛門という伝説的商人の名前だけを頂戴して、まったく別のキャラ、すなわち海賊の嫌疑をかけられ、処刑されそうになったところを辛くも脱出し、自ら海賊となって南の海へと乗り出す〈冒険者〉という役どころを、ケレン味たっぷりに演じている。

小学生時代に見た荒唐無稽極まるこの映画は、円谷特撮の効果も手伝って、筆者にとっては三船敏郎のアクション・スターとしての魅力を改めて認識させられた一作となる。中国なのか、東南アジアのどこかなのか、まるで判らぬ架空の異次元空間で暴れまくる三船と、これに対峙する黒海賊の佐藤允や中丸忠雄、田崎潤といった憎き悪役たち、まるでアラビアンナイトの世界から抜け出してきたような怪しげな妖婆の天本英世と、彼女（！）のライバルとなる仙人・有島一郎、さらには子供心ながらその妖艶さにノックアウトされた浜美枝、水野久美、草笛光子といった〝東宝ビューティーズ〟の面々それぞれが、与えられたキャラクターの魅力を遺憾なく発揮。これによって、三船の存在感がさらに高まるという好循環を生んでいるのである。

本作の続篇ではないが、谷口千吉監督によりまるで同じ世界観で製作された映画が、三船プロが『怒涛一万浬』と同時に大々的な海外ロケ（タクラマカン砂漠の風景が凄い！）を敢行した『奇巌城の冒険』（昭41）という、やはり〝冒険ファンタジー映画〟。ここで三船が演じたのが、〝和製メロス〟とでも言うべき魅力たっぷりの人物像である。太宰治の「走れメロス」の翻案である本作では、処刑されるのを覚悟で、友（僧侶・円済：中丸忠雄）との約束を守り、結果として人の心を信じられない王（三橋達也）の改心を呼び、円済の命も救う大角《おおすみ》という元日本人船乗りを、またも三船は豪快に演じきって、自身のプロダクションを支える大活躍を見せる。

映画の冒頭、奴隷市場で巡り合った大角と円済の二人は、日本に仏教を広めるのに必要な仏舎利を求めて、敦煌の都からシルクロードを西へと向かう。小学生にとっては、のっけからワクワクさせられる展開と映像である。そこで彼らの妨害をするのは、やはり佐藤允演ずるところの黒盗賊たち。そして、またもや同じような役で登場する有島と天本の仙人&妖婆コンビ、さらには浜美枝、白川由美、若林映子といった美女チームなどが彩りを添え、前作とは一味違った要素とスケール感を加えた本作が、すっかり三船ファンになっていた筆者に、一層強いインパクトを与えたことは言うまでもない。

ちなみに、本作の撮影のために生田オープン※20に作られたペルシャの都のセットが、円谷プロダクション製作による空想特撮テレビドラマ「ウルトラマン」（昭41〜42／TBS系）の第7話「バラージの青い石」に流用されたことは、当時の小学生なら誰でも知っている内輪話であった。

『奇巌城の冒険』の一コマ（三船プロ提供）

以上、この二作だけやたら詳しく紹介することとなってしまったが、ここで三船が演じた〈冒険者〉的役柄が、のちに自ら熱望した企画「孫悟空」の主人公に一脈通じるものがあると感じるのは、筆者のみではないだろう。こういう冒険活劇映画の軽妙なキャラクターを、三船は案外お気に入りだったのかもしれず、もっと若い時分にこうした役をたくさんこなしていれば――と、つくづく残念に思う。重厚で重々しい役ばかりが、三船の真骨頂ではない。筆者は、こうした陽気でお茶目な三船も大好きなのだ。

総括

ちょうどこの章を執筆中に見たテレビ番組「熱中世代 大人のランキング」（ＢＳ朝日）で、映画監督の山田洋次が自作の常連俳優である小林稔侍について、こんなことを語っていた。

「映画俳優は、いろんなことができるから優れている、というわけではない。こんな役しかできない、という役者のほうが、むしろ偉いのかもしれない――」。

この発言は、「俳優は器用さがすべてではない」ということを強調しているものと思われるが、確かに三船をはじめ、佐田啓二、高倉健、勝新太郎、中村錦之助、石原裕次郎といった、映画全盛期に主役を張ったかつてのスターたちは、皆けっして器用なタイプではない。むしろワンパターンの演技を期待され、要求されてきたから、どの映画でも常に同じ調子の演技を見せている。これこそがスターの条件であり、スターは〈スターとしての演技・存在感〉を求められてきた、と言ってもよいだろう。

そこで、我らが三船敏郎である。ここまで見てきたように、三船は五十年にも及ぶ俳優人生の中で、器用さは見せずとも、実に様々なタイプの役柄をこなしてきた。これはひとえに、三船が〝シリーズもの〟をまったく持たな

※20 神奈川県の生田に東宝が持っていたオープンセット用地。時代劇から戦争映画、特撮ものにアクション映画と、幅広いジャンルの作品で使用された。

かったことが大きい。同時代の日本人男優が、ヒット作のシリーズ化により同じ役を何度も演じ、人気を高めたのと同時に、そのパターン化に苦しめられたことは、ご承知のとおりである。例えば渥美清が、寅さんのイメージで捉え続けられることに悩み、他の役柄を模索したことはよく知られることだし、東宝でも森繁久彌や加山雄三、植木等などがこの部類に属する。高倉健、勝新太郎、小林旭らの役柄のワンパターンぶりに至っては、気の毒になってしまうほどだ。

その点、三船は石原裕次郎と共に、幸いなことに役柄の固定化を免がれた希有な存在であった。筆者にはどの役も魅力的に映るが、大多数の観客には、侍であっても、軍人であっても、あるいはそれ以外の人物であっても、荒々しく豪快なイメージばかりが強かったと思われる。ましてや黒澤映画において三船が演じた役柄は、極端かつ強烈なキャラクター揃いであったから、残念ながら多くの著書やテレビ番組などでは、ほとんどこればかりが取り上げられる結果となってしまっている。

何度も申し上げるようだが、三船の俳優としての実力、そして器用さは、これ以外の役や映画でも大いに発揮されている。本章で紹介させていただいた、三船が演じた意外な役柄は、あまり語られることのないものばかりである。「三船敏郎の出演映画を見る」と題した第2部では、一般的にはあまり知られていない主演作、助演作それぞれ10本を選び、三船敏郎の俳優としての底知れぬ魅力について語っていこうと思う。これを読めば、あなたも立派な〈三船通〉になること間違いなし！　まずはデビュー作となる『銀嶺の果て』からスタートするが、作品は、主演作、助演作、それぞれ年代順に並べてあるので、三船の俳優としての成長の跡や成熟度なども感じていただけるに違いない。

歌わないスター、シリーズものを——テレビ作品を除いては——まったく持たなかった映画スター、そして成域という〝映画の都〟に終生住み続けた映画俳優・三船敏郎。あなたはどの作品の、どの役のミフネに魅力を覚えるだろうか……。

ハリウッド殿堂入り

式典Report

本書の企画がスタートしたのは、序文にも記したとおり、平成28（２０１６）年の初春、成城ロケ映画を紹介する『成城映画散歩』（前掲書）の原稿内容を確認していただくため、三船敏郎のご長男で、現在でも「三船プロダクション」の取締役をお務めになる三船史郎さんを、事務所にお訪ねした時のことである。

その時、史郎さんや奥様の暁美さんから伺ったのは、世界に名を轟かせた偉大なる俳優・三船敏郎が、翌年末に没後二十年という節目のときを迎えるにもかかわらず、その偉大なる功績を称える書物やイベントの類いは、いまだ何も企画されていないという、筆者にとっては意外かつ、いささか寂し過ぎる事実であった。

そんなことから本書が実現することになったわけだが、その時伺ったのはもうひとつ、誠に喜ばしくも実に意外な〝予告篇〟であった。

さて、筆者が聞いたその〝予告篇〟とは、「三船敏郎、ハリウッド殿堂入り」という驚きの事実であった。聞けば我らが三船敏郎は、この年２０１６年の秋11月に、アメリカはロサンゼルスのハリウッド・ブールバードの舗道（ウォーク・オブ・フェイム／WALK OF FAME：直訳すれば「名声の舗道」）にその名を刻みつけられる「殿堂入り」を果たす予定であるという。よもや、こんなお目出度いお話を伺えるとは思ってもいなかったので、その時には何も言い出せなかったが、筆者の胸の内には、この式典に何とかして同行させていただけないか、という野望がメラメラと湧き出してきたのであった。

三船ファミリー、特に三船敏郎の孫息子である力也さんと史郎さんの奥様である暁美さんとは、その後幾度となくお会いして、打ち合わせや懇談を重ねていったが、果たしていつのことだったか、図々しくもハリウッドへの同行を打診するに至り、これを承諾いただいた時には、まさに天にも昇る気持ちになったものである。

三船敏郎

この折には、ハリウッドの商工会議所から、具体的な日程を漏らすことを固く禁じられているというお話を伺い、家人を除いて誰にも口外しなかった筆者であったが、インターネットを検索してみると、そこには日本人としては三人目となる「三船敏郎のハリウッド殿堂入り」について、時期こそ特定されてはいなかったものの、すでに前年２０１５年の6月22日に、当の〝聖林《ハリウッド》〟商工会議所から発表済みであったことが判った※1。

いよいよ夏となり、具体的な日程が判明した折には、かねてから三船夫妻と親しい湯川幹夫さんと共に、航空券とホテルをリザーブ。高鳴る胸を抑えようとした筆者だったが、その高鳴りは増すばかりで、収まる気配を見せることはなかった。

早くも秋が巡ってきて、10月下旬の土曜日に開催された、東宝の俳優や監督、スタッフたちが二年おきに懇親の場を持つ「砧同友会」において、『青い山脈』（昭24／監督：今井正）などに出演した杉葉子さんと毎回のようにお話しする機会をいただいている筆者は、会が終わってから、長くL・A住まいでいらっしゃる杉さんは、三船敏郎との共演作がかなり多いことに、はたと気づいた。そこで早速、いただいていた名刺に記された日本での連絡先に電話をしてみた筆者。式の当日、もし杉さんがL・Aにいらっしゃるならば、是非ともこの式典に出席していただきたかったからだ。もちろんこれは、三船さん側の同意を得てのことで、実現すれば本当に素晴らしいことである。

すると、電話に出た、かなりの年配と思われる男性――おそらくはご子息か、ご親戚の方であろう――は、予想もしなかったことを語り始める。聞けば杉さんは、このところ体調を崩されていて、米国（L・A）には

ハリウッド殿堂入り

戻らず、東京は調布の養護老人施設に入っているというのだ。砧同友会の時は、あんなにお元気で、『青い山脈』のロケ地について明確に語っておられたのに、やはり八十八歳（当時）という年齢には逆らえないということなのか？

かくかくしかじかと、電話した理由を詳細に説明した筆者は、もし体調さえ許せば、杉さんをL・Aで行われる三船さんの「殿堂入り」式典にお誘いしてよろしいか、まずはその男性に問うてみることにした。するとその返答は、「もしお誘いを受ければ、杉は喜んでアメリカに帰ってしまう恐れがあるので、体調に鑑み、できれば声をかけないでもらいたい」というものであった。ここは無理にお誘いして、ご家族にご迷惑をかける事態になっては元も子もなく、この度はお誘いするのをきっぱりと断念した筆者であった。

杉さんと三船さんは、本著でも紹介している『妻の心』（昭31）における兄妹役はもちろん、原節子主演の『東京の恋人』（昭27）や、晩年になってからも『ピクチャー・ブライド』（1994／監督：カヨ・マタノ・ハッタ＝故人）で共演を果たすなど、実に良好なコンビネーションを見せていただけに、心底残念なことであった。

かくして、式典から一週間余り前、商工会議所から正式に発表された式典の日程は、11月14日（現地時間：日本時間は15日）であった。これに合わせて機上の人となった筆者夫婦と湯川さんご夫妻は、11日昼にロサンゼルス国際空港に到着。式典に先駆けて、12日夜に開催される三船家主催による会食会※2、13日に行われるドキュメント映画『MIFUNE THE LAST SAMURAI』（監督：スティーヴン・オカザキ／「AFI映画祭2016」のCinema's Legacy 部門にて上映）※3のお披露目上映会に参席、14日に華々しく開催されるであろう「殿堂入り」のセレモニーを、首を長くして待つのであった。

さて、いよいよ我が愛する三船敏郎が、〝映画の都〟聖林の地で、「殿堂入り」を果たす日がやってくる。三船さんは、商工会議所のオフィシャルサイトでは、「日本の俳優で、最も世界的な名声を手にした人物」と紹介されていて、その俳優人生を称える「殿堂入り」は通算二千五百九十四番目に数えられるという。

筆者たちは、三船ファミリーや知人の方々と共に、「ハリウッド・アンド・ハイランド・センター／Hollywood and Highland Center」※4の裏手に位置する「Lowes Hollywood Hotel」に宿泊を続けていて、すっかりハリウッドにも住み馴れてきた（!）頃であったが、到着したその日から、いったい三船敏郎の「星形プレート」がどこに置かれるのか興味津々、大通りの舗道を探し歩いていた。しかし、三船と同時に選ばれたクエンティン・タランティーノのプレートは確認できたものの、我が三船敏郎の殿堂入りの場所は不詳のままであった。

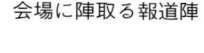

ちなみに、日本人としては、――この方を日本人に数えれば、の話だが――三番目と言われるゴジラの、その星形プレートはすぐに発見（6925 Hollywood Boulevard: TCL・チャイニーズ・シアターのやや西側で、かなりの特等地）※5したものの、日本人初となる早川雪洲※6と、マコ岩松※7の偉業を称えるプレートの位置は、残念ながら見つけることはできなかった※8。

会場に陣取る報道陣

聞けばその場所は、マリリン・モンローなど著名俳優の手形が敷き詰められた「チャイニーズ・シアター」のすぐ脇、「ドルビー・シアター」※9前の南側の舗道であったのだが――。

式典会場には、ホテルから徒歩数分で到着。筆者らは三船敏郎のご子息・史郎さんと行動を共にしたが、孫息子の力也さんはスピーチの役目があるので、一足先に会場入りしているという。英語が堪能な力也さんは、映画プロデューサーを務めながら、三船プロダクションの「インターナショナル部」の

ハリウッド殿堂入り

舗道に埋め込まれた星形プレート

仕事もこなす、若き取締役であるから、こういう場にはまさにうってつけの人材である。それでも、前夜のドキュメント映画の上映会では、やはりスティーヴン・オカザキ監督とのトークをこなし、その後も観客たる我々との夕食会※10があったわけだから、いったい何時まで原稿を書いていたのか、いささか心配になってしまった筆者である。

さて、すでに通行止めの措置がとられたその舗道付近の道路には、巨大テントが設置され、いかにも厳格な雰囲気が漂う。数日前に行われた大統領選の折にも、当地の混乱はさほどでもなかったというから、今日の方が遥かに物々しいのではないか？　見れば、式典が行われようとしているその場所こそ、昨日まで幾度も通りがかった「Hollywood Boulevard／ハリウッド大通り」の、ドルビー・シアターの正面（南側）にあるブランド・ショップ「ZARA」の真ん前※11である。そうか、ここに幼少時代から見続けてきた、我が人生初の〝アイドルスター〟三船敏郎の名前が永遠に刻まれるのかと思うと、なんとも感慨深い思いに駆られた筆者。昭和三十三年当時から、山形宝塚劇場という、けっして大きくはないが東宝映画の封切館であった映画館で、三船敏郎が成す一挙手一投足を目を凝らすように見ていた身としては、もうじっとしてはいられない心境であった。

そして今、しつらえられた観客席は、主賓の方々は道路側、我々のような関係者は、準備中である式典の「お立ち台（ステージ）」の後方に位置していることが判った。ほぼ一番乗り状態であった我々、日本から同行した関係者の一団は、その一番前の列に座ることができたので、主賓の方々のお顔が、実によく見える（おまけに、TVやインターネットの報道ではしっかりと顔が写っていたとのことだ）。

三船敏郎

力也さんと、昨夜の上映会にも参加されていたスティーヴン・オカザキ監督も、お立ち台に上る予定なのだろう、我々と同じステージ後方の席に移ってこられる。

主賓席には、『MIFUNE THE LAST SAMURAI』のプロデューサーでもある中沢敏明氏※12、そして、三船敏郎とは『ピクチャー・ブライド』（1995）で共演した日系女優のタムリン・トミタ、さらにはどういうご縁か、TVシリーズの「スパイ大作戦」（1966〜1973）やアカデミー賞助演男優賞を受賞した映画『エド・ウッド』（1994）で、日本でもその名を知られる男優、マーティン・ランドー※13の顔も見える。日本を発つ直前に日比谷の映画館「シャンテ」で見た『手紙は憶えている』（2015／監督：アトム・エゴヤン）が印象的だったので、筆者はすぐにランドーと判った。調べると、ランドーはすでにハリウッド殿堂入りを果たしているという。式後に、記念写真を共に撮らせていただいたことは言うまでもない。非常に目立つ日本人らしき人物は、ジョン・カジ氏※14という日系三世の実業家であると、暁美さんから教えていただいた。

表彰盾を手にする三船力也さん

やがて始まった式典では、まず初めに、マーティン・スコセッシ似の「殿堂入り選考委員会」委員長ビン・ディボナ氏から、三船敏郎の輝かしい業績が紹介される。そのお立ち台の前には、『七人の侍』で演じた菊千代のパネルが掲げられている。やはりアメリカでは、ミフネと言えば、キクチヨかサンジュウローなのであろう。ライト夫人（※2参照）に通訳していただいたところによれば、ディボナ氏からは「この日を〝ハリウッドでのミフネの日〟にする」なる発表もなされたようだ。

さすがにハリウッドの殿堂入り式典である。報道関係者の数は半端なく多く、中には、日本から来た

ハリウッド殿堂入り

と思われるカメラマンや取材陣の姿も見られる。巨大なテントの中に設けられた観客席は超満員状態。それに、ゲイシャ・ガール風の着物で決めた女性や、〈仕込み〉と思われる鎧兜に身を固めたサムライの姿まである。我が方では、大の三船ファンである湯川さんのご主人が日本から持参した「荒野の素浪人」Tシャツを着用、アメリカ人カメラマンからシャッター音を浴びせまくられていたのが、なんとも痛快であった。

史郎さんが代表して、「殿堂入り」を証明する星形プレート入りの盾の授与を受けた後、続いて、ゲストのスティーヴン・オカザキ監督らから祝辞が述べられ、いよいよ式典は力也さんから発せられる感謝の辞でクライマックスを迎える。もちろんお二人とも日本語など一言も発さないので、どんなことをおっしゃったのかはインターネットでの報道とライト夫人の通訳によるしかない。

当の三船敏郎は、力也さんが九歳のとき、御年七十七歳で死去したが、その五年ほど前に心筋梗塞で倒れて以来、自宅に籠って生活をするようになっていた。そのあたりの事情を踏まえ、力也さんは概ね次のような内容のスピーチをされている。

「亡くなってから十九年経った今、三船敏郎の功績が再認識されているということを三船家としては大変嬉しく、誇りに思っています。私が九歳のときに祖父は亡くなりましたが、家ではとても紳士で、男らしい低い声、それに立ち振る舞いも男らしくて、本物のサムライのように姿勢が正しかったことを憶えています。これからは世界に向けた映画を作ることが、私の責任だと思っています」。

こういう謝辞を、淀みない英語で、堂々と述べられる力也さん※15は、まこと世界に通用するプロデューサーであるが、今後は、三船が残したレガ

星形プレートの入った表彰盾を持つ筆者

※本稿掲載写真は招待状（p.43）を除き、すべて筆者提供

シーを守るだけでなく、日本を代表する俳優としても活躍していただきたいと思うのは筆者のみではないだろう。

式の締めは、実物の「WALK OF FAME／ウォーク・オブ・フェイム」プレートを実際に舗道に埋め込む儀式である。カメラマンによるフラッシュの洪水を浴び、取材陣からのインタビューを受ける三船ファミリーを横目で見ながら、プレートを前に記念写真を撮る機会を与えられた我々出席者も、ここぞとばかりにシャッターを切りまくった。

思えば、黒澤映画や稲垣浩の『宮本武蔵／SAMURAI』はもとより、純粋なハリウッド映画である『グラン・プリ』（1966）や『太平洋の地獄』（1968）、イタリアで撮影された欧米日の人気俳優共演による西部劇『レッド・サン』（1971）、さらには、スピルバーグ印の戦争コメディ『1941』（1979）や、NBCの人気テレビシリーズ「SHOGUN／将軍」（1980）などで、アメリカ人にとってもすっかりお馴染みの日本人俳優であった三船敏郎。当地ロサンゼルスでお会いした方々やタクシーの運転手に訊いても、トシロー・ミフネのことは誰もが知っていたことには、同じ日本人として大きな誇りを感じるとともに、言葉では言い表せない喜びを感じた。

もし、ジョージ・ルーカスの要請を受け、三船が『スター・ウォーズ』シリーズ（1977〜）でオビ＝ワン・ケノービ（実際には、アレック・ギネスが演じた）やダース・ベイダー（三船にオファーがあったその素顔は、セバンチャン・ショウなる俳優にお鉢が回った）を演じていた※16としたら、その知名度と人気はいったいどれほどのものになっていただろうか？　そんなことを夢想しながら、筆者は式典の後に行われる三船プロダクション主催のレセプション会場へと向かうのであった。

日本ではすっかり秋も深まった11月の中旬、爽やかなカリフォルニアの陽光に包まれた「ルーズヴェルト・ホテル」の玄関から乗ったタクシーの中で、自分がこんな場所にいられる幸福感と感謝の念が入り交じり、この本を素晴らしいものにして三船さんファミリーと、主役である三船敏郎さん本人に喜んでいただこうと、改めて心に誓った筆者であった。

※1 三船と同時に殿堂入りが発表されたのは、クエンティン・タランティーノ監督、男優ではカート・ラッセル、マイケル・キートン、ブラッドリー・クーパー、女優のアシュレイ・ジャドなど。

※2 当会食会（ディナー・パーティー）は、ハリウッドの老舗レストラン「ムッソ&フランク グリル／Musso & Frank Grill」にて開催された。当店は1919年開業。ハリウッド大通りを少し東に歩いたところに位置し、当地でも歴史を感じさせる、重厚な雰囲気のアメリカン・レストランである。チャップリンやボギー、それにマリリン・モンロー、オーソン・ウェルズなどの古いハリウッドスターもよく利用し、新しいスターでは、ジョニー・デップ、ジョージ・クルーニー、ブラッド・ピット、ハリソン・フォードなどが来ているとか。また、映画には『エド・ウッド』（1994／監督：ティム・バートン）や『オーシャンズ11』（2001／監督：スティーブン・ソダーバーグ）に登場したことで知られている。

この夜は、日本から来た我々のような参加者や招待客、並びに現地で「MIFUNE THE LAST SAMURAI」のコーディネートや協力をされた方々が四十人ほど参集。三船史郎さん、力也さんのご挨拶からスタートし、大変和やかな雰囲気のうちに、懇親の場が持たれた。参加者の中で目を引いたのは、かつて日本映画『だいじょうぶマイフレンド』（昭58／監督・原作：村上龍）や『さよならジュピター』（昭59／監督：橋本幸治・小松左京）に出演した米国人、リチャード・ライト氏。同氏は、史郎さんの奥様・暁美さんの知り合いで、日本在住時には原宿の一軒家に住み、クラシック・バレーやモデルの仕事をやっていたとのことだ。映画出演は、その関係からのようで、現在では写真家として映画俳優の写真などを撮っておられるという。妹は『フォレスト・ガンプ／一期一会』（1994／監督：ロバート・ゼメキス）などで知られる女優のロビン・ライトで、芸術家肌の家系のようだ。現在ではL・A住まい。ソルボンヌ大卒で、東京大学でも勉強していた奥様・フローレンスさんとは東京で知り合い、今でも当地で夫婦生活を続けている。このご夫婦が二人とも日本語が堪能なので、筆者たちはいつも彼らの近くにいて、その場の状況を教えていただいた。

他には、かつて東映でスチールカメラマンを務め、現在では鑑定の会社を経営する山口勝弘さんという、三船敏郎出演作品の〈ポスター・コレクター〉と知己を得たのが、筆者にとっては僥倖であった。本書に掲載できた珍しいポスターの数々は、山口さんの提供によるものである。

※3 本映画祭「American Film Institute Festival」は2016年11月11日から17日まで、ハリウッドの「TCL チャイニーズ・シアター」を会場に開催。初日にはロバート・デ・ニーロが、四日目にはナタリー・ポートマンがゲストで来場したという。当ドキュメント映画の上映は三日目となる13日（日）、19時15分から「ハリウッド・アンド・ハイランド・センター」内にある「TCL チャイニーズ6シアター」で行われた。

※4 LAの代表的観光地であるハリウッド。その中でも最も観光客が集まる当複合施設内には、アカデミー賞授賞式が行われることで有名な「ドルビー・シアター」（旧コダック・シアター）」があり、さらに「バビロン・コート」に立つタワーからは、かの「ハリウッド・サイン」を一望できることができる。

バビロンという名称は、もちろんこの建物の基礎デザインともなった、D・W・グリフィス監督によるサイレント映画超大作『イントレランス』（1916）の〝バビロン篇〟から来ている。この作品、現在にも通じる様々な映画技術を駆使したことでも知られるが、巨大セットを照らすスポットライトを組むための組み立て式の足場が、今でもその作品名を略した「イントレ」と呼ばれる元となっていることは、皆さんもご存じであろう。

※5 怪獣王・ゴジラの殿堂入りは、生誕五十年を迎えた2004年11月のこと。これは『ゴジラ FINAL WARS』（監督：北村龍平）公開の頃に当たり、11月29日（現地時間）に行われた式典には、富山省吾プロデューサー（社長と兼任）とゴジラ本人（？）が出席し

ている。

※6　1910年代からハリウッドで活躍し、欧米でトップ・スターとなった初の日本人俳優。千葉県出身。背が足らなかったことから、撮影に当たっては踏み台の上に立たされることに。これが今でも「Sessue（セッシュ）する」という映画界用語として残っているのはスゴイことだ。出演作品としては、何と言っても『戦場にかける橋』（1957／監督：デヴィッド・リーン）にとどめを刺す。星形プレートは、ハリウッド大通りから少し離れた「1645 Vine Street」にある。道理で見つけられなかったわけだ。

※7　スティーブ・マックイーンと共演した『砲艦サンパブロ』（1966／監督：ロバート・ワイズ）、アーノルド・シュワルツェネッガーと共演した『コナン・ザ・グレート』（1982／監督：ジョン・ミリアス）などでお馴染みの日系アメリカ人俳優。本名は岩松信。三船敏郎とは『武士道ブレード』（1981／監督：トム・コタニ＝小谷承靖）で共演しており、2001年公開の困った真珠湾攻撃映画『パール・ハーバー』（監督：マイケル・ベイ）では、山本五十六に扮している。そのプレートの位置は「7095 Hollywood Blvd」。

※8　プレートが設置される場所は、商工会議所が決定するものだが、各スターの力関係が大きく左右するということなので、このお二人のプレートがあまり目立つ場所になかったということは……、まあそういうことなのであろう。ただ、マーロン・ブランドなども、何ゆえにこんな辺鄙な場所に、というところに埋め込まれていたから、一概には決めつけられないかもしれないが……。

※9　当地に2001年にオープンした劇場。2002年よりアカデミー賞の授賞式が開催されることでも知られる。筆者が訪れた時には閉まっていたので、訊いてみたら、恒常的に公演が行われる劇場ではないとのことだった。

※10　夕食会が行われたのは、「ハイランド・センター」内にあるジャパニーズ・レストラン「CHO　O-SHI-I／チョー・オイシイ」にて。名前とは裏腹の、日本食らしくない無国籍アジアン・テイストの店であったが、カリフォルニア風の〈甘い寿司〉などは実に楽しめた。聞けば、オーナーは中国人であるという。

※11　この場所こそ、植木等（役名は町田心乱）が『クレージー黄金作戦』（昭42／監督：坪島孝）において、ハリウッド大通りを歌い踊りながら自分（植木等）の星形プレートを見る、というシャレのシーンが撮影されたところで、何たる偶然、因縁かとひたすら驚愕した筆者であった。

※12　他には、アカデミー賞外国語映画賞を受賞した『おくりびと』（平20）や、『座頭市 THE LAST』（平22）のプロデュースで知られる。

※13　ランドーが式典に出席していた理由は以下のとおり。力也さんとランドーの息女、スーザンさんは映画プロデューサー仲間として親交が深く、2016年5月にスーザンさんの母親でランドー氏の前妻、バーバラ・ベイン（ランドーとは「スパイ大作戦」で共演）がハリウッド殿堂入りした際には、力也さんが式典に出席。そこで今回は、スーザンさんと父親であるマーティン・ランドーが出席してくれた、ということのようだ。ランドーは、この日からちょうど八ヶ月後となる2017年7月15日、LAの病院にて八十九歳で死去。他の出演作には、印象的な悪役を演じた『北北西に進路を取れ』（1959／監督：アルフレッド・ヒッチコック）や『ウディ・アレンの重罪と軽罪』（1989）などがあるが、日本ではTVシリーズの「スパイ大作戦」（1966～1973）、やアカデミー賞助演男優賞を受けた『エド・ウッド』のほうがお馴染みだろう。

※14　「TOYOTA USA」本社設立などを全面的にサポートした日系アメリカ人、ブルース・カジ氏の子息。彼の地の日系人の間では、知らぬ者とてない著名人であるとのことだ。

※15　三船力也さんは、原田眞人版『日本のいちばん長い日』（平27）に俳優として出演。岡本喜八版では三船敏郎が演じた阿南陸相（本作では役所広司）の息子役を凛々しく演じている。

※16　三船と『スター・ウォーズ』に纏わる顛末や、黒澤映画が外国映画や監督に与えた影響の大きさについては、前掲『成城映画散歩』に詳しく記したので、ご参照いただきたい。

〔特別寄稿〕

三船敏郎のまなざしに射ぬかれて
――演技者・三船敏郎の表現力――

小河原 あや

宮川一夫「三船さんは目でとてもきびしい演技をすることがあるんですけど、それがなんかの拍子にこちらの目と合ったりしますとね、ほんとうにうれしそうな目の表情に変わるの」※1

『蜘蛛巣城』、ぎょろりとむいた目に

黒澤明監督『蜘蛛巣城』（昭32）のラスト、三船敏郎演じる鷲津武時の方に、矢が飛んでくる。一本、二本、十本……次々に落ちて来る。三船は左右に動き、後退りし、逃げようとする。だが飛んで来る矢が、それを許さない。彼の大きく見開かれた目は、矢を見ては驚いて一段と大きくなるが、あまりにも多くを目にして、もはや動かなくなる。ついに一本が首を貫通し、彼は踊るように回転しながら倒れ、息果てる。目はぎょろりと一点を見据えたままだ。その瞬きをしないまなざしは、狂気、諦念、そのほか言葉にし尽くせない様々な思いを湛えているようではないか。

※1　野口正信編『三船敏郎　さいごのサムライ』毎日新聞社、1998年、98頁。

三船は、そして彼をフィルムに焼き付けて世界に知らしめた黒澤監督は、まなざしを演出の核にしたのではないか。そもそも三船の顔を覆う髭は、目を際立たせるものである。そして映画前半、主君が鷲津（三船）と、三木義明（千秋実）に褒賞を与える場面では、三船は目を千秋の方に一度ぎょろりと動かしてから、それを受け取る。千秋は目を動かさず、わずかに眉を顰めるのみである。続いて二人が並んで歩くところが正面から撮られるが、千秋が一点を見つめているのに対して、三船は一度大きく千秋の方へと目をぎょろつかせる。この対比の演出が、三船のまなざしを一層引き立てる。

もちろん『蜘蛛巣城』には、三船の類まれな身体能力を活かした場面が満載である。おどろおどろしい森の中、馬を駆って猛スピードで横切るところ。槍で家臣を勢い良く一突きにするところ。妻（山田五十鈴）に城主殺しを諭されて、まるで能のように静謐に座るところ、等々。だが、鷲津の内面——嫉妬、葛藤、恐怖、狂気といった、シェークスピアのマクベスに相当するこの人物の心の大きな動揺——は、まなざしで表されている。例えば、城主を殺しに行く際の、見開かれたまま動かないまなざしや、誰も自分を殺すことができないと笑う際の、焦点の合わないまなざしである。鷲津に槍で殺される衛兵役を演じた加藤武は、次のように述べている。「刀の先は刺せば縮む仕掛けになっていました。しびれて動けない僕に向かって満面髭面の三船さんがギョロっと目をむいて突進してくる迫力と恐ろしさに圧倒されてしまいました」※2。三船は、目の力によって臨場感を出し、フィルムを支配したのである。

日本映画だけではない。アメリカ映画『太平洋の地獄』（1968）において三船は、太平洋戦争末期の孤島でアメリカ人（リー・マーヴィン）と緊張感に満ちた関係を築く日本軍兵を演じている。言葉の分からない者同士のやり取りに台詞はほとんど無く、二人の顔のクロースアップ、とりわけ目のアップが多用される。三船の、生い茂る葉の間から相手を伺う強いまなざしが、国境を超えて雄弁である。

三船敏郎と言えば殺陣や乗馬など身体的な演技が称えられるが、このようにまなざしにも、三船でなければ表すことのできないものがあるのではないか。何本かの代表作からみていこう。

まなざしの強さ――三船、銀幕に現る

三船敏郎はまなざしを、初めて銀幕に現れたときから鮮烈にフィルムに焼き付けている。デビュー作『銀嶺の果て』（昭22）の初登場場面である。温泉宿屋に逗留する二人の青年が、悪党の一味を障子の隙間から覗いている。一味の若い輩を演じるのが、三船だ。チンピラ風情で、ガニ股で、肩を左右に揺すぶりながら、青年たちの方に歩みを進めている。そして障子の前を通る瞬間、ギロリと睨み、彼らをすくませる。こうして他を圧倒するまなざしで三船は青年たちひいては映画の観客に、その存在を印象付ける。

まなざしをより強調するのが、一味のボスを演じる志村喬のサングラス姿との対比である。彼らが山小屋に集う場面だ。志村はサングラスで眼を隠し、威厳ある太い声で話す。対照的に三船は、彼らを斜交いに見やりながら啖呵を切る。志村は後に改心すると、サングラスを外して優しい瞳を晒し、恩人である山小屋の住人らと交流を深める。三船はといえば、鋭いまなざしで常に左右を気にし、恩人の命まで奪おうとする。こうして二人のまなざしの違いがそのまま善悪の対比をなす。それは、三船のまなざしが強ければこそ功を奏する演出である。

※2 阿部嘉典『「映画を愛した二人」黒澤明 三船敏郎』報知新聞社、1995年、112頁。

戦後の精神と強いまなざし——黒澤明と組んで

『銀嶺の果て』でシナリオを書き、三船に惚れ込んだのが、黒澤明である※3。彼は自らの監督作『酔いどれ天使』（昭23）に三船を起用する。本作で三船は、佐藤忠男いわく「戦後の時代精神」を具現する。つまり、「戦争中に権力者の命令に忠実だったのとは逆に、とことん、俺は俺、という自我の主張に徹すべきだということであり、それでももし失敗したらいさぎよく死ねばいい、なあに戦争でいちど死んだと思えばこわいことなんかあるものか、という気分」を、三船演じる松永が示すのである※4。彼は、ギラギラした生の欲望が渦巻く、戦後の闇市を牛耳るやくざである。この地位は、明日は別の輩に取って代わられるかもしれないような不安定なものだが、物質的な自由を謳歌できる立場でもある。だから、闇市にいる人々と同様、瞬間瞬間を享楽的に生きる。その煮えたぎるエネルギーは、笠置シヅ子の歌う「ジャングル・ブギ」に合わせて踊る場面に顕著である。カメラは、歌詞の「ウアオーアオーアオー」という「女豹」の叫びに合わせて、三船の腰が左右に小刻みに揺れるのを背後から映す。続いてカメラは正面にまわり、三船の、獰猛な動物が叫ぶかのように口を開け、両目を釣り上げた顔を見せる。メロディが「ボンバ、ボンバ、ボンバ」と素早いリズムを刻み始めると、三船は両手を、爪を立てているような格好で上げ下げしながら、前に進んでいく。この野性味あふれる、切れ味ある身体の動きを、他に表現できる俳優がいるだろうか。三船は、「戦後の時代精神」を身体全体の演技で表現しているのである。

だが三船＝松永は、闇市のごみ溜にできた、有毒なガスがボコボコ吹き出す水溜まりのように、肺に膿を溜めている。汚れた水溜まりも膿も、欲望の吹き溜まりであり、善悪の混乱の成れの果てを感じさせる。このような言わば人間らしい有り様を表すときに、三船のまなざしが活かされる。映画冒頭、松永が医者（志村喬）を訪ねるところだ。最初は二人の横顔がいささか遠くから見えるかたちで映し出されており、演出の中心は表情ではない。それが、医者が松永の肺に穴が空いていることを指摘すると、三船の顔が正面から大きく映し出される。片方の目が釣り上がる。志村は「怖いのか」と、そのまなざしの意味を言い当てる。言葉にならない心情が、三船のまなざしの演技によって示されているわけだ。

ここで三船の演じている役柄は、『銀嶺の果て』と同様に、社会的には悪党である。だが、『銀嶺の果て』ではまなざしが悪の象徴のように用いられていたのに対して、本作ではむしろ悪の仮面の下に潜む繊細な心の機微、戦後のギラギラした欲望の下にいまだ人が持っている心の震えが、まなざしに表されているのである。

そうした心の表現は、病に臥した三船＝松永を志村＝医者が介抱する場面に明らかである。まず志村が三船の額を拭い、「ゆっくり眠りな。少しは眠ってガキの時分の夢でも見るんだ」と言う。カメラは、三船の顔を大きく映し出す。その目はただ医者の方を見ている。まなざしによって「ガキ」のような純粋さが表現されているのだ。三船は小手先の演技をせず、ただ見ているだけだ。まなざしの素の力が最大限に活用された演出である。

こうした三船のまなざしそのものの力を、黒澤明は『野良犬』（昭24）でも発揮させる。三船が演じるのは、ピストルを盗まれた刑事・村上だ。本作の前半で、彼は街を彷徨ってピストルを、犯人を捜す。カメラは街の風景を映し出す。これは現実の街にカメラを持ち出して撮影されたもので、特に闇市の映像は隠しカメラによる貴重な記録である※5。それらを見る三船のまなざしが、クロースアップになる。その目がどのような感情を表しているのかは明確にされないまま、ひたすら両目が大きく映し出される。彼は戦後の状況を目撃しており、それはそのまま映画の観客が目撃するものとなる。こうして観客を代表し得るのは、やはり三船の素のまなざしに力があるからで

※3 『映画を愛した二人』黒澤明 三船敏郎』前掲書、37頁、谷口千吉の発言を参照。
※4 佐藤忠男「『素晴らしき日曜日』と『酔いどれ天使』の作品構造」『黒沢明映画体系 3』講談社、1971年、127頁所収。
※5 『全集 黒澤明 第二巻』岩波書店、1987年、379頁所収、本多猪四郎の発言を参照。

ある。

映画後半、松永は、ピストルを盗んだ犯人が復員軍人であり、リュックを盗まれたことをきっかけに悪に堕ちたことを知る。松永もまさに同じ境遇で荷物を盗まれながら、悪の罠には陥らなかったことを告白する。「世の中も悪い。しかし何もかも世の中のせいにして悪いことをする奴は、もっと悪い」。この言葉が説得力を持つのは、三船のまなざしが、『酔いどれ天使』と同じように、悪をはねのけ得るほどの純粋さを示すものとしてスクリーンに存在するゆえである。

内面の演技とまなざし——黒澤明の時代劇で

三船はまなざしの演技を磨き、役柄の内面を掘り下げる。周知のとおり、彼は黒澤明の『七人の侍』（昭29）をはじめとするサムライ役のイメージによって世界的に認知されるスターとなるが、そうした刀の達人の役柄においても、内面をまなざしによって表現する。非常に印象的な、大写しにされたまなざしの演技がある。『七人の侍』の菊千代役だ。農民出身で侍に憧れる彼が、他の六人の侍たちには分からないであろう市井の人々の気持ちを語る場面。菊千代は、野武士のふりをすると相手がそうと信じるほど野蛮な風情であるが、その外観の下に、辛い思いを強いられてきた庶民をいたわる優しさを持ち合わせていることが、ここで初めて明らかになる。三船の顔が大写しになり、菊千代の度量の広さに説得力をもたせる。前述した素のまなざしの力強さと純粋さが活かされながら、さらにその先へ、三船の演技が光るところである。

まなざしの演技は、後の『椿三十郎』（昭37）において一層磨かれている。三船は、若侍を助ける浪人・椿三十郎を演じている。冒頭、若侍たちが集まる社殿の奥の黒々とした空間から、三船が実に風格ある姿で現れる。続けて彼は、ユーモラスにあごを触り思案しながら若者の間を歩き、全身の演技によって三十郎の人物像を作っていく。その顔が、彼らが敵方と社殿で待ち合わせしている旨を聞いたところで、初めて大写しにされる。彼は顔を右から左へと動かし、目も同じように動かす。その厳しいまなざしと動きによって場面に緊張感が走り、若侍たちも気合を入れ始める。

『椿三十郎』では全体的に、殺陣や疾走するところなど、三船の身体能力に根ざしたダイナミックな演技がある。かと思うと肩をくるりと回したり、寝転んで足をかいたり、腕を着物の中に入れてウロウロしたりと、日常のユーモラスな振る舞いの演技もある。それらは大方、遠景で撮影される。遠景であっても、三船の存在感は圧倒的である。例えば、肩を左右にゆすりながら一歩ずつ堂々と前進し、敵方の屋敷の大きな門の方へと歩いていくだけで、巨大悪に立ち向かうことをものともしない格好良さが、画面全体を満たす。

その粗野で豪傑な外観のうちに潜む、人情溢れる心中を表すときに、まなざしが用いられる。それは『七人の侍』と同様であるが、菊千代の熱弁とは異なり、より密やかに、台詞無く、まなざし一つによってである。馬小屋で、城代家老の夫人や娘とともに隠れている場面である。彼女らが馬小屋の静けさや香りについて呑気に話しているのを、呆れたような楽しんでいるような何とも言えないまなざしで、三船＝三十郎が見やるクローズアップ・ショットがある。夫人が三十郎に諭す。「すぐ人を斬るのは、あなたの悪いくせですよ。……あなたはなんだかギラギラしていますね。抜き身のよう。……でも、本当にいい刀は、鞘に収まっているものですよ」。三船は分が悪いながらも考え込むように、まなざしを下へ横へと動かす。刀一本で自らの生き様を確立してきた三十郎が、ふとそのことを内省する様子が、短いながらもまなざしの演技によって、存分に表されているのだ。いつもは侍として格好良く、また「もうすぐ四十郎」として後進を教育する愛嬌ある男の、さらに人間の深みある立体的な人物像が、まなざし一つによって形成される。

アップにせずとも

もちろん、まなざしが強調されない映画もある。例えば『用心棒』（昭36）や『赤ひげ』（昭40）である。これらの浪人や医者の役柄は、『酔いどれ天使』の松永や『七人の侍』の菊千代、さらには『椿三十郎』の浪人・三十郎と同じく、粗暴で勇ましい外観の下に心根の優しさ・繊細さを持ちあわせる人物たちである。そうした役柄の類似性としてもまなざしが強調されそうだが、両映画では概して三船の顔は大きく映されず、たとえ多少大きいとしても、横顔であったりカメラが下から煽って撮っていたりする。彼らは自らの感情を表に出したがらない人物であるが、それでもなお心の内を観客に伝えるために、三船は、あごを触る手の動きや肩で風を切る歩き方（『用心棒』）、髭を撫でる動きや背筋を伸ばした重厚な佇まい（『赤ひげ』）といった、特徴ある身振りをして見せる。その中でまなざしの演技は身振りの一つである。本稿の始めに掲げたように、日本映画の名カメラマンとしてその名を歴史に刻む宮川一夫（『羅生門』、『用心棒』で撮影担当）は、三船のまなざしの演技の厳しさを称えている。それは、クローズアップにせず遠景で撮影されたとしても、人々を助ける浪人や医者の生き様を表し得るほどに、強く存在するのである。

また、黒澤明と同様に三船と組んだ作品の多い稲垣浩監督は、顔をクローズアップにすることがほとんどない。例えば『宮本武蔵』（昭29）では、三船演じる荒くれ者の武蔵（タケゾウ）が武士の精神をもつ武蔵（ムサシ）へと変わって行く様子が、ほとんど常に遠景で撮影され、まなざしの演技は全くと言っていいほど強調されない。三船は元気いっぱいに手足を動かす若者から、背中に一本の棒が入っているかのように真っ直ぐで静謐な佇まいの侍へと、成長を全身で演じ分けていく。溌溂としたまなざしから穏やかなまなざしへの変化も、クローズアップにならなくても見てとられる。三船のまなざしの強さが、映画の技法を超えて、人物に息吹を与えている。

まなざしが作品の真髄を決する

三船のまなざしが映画の核として全編に響き渡る作品もある。一つは、『羅生門』（昭25）である。この物語の中心となる事件の発端は、三船演じる盗賊・多襄丸が、侍の妻・真砂（京マチ子）を見初めることにある。三船は最初、大きな木の下で昼寝をしており、顔の上では木の葉の影がそよ風に揺れている。白馬に乗る真砂が脇を通る。それを前に多襄丸＝三船が、目を大きく丸く開く。片目は白く光っている。眩しい光を受けながらも瞬きせずに一心に見つめている三船のまなざしは、どこか魔ものに取り憑かれた心持ちを表すようだ。それが素のまなざしの強さに由来することは、『酔いどれ天使』や『野良犬』の時と同様である。

この狂気的なまなざしが、茂る木々、風、太陽の光とともに、後続する事件の奇っ怪さにつながる雰囲気を決する。『羅生門』は、現在の場面における、陰鬱に降りそぼつ雨のなか人間不信を嘆く人々と、回想の場面におけるギラギラした太陽のもと欲望や猜疑心や嫉妬をたぎらせる連中とが、対照的である。後者の非‐理性的な状況に説得力をもたらすのが、三船のまなざしなのである。

また冒頭の三船のまなざしが、私たち観客の心に映画の間中響く作品として、『上意討ち　拝領妻始末』（昭42）がある。映画はまず、音のない静けさの中、白い画面に刀の先がキラリと光るところから始まる。その刀がゆっくりとフレーム外に出ていく。誰かが刀を持ったところだ。次の画面では、ぬっと刀がフレームの中に入ってくる。刀を構えているわけだ。続いて、刀がキラリと光る画面において、カメラが人の顔をフォーカスし始める。三船だ。彼の演じる侍が、刀で的を切る直前なのだ。藁で拵えられた的が映る。三船の顔のクローズアップが続く。一点を見つめ、厳しく集中した面持ちである。その顔がフェイドアウトし、刀にフォーカスが当たる。またキラリと光る。的が一層大きく映る。その場を見つめる仲代達矢。再び刀が映るが、焦点がぼやけ、三船の顔がフェイド・

インしてくる。同時にカメラはその顔に近づいていき、眉間に力の入ったまなざしが画面一杯に映る。その強いまなざし――それは、刀を振り下ろす瞬間である。再び的、仲代、三船のまなざし、的、と短いショットが重ねられる。そして刀のショットになる。その刀がフェイドアウトし、三船の顔に焦点が当たる。静けさの中、刀を振り下ろす音だけが聞こえてくる。画面は遠景に変わり、刀を振り下ろした三船が全身で映る。こうした一連の演出・編集で中心となるのは、あの画面一杯の三船のまなざしである。そのまなざしの厳しさが刀の鋭利さと重ねられ、映画の冒頭に強い印象を残す。

なるほど『上意討ち』は、登場人物たちのまなざしが印象深い映画である。加藤剛の凛々しいまなざし、神山繁の憎々しいまなざし、薄い眉をした司葉子の悲しげなまなざし、仲代達矢の動じないまなざし。だが、中でも冒頭の三船の厳しいまなざしが、上意に反するほどの強い意志と生き様という、映画の核となる精神性を体現する。ラストの仲代との、鋭い刀の対決の行方を予告しもするだろう。こうして三船のまなざしが、映画の要として全編を貫く。

以上、スクリーンに刻まれた三船のまなざしをみてきた。戦後の生の渇望を体現する野性味、そうした渇望の中で混乱する善悪を見据える純粋さ。これらは、素のまなざしの強さにおいて表現されていた。そこに、まなざしの演技による役柄の人物造形が加わった。それは、遠景でも見て取られるほど強いものであった。そうした素のまなざしの強さと演技とが極まって、映画の核心にすらなった。三船敏郎は、まなざしによって、戦後の精神から、普遍的な人間の心の機微までを表現したのである。

冒頭に掲げたエピグラフでは、三船本人の、演技を認められて嬉しさを隠しきれないまなざしが言及されている。彼はスクリーンの外でも、様々な感情をまなざしに湛え、魅力を放っていたのだろう。そのまなざしを想い描きながら、本稿を終わりにしよう。

上映会 Report

ここでは、ハリウッド現地時間２０１６年11月13日（日）に、「ＴＣＬ ＣＨＩＮＥＳＥ ６ ＴＨＥＡＴＥＲＥＳ」でお披露目された、三船敏郎の業績を紹介するドキュメント映画『ＭＩＦＵＮＥ ＴＨＥ ＬＡＳＴ ＳＡＭＵＲＡＩ』についてご紹介したい。当然ながら日本国内では未公開※1であるこの作品を、日本人としていち早く見られた幸せに、まずは感謝せねばならない。

19時15分からの上映に先立ち、監督を務めたドキュメント映画作家、スティーヴン・オカザキ氏が挨拶に立った。この方は、１９５２年、米国はロサンゼルス生まれの日系三世であるから、当たり前のことだが日本語は話さない。これまで手掛けたドキュメンタリー作品は、その出自ゆえであろう、日系人がらみの内容がほとんどを占めている。

日系人強制収容所を題材とした『Unfinished Business』（１９７５）は、アカデミー短編ドキュメンタリー映画賞にノミネート。日系二世の男性と結婚したがために夫婦で強制収容所に収監され、波乱の生涯を送った白人女性を追ったドキュメンタリー『Day of Waiting: The Life & Art of Estelle Ishigo』（１９９１）で、念願の同賞を受賞する。

日本の映画ファンに最もなじみ深いのは、２００７年に公開された『ヒロシマ ナガサキ』であろう。これは広島と長崎の被爆者と、原爆投下に関与した米関係者の証言をもとに構成されたドキュメント映画で、原爆というものを被害者と加害者にならざるを得なかった両方の視点から、冷静な目で問い質すという、なかなかの力作・問題作であった。

そんな経歴を持つ日系人監督が、三船敏郎を題材とした――これも様々な関係者からの証言を中心に構成される――ドキュメント映画を作ったわけだから、これは期待しない方が無理というもの。結果として、期待にたがわぬ素晴らしい出来栄えを見せていて、日本語を解さぬ監督が、どうしてこれほどまでに面白いコメントばかりを的確にチョイスできたのか、まったくもって不思議に思ったものである。

MIFUNE

未だ日本国内での公開が実現していない本作を、多くの日本映画ファン、三船敏郎ファンに見ていただきたいという願いは、この日、本作に接した日本人関係者の誰もが等しく思ったことであろう※2。

映画の初めに登場するコメンタリー・ゲストは、宇仁貫三（殺陣師）、佐藤忠男（映画評論家）、中島貞夫（映画監督）、役所広司（俳優）ら。まずは彼らにより、サムライ=チャンバラ映画の歴史が語られる。

続く「THE WAR」と題された章では、加藤武（俳優）、三船史郎（三船長男）、野上照代（スクリプター）らによって、三船の出自と軍隊時代のエピソードが語られる。出撃する少年航空兵に「天皇陛下万歳なんて言うな。お母さんと言え！」と言って送り出した逸話が泣かせる。

「NEW FACE」時代のことは、香川京子（俳優）がコメント。結婚～史郎さんの誕生を経て、『羅生門』についてはフィルムが引用され、マーティン・スコセッシ（映画監督）と役所広司がこれを語る。

佐藤忠男が三船の独自性、表現力を力説すると、いよいよ『七人の侍』のフィルムが開陣。市川歌右衛門のチャンバラとの比較がなされた上で見る、宮口精二の決闘シーンは、やはりリアルさが倍加する。続いて土屋嘉男（俳優）と中島春雄（俳優）が、黒澤明から指示された秘話を紹介。中島がゴジラの銅像前で振りをつけると、アメリカ人の観客には大受けである。ここでは、黒澤が「三船には演技指導をしなかった」という逸話も紹介されている。

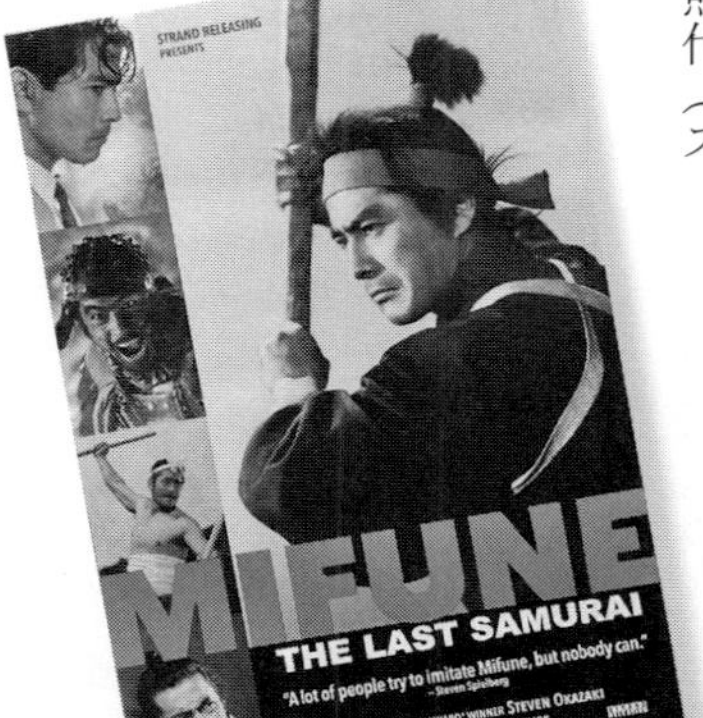

スティーヴン・スピルバーグ（映画監督）が『七人の侍』と『荒野の7人』について語ったあとは、

土屋から「一言で言えば、三船さんは我慢強い人だった」と、その人柄が語られる。

続いて、家族と車好きの一面が披露され、『宮本武蔵（SAMURAI SAGA）』の様々な場面がフィルムで流される。やはりミフネ・武蔵は、アカデミー外国語映画賞を受賞した米国では欠かせない素材なのであろう。

次なるフィルムは『蜘蛛巣城』で、加藤武により黒澤映画に出演できた喜びが語られる。無数の矢を浴びる三船に「黒澤への忠誠心を感じた」とのコメントを出した野上が、「これは大学の弓道部の学生から放たれたもの」と明かすと、ドッと観客が沸く。彼ら米国人には、まったく未知のエピソードだったのであろう。

スターになった三船について、夏木陽介（俳優）が、その気さくな一面を語ると、『無法松の一生』や意外な『社長』シリーズのスチールをもとに、司葉子（俳優）が、東宝と松竹の作風の違いを紹介。いよいよ『用心棒』が動画で登場。黒澤久雄（黒澤長男）が「三船が完熟していた時期」と解説して、司と土屋により三船の人間性が語られる。土屋が明かす「酒で荒れた」話はともかく、司による「三船さんは海みたいな人」との三船評が興味深い。

ここで写し出されるのが、製作者の田中友幸が撮ったという『用心棒』撮影時のプライベート8ミリ・フィルム。馬目宿のオープンセットでの撮影風景なので、今まではモノクロでしか見られなかった桑畑三十郎の衣装の色が判り、これは本当に貴重である※3。

『赤ひげ』のフィルムとともに登場した二木てるみ（俳優）が、三船がいかに役になり切っていたかを紹介。黒澤と三船のコンビがこれで最後となったことについては、司と野上が語り、「真相は分からない」と結ばれる。

続いては、三船の海外での出演映画や三船プロ作品、黒澤の——三船抜きでの——その後の作品がスチールで映し出される。黒澤と一緒に映画を撮れなかった時期の、三船の無念さが画面から伝わってくようだ。三船プロに所属した宇仁貫三が立ち回りの素晴らしさを称賛するくだりでは、三船に対する尊敬の念が強く伝わってくる。

『スター・ウォーズ』のオビ=ワン役を蹴った話には、場内から悲鳴が湧いたほどで、『1941』のフィルムが映し出される中、「三船はユーモアを解した」と明かすスピルバーグは、クリストファー・リーとの共演が実現したことを素直に喜んでいた。

いよいよ大詰め。経営的にテレビ映画を作らざるを得なくなったことで、ショックが大きかったであろう晩年が語られ、香川京子の「歳を取ってから夫婦役をやりたかった」との言葉には、思わず胸を熱くする。

『SHOGUN』出演時の晩年について紹介するのは、史郎&久雄の両長男。三船が亡くなり、病床にあった黒澤明から届いた弔辞の文言を読み上げるのは、黒澤の遺作にも出演した香川京子その人である。二人の絆の深さを知れば知るほど、共に映画が作れなくなった三船の無念の思いが伝わってくる。

最後に一言。ナレーションを務めたのがキアヌ・リーブス※4と判った時には、嬉しい思いで胸がいっぱいになった筆者。今でもこうして世界中から尊敬を浴びる三船敏郎に、我々日本人はもっと注目せねばならないと、改めて認識した次第である。

※1 日本国内では、平成28年10月に開催された「京都国際映画祭2016」においてプレミア上映された。
※2 本作は、平成30年のゴールデン・ウィーク後に全国公開される運びとなった。
※3 現地に同行した湯川幹夫さんは、このオープンセットに忍び込み、撮影風景を見学した経験を持つ。その頃の〝農場オープン〟は、現在ほどセキュリティが厳しくなかったので、中学生だった湯川さんは、難なく(?)侵入に成功。三船・三十郎の衣装の色もしっかり確認したうえ、東野栄治郎の一膳飯屋には、雨だれの跡までついていて、沢村いき雄がいる番屋の後方の家には、しっかり「馬目宿」と記されてあったことなどを目撃している。その後に見学した『椿三十郎』では、赤の椿の色が紫だったことに驚いたという。
※4 日本公開版のナレーションを担当するのは、EXILEのAKIRA。

三船敏郎を語る
――俳優仲間やスタッフが証言する、演技者・三船敏郎――

これまで、三船敏郎の人間性や日常生活、それに映画への関わり方や俳優・スタッフへの思いなどについては、書籍、雑誌、テレビのドキュメント番組、映画館でのトーク・ショーなど、様々な媒体やイベントにおいて仲間たちの口から語られてきた。

■動き（特に「殺陣」）にスピードがある。
■撮影現場には遅刻しない（9時開始ならば8時にはスタンバイする）。
■現場に台本を持ち込まない。
■付き人などはつけたことがなく、メイクなど、自分のことはすべて自分でする。
■同じ仕事をしているのだから、スタッフと同じものを食べる。
■スタッフが重い荷物を運んでいたら、一緒に持つ。
■どこへ行くにも自分で車を運転するのはもちろん、俳優仲間――たとえ後輩であろうと――の送り迎えも厭わない。
■潔癖症と言ってもよいほどの綺麗好きで掃除好き。
■酒好きで、酔うと大声で監督の悪口を言い放つ。そのくせ助監督や俳優仲間には気を遣い、酒や食事の差し入れを欠かさない。

■待ち時間にはエキストラを買って出るような〈お茶目〉な一面も見せる。
■子供の運動会の日がたまたま「母の日」であったことから、セスナ機を操り、母親らにカーネーションの花束を配りまくる。
■台風被害（川の氾濫）で近所の家が孤立すると、自らモーターボートを出して救助活動に当たる。この一件で警視総監から感謝状をもらっても、そのことは伏せておくよう指示する※1。
■外国映画に出演すれば、日本人としておかしなことや許せないことは、遠慮せずに監督に注進する（撮影後にはきちんとお詫びの手紙を出す、というのが泣ける）。
■自らの監督作では、遠慮して主役である自分のアップを撮らずに、困った事態となる。
■同作では、自分がCMに出演するスポンサーに気を遣い、その商品を見せるシーンをやたらと入れる。
■おまけに、プロダクションの社員全員、それも家族まで招いての慰安旅行を行う等々、
三船敏郎の人間性については、何も資料を見なくとも、これだけのエピソードを挙げることができるほどだ。

当初、本書では、三船敏郎の〈人となり〉について、俳優仲間やスタッフの方々から発せられたコメントを、新しいインタビューも交えてご紹介するつもりでいた。しかし、よくよく考えてみれば、このようなコメントが掲載された書物はこれまでも多数存在したし、この度作られたドキュメント映画『MIFUNE THE LAST SAMURAI』（2016／監督：スティーヴン・オカザキ）でも、佐藤忠男や宇仁貫三、野上照代といった評論家やスタッフたち、さらには司葉子、香川京子、加藤武、土屋嘉男、夏木陽介、中島春雄、二木てるみなどの俳優仲間の口から、三船敏郎という俳優の素晴らしさや人間性については、十二分に語られている。

そこで本書では、「人間・三船」についてはほぼ語り尽くされたものとして、改めて採録・インタビューすることは控え、これまであまり大きく取り上げられたことのない、三船敏郎という稀代の俳優が成した「演技」や、

「俳優としての在り方や存在感」について語られたコメントのみを抽出して、並べてみようと思う。これによって、俳優・三船敏郎の偉大さはもとより、演技の秘密・表現方法のようなものをあぶり出せたら、筆者としては望外の幸せである。

コメントの抽出に当たっては、本書の執筆者の一人でもある寺島正芳氏が主宰する「寺島映画資料文庫」に協力を仰ぎ、多くの三船に関する発言が掲載された資料を見せていただくことができた。すると、何を差し置いても、1995年に出版された『浪漫工房』第8号（創作工房）という演劇研究誌があれば、ほとんどすべてをカバーできることが判った。本著では、この雑誌といくつかの書籍から、前記の三船に関するコメントを抽出して採録させていただこうと思う。これらを紐解いていけば、演技者・表現者としての三船敏郎の本質が、少しは見えてくるかもしれないからだ。まずは、お馴染みの香川京子のコメントからスタートする。

『黒帯三国志』（昭31）で初共演を果たし、続いて谷口千吉監督作『嵐の中の男』（昭32）、稲垣浩監督の時代劇『柳生武芸帳』（昭32）や『大阪城物語』（昭36）で共演を重ね、『どん底』（昭32）をはじめとした黒澤明監督の諸作における濃密な共演でも知られる香川京子は、三船の俳優としての資質を次のように語る。

「このように（共演作を）挙げてみて思うのですが、三船さんは天才的な方だということです。俳優さんにはいろいろなタイプがあります。理論的にその役柄を作っていかれる方、直感的に大きく掴んで瞬間的に表現される方……。三船さんは後者のタイプじゃないでしょうか。

演じられるキャラクターも凄く強烈でしたし、他の人には真似のできない野性的な部分と、都会的な洗練された

※1 セスナ機飛来の一件と、モーターボートによる救出劇他、三船敏郎と成城の関わりについては、前掲『成城映画散歩』に詳述したので、ご興味のある方はこちらをお読みいただきたい。

ところも併せ持っておられる、素晴らしい方だと思います」。

（『悪い奴ほどよく眠る』の現場では）

「この時の三船さんは『羅生門』とはまったく違い、すごく洗練されておられて都会的でした。素顔の三船さんに近い感じで、素晴らしかったですね」。

（黒澤明監督『天国と地獄』の現場では）

「そんな中で三船さんは、その瞬間瞬間にあっと思うような、思いがけない表現をなさるんですね。黒澤監督はそれを楽しみにし、期待していらっしゃる。三船さんを信頼して任せていらっしゃる。私が傍らで拝見していて、そのようにお見受けしました」。

ここで例え話として挙げられた、権藤邸における三船の所作――思わず閉め切ったカーテンをパッと開けてしまうが、犯人が下から見張っているかもしれないと思い直し、すぐにまたパッと閉め切ってしまう――は、香川によれば、シナリオに書かれていたわけでも監督の指示でもなく、三船自身のアイディアによるものであるという。その開け閉めの「間」がまた絶妙で、思わず息を呑んだ香川は、主人公の追いつめられた気持ちを表す、この「表現の仕方」に三船の凄さを感じたと強調している。

以上は、香川京子から見た三船の俳優としての幅の広さ、表現者としての在り方に関する証言であり、実に興味深いものがある。シナリオを現場に持ち込まないくらいだから、台詞や動作は完全に頭に入れて撮影に臨んでいた三船だが、直観的かつ瞬間的に表現する俳優だった、という香川の考察は、演技者として三船がいかに天才的な資質を有していたかの証しであろう。

次の証言者である久保明は、谷口千吉による三島由紀夫文学の映画化作品『潮騒』（昭29）の時が、「三船に最も親しく近づいた最初」と語っている。久保が十七歳、三船が三十代半ばの男盛りの頃、『宮本武蔵』（昭29／監督：

稲垣浩）を撮っている日光のロケ先に三船を訪ねた久保は、中禅寺湖を背景に『潮騒』のスチール撮りをし、旅館で三船と一緒になる。そこで久保が耳にしたのは、例の「バカヤロー」のどなり声だったそうで、これによりこの儀式（?）は、成城大学の弓道部の学生から雨あられの矢を浴びる『蜘蛛巣城』（昭32）や、やたら台詞が多かった『或る剣豪の生涯』（昭34）以前から、すでに始まっていたことが判る※2。

その久保は、『椿三十郎』（昭37）で三船と本格的に共演した時、監督の黒澤明が「僕は三船君がいなければ映画が撮れないよ」と話しているのを聞く。やはり、香川京子が言うとおり、黒澤は心底から三船を信頼していたのであろう。

「凄いスターでしたので、とにかく存在が大き過ぎ、かけ離れた人でした」と評する久保であるから、三船の演技に関する発言はないものの、「大スターだからと威張るのでもなく、他の人と全く同等にやっておられました。（中略）主役だからと遅れたりすることもまったくありませんでした。口では何もおっしゃいませんでしたが、いつも態度で模範を示され、そういう姿を見て私たちは肝に銘じたものでした」との三船に対する人物評価は、他の俳優さんたちとほぼ同じで、改めて三船の人間としての素晴らしさ・謙虚さを認めざるを得ない。

映画界に入ってすぐは、「雲の上の人という感覚で拝見」していたという司葉子は、三船とは同じ成城の住人ということで、次第に話をすることも増えていく。そして多くの仕事を共にしたことから、素顔の三船に関するコメントもかなり多く発している。その最たるものは「最も俳優らしくあると同時に、俳優らしくない」という三船評であろう。

※2　司葉子も『日本誕生』（昭34）の熊本ロケの時、泊まった旅館で、夜中に動物の吠えるような声を聞いたという。「熊でも出たのかしら」と思っていたら、これが三船の声だったというから、三船が参加するロケ現場では、こんなことはしばしばだったのだろう。

「素顔の三船さんは、俳優が似合わないような照れ屋さんでした。照れ臭いから口数をおっしゃらない、そしてその分、気を遣われるのだと思います」と言う司は、実に具体的に三船の「気の遣い方」――例えば、決して女優を立たせておくということをしない等々――を説明している。

そんな司が、三船の「俳優としての魅力」を問われて発したコメントが、この雑誌に残っている。

「三船さんの魅力と言いますと、真摯な姿勢、男性的で豪放磊落、ダイナミックでありながら精神的な部分では研ぎ澄まされた繊細な神経をお持ちになっていらっしゃり、周囲に対しては非常に気配りのある方でいらっしゃいますね。その上、世界的な大スターにおなりなのに、非常に謙虚でシャイな方。ともすれば尊大になりがちな環境にありながらも流されないでいらしたのは、内に精神的な確立を持っておられたからこそのことと思います」という人間・三船の魅力を語ったあと、司は俳優・三船をこう評している。

「一旦、お仕事に入られると、役作りをされる場合も、ごまかしが嫌いな完全主義者の方だと思いますので、人物になり切っておられ、雑談もできない雰囲気になります」。

なるほど、役に集中すればするほど完璧を期してしまうのは、その真面目で繊細な性格ゆえのことであるのなら、これが撮影後の「バカヤロー」発言に結びついていったことも確かなことのように思える。

特に、黒澤作品に入っている時の三船は、「また一段と違う雰囲気で、近寄りがたい感じがした」というし、パン・フォーカス（近くの対象物から遠くのものまで焦点が合っている）画面を作り上げるための強い照明のせいで、着物や鬘から煙が出てもびくともせずに対峙している様子からは、「仕事に対して命懸けと言っても過言ではないくらいの厳しい姿勢」を感じたという司。これもまた、俳優としていかに三船がストイックな姿勢を保っていたかの証しと言えよう。

さらに、三船の役作りについて、司はこのように語っている。

「三船さんは役に入られるに当たって、周囲を断ち切って自分自身の内部へ、役柄をじっと潜行させていく、といったものがあります。ですから、撮影所で扮装している三船さんにはちょっと話をしにくい感じがありますね」。

これと好対照だったのが、アドリブを得意とした森繁久彌だったというのは、よく分かる気がする。この二人が、両極端ながらも東宝俳優たちの良い見本となって、東宝映画が活性化したことを思えば、二人の本格的共演作というのも見てみたかった気がしてくる。

三船の人間性や俳優としてのカッコよさに惚れ込み、プロダクションを起こした時には所属俳優となり、他の俳優が大挙して移籍していった時もそのまま三船プロに残った夏木陽介は、三船の俳優としての姿勢について、「三船さんは最初のテストから真剣勝負なんです」と語っている※3。

三船の〝男としての魅力〟については、「若手から見た時、三船さんは何といっても恰好良いんですよ。昭和33年頃、ＭＧ－ＴＤ型のスポーツカーに乗っていらしてね。撮影所の中を時代劇の衣装で、車のステップに片足を載せ、ギアをローに入れ、オープンセットまで乗っていかれるのです」と証言。この車が東宝撮影所の中で流行り、夏木陽介、佐原健二、佐藤允と、一時の東宝はＭＧ－ＴＤだらけになった※4とのこぼれ話も披露している。

MG-TD に乗る三船敏郎

※3 『上意討ち 拝領妻始末』（昭42）の時、三船に後ろから串刺しにされた神山繁が、三船さんの歯ぎしりの音を聞いて震え上がった、というエピソードを聞いての発言。
※4 三船のＭＧ－ＴＤは1952年型。筆者が話を伺った、成城大学卒の西條康彦さんも同車に乗った派であるとおっしゃっていた。それぞれの車の色については、前掲『成城映画散歩』に記したので、参照されたい。

夏木の発言では、三船プロに新人が入って来た時に、いつも三船がかけたという「一言」が忘れられない。それは「良い映画を作ろうな」というもので、三船がいかに映画に賭けていたかがよく分かる言葉である。これを思い出した夏木が、「黒澤明とのコンビでもう一度映画を作って欲しい」と念願していたのも、ずしりと胸に響く。

同じMGに乗った佐藤允も、三船敏郎との共演作は数多い。これは、佐藤が語る、『隠し砦の三悪人』（昭33）撮影時のエピソードである。

佐藤が火祭りシーンに村人として出演していたその時、突然黒澤が、百メートルほど離れた群衆を指し、助監督に向かって「その中にメガネをかけている奴がいるぞ！　メガネを外せ。ちゃんと見ろよ！」と大声で叫び出す。もちろんこれは、ルーペを覗いてのことであろう。いかにカメラから離れていようと、出演者の中に眼鏡をかけた者や腕時計をはめた者が混じっていては、時代劇は成り立たないので、監督としては当然の指示である※5。

すると、照明部のスタッフによる次の言葉で、真相が明らかになる。「監督、あれは三船ちゃんの目ですよ！」。

つまりこれは、それだけ三船の目が爛々と輝いていたということに他ならず、この逸話からは、三船の俳優としての資質というより、――佐藤の言葉を借りるならば――「三船の集中力」がいかに凄まじかったかが、よく伝わってくる。漫画の「巨人の星」でもあるまいに、集中力によって目が炎でメラメラ燃え上っているように見えることなどあるはずもないと思っていたが、三船はこれを現実の演技で具現化していたわけである。

逆に、三船の静かなる演技を評価するのが小林桂樹である。『椿三十郎』の基となった「日々平安」（原作：山本周五郎）をそのまま映画化しようと、黒澤明が書いたシナリオでは、主人公の弱い侍・菅田平野《すがたひらの》を演じる予定の小林だったが、これが強い浪人・三十郎にとって代わったことは、知らぬ者とてない逸話であろう。

成瀬巳喜男の『妻の心』で三船と共演した小林は、三船が亡くなった後に出た追悼グラビア本『毎日ムック　三

船敏郎 さいごのサムライ』（毎日新聞社、１９９８年）において、このような発言をしている。

「（三船さんは）動きのある映画がクロースアップされているけど、押さえた（原文ママ）静の演技の方がうまかった。そういう作品をもっと見たかったですね」。

小林は、『妻の心』の時の三船の演技を、「いいなあと思いましたよ。妻が揺れるのもごもっとも、という感じでしたね。どぎつくなく、非常に淡い感じでね」と評するだけでなく、「背広の似合う役が格好良かった」と称賛。さらには、「三船さんが老人になって枯れてきた、深いところを演じるのも見たかったですね」と語り、その死を惜しんでいる。最後の最後まで東宝との契約が残っていた小林には、もっともっと多くの現代劇で三船と共演してもらいたかったものである。

同じく『毎日ムック』で、ニューフェイス同期の久我美子は、三船の〈動〉の部分を評価して、このように語っている。

「とにかく、三船さんの運動神経は並外れていまして、あれほど突出した運動神経を持った俳優を私は知りません」。

これが、ニューフェイスの研修期間中や『酔いどれ天使』出演時の印象なのか、はたまた『柳生武芸帳』（昭32〜33）や『大阪城物語』（昭36）などの稲垣時代劇で共演した時の印象なのかは分からないが、久我が三船の「リアルで迫力のある殺陣」を買っていたことは確かだ。

※5 古澤憲吾という娯楽映画の〝巨匠〟は、黒澤と真逆で、『ホラ吹き太閤記』（昭39）という植木等主演のコメディ時代劇の〈空撮〉合戦シーンにおいて、まったく現代の恰好をしているスタッフらに鎧兜を重ね着させ、これをエキストラに混ぜて撮影してしまうという、黒澤明が見たら激怒必至の破天荒な〝モブ・シーン〟を出現させている。

『霧笛』（昭27／監督：谷口千吉）や『戦国無頼』（同／監督：稲垣浩）、『抱擁』（昭28／監督：マキノ雅弘）などで三船と共演経験のある山口淑子は、三船の印象を同誌でこう述べている。

「三船さんは、小細工の人ではありませんでした。悠揚で大陸的、スケールの大きい額縁を持っている方でした。それは日本のメジャーでは測りきれないものではなかったかと思います。（中略）荒々しい身の動き、そこにはえも言われぬセックスアピールがありました」。

広大な中国大陸という環境、同じ風景の中で育った者同士が持つ共感が、そう言わせているのだろうが、世界に通用するスケール感がどこから来ているかが窺い知れられる発言で、実に興味深いものがある。ちなみに、三船の〈セックスアピール〉について語っている俳優は山口のみで、『羅生門』で共演した京マチ子や、『下町 ダウンタウン』で三船とベッドシーン（?）を演じた山田五十鈴の言葉も是非聞いてみたかったものである。

ここからは、演劇研究専門誌『浪漫工房』（創作工房）での発言に戻る。

三船敏郎と共演し始めたのは、まだ十代の頃だったという星由里子。『大阪城物語』（昭36）など、稲垣浩の数々の時代劇で三船と共演した星だが、加山雄三のデビュー作『男対男』（昭35／監督：谷口千吉）で犯した失敗が、いまだに忘れられないと言う。この映画の試写会で、すでに死んでいるにもかかわらず、三船に抱きかかえられた時、しっかりスカートを押さえている自分の姿を発見した星は、飛び上がらんばかりに驚愕。自らの俳優としての失態はさておき、まずは、三船の人間性に触れ、次のような感想を述べている。

「くずれたり、はみ出した三船さんを見たことがなかったですね。いろいろなキャラクターを演じられ、世界的なレベルの人ですが、いかなる時もきちっとしていらっしゃって、お人柄が滲み出ていました」。

さらに、俳優としての三船については、「一般的には、普段話している時とキャメラの前とではガラッと変わる俳優さんが多いですが、三船さんは撮影所の門を潜られた瞬間から――あるいはお家を出る時から、かもしれませんが――役の人物のままで過ごしていらっしゃるのではないか、と思ったりするくらいです」と語る星。これは司葉子の見方とまったく同じである。

稲垣作品での三船が「温かみがあって好き」だったと言う星は、東映出身の沢島忠（のちの沢島正継）が三船プロに招かれて監督した『新選組』（昭44）にも出演、東宝の監督にはないその演出スタイルが新鮮だったと述懐している。そんな中、「〝世界のミフネ〟と言われる方が傍にいてくださったということは、私たちの誇りでした」と三船を讃えていることからは、三船の優しさや心遣いから東宝の俳優たちが得た「有形・無形のエネルギー」が感じ取られ、俳優仲間ではない筆者でもなんだか誇らしいような気持ちが湧いてくる。

星由里子と、その『新選組』で共演したのが北大路欣也。土砂降りの日に、MG-TDをバーバリーのコートの襟を立てて運転している三船を目撃、あまりにカッコよくて追いかけたことがあるという北大路は、本作撮影時も、「近寄るのも畏れ多くて、遠くから『ああ、本物の三船さんだ』と感激してみていた」と、その心情を述べている。

好きな三船作品は「全部です」と答えるほどの三船ファンの北大路だが、特に『羅生門』（昭25）の三船には、「ライオンの雄叫びのような内から滲み出てくる気迫、人間の生命力、エネルギーの凄さ、しかし一方で、繊細で笑った時のチャーミングさといえば何とも言えない魅力」を感じたと言う。さらに北大路は、橋本忍から聞いた話として、三船の俳優として尊敬すべき点を次のように語っている。

「黒澤組は一日に何度もテストをするそうですが、普通は、だんだんとトーンが落ちてくるんですよ。ところが三船さんは、どんな状況であっても本番が一番凄いんだそうです。これは俳優として尊敬すべき点です」。

小学生だった北大路は、自宅近くの下賀茂神社の奥に組まれた『羅生門』のオープンセットを目撃。そびえ立つ門を見つめては、「どんな映画が出来るんだろう」と心ときめかせた北大路少年は、数年後に完成した映画を観て、感動に打ち震える。以来、三船の映画はどれも封切になるのを楽しみに待つようになったという北大路は、こうも語る。

「スクリーンの中の三船さんは、『いつ爆発するんだろう、いつ爆発するんだろう』と、ドキドキしながら観ずにはいられない気迫に満ちた演技で、私は画面に釘づけになりました。あの三船さんの迫力は、演じようと思ってもできるものではありません。三船さんだけが持っている天性の資質です」。

これもまた三船の天賦の才能を称賛するコメントであり、俳優たちによる「三船賛歌」は止むことがない。

五社協定を共に打ち破った〝同志〟的存在が石原裕次郎だが、この雑誌が発行された頃には、すでに鬼籍に入っていた。その代わりのようにインタビューを受けたのが、スター・プロの経営で同じ苦労を嘗《な》めた勝新太郎、その人である。

インタビュアーからの「三船さんへのメッセージはありますか？」との問いに対し、勝新は——遠くを見るような眼差しで——こう答えている。このコメントからは、歯に衣着せぬ発言で知られる勝新とも思えぬ謙虚さと、三船に対するリスペクトの念がひしひしと伝わってくる。その真意をお伝えするためにも、できるだけその発言を省略・要約しないで、掲載させていただく。

「三船さんは、日本の映画界だとか、日本の映画俳優だというだけでは捉えることができない人だ。この地球上の、映画に携わるすべての人たち、すべての中の三船さんであると言えよう」。

「世界の有名な俳優を一般に『名優』と呼ぶが、三船さんは『名優』とはまた違うと思うんだ。俳優・役者という言葉は、三船さんには当てはまらない。そういう生い立ちの人では、ない。役者というのは、台本の中に描かれている役を演じるのだが、三船さんの場合はそうじゃない。スクリーンに映し出されたものは、『三船敏郎』以外の何ものでもない。それが、身体の中から匂い立ってくるんだよ。つまり、演技はスクリーンに映せるけれど、匂いまでも映し出せる俳優さんは、そうはいない。だから芸が上手い、下手ということ以前に、先天的に三船さんはそれだけのものを持っていたのだろう。それは、演技の勉強をしたからといって行きつける質のものじゃない。(これからは) そのように生まれついたのだから、そうである以上、なるほど三船さんだな、というものを創ってほしい」。

これもまた、三船敏郎の天才性・天賦の才を謳い上げる、勝新太郎による「三船賛歌」以外の何ものでもなかろう。まるで、共演作が『座頭市と用心棒』(昭45) と『待ち伏せ』(同年) しかなかったことを悔やんでいるかのようではないか。

酒を酌み交わしながら話した時に持った印象も、実に勝らしくないものだ。勝新曰く、「周りに気を遣うばかりで口数は少なかったね。本性は照れ臭がり屋の人なのかなあ」との感想は、いつもの人間・三船評と変わるものではないが、「一緒にいることで、ひとつ格が上がったなぁ、とフッと思えるような人だった……色々な俳優さんを知っているが、その中でも三船さんは抜きん出ていた」なる発言は、三船がライバルと言われる人たちからも、いかにリスペクトを受けていたかがストレートに伝わってくるもので、またもや誇らしい気分に酔わされた筆者である。

三船プロ製作による映画『犬笛』(昭53／監督：中島貞夫) で主役を務めた菅原文太も、こう言って三船を称える。

「三船さんの功績に対して、国家として何かしてあげられないものだろうかと思うのです。勲章など三船さんは要らないでしょうが、階級をつけるなら『勲一等』級の人です」。

日本で文化の面が低く見られてきたことを憤る菅原は、こう続ける。

「黒澤監督の作品における三船さんの存在は、黒澤監督の評価に比べて取り挙げられ方があまりに違うでしょう。日本では黒澤監督の力ばかり言われて、三船さんの偉大な面をなかなか取り挙げてくれない」。

これはまさに我が意を得たり、の言葉で、菅原は本著を企図した筆者の代弁を、すでにここでしてくれていたわけである。

次は、『浪漫工房』以外の媒体に載った、俳優・三船敏郎を評するコメントである。

おそらくは『七人の侍』あたりから、三船との深い交友が始まったと思われる土屋嘉男は、自著「クロサワさ〜ん！黒澤明との素晴らしき日々」（新潮社、1999年）において、「良き兄貴分であった」という俳優・三船に触れて、こんな発言を残している。

「見るからに男性映画の象徴だった。それまでのノッペリとした二枚目とは一線を画していた。いわば東宝映画の男優たちの憧れともいえた」。

もっとも土屋は、三船を称賛するだけでなく、お酒の上での失敗談もさんざん紹介しているのだが、それでも、三船プロを設立してからの経営者としての心労を慮ってのことであろう、「無性に寂しくなる」とか「黒澤さんにすっかりエネルギーを吸いとられて萎んでしまったように見えて、感無量だった」などと述べるなど、三船が奔放に生きていた頃に思いを馳せており、ここでも東宝の俳優仲間たちの絆の深さを窺い知ることができる。

三船と『天国と地獄』（昭38）で初共演を果たした山崎努は、『文藝春秋』90周年記念臨時増刊号「鮮やかに生きた昭和の100人」（2013年5月1日発行）において、こんな発言を残している。

「三船さんの、あのスピード感のある演技は圧倒的でした。動きも台詞の速さも傑出していました。殺陣があまりに早くて、コマで見ると映っていなかったところがあったと聞きます。感情の切り替えも早かった。泣いた直後に笑う、そんな演技の飛躍ができる俳優は三船さんが初めてでしょう。日本人ばなれしていました」（原文ママ）。

動きや殺陣のスピードが速いのは、他の媒体でもよく語られることだが、台詞が速い、とは初耳である。一時の市川崑なら、是非三船を使いたかったろう。感情の切り替えの速さは、『酔いどれ天使』（昭23）からすでに顕著であったが――。

さらに、現場に一番乗りをしたり、付き人をつけなかったのは「せっかちなところがあったから」、との持論を展開する山崎。『天国と地獄』で共演した折には、成城学園前の駅まで何度もMG‐TDで送ってもらったことや、二人とも物まねが上手かったので、『天国と地獄』の最後のシーンをお互いにモノマネで演じ合ったエピソードなどを開陳したあと、三船の俳優としての意識について、このように回想している。

「あの人には、スター、俳優、という意識があまりなかったような気がします。演技することが面白いからやっている、そんな感じでした」。

なるほど、そもそも俳優などになろうと思っていなかった三船であるから、これはずっとそういう意識が抜けないまま役者を続けていた、ということであろう。それにしても、三船はある時から、少しは俳優を面白いと思い出したのだろうか？　ずっと嫌々やっていたのかと思うと、なんだか気の毒になってくるが――。

「そういう三船さんを存分に面白がらせたのが黒澤さんです」という発言は、なかなかに興味深いものがある。山崎は「黒澤がどうしたら三船が面白がるかを知っていた」からこそ、「黒澤映画で三船は輝いた」と分析したうえ、「世間では徹底して俳優をいじめる怖い監督というイメージが定着している」黒澤だが、実はそんなことはなく、「自分のイメージに合わない演技には細かく指導しますが、三船さんに関しては自由にやらせていました」と証言。さらに、三船と黒澤は「ちょっとした仕草や表情が実に良く似ている」だけでなく、「お互いの癖まで伝染していた」と明かす山崎は、「それだけ二人は響き合っていたのでしょう」との見方を示している。

この二人の蜜月関係が崩れた理由については、これまで様々な見方が示されているが、何よりも黒澤が『赤ひげ』（昭40）以降、海外に目を向けたことと、三船が「三船プロダクション」を起こしたことで、がんじがらめの状態に陥った二つの要因が大きかったと思われる。

不幸にも、二度と再びコンビを組むことがなかった黒澤と三船だが、どう見ても『乱』（昭60）の戦国武将・一文字秀虎は、三船敏郎を想定した作られたキャラ＝主人公像であり、三船が演ずるべき役柄であった。もしそのとおりになっていれば、植木等との共演も実現し、さらには――鉄《くろがね》修理を当初オファーされたあの俳優が演じていたとしたら、だが――、三船敏郎＆高倉健という〝夢の組み合わせ〟※6も現実のものになっていたわけである。

「こんな夢を見た」というのは、夏目漱石の「夢十夜」の書き出しで、黒澤の『夢』（平2）でも引用されていたフレーズだが、『乱』は筆者にとって、そんな見果てぬ夢を見させてくれる作品なのである。そう、黒澤の遺作となった『まあだだよ』（平5）ですら、主人公たる内田百閒※7を三船が演じていたらどうなっただろうか？　朴訥ですっ呆けた百閒先生がまた違った人物像に変化し、まったく違った面白い映画になったと思うのだが……。

脱線したので、話を山崎努の証言に戻そう。

さて、さらに興味深いのは、山崎が、三船が「復員兵」上がりであることに着目していることである。「三船さんの才能は、『復員』をきっかけに花開いたと思えるのです」と言う山崎は、加えて「敗戦兵士の絶望感」に着目。「そして、そのとき偶然、俳優という天職に出会った。それを象徴するのが、あの印象深い『怒り』と『哄笑』の演技でしょう。行き場のない怒りを早口でまくしたて、大声で笑い飛ばす三船さん独特の演技は、復員兵であったことと無関係ではないはずです」と分析する。

確かに、デビュー作の『銀嶺の果て』（昭22）から、『新馬鹿時代』前後篇※8（同）、黒澤との初コンビ作『酔いどれ天使』（昭23）から『野良犬』（昭24）に至る、戦後すぐの――奇しくも独身時代の――出演作品における三船は、ギラギラとした目を剥き、怒鳴り、笑い、そして怒りまくる演技で、日本映画界に新鮮な血を注ぎ込んだ。これも、キャメラマンになりたくて東宝撮影所の門を叩いたものの、撮影部には座る椅子がなく、その履歴書がニューフェイス募集に回された挙句、嫌々俳優にされたという苦い思いから来ていることは疑いようのない事実。『野良犬』という「復員兵上がり」そのものの役を演じた作品もあり、この時代の三船敏郎は、ある意味〝時代の寵児＝申し子〟だったと言ってよいだろう。

最後に「三船さんのような人を天才というんでしょう」と結論づける山崎だが、筆者は、三船は「天賦の才を持った、努力型の人」と称するのが正しいと思うが、いかがであろうか？

また『浪漫工房』の三船談義に戻ろう。

俳優仲間では、別格の存在が千秋実である。

黒澤作品には『野良犬』（昭和24年10月公開）から出ている千秋だが、実は出演してはいないが、黒澤作品『静かなる決闘』（同年3月公開）の菊田一夫による原作「堕胎医」を、自ら主宰する劇団「薔薇座」ですでに上演し

※6　高倉健とは、『祇園祭』（昭43／監督：山内鉄也）で共演した形となっているが、本格的な共演ではなかった。
※7　実際に百間を演じたのは松村達雄。現場では黒澤のヒートを買っていたそうなので、やはりイメージに合わなかったのであろう。「とらや」の〝おいちゃん〟じゃあるまいし、やはり松村はミスキャストとしか言いようがない。このキャスティング、成城でご近所の山田洋次監督の推薦だったのであろうか？
※8　公式デビュー作は『銀嶺の果て』だが、出演したのは『新馬鹿時代』のほうが先だったとか。

ていた、という実績がある。この公演を見た黒澤が映画化を決めたことで付き合いが始まり、千秋は次作の『野良犬』にて、淡路恵子が踊子を務めるレビュー劇場の演出家役で、黒澤映画に初登場と相成る。

千秋は本誌で、三船の俳優としての評価などは一切語っていない。ただ、「豪快で男性的な男が好き」な黒澤が「三船君のことを好きだった」ことも含め、三船の性格について、次のように語っている。

「素顔の三船君は、性格がおとなしく、細やかな神経の持ち主で絶えず人に気を遣い、非常に丁寧な人物です。（中略）ところが、そのあと気のおけない者たち二、三人だけになると、ストレスを発散し始めます。『バカヤロー』、『何言ってんだ』などと大声でどなったりするのはしょっちゅうです」。

そのうえで、「映画のロケ先で、翌朝、旅館の近所を『夕べは酔っぱらって荒れまして……』と、一軒一軒謝って歩いているんですよ。仕事に対しては生真面目で夢中になってやる迫力を買っていたのと同時に、そういう三船君の人柄を、黒澤さんは面白がっていたんでしょうねぇ」と、意外な三船の一面も明かしている。

確かに筆者も、三船プロダクションで見せていただいた〈三船直筆資料〉の中に、『最後のサムライ ザ・チャレンジ』（１９８２）の撮影後に、三船が監督のジョン・フランケンハイマーに宛てた書状で、「撮影中は僭越なことを申し上げ、失礼なことも数多くあったと思います……」と記した謝罪の文言※9を発見している。これは、撮影中に「日本の慣習にない、間違ったもの」を発見した三船が、これを「そのまま描写すれば、日本の観客の失笑を買う」ことを恐れて、「ただただ作品に瑕をつけたくない一心」で監督に進言したことについて、釈明・謝罪しているものなのだが、三船の細やかな気遣いを目の当たりにして、非常に驚くとともに、ある意味感心した経験を持っている。

そして、愉快だったのは、一番苦労した作品として挙げた『蜘蛛巣城』における、濃霧の中の帰城シーンに関して、「三船君は、車の運転は天才的でしたが、馬のほうは私のほうが得意でしたので、私が（三船に）スピードを合わせて行きました」と語っていることである。千歳船橋にあった「清風会乗馬クラブ」※10で練習を重ねた三船が披露した『隠し砦の三悪人』（昭33）での見事な馬上での斬り合い（両手で太刀をふりかぶったまま馬を疾走させる）シーンが、『スター・ウォーズ　ジェダイの帰還』（１９８３）のスピーダー・バイクによる追っかけシーンに流用・発展したことは、今ではよく知られている事実だが、千秋のほうが主役の三船より乗馬が得意だったとは、誠に意外なことであった。

そう言われてみれば、『七人の侍』（昭29）で野武士の山塞を先制攻撃するため馬を走らせたのも、宮口精二の久蔵（こちらは、やはり乗馬に秀でた大村千吉がスタンドインを務めた）のほかは、乗馬に覚えのある三船と千秋の二人であった。

続いて、俳優ではない裏方のスタッフにより語られた、俳優・三船敏郎に関するコメントを『浪漫工房』の中から紹介していこう。

俳優・三船敏郎を見出した人間と言ってもよい存在が、その初監督作に三船

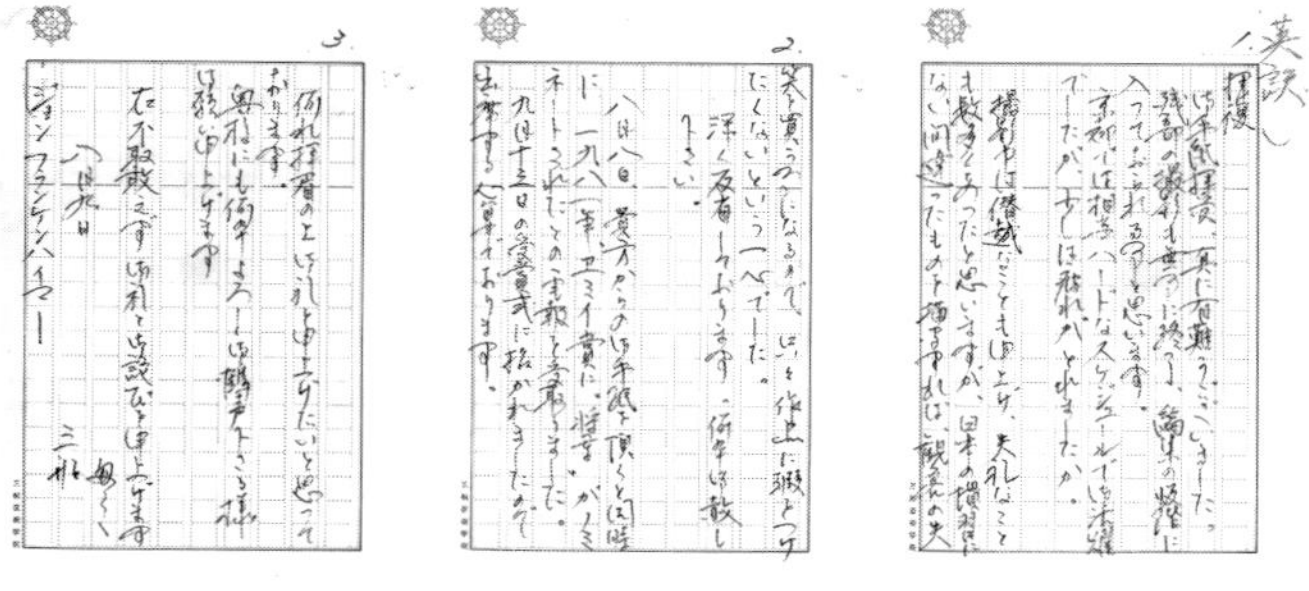

三船敏郎がフランケンハイマーに宛てた手紙（三船プロ提供）

※9　三船は、この日本語の文面を英訳の上、Ｊ・フランケンハイマーに郵送させている。（写真）
また、三船は『キネマ旬報』１９８４年４月下旬号誌上で、外国映画に出演する時の姿勢をこう語っている。「日本人、特にサムライのスピリットや、日本の風俗習慣を曲げて描かれることが一番イヤだ。私は日本と日本人のために、これからも正しい日本人が描かれるよう断固戦っていく」。

※10「清風会乗馬クラブ」は、小田急線の千歳船橋～祖師ヶ谷大蔵間、現在の環状八号線の千歳船橋寄りの北側、線路沿いにあった乗馬クラブ。三船はここに馬を預け、史郎氏や志村喬、千秋実らとともに乗馬の練習に励んでいたという。

を起用した谷口千吉監督である。黒澤明と共同で『銀嶺の果て』の脚本を書き終え、藤本眞澄プロデューサーと共に小田急線の座席に腰かけていた谷口は、「ふと左の方を見ると、いかつい男が立っている」のを発見。それは「胸の厚い、ガラの悪そうな、怖いから傍に近寄らない方がいいというタイプの男」で、「いわゆるオス（雄）という感じ」であった三船を見た谷口は、藤本に「俺はああいうのが欲しいんだよ」と宣言。すると、これが「今井正が講義をしているニューフェイス教室に通っている生徒」の三船敏郎で、「交渉しよう」という谷口に対し、藤本は「あいつはやめておいた方がいいなぁ。ヤクザだよ、見るからに」と、三船にとっては大変失礼な答えを返す。

翌日、交渉の場に立った三船が「僕は俳優にはなりません。男のくせに、ツラで飯を食うというのは性に合わないんです」と言って断った話も有名だが、結局は谷口による「背広※11を一着プレゼントする」との誘惑に負け、出演を承諾。これが、俳優・三船敏郎が誕生するきっかけとなったわけだから、人の運命というものは分からないものである。

『銀嶺の果て』があのような傑作になったのも、この時の谷口の一言があったからこそだが、このとき黒澤が谷口に放った一言も笑える。

「千ちゃん、お前バカだなぁ。君の最初の大事な作品を撮ろうとしているときに、あんな得体の知れないヤクザみたいな男を使うなんて。途中で消えていなくなったらどうするんだ――」。

消えていなくなるどころか、三船敏郎がその後、自らの作品はおろか、東宝映画の屋台骨を支え、三船プロダクションという所帯も持ち、さらには全世界の映画人から尊敬を浴び、出演を乞われる存在まで登りつめることは、さすがの黒澤明もこのときは見抜けなかったわけである。

谷口はさらに、三船の人間として、俳優としての評価も述べているので、ここに採録してご紹介する。

これは、『銀嶺の果て』撮影中のこと。吹雪の中、一番重い荷物の運搬を買って出ただけでなく、朝一番に起きて山小屋の掃除をする三船を称賛する谷口は、こうも言う。

「彼はまた、人の持っている荷物も次々と横取りして、背負ってやるのです。私は傍らで見ていて、彼に心底惚れました。私が想像していた以上の逞しさを持っていて、本当に素晴らしかった」。

そして、俳優としての三船を「役柄としては悪役でしたが、三船ちゃんは最高の適役だったと言われています。肉体的には背も高いし、腕も太い。あれだけガッシリとして逞しい俳優さんは他にいません」と評価。すぐに三船で作品を撮りたかったが、あんなに悪口を言っていた黒澤から横取りされ、『ジャコ萬と鉄』（昭24）まで撮れなかった〝恨み節〟も述べている。『潮騒』（昭29）での船長役は「ノーギャラ」で出てくれたとの話も、ここで初めて知ったことである。

東宝時代から三船プロ時代に至るまで、三船とは長期間に亘って仕事を共にした美術監督（三船プロでは専務を務めた）の植田寛は、映画会社が俳優・スタッフを育てることができなくなった時代にあって、三船プロが果たした功績を強調したうえで、三船の俳優としての魅力をこう語っている。

「俳優としては、豪快でダイナミックであり、しかも、現代劇・時代劇を問わず演じられる貴重な俳優さんですね。さらに、時代劇・現代劇それぞれにおいて様々なキャラクターを演じています。役柄の幅の広さはすごいものがあります」。

これは、本著に掲載した「三船敏郎、役柄の変遷」をお読みいただいた方なら、たちどころに首肯していただける発言であろう。

※11　谷口千吉によれば、この背広の値段は三十五円。谷口の月給が百二十円の頃の話だから、けっこう高価な品物だったことになる。

宇仁貫三は、東宝から三船プロに至るまで、三船に殺陣をつけ続けた殺陣師である。『赤ひげ』（昭40）では、三船扮する〝赤ひげ先生〟が、岡場所でヤクザ相手に大立ち回りを演じる場面があるが、あそこで三船から空中にぶん投げられるヤクザが宇仁だ。これが認められ、宇仁は初めてタイトルにクレジットされている。

その宇仁が語る「三船の立ち回りの魅力」は、「一番感じることは豪快さと迫力です。あのパワーで睨まれると、まともに立っていられません。その魅力たるや、社長だけにしか出せませんね」というもの。三船を「厳しくて、優しい人」と評する宇仁は、こうも語る。

「何よりも真面目な人です。社長はけっして器用な方ではありません。だからその分、努力されて、ドラマに対して忠実に表現しようとなさっておられます。だから、監督に対しては、絶対に逆らわれません。しかし、そういった中でしっかりと個性を出されています。だから変に器用な人よりも、何十倍も画面で輝くんですね」。

これがけっして、社長をヨイショする類いの褒め言葉でないことは、読者の方にはとうにお分かりのことだろう。

撮影監督の山田一夫は、本雑誌の製作時には、三船が昭和21年に東宝撮影所の門を叩いた時の経緯を知る、貴重な生き証人であった。ここで山田は、三船が俳優になるきっかけについて、このように証言している。

「（撮影所が組合管理で運営されている）その頃、戦争帰りの三船さんが、東宝撮影部にいる友人を訪ねて来られたのです。当時私は、撮影部の係長のような位置にありましたので、彼に会いました。ところが、あいにく撮影部はスタッフが満席の状態。ちょうど俳優部でニューフェイスの募集をしておりましたので、彼のことを委員長の山本嘉次郎監督に頼んで、試験を受けさせてもらったのですが、落ちてしまったのです※12。三船さんは、雰囲気・風貌ともにそれまでの俳優さんとはまったく違うタイプでしたのでね――」。

「私は師匠の三浦光雄カメラマンと、もう一度山本先生にお願いしました。ニューフェイスの末席でも彼を研究所に置いて欲しい。撮影の助手が必要になれば撮影部で引き受けるから、ということで話がつき、入れてもらうことができました」。これは、これまでよく語られてきた通説「面接は、ただ一人、〝風変わりな男〟に目をつけた山本嘉次郎の一言で、合格となった」あるいは、黒澤が自著『蝦蟇の油――自伝のようなもの』（岩波書店、1984年）の中で主張する「（落第が決まった後、黒澤が大きい声を出したので）審査委員長の山さんが、問題の若い男の俳優としての素質と将来性について、監督として責任を持つと発言したので、その男（三船）は危ういところで及第した」なる説とは、微妙に異なる話＝展開である。

さらに山田は、回想を続ける。

「ところが、山本先生が三船さんをいたく気に入りましてね。撮影部より俳優部として使いたいと、正式に俳優部に入ったのです」。

なるほど、ここからは谷口千吉が小田急の車両の中で三船を見出し、『銀嶺の果て』のフィルムを編集した黒澤が三船に着目、『酔いどれ天使』に起用する、というこれまで伝えられてきた流れに繋がっていく。三船自身も、今村昌平ほか編『［講座］日本映画⑤　戦後映画の展開』（岩波書店、1987年）に掲載された佐藤忠男との対談において「山本先生は僕を落とした方ですよ。態度悪いと言って……」と同様の発言をしているので、俳優・三船敏郎誕生の経緯は、まずこの〈山田一夫説〉の流れで間違いないだろう。

デビュー前から三船を知っていて、谷口千吉の『愛と憎しみの彼方へ』（昭26）が三船との初仕事だったという

※12　この面接に審査員として参加していたのは、大河内傳次郎、長谷川一夫、高峰秀子などの俳優諸氏に、山本や田中栄三といった監督たち（田中はのちに俳優に転向する）であった。高峰が「凄いのが一人いるんだよ。でも、その男、態度が少し乱暴でね、当落すれすれってところなんだ」（『蝦蟇の油』より）と、黒澤明に途中経過を報告したところまではよかったが、結果的に投票で落第になったというから、俳優も監督たちも〈見る目がなかった〉ことになる。

斎藤孝雄キャメラマンは、約一年間仕事を共にした『七人の侍』や『用心棒』を経て、三船プロに参画。この雑誌では、三船の『椿三十郎』撮影時のエピソードを披露している。

斎藤が「三船さんらしさを見せてもらいました」というのは、ライティングが長くかかり、ある俳優が「ライティングが遅いなぁ」とぼやいた時のこと。すると、ステージ傍で待機していた三船がこう言ったというのだ。「役者は待つのが商売だ」。これが東宝の良さだと言う斎藤は、三船が撮影部を特に贔屓にし、気軽に機材を担いで手伝ってくれた話と、台本を現場に持ち込まない努力などについても、語っている。「途中で台本を直されると困る」話は、高瀬昌弘監督の証言とも一致している。

続いては、その高瀬昌弘監督の証言。稲垣浩組の助監督を長く務めた高瀬は、当然ながら三船とは多くの作品で仕事を共にしている。三船は稲垣作品には、『海賊船』（昭26）をはじめとして二十作に出演しているので、これは全十六作の黒澤作品よりもはるかに多い。多くの稲垣作品の中でも、高瀬は『無法松の一生』が印象深いようで、この作品にかなりの文字数を費やしている。

「クランクインの時にはすべての台詞が頭に入っているという姿勢」を紹介したあと、高瀬は「愛する者のために己を犠牲にする男のロマン」を、いかに三船が見事に演じ、表現したかを力説。「黒澤明の描く骨太の主人公とはまた別の、心優しい日本人のひとつの姿があった」として、稲垣作品の中の三船を高らかに称賛している。

黒澤組のスクリプターを務め、現在でも様々な活動を続けている野上照代もまた、三船の信奉者の一人である。ここでは、黒澤が三船を評価した理由について、次のように語っている。

「黒澤さんが三船さんを高く評価する理由の第一は、彼の〝スピード〟である。あれほどスピードのある俳優は見たことがないと言う」※13と、黒澤の三船評を紹介したうえで、自らも「私がもし三船さんとはどんな人かと訊かれたら、〃もの凄い努力家だ〃と答える。その努力をしていることを絶対人に見せない努力家だと思う。それともうひとつ私が敬服するのは、三船さんの気遣いである」とコメント。さらにひとつ、三船の「N《エヌ》・G《ジー》を出して、もう一度やるのがいやだからさ」という発言を挙げ、これは「自分のせいでN・Gになり、皆にまたやり直しさせるような迷惑はかけたくない、という三船さんの気遣いなのである」と解説、〃努力と気遣いの人〃である三船をひたすら褒め称える野上である。

努力家という点では、劇中ホルンを奏でて小泉博と白川由美の若いカップルを応援するシーンのある『この二人に幸あれ』（昭32／監督：本多猪四郎）では、三船はホルン奏者の指導を受け、実際にホルンを吹きこなしているという。また、志村喬率いる野球チームの選手に扮する『男ありて』（昭30／監督：丸山誠治）でも、プロらしく見えるよう、実際に野球を習って研究したそうだから、〃努力の人〃であったことは間違いない。現場に台本を持ち込まない、すなわちどんな長台詞でも完璧に憶えてくる、という姿勢もその証しであろう。乗馬に関しては、『七人の侍』が始まる前から千歳船橋にあった乗馬クラブに馬を預け、練習に余念がなかったことは、千秋実の発言からも明らかだし、セスナ機の操縦※14も調布飛行場で密かに習得したというから、何事にも真剣に取り組む姿勢は、その生真面目な性格によるものなのであろう。

最後はやはり、心身ともに衰えた三船をあえて起用し、結果的にこれが三船の遺作となった『深い河』を撮っ

※13 三船の演技のスピードについては、森田芳光が同じ脚本でリメイクした『椿三十郎』（平19）が1時間59分の映画になっていることからも、織田裕二との差は明らかである（黒澤作は1時間36分）。

※14 長男・史郎氏の初等学校時代、運動会が行われているグラウンドにセスナで飛来した三船敏郎が、「母の日」を迎えたお母さん方のために、カーネーションの花を撒いて飛び去っていった逸話は、成城学園では今でも語り草となっている。史郎さんがおっしゃるには、「練習の成果を皆さんにお見せしたかったのではないでしょうか？」ということだが、今そんなことをしたら、大変な騒ぎになってしまうであろう。

た、熊井啓監督の言葉で締めねばなるまい。助演篇でも紹介しているように、熊井は自著『黒部の太陽 ミフネと裕次郎』（新潮社、2005年）において、三船出演中のエピソードを披露しているが、同時に俳優・三船について、こんな言葉を残している。

「どんな俳優でも長いセリフになると、うまく言えないことがある。だが、句読点まで正確に表現する俳優の一人が、三船氏だった」。

これは平成元年の熊井作品『千利休 本覚坊遺文』で、三船が利休を演じたときのことで、熊井はこう続ける。

「十二ページに及ぶ長いシーンを一気に演じ、見事に利休の心を表現されたのには、驚くとともに感動した。この作品がベネチア国際映画祭で上映された際に、三船氏の演技が絶賛されたが、私にはそれが当然のことのように思われた」。

さらに熊井は、映画祭中の三船の立ち振る舞いについても触れ、各国のジャーナリストや批評家たちに対して、「嫌な顔ひとつせず、丁寧に応対していたこと」や、「パーティーでの態度や授賞式の舞台上でのマナーも堂々たるもの」であったことを絶賛、「日本を代表する民間大使と言っても過言ではないと思われた」と、三船を褒めちぎっている。

このコメントこそ、俳優・三船、そして人間・三船を表現するのに、最も相応しいものではないか？「世界のミフネ」と呼ばれるに相応しい日本人俳優は、やはり三船敏郎その人をおいて他にはいないのである。

俳優として経験を積めば積むほど、国際的に通用するスケールを有するようになった三船。表紙に使用した写真※15をご覧いただければどなたも納得であろうが、若き日のその鋭敏な顔立ちからは、すでに異国的な香りが漂っている。これについては、三船自身が丸ノ内書房編集部編『映画スター自叙伝集』（丸ノ内書房、1948年）という本の中で、「常に起居していた土地（租借地＝大連）が、国際的な、異国的雰囲気に充ち充ちた所であったから」と語っているとおり、中国大陸の青島《チンタオ》で生まれ、中国人、ロシア人など複数の民族が居住するコスモポリタン都市・大連で育ったことが、日本人離れしたスケールの大きさや全身から発散されるパッション、さらには黒澤明が自著『蝦蟇の油』（前掲書）で評するところの「ハイカラな演技」を生んだと言ってよいだろう。

しかしながら、そういう環境で育ったからといって、誰もが国際的スケールを有した俳優になれるわけではない。もともとは東北・秋田の血を受け継ぐ三船敏郎の、ただならぬ存在感と、そのスピーディーな身のこなし、さらにはよく言われる「日本人には珍しい芝居気」や「身体表情の豊かさ」といったものは、いったいどこから生まれたものなのか？　これはもう、三船自身の資質ゆえのこととしか言いようがないが、その外見とは裏腹の、デリケートで細やかな——内気と言っても良い——性質を有しているというギャップ＝二面性が、豪快さや荒々しさを際立たせていることは間違いない。ただただ無骨で荒っぽいだけの人間に、あのような〈繊細な野獣性〉が表現できるはずもないからだ。

この両面性こそが、三船敏郎の俳優としての最大の特質・魅力であり、この特質を見事に活かしたキャラクターが、悪ぶっているが善性も垣間見せる〈三十郎〉という素浪人や、大名と金持ちから高い治療代をふんだくり、時には暴力まで行使するが、すぐに反省の色を見せる〈赤ひげ〉先生であることは、黒澤映画を愛する方なら、どなたもご納得のことであろう。

黒澤明が前掲『蝦蟇の油』で語った次の三船への賛辞は、今や俳優・三船敏郎を語るのに最も適した言葉となった感があるが、ここにそのまま引用してこの章を終えることとしたい。

※15　この写真は『酔いどれ天使』のときのスチールだが、明らかに映画の撮影時に写されたものではない。おそらくは宣材として撮影されたショットと思われるが、この三船の強い眼光＝眼差しに射ぬかれなかったご婦人など、一人もおられぬに違いない。

「特に、（三船の）表現のスピードは抜群であった。解りやすく云うと、普通の俳優が表現に十呎《フィート》かけるものを三呎《フィート》で表現した。動きの素速さ（原文ママ）は、普通の俳優が三挙動かかるところを一挙動のように動いた。なんでも、ずけずけずばずば表現する、そのスピード感は、従来の日本の俳優には無いものであった。しかも、驚くほど繊細な神経と感覚を持っていた。まるで、べたぼめだが、本当なのだから仕方がない。（中略）とにかく、めったに俳優には惚れない私も、三船には参った」

この言葉からは、監督と俳優の幸福な出会い、理想的な関係性が感じられ、こちらまで微笑ましい気分になってくる。『野良犬』はもちろん、コンビ作後期の『用心棒』、『赤ひげ』といった作品を見れば、三船の俳優としての魅力を最も理解していたのは、やはり黒澤明その人であったと言わざるを得ない。

以上、様々な「三船を語る」コメントをご紹介させていただいたが、この本をお読みの皆さんにも一人ひとりの「三船評」がおありのことだろう。その一つひとつを合わせて、全世界に伝えていけたら素晴らしいことである。三船敏郎は、もっともっと注目され、評価されるべき日本が誇る〝俳優の中の俳優〟である。今後もさらなる「三船を語る」コメントが寄せられ、これが世界に届く日を楽しみに待ちたいと思う。

第2部

三船敏郎の出演映画を見る

TOSHIRO MIFUNE

第1章

三船敏郎、この10本
【主演作篇】

1.『銀嶺の果て』（昭和22年：東宝）

© 東宝

昭和22年8月5日封切　監督：谷口千吉　脚本：黒澤 明　出演：志村 喬、三船敏郎、河野秋武、小杉義男、若山セツ子、高堂国典　※ DVD 化（東宝）：現在の DVD に「新版」との表示が出るのは、再公開版であるため。

【三船の役柄】

銀行破り三人組のうちの一人で、最も若い江島というギャング。逃亡の果てに、厳冬の北アルプスへと逃げ込む。厳密には主演作とは言えないが、再公開版のポスターでは三船のビリングがトップになっている。

三船敏郎の記念すべきデビュー作としてつとに知られる本作。谷口千吉の監督昇進作であり、そしてこれはよく知られていることだが、黒澤明によるオリジナル・シナリオの映画化作品でもある。師匠の山本嘉次郎の下で本多猪四郎ともに助監督修行に励んだ同士であることから、谷口の初期作品の多くに黒澤が脚本で協力している。

本作は、東京で起こった銀行強盗事件の犯人たち三人（志村喬、三船敏郎、小杉義男）が長野県下に遁走、北アルプスの山中に逃げ込み、そのうちの一人・高杉（小杉）は雪崩に巻き込まれて姿が見えなくなるが、残った野尻（志村）と江島（三船）の二人が雪に埋もれた山小屋に辿り着き、彼らがその山小屋で過ごす数日間を描く、言わば地域限定型のサスペンス映画である。冒頭の事件発生から警察隊の出動、そして新聞報道に至るまでの展開のスピーディーさや、善と悪の対比、さらには悪人が次第に善の心に目覚めていくところなどはいかにも黒澤的であり、小道具としてのレコードの使い方などにも、〝クロサワ・スタイル〟が見て取れる。

物語の展開はこうだ。

小屋を守る老人（高堂国典）とその孫娘のお春坊（若山セツ子）、そして客の登山家・本田（河野秋武）と、ギャング二人の共同生活が始まる。やがて野尻は次第に善の心を取り戻していくが、根っからの悪人である江島は本田を脅して、捜索隊から逃れようとスキー小屋を出る。

逃亡の途中、足を踏み外した江島を、本田が全身全霊をかけてザイルを支え、これを救う。本田の扱いに関して諍いを起こす江島と野尻だったが、これが原因となって江島は命を落とす。そして、自然の怖さと偉大さを知った野尻は、穏やかな気持ちで山を下りていく……。

三船敏郎が演ずるのは、雪山に逃げ込む三人の銀行ギャングのうちの一人で、江島という若い男。悪人のまま滅び去るギャングを荒々しくかつ繊細に演じる新人・三船は、まこと新人離れした演技を披露する。志村喬、小杉義男という両ベテランに交じっても、その悪漢ぶりは引けをとるどころか、最も様になっていると言っても過言ではない。そのまなざしの強さ・鋭さも尋常でなく、まさに新人らしからぬ堂々たる存在感を示している。

このデビュー作における三船の演技は、まったくもって驚き以外のなにものでもない。映画出演第一作目において、これほどの凄みと存在感を発揮した男優が他にいるだろうか？　ご覧になれば、岡田英次、三国連太郎、鶴田浩二、市川雷蔵、勝新太郎、高倉健、中村錦之助、石原裕次郎など、どの戦後派スターのデビュー作・新人時代と比べても、そのスケールが圧倒的に違っていることが判るだろう。

悪ぶった演技が真に迫っているのは、五年間いた軍隊でしごきを受け、〃万年上等兵〃＝古参兵として過ごした経験が物を言っているようにも思われるが、そもそも俳優になる気などさらさらなく、どうとでもなれとの投げやりな心境や態度が、新人・三船をしてこの役に適合させたのかもしれない。その後の三船の生き方を見れば、もって生まれた粗暴さや反抗精神によるものでないことは明らかだが、それにしても〈ワル〉役がお似合いである。「谷口が小田急線の車中で三船を発見し、藤本眞澄を介して本作出演を口説き落とした経緯については、『浪漫工房』第8号の三船敏郎特集「国際スター　三船敏郎　その偉大なる愛」（創作工房、1995年）や高瀬昌弘監督の著書『東宝撮影所物語【三船敏郎の時代】』（東宝、2003年）に詳しい。

そもそも三船は、軍隊時代に知り合った東宝の撮影助手・大山年治の紹介により、キャメラマンの仕事を求めて東宝撮影所へとやってくる。しかし、運命は彼の希望や人生を大きく変えてしまう。撮影部には戦地からの帰還者がいたため空きがなく、願書が回された「第1回ニューフェイス試験」のほうで〈補欠合格〉扱いとなったのである※1。

空きが出たら撮影部に回してもらえるとばかり思っていた三船は、「（自分の初監督作品に）出演してくれたら洋服を一着プレゼントする。アルバイトでどうだ？」という谷口からの甘い誘いを受け、「一作だけ」と約して出演することを承諾。撮影に当たっては、俳優としてというよりスタッフとして参加したという意識※2のほうが強かったに違いなく、当時はまだペーペーのフォース助監督だった岡本喜八（当時は喜八郎）らとともに、カメラの三脚や重たいバッテリー（照明機材）の運搬に、スタッフ以上に精を出す。それでも、新人として谷口の期待に見事に応える演技を見せたわけだから、やはり俳優としての才能はあったのであろう。「男のクセに、ツラで飯を食うというのは性に合わない」と言って、役者になるのを躊躇したエピソードも、無骨かつ繊細な精神を持つ、誠に三船らしいものであるが、筆者としては、俳優稼業は三船にとって〈天職〉であったと断言したいところだ。

本作で聞く三船の口調にどこか東北人の調子・アクセントが聞き取れるのは、父親の出自（秋田県出身）に由来するものであろう。のちの『七人の侍』や『椿三十郎』でも同じニュアンスを感じ取れたのは、筆者も同じ東北の血を引く者だからであろうか――。

盟友・谷口のため、脚本のみならず編集も買って出る黒澤。撮影所で編集作業をしているうちに、当初は「得体の知れないヤクザみたいな男」（『浪漫工房』第8号より）として敬遠していた三船の、フィルムから滲み出てくる〈悪役としての〉魅力に取りつかれたのであろう、結局は自分が監督する次回作に抜擢することになる。アメリカ西部劇伝統の〝Good Bad Man〟※3のパターンを踏襲したこの映画から、黒澤が「初めて自分らしい映画ができ

※1　三船の〈補欠合格〉は、やはりその頃、東宝でキャメラマン助手（本人曰く「係長」）をしていた山田一夫が、ニューフェイスの審査員を務めていた三浦光雄に口添えを頼み、二人して審査委員長であった山本嘉次郎監督に「撮影部に欠員ができたら引き取るから」として、とりあえずニューフェイスで採用してもらうよう頼み込んだものだという。三船本人も『キネマ旬報』（1984年5月上旬号：水野晴郎によるインタビュー）誌上や前掲『［講座］日本映画⑤ 戦後映画の展開』掲載の佐藤忠男との対談「戦後映画を駆け抜ける」（昭和60年8月7日実施）で語っているとおり、山本嘉次郎がその素質と将来性を認めて及第にしたというのは、巷間伝えられる〝伝説〟に過ぎず、実際は補欠として半年間の俳優養成所に〈入れられて〉しまった、というのが真相のようだ。
※2　「おう、三船、おまえ出番だよ」と呼ばれれば、「いや、いいですよ、おれは」。「バカだな、おまえ役者だよ」と言われると、「役者じゃないよ、おれは」と応じたという三船。これが現場での三船のスタンスであったようだ（前掲 佐藤忠男との対談での発言）。
※3　悪人として登場した主人公が、純粋な女性に出会ったことで、善の心を取り戻していく、といったパターンを持つ映画のこと。黒澤が敬愛するジョン・フォードの作品、例えばその名も同じ『三悪人』（1926）や、山中貞雄の傑作『河内山宗俊』（昭11）などはこの典型例といえる。

た」と自賛する『酔いどれ天使』が生まれたと思えば、まさに幸福な出会いがここにあったことになる。

黒澤の書いたシナリオ、そもそものタイトルは『山小屋の三悪人』という。黒澤の『三悪人』＝ジョン・フォード好きは、よく知られるところで、実際、三船プロダクションに残された、三船本人が使用したシナリオ冊子にもこの題名がついている※4。山登りを趣味に持つ谷口に合わせたような題材を選んだのは、谷口の処女作を祝する意味もあったろうが、この当時谷口に感化され、〃山好き〃になっていた黒澤自身がやりたかった題材だったからかもしれない。事実、谷口は当初このストーリー展開に拒絶反応を示していたが、黒澤の説得により、山に積もった真っ白な雪が悪人の心を洗い清める、という基本テーマに徐々に賛意を示すようになったという。

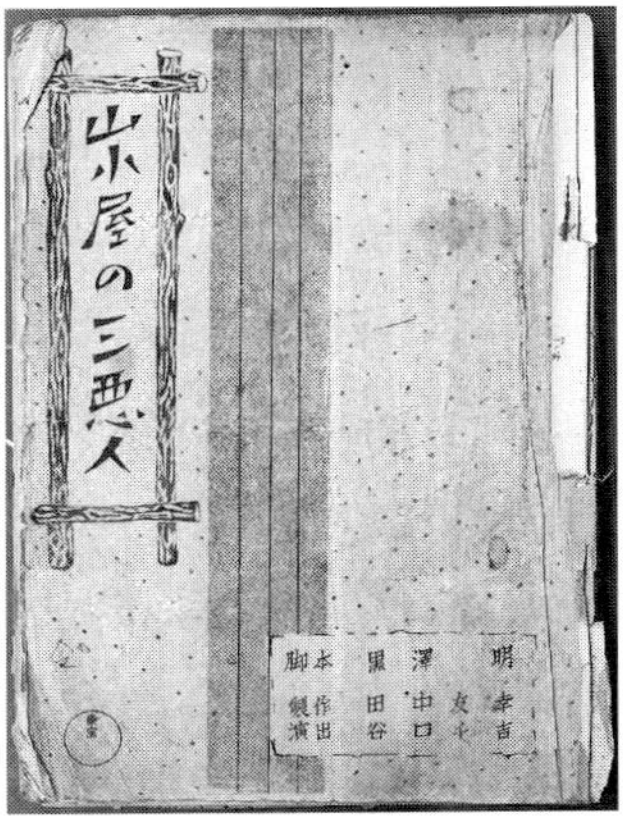

三船敏郎使用の台本（三船プロ提供）

映画は、黒澤の脚本テクニックが花開いたかのように、タイトル&クレジット・バックの滑り出しからすこぶる快調に進行。その後の流れるような展開からも、〈シナリオのお手本〉のごとき構成の巧みさが感じられる。しかしながら、舞台となる山小屋に辿り着いた時点で、小杉義男扮する高杉は雪崩に巻き込まれて行方不明。ギャング団はボス格の志村喬と若き三船の二人の悪人しかいなくなっており、「三悪人」の題名で通すにはいまひとつ辻褄が合わなくなっていたのであろう、タイトルはメロドラマっぽい『銀嶺の果て』に変えられてしまう。黒澤が残したコメントによれば、当初は山小屋の老主人（映画では高堂国典が演じる）が一番の大悪党に設定されていて、二人のギャングが次第にこの爺に食われていく、というものだったようだが、もちろん映画ではそうなっておらず、実際には『山小屋の二悪人』の題名でよかったことになる。

山小屋に住む無垢な少女・お春坊を演ずる若山セツ子と悪人・志村の〈心の交流〉も、センチメンタル・ハートを持つ、いかにも黒澤らしいものだ。善と悪の対比、そこから生まれるドラマツルギー、悪の心が善に傾きかけ、そして崩壊していく様……これぞまさに黒澤スタイルであり、このモチーフは翌年の自身の監督作『酔いどれ天使』へと引き継がれていく。

既成曲の使い方にもその後の黒澤の方法論が垣間見られる。本作では「マイ・オールド・ケンタッキー・ホーム（ケンタッキーの我が家）」※5が、少女の純粋さ――良心と言ってもよいか――を表す象徴として実に効果的な使われ方をしている。志村はこのメロディーによって徐々に心が純化されていくが、片や悪の権化たる三船はこれにはまったく耳を貸さない、というより影響など微塵も受けぬ頑なさを見せる。そして、もう一人の重要な登場人物、山歩きのプロである河野秋武（役名は本田）が、志村と三船の対立に善の心で対処し、二人を救う〝救済者〟的な役回りを担っていて、ここにも高らかにヒューマニズムを謳いあげる、若き日の黒澤のストレートな心情が見て取れる。

よく知られているとおり、本作の音楽は後年『ゴジラ』などの怪獣映画や『座頭市』シリーズ他の時代劇で名を馳せた伊福部昭が担当している。東宝からのオファーは、札幌時代から旧知の仲であった早坂文雄を介してなされた。伊福部にとって本作は、映画音楽の仕事を担った第一作目に当たるが、若くて意気盛んな頃であったのだろ

※4 音楽を担当した伊福部昭も同じタイトルのシナリオを渡され、「あまりいい題じゃないな」と思ったと語っている（小林淳編『伊福部昭語る』ワイズ出版、2014年）。
※5 伊福部昭の回想によれば、「マイ・オールド・ケンタッキー・ホーム」と「おおスザンナ」（どちらもスティーブン・フォスターの作）の二曲は、あらかじめ脚本に指定されていたという。これも既成音楽を巧く取り入れる黒澤らしい作劇方法だが、既成のレコードでは上手く絵にはまらないことから、伊福部はこれを新たにオーケストラで演奏することで対処している。

う、やはり初演出で意気込む谷口千吉に対して、激しい論争を挑んだ話※6もよく聞くところだ。あまり知られていないことだが、劇伴で聴かれるピアノは、当時伊福部の弟子であった芥川也寸志※7が弾いたもののことである。また、本作では、犬や鳩の声も効果的に使用され、ドラマの盛り上げに一役買っている。さらには、はちみつやレコードといった小道具の反復使用も高い効果を上げており、このあたりからも黒澤流の「脚本テクニック」の巧みさが感じられる。

黒澤の本作への関与は脚本だけではない。本人や三船の回想などでも語られているとおり、撮影済みのフィルムは東京へと送られ、黒澤がどんどん編集を施す。現地に黒澤から「カットが足らない」などと注文の電話が入り、その指示のとおり撮り直しまでしていたというから、谷口の演出術はまだ発展途上にあった、ということになろう※8。

かくして、心の葛藤を経て、山という〝聖なるもの〟に魂を浄化された志村は命を永らえ、ひたすら悪に徹した＝山に逆らった三船のほうはあえなく滅び去っていく。そして、続く『酔いどれ天使』において、志村は〝善の象徴〟たる酔いどれ医師・真田に姿を代え、一方の三船は、さらに魅力的な悪役・松永として再登場。善と悪の葛藤物語は第2ラウンドを迎える。これもすべて、両作の脚本を手掛けた黒澤のコントロール下にあったわけだが……。

【はみ出しエピソード】

平成二十二年、成城学園に勤務する筆者のもとに、本作に登場する山小屋「ヒュッテ・タニサワ」が、白馬栂池《つがいけ》に今も現存する成城学園の校外施設「太極荘」ではないか、との情報が寄せられた。撮影当時の白馬には、早稲田と成城の小屋しか存在せず（それも同一人が設計したもの）、それで成城の施設がロケ地として使われたというのだ。情報源となった方は、撮影の手伝いもし、さらには河野秋武のスキーのスタンドインも務められたと言っているというから、かなり信憑性のある話である。

ところが、画面を見る限り、小屋の外見は大変良く似ているが、屋根や出窓の形状が成城の太極荘とは微妙に違っていることが判った。管理している職員に訊くと、後ろに見える山の形も合わないという。さらに、この情報をよく吟味しているうちに、谷口監督が早稲田大学文学部を中退しているという事実に突き当たった。それに、谷口は日本山岳会の会員でもあるのだ。すると、答えは明確！　本作に写る山小屋（少なくとも外観）は、建て替えられる前の「早大ヒュッテ」、という結論に至った。

三船プロの社長室に大切に保管されている、三船敏郎使用のシナリオにも、頁の余白に三船さんの直筆による「早稲田ヒュッテ」なる七文字が残されており、太極荘の少し下側に位置する早稲田小屋の〈小屋番〉の方も、この映画は建て直す前の「早大ヒュッテ」が舞台となっている旨の発言をされている。

なお、三船は前掲の佐藤忠男との対談で、「白馬では明大の小屋と成城学園の小屋を借りて、ずっといたんです。（中略）半年くらいかかったんじゃないかな――」と証言※9しているので、太極荘が撮影隊の宿泊場所として使われたことはまず間違いない。

小屋に掲げられた看板は「ヒュッテ・タニサワ」。よくよく考えてみると、この小屋の名である「タニサワ」は、谷口千吉の「タニ」と黒澤明の「サワ」の合体ネーミングであり、黒澤にしては珍しい、洒落心溢れるお遊び

※6　山小屋の少女と客の河野秋武とのスキー・シーンで、「スケーターズ・ワルツ」のような明るい曲を、との指示を受けた伊福部は、これに真っ向から反抗。谷口と喧々諤々の論争に発展する。結果的には、黒澤が仲介に入って伊福部のやりたいような音楽スタイル（カウンタークンプト、黒澤お得意のコントラプンクト）で通すことに落ち着いたわけだが、この騒ぎには後日談がある。本作の完成披露パーティーで、伊福部は悪人の一人に扮した小杉義男からこっぴどいお叱りを受ける。要するに一介の音楽家風情が監督に反抗するなどもってのほか、ということだが、逆に志村喬からはおおいに励まされたという。志村がそうしたのは、伊福部の映画音楽への取り組み方が好ましく映ったからなのか、単にうるさ型の小杉が嫌いだったからなのかは、定かでない。

※7　この時、芥川也寸志はまだ、伊福部が講師を務める東京音楽学校を卒業したばかりの頃であった。ちなみに、芥川はその後、成城に居を構えることになる。

※8　三船は谷口の演出について、前掲の佐藤忠男との対談において、「谷口さんはワン・カット撮ると、『次どうすりゃいいんだよ』なんていうことばかり言っていた」などと、辛辣な発言をしている。

※9　三船は『キネマ旬報』1984年5月上旬号の水野晴郎によるインタビューで、「白馬の他にも黒菱、唐松の山小屋に半年以上こもった」と語っている。

であったことが分かる。

遊びといえば、三人のギャング登場以前から山小屋に投宿していた登山家の河野秋武の役名は本田という。谷口の述懐によれば、これは戦地にいて不在だった本多猪四郎を意識してのものだという。おとなしくて理性的な性格は、まさに本多猪四郎そのものではないか。

本作で助監督を務めたのが、やはり〝山男〟の岡本喜八。本作では本領を発揮し、目覚しい活躍を見せたという。以後、岡本は谷口組の助監督を続けることになる。

谷口監督の伴侶はご存知、女優の八千草薫。彼の死を見取ったのも八千草である。しかし、谷口には、本作に出演した若山セツ子と結婚していた時代もあるのだ。本作の雪山ロケが長期に亘り、二人の間にロマンスが生まれたこと（本作完成の一年後、谷口と若山は結婚。仲人を務めたのは谷口の師匠・山本嘉次郎）は東宝関係者の間では誰もが知る話であった。ちなみに、谷口の初婚相手は脚本家の水木洋子。長身の谷口は、山本嘉次郎に言わせれば「黒澤よりチョイと下がるが、これまたどうしてなかなかの好男子」だったそうだ。

谷口監督（右端）らスタッフと共に © 東宝

ロケーションが大抵は三ヶ月、ひどい時には半年に及ぶ谷口は、黒澤明から〝重労働監督〟と命名されてしまう。月給袋がそのまま届くので、スタッフの奥様方にはすこぶる評判が良かったとのことだが――。

【三船本人による発言】

〔演技について〕

『銀嶺の果て』では、僕は僕のタイプそのままで、芝居もあまり意識せずにやってしまった。初出演にしては、きっと楽だったと云えよう。やはり初出演だからいちばん印象が濃い。『酔いどれ天使』もそうで、肩をふって、あまりよくまわらないロレツをつかっているのも、自分を黒澤さんがそれでいいと云ってくれたので楽だった。

（原文ママ：日本映画人同盟編『百万人の映画知識』（解放社、１９５０年）掲載の本人によるエッセイ「『銀嶺の果て』から『野良犬』までを語る」より）

〔撮影について〕

そのとき（『銀嶺の果て』撮影時）は人も少なかったし、黒菱に上がるときなんて、朝三時、四時、暗いうちに上がっていくわけですよ。雪に埋もれたような山小屋を自分たちで全部雪を出して、すぐ目の前に切り立った山、第1ケルン、第2ケルン、第3ケルンと上がっていくわけです。全部歩荷（ぼっか）ですよ。志村のおじちゃんなんかまだ四十代だったけれども、もうおれはダメだなんて言って、山登りの人が三人ぐらい来ていたがその人たちがロープつけて引っ張ったり、俺が後押ししたり。三脚とか、バッテリーなんか担いでいるんだが、それで尻押し。だから現場へ着いたって、こっちはくたくた――。

（前掲『［講座］日本映画⑤ 戦後映画の展開』掲載の佐藤忠男との対談「戦後映画を駆け抜ける」より）

〔作品について〕

とても簡単なストーリーだけど、情緒があって、とってもいい作品だった。狐狸庵先生（遠藤周作）がよくほめるんだよ。もう一回見たいんだけど、どこかで見られないかなあなんて。（同）

2.『荒木又右衛門 決闘鍵屋の辻』

（昭和27年：東宝）

© 東宝

昭和27年1月3日封切　監督：森 一生　脚本：黒澤 明　出演：三船敏郎、志村喬、加東大介、片山明彦、千秋 実、濱田百合子、小川虎之助　※未DVD化

【三船の役柄】

江戸時代初期の剣豪・荒木又右衛門。義弟・渡邉数馬の仇討ちの助太刀をしたことで知られる。

黒澤明のオリジナル脚本による、なんとも型破りな時代劇の一本である。内容は、著名な仇討ち物語で、次のような筋を持っている。

寛永七年、岡山藩士・河合又五郎に弟を殺害され、仇討ちをせざるを得ない立場に追い込まれた武士・渡邉数馬は、剣術が不得手なことから、姉婿の荒木又右衛門（これが三船敏郎）に助太刀を依頼する。寛永十一年、執念が実り、又五郎を探し当てた数馬と又右衛門は、伊賀上野の城下「鍵屋の辻」において、見事五年越しの遺恨を晴らす――。

この話は、「日本三大仇討ち」※1のひとつに数えられ、江戸時代から歌舞伎や講談として、度々取り上げられてきたという歴史がある。

昭和26年9月、サンフランシスコ講和条約の成立により、占領体制は終了、日本はアメリカからの独立を果たす。これによって、CIE（民間情報教育局）による検閲や規制（いわゆる〝チャンバラ禁止令〟）はなくなり、日本映画界にもようやく自由に時代劇を作れる環境が整う。その前段階ともいえる映画が黒澤明の『羅生門』（昭25）だったわけだが、翌26年になり、大映で様々な時代劇を作り上げた実績のある森一生が、特に東宝に迎えられ、――それも黒澤明の脚本作の――メガホンを取った作品が、本作『決闘鍵屋の辻』である。

この映画は、ある限られた場所でたった数時間のうちに起きた仇討ち劇を、一時間二十二分というわずかな上映時間内で見せるものだが、緊張感溢れた森の演出は、やはりさすがのものがある。

※1　残りのふたつは「曾我兄弟」と「赤穂浪士」の仇討ち。いずれも有名な仇討ち事件である。

三船は冒頭、それまで綿々と続いてきたチャンバラ映画を揶揄するかのような、あからさまなパロディ劇——白塗りの三船・荒木又右衛門が登場——を披露する。『或る剣豪の生涯』で見せた大袈裟なメイクにも通じる滑稽さだが、これはなかなかに貴重、いや希少である。

続いて、現在の「鍵屋」の風景を見せたかと思えば、いきなり寛永十一年十一月七日の鍵屋の辻の修羅場にカットバックするという大胆かつ変幻自在な構成からは、リアルな時代劇を目指す黒澤の決意のようなものが感じられる。本作の肝が、のちに超人的豪傑に祭り上げられる荒木又右衛門の真実の姿と、侍同士の斬り合いが本当はこんなにも無様なものであったことを見せる点にあったのは確実。『羅生門』（昭25／大映）で、すでに様式美を廃した迫真の斬り合いを試みていた黒澤が、続く時代劇『七人の侍』（昭29／東宝）の合戦シーンで、とことん〝リアル〟にこだわったのもご承知のとおりだ。

前述のように黒澤は、仇討ち場面を無声映画風の大袈裟な演出・音楽設計で見せたかと思うと、いきなりナレーターに「講談によると、このとき荒木又右衛門は三十六人斬っているが、信頼すべき記録によれば二人しか斬っていない。記録にできるだけ忠実に、この日の鍵屋の辻を描いてみよう」と宣言させる。そして、その途端、カメラは伊賀上野の現在ののどかな風景を捉える。見れば、昭和27年の「鍵屋」では菓子など販売していて、子供たちが店を賑わしている。時代劇に現在の風景が入り込んでくるのはいかにも斬新で、こんな〈突拍子もない〉発想を、黒澤以外のいったい誰が抱くであろうか？

仇討ちの場面は、まったくもってシリアスそのもの。ここでは人を斬るということがいかに大変なことなのか、いやと言うほど実感することになる。三船扮する荒木又右衛門以外の侍は、皆腰も座っておらず、その斬り合いの模様は、通常見慣れたチャンバラ＝時代劇とは大違い。ここでは、『羅生門』で繰り広げられた盗賊（三船）と武士（森雅之）による〈みっともない〉殺し合い、いやそれ以上に〈へっぴり腰〉での斬り合いが延々と描かれていく。そう、この映画は、一度も人を斬ったことがなかったとしたら、たとえ武士であっても現実の立ち合いはおそらくこうなるであろう、という前提で作られているのだ。

もっとも三船の又右衛門だけは、ずば抜けた精神力によって立派な立ち回りを見せてくれるので、三船ファンは大きな満足を得ることができる。それにしても、東宝がこの素晴らしい作品をＤＶＤ化はおろか、プリントの保存すらしない事実※2は、まったく不可解なことである。

ナレーションで説明されるとおり、この有名な仇討ち物語は後年、講談等によって大袈裟に脚色、誇張されている。黒澤はまず、この事件の背景をフラッシュバックの技法を使って丹念に描写したうえで、続いて現在の——映画内の時間軸における現在だが——鍵屋の辻における待ち伏せの場面に、登場人物による回想を少しずつはさみこんでいくという手法を採る。こうすることによって、緊張感が維持されたまま事件の原因が明らかにされていく仕組みだが、これをシナリオの良き手本＝鏡※3と言わずして、なんと言おうか。

もう少し物語の構成を仔細に追ってみよう。

〈映画内時間軸〉での現在、すなわち寛永十一年十一月七日、伊賀上野の城下を出る辻の休み茶屋「鍵屋」に、思いつめた表情の四人の武士が入ってくる。そのうちの一人・荒木又右衛門（三船敏郎）が亭主（高堂国典）に燗酒と焼餅を頼む。

すると、五年前の池田家における凶行がカットバック。ここで、若き武士・渡邉数馬（片山明彦）の弟である源

※2　現在、この映画に映画館で接する際は、必ず「東京国立近代美術館フィルムセンター所蔵」の文字を見ることとなる。
※3　ここからは、若き日の黒澤がいかに理詰めでテクニカルな脚本を目指していたかを窺い知ることができる。

太夫が、誰かに殺されたことが明らかになる。そして現在、又右衛門が「鍵屋」の亭主に対し、「あと半時もすると大喧嘩が始まる」と告げる。ただし、この時点で観客はまだ、これから何が起こるのかは分からない。

続いては、志村喬扮する河合甚左衛門（以降、呼び名の「甚左」と記す）が又右衛門に対し、源太夫を斬った甥の河合又五郎が、〈旗本〉の安藤家に転がり込んだ旨を報告している回想場面となる。甚左と又右衛門の二人は、同じ池田家中で剣術の指南役を務め、親友同士の間柄だが、今後はお互い敵・味方に立たざるを得ないことを確認しつつ、酒を酌み交わす。言わば「武士の義理を通しての殺し合い」をすることになる二人、「武士というものは因果なものじゃて」なる甚左の言葉がむなしく響く。それにしても、志村と三船が友人関係にある設定は、極めて珍しい。

そして、画面は現在（寛永十一年）の鍵屋へと移る。事件のことなど何も知らなくとも、――そして、この時代の映画であるから――台詞などよく聞き取れなくとも、次第に事件の背景が見えてくるから不思議である。これが優れた脚本というものであろう。

それからも、池田家の門弟・岩本孫右衛門父子（左卜全と加東大介）のやり取りがカットバックされたり、その子・六助（父・孫右衛門の名を継ぐ）が又五郎の行方を捜す回想場面がはさまれたりと、時間軸があっちへ行ったりこっちに来たりを繰り返す。

現在、物見の最中の孫右衛門は、甚左をつけていたとき彼に言われた言葉「荒木は元気か？　わしはこのとおり元気じゃ、荒木にそう伝えてくれ」を思い返している。「さらばじゃ、いずれどこかで出会おう。その時まで……」なる孫右衛門への惜別の辞も、思い入れたっぷりである。

追えども追えども、なかなか発見できない（画面にも出てこない）又五郎。これがスリリングでよい。しかし、とうとう仇敵・又五郎を発見する孫右衛門と河合武右衛門（小川虎之助）の助っ人たち。一行が東海道に入る前に、なんとしても仇を討たねばならないと考える又右衛門は、当地、鍵屋の辻で待ち伏せることを決める。

荒木又右衛門の採ろうとしている戦術は、敵の護衛・桜井半兵衛（又五郎の妹婿で槍の名手：徳大寺伸）に槍を持たせぬよう、まずは槍持ちを斬ってしまえ、というもの。戦術を説明するのに地図を用いるのは、『七人の侍』（昭29）や『隠し砦の三悪人』（昭33）にも通じる、クロサワ映画ならではの手法である。自分は甚左を斬る、という又右衛門もまた、真剣を使うのは初めてなのだ。

そして、いよいよその朝――。隠れ家を出て、辻に近づく又五郎の列。それを見て、胴震いする孫右衛門。ここで監督の森一生は、意外に細かいカット割りを見せる。何気ない会話の場面でもそうすることによって、ますます緊張感が高まる効果を生む。音楽が一切鳴らないのも、リアルさを感じさせる要因である。冷静に店の勘定（五十六文）を済ませる又右衛門。侍らしい落ち着きをもって、一文一文ゆっくり数えるのがかえってスリリングだ。

橋のたもとに立ったまま、なかなか動かない又五郎一行。こうして緊迫感は否が応でも高まる。寒さで難儀する様子――沢山着込んでいるので、動き辛い――や、鎖帷子は体を冷やすといった台詞も実にリアルで、こんな写実的な描写を見せる時代劇が他にあるだろうか？　実際、又五郎は鎖頭巾が重くて、これを外してしまう。

一方、数馬のほうも震えが止まらない。孫右衛門らも同様である。武者震いとはこれを指して言うのだろう。「武士というものは因果なものじゃ」との甚左の言葉を反芻する又右衛門。時間はこうしてゆっくりと流れていくが、この静寂はふいに破られる。いよいよ仇討ち開始となるからだ。

一目散に弟の仇・又五郎に飛び出していく数馬。又右衛門は甚左に狙いを絞っている。たとえ親友であろうと、敵方にある者は倒さねばならない。武士とはまさに〈因果なもの〉なのだ。真っ先に甚左を馬から払い落とし、一刀のもとに斬り伏せる又右衛門。そこに一切の感情はないように見える。

甚左が哀しい目をして死ぬと、孫右衛門と武右衛門が桜井半兵衛へと向かっていく。槍の達人である半兵衛に得意の武器を渡さぬよう、必死の形相を見せる武右衛門だが、目的を果たすことなく、あっけなく斬り倒される。逆に孫右衛門が小姓を斬る。まこと斬り合いのむなしさがよく出た場面である。

ここで、半兵衛対又右衛門の構図となる。延々と息詰まる睨み合いが続き、又右衛門が太陽を背にした時、勝負は一瞬にして決まる。ミフネ・又右衛門の堂々たる落ち着きぶりが勝利を呼んだと言える。

封切当時のパンフレット

現実は、講談のように上手くはいかず、ここからが長い戦いとなる。又五郎側には逃亡する者も現れるが、必死に斬り合いを続ける者もいる。狂ったように木刀を振り回す弓持ち（堺左千夫）※4が、又右衛門へと迫る。すると又右衛門の刀が折れる。無様だが、やはり武士である。又右衛門が小刀に持ちかえると、弓持ちは怖くなったか、声を張り上げて逃げ出していく。『用心棒』で百姓の子倅（夏木陽介）を斬らなかったように、ミフネはこれを追ったりしない。

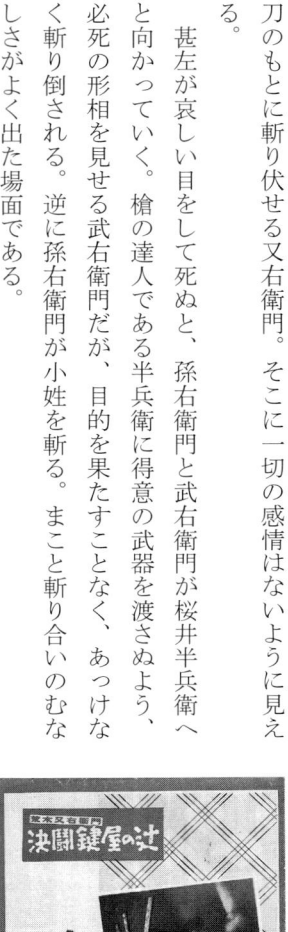

次第に見物人が集まってくる。しかし、なかなか決着はつかず、『羅生門』と同じような「見苦しい斬り合い」が延々と続く。血の匂いで気分が悪くなる者が出るあたりも、映画では初めて見るものではなかったか。

仇敵の又五郎とやりあう数馬に、けっして加勢しない又右衛門。ひたすら叱咤激励するのみであるのは、〈助太刀〉として当然の態度なのであろう。五時間に及んだというこの果たし合いは、「それでも武士か!?」の声に発奮した数馬が又五郎に傷を負わせ、又右衛門がとどめをさして、ようやく決着を見る。

ここで音楽が小さく鳴り出したかと思うと、カメラはまるで傍観者としてこの仇討ち劇を見つめていたかのように、後ろに引いていく。仇討ちの当事者たちが見物人の中に埋もれて見えなくなってしまうこのエンディングで、黒澤はきっとこう言っているに違いない。「まったく仇討ちとは哀しいもので、武士とは空しい存在である」と……。このテーマがそのまま『七人の侍』に繋がっていったことは言うまでもない。

黒澤明による時空をまたいだ構成を持つ脚本には、現在でも賛否両論があるようだ。封建時代の社会制度を問い直すというコンセプトを持っているにもかかわらず、ただ一人立派な侍を演じた三船から、〈武士の哀しみ〉といったものは伝わってこないという突っこみもあるだろうし、現代の場面など無い方がよい、という指摘ももっともである。せっかく時代劇を見ようとしているのに、不意に現代の姿など見せられたら、戸惑うのは当たり前。近年、『桜田門外ノ変』（平22／監督：佐藤純彌）でもこの手法（現在の桜田門や国会議事堂が写る）が採られていたが、正直言ってあまり感心しなかった※5。しかし、この実験性の高い脚本があったからこそ、かの名作『七人の侍』が生まれたのも疑いようのない事実※6。ここは素直に、テクニシャン・黒澤に敬意を表しておきたい。

※4 堺左千夫は三船と同じ〝第1期東宝ニューフェイス〟組で、昭和22年公開の黒澤明監督作品『素晴らしき日曜日』でデビュー。〝ブーちゃん〟のニックネームで知られ、筆者には、〝北支戦線〟ものや〝暗黒街〟ものなどの岡本喜八監督作や、初期〝若大将〟シリーズの〈赤まむし〉役（青大将の先輩格）が印象深い。
※5 片山明彦がやはり仇討の当事者を演じた新東宝映画『下郎の首』（昭30／監督：伊藤大輔）でも同じ手法＝構成が見られるが、こちらは実に納得の展開となっている。
※6 森一生は後年、山根貞男・山田宏一による聞き書きの著『森一生、映画旅』（草思社、1989年）において「黒澤さんは時代劇を狙っていたんじゃないか」、「ぼくはダミーになったのかもしらん」との発言をしている。

【はみだしエピソード】

本作の東宝マークのバックに、後年見られるような〈光の虹〉は現れない※7。銅版風の無機質なバック地は、これから硬質な時代劇が始まるという警告のように見える。

【三船本人による発言】

時代劇には『羅生門』、『佐々木小次郎』の宮本武蔵に次いでの出演で、この『鍵屋の辻』で三本目となる。荒木又右衛門の伊賀の仇討とは云っても忠実な記録に基づいたもので、従来の又右衛門観とは根本的に解釈が違っている。又右衛門は、武士と云う階級制度の義理と人情の板挟みとなって苦闘し、目的を達成するために肉体と精神の全力を傾けつくした。又右衛門と云う人間全体を描いている。

又右衛門の苦悩と行動は私達現代人のそれと共通するものがある。だから私は、ことさらに時代劇中の人物としての又右衛門を演じようとは思っていない。あくまで現代人としての又右衛門を表現出来たら幸いであると考へている。

（原文ママ：公開当時のパンフレットより）

これは、なんか、力がなかったというか……。黒澤さんが（『七人の侍』の）準備のために（脚本を）やったんです。

（文藝春秋『ノーサイド』１９９５年2月号「「戦後」が匂う映画俳優」のインタビューより）

※7　のちに見られる、七色の光が差す東宝マークは、円谷英二が作り上げたものであると、円谷作品で光学撮影を担当した中野稔さんから伺った。

3.『吹けよ春風』（昭和28年：東宝）

昭和28年1月15日封切　監督・脚本：谷口千吉　脚本：黒澤 明　出演：三船敏郎、青山京子、越路吹雪、小林桂樹、藤原釜足、三国連太郎、山村 聰、山根寿子
※未 DVD 化

【三船の役柄】

東京の街を流して回る、若きタクシー運転手・松村。

自らのキャラもかくありなん、と思わせる、朴訥そのものといった三船敏郎が見られるこの小品、谷口千吉と黒澤明という山本嘉次郎門下生によるオリジナル・シナリオ※1を基にした映画である。監督助手（ファースト助監督）としてクレジットされているのは、黒澤組の堀川弘通。堀川にとっては、やはり監督助手として、大作『七人の侍』にかかる直前の時期に当たっている。

見れば本作、ジム・ジャームッシュの『ナイト・オン・ザ・プラネット』（1991）とまるで同じ作りをしている。タクシー運転手の日常のスケッチを通して、客たちが織り成す様々な人間模様を描く点においても同じ構造を持つ作品と言ってよい。ジャームッシュがこの谷口作品を見ていたかどうかは定かでないが、〝グランドホテル形式〟のタクシー版と捉えれば、模倣とは言えないだろう。

〝おせっかい〟と言ってもよいほど人の好いタクシー運転手の三船は、今日も都内を自慢の「黄色いタクシー（これぞイエロー・キャブだ！）」で回っている。当時のタクシーはいまだ左ハンドルの外国（アメ）車で、社名は「ORIENTタクシー」という。

映画は、三船のドライバーを狂言回しに、タクシーに乗りこんでくる乗客たちの人生を描いていくスタイルを採っていて、彼の言葉を借りれば、ミラーに映る人間模様は「下手な短編小説より面白い」のだそうだ。

ゲスト出演的に乗車してくる小泉博と岡田茉莉子の恋人たちの様子から、このエピソード集はスタート。まずは、この第1エピソードから紹介していこう。

〔第1エピソード〕

結婚式を間近に控えた若きカップル（小泉&岡田）が、いきなり車内で口喧嘩を始める。結婚式の延期を申し出る女に、男が強引にキスをすると、照れくさそうに頭を掻く三船。その微笑ましい後姿には微苦笑を禁じえない。

料金は二百六十円、「釣りは要らない」と言って降りていく男は、恋人と二人で仲良く食事でもするのだろう。三船運転手のモノローグ「小さな鏡に映る、いろいろな人間の姿を見るのが好きだ」は、まさに本作の肝となる言葉であろう。

〔第2エピソード〕

「微笑ましい話」の第2エピソードは、温かい気持ちにさせられる好篇である。

佃島から船に乗ってやってきたチビッ子たち。一度も自動車に乗ったことがないようで、三船運転手に「百円分だけ乗せてくれ」とせがんでくる。初めは数人だけだと思っていた子供たちが、実は二十人ほどいたと判った時の三船の顔といったら！〝大根〟扱いされることが多い三船だが、実はなかなかの演技力・表現力の持ち主なのだ。「もしもしカメよ」の大合唱によって、運転を邪魔される際に見せる〈困り顔〉もなかなか上手い。

メーターが百円分になったところで、一旦は彼らを車から降ろす三船、すると、ここで人の良さを発揮。帰りの船着場まで、無償で子供たちを送っていくことにするのだ。料金は取り損ねたものの、走り去る三船運転手に「小父さん、ありがとう！」の大合唱が待っていたことは言うまでもない。

〔第3エピソード〕

次は、運転手のほうが〝おせっかい者〟扱いされてしまう「始末の悪いお客の話」。

――雨の夜、家出娘らしき少女（青山京子）が乗り込んでくる。心優しきタクシードライバーは、この娘が

※1　フィルムには「原作：バックミラーに映る人間性」とのクレジットがあったように記憶するが、三船プロで見せていただいたシナリオには、「小さな鏡の中の物語」との副題がついていた。

「〝パンパン〟になっちまわないか」と心配で仕様がない。一旦は東京駅で降ろしたものの、谷晃扮する中年男にちょっかいをかけられているのを見ては、放ってはおけない。新宿までの上客を断ってまで、東京駅へとUターンした運転手は、娘を中年男から引き離す。

ところが、娘は「家出ではない」が、「家には帰りたくない」と主張。うどんを食べさせても、どうしても帰らないとごねる娘に、三船が「教育勅語はなくなったが、親不孝はいけない」と一喝。渋々タクシーを降りる娘だったが、車内には手袋が残されている。またもUターンする三船。しかし、そこに娘の姿はなかった……。

〔第4エピソード〕

続いては、車を黄色に塗った理由が語られる、誠に愉しい第4エピソードである。

日劇から出てきて、ファンにもみくちゃにされる〝スター〟淡路ひかる（越路吹雪）。タクシーに乗り込んできたこの有名スターは、次の出番までの僅かな時間を車内でゆっくり過ごしたいと言う。一介のタクシー運転手にとっては夢のようなひと時である。

神宮外苑へと車を回す三船。黄色い服に黄色い車、そして黄色いイチョウという取り合わせが絶妙で、モノクロ映画なのに色が見えてくるようだ。女房への土産にと、サインをねだると、スターは運転手の手帳に「黄色いリボン」の替え歌の文句を見つける。ここで助手席に移った越路と三船によって歌われる「黄色いリボン」※2は、まさに本作の白眉＝ハイライトと言ってよい。

季節は秋、お薦めの行き先・神宮外苑の銀杏並木は黄金色に輝いている……はずだったが、行ってみるとすでに葉は落ちている。すると、運転手が作ったという例の替え歌を歌いだす〝スター〟淡路（一番は越路。二番が三船。サビは掛け合いにより歌われる）。嬉しそうな三船の顔と言ったら！　しかし、それよりも何よりも、観客たる我々には、当の三船の歌声が聞けるのが嬉しい。けっして上手いとは言えないが、純朴そのものといったその

〈歌いっぷり〉は、三船ファンにとっては『石中先生行状記』（昭25）における「青い山脈」※3と並ぶ宝物となったはずだ。

最後は、苑内をぐるぐると回り、ステージに遅れそうになったスターを乗せて、日劇へと急ぐタクシー。スターにとっては、ひと時の安らぎになったこの瞬間。運転手にとっては、二度と乗せることはないであろうが、スターとともに過ごした貴重なこの時間。二人にとっては、何物にも代えがたい時間であったに違いない。

〔第5エピソード〕

タクシーにヨッパライは付き物。次のエピソードは、真夜中の二時に拾った酔っ払いの二人組に悩まされる三船運転手の話である。

大学野球観戦帰りの酔客（試合は早慶戦で、二人は早稲田出身のようだ）を演じるのは小林桂樹と藤原釜足。特に若い小林のほうが〈迷惑男〉で、走行中にもかかわらず、後部座席の窓から抜け出て屋根を伝い、反対側の窓からまた座席に戻ってくるという曲芸的行為※4を繰り返す。運転手にとっては迷惑千万、と言うか、危険極まりない行

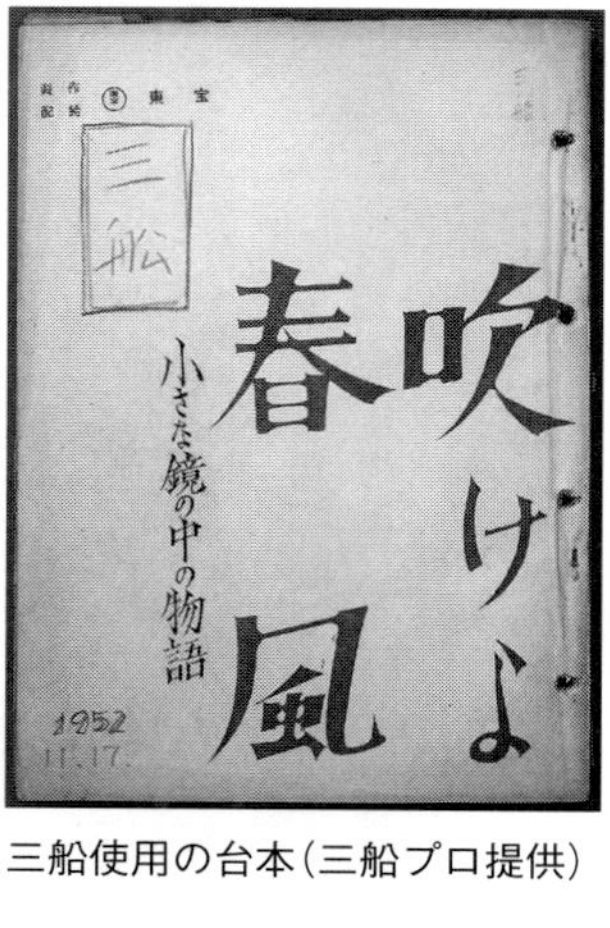

三船使用の台本（三船プロ提供）

※2「オイラの黄色い車　カタチはいささか旧いけど　素敵な黄色い車　乗れば心も軽くなる　君よ～知るや～　街の砂漠に咲いた花　君よ～知るや～　黄色い車のこの秘密……」という、ある意味すっ呆けた歌詞には、思わず頬が緩むこと請け合いである。

※3『石中先生行状記』（監督：成瀬巳喜男）では、相方の若山セツ子に促された三船が、いきなり「青い山脈」を歌いだす場面がある。東宝の俳優や監督、スタッフたちが二年に一度、かつて仕事を共にした東宝撮影所（現・東宝スタジオ）を会場に開催する懇親会「砧同友会」においては、会の締めとして、今でも必ずこの歌が合唱される。

※4 草壁久四郎による聞き書きの著『演技者　小林桂樹の全仕事』（ワイズ出版、1996年）によれば、この離れ業は〝エノケン〟こと榎本健一が実際に成す〈酒癖〉から頂戴したものとのことだ。

為である。酔っ払いをもてあまして、困り果てている三船という図が、まずは愉快だ。

頭にきた三船がスピードを上げると、男の姿が消える。車をバックして探し回るが、どこにも男は見当たらない。三船が途方に暮れていると、男は座席の下で眠っていた、というオチにて本エピソードは終了。小林桂樹にしてやられた格好の三船である。

〔第6エピソード〕

続いては、孤独感に苛まれている老夫婦（小川虎之助と三好栄子）との間の「ちょっといい話」。

魚河岸辺りから乗り込んできたのは、裕福そうだが、どこか淋しげな老夫婦。二人は、この夏に倅を亡くしたばかりなのだ。大阪を離れ、倅が死んだ東京で隠居生活を送る二人は、銀婚式の祝いにと河岸で海老を仕入れた、と運転手に語る。

「日本石油」渋谷営業所にてガソリンを補給した運転手は、ここで二人にちょっとした贈り物——これが、客が忘れていった花なのだが——をプレゼント。すると夫婦は、晩御飯を共にしようと運転手を誘う。

団地の一室。東京には知り合いがまったくいないという老夫婦は、半年前に死んだ息子のことを思って、さめざめと泣くばかり。ここは、居たたまれない思いの三船の表情にも注目である。ところが、間違って茹でたという伊勢海老と鯛の白焼きが物凄く美味くて、三船は思わずこれを絶賛。この一言で気を良くした二人は、大阪に戻って、再び商売を始める決意を固めることに——。

「稼ぎをやめて、このアパートで過ごした時間を少しも惜しいと思わない」と語る三船。運転手の何気ない一言が老夫婦の危機を救ったという、すっ呆けていながらも、実にしみじみとした好エピソードである。

〔第7エピソード〕

本作随一のスリリングな内容を持つ第七番目の物語。タクシー運転手は、こういう怖い思いをすることもあるのだと、思い知らされる逸話である。

深夜、横浜からの帰りに車を走らせていると、オカマっぽい客（三国連太郎）※5が乗り込んでくる。千円札を見せられ、一旦は五反田まで乗せることにしたものの、嫌な予感がして、男に下りてくれと告げる三船。この客、実はピストルを所持するタクシー強盗で、パトカーと併走しても訴えることができない。

イチかバチかでスピードを上げると、タイヤがパンク。客がノビているうちにピストルを奪って、「来々軒」にてようやく１１０番することができる。ところが、隙を見せた間に強盗は逃走。追っても捕らえきれずに、おまけにピストルの指紋も消えていて、事件はうやむやのうちに終わる。結局、事情聴取で刑事から小言を食らう羽目に陥る三船であった。

〔最終エピソード〕

最後は、三船がタクシー運転手稼業を好きになるきっかけとなった逸話で、いささか時代を感じさせるお話。

中共地区から引揚船で復員してきたと称する男（山村聰）と、その妻（山根寿子）を千住にある自宅に送ることとなる三船。妻は車を銀座から宮城前、丸ノ内、歌舞伎座に回らせ、東京見物をしたあとで、千住へと向かわせる。しかし、どこか様子がおかしい。妻を受け入れない夫は「自分の好きなようにしろ」とか「自分ひとりでやっ

※5　熊井啓に関する著『ぶれない男　熊井啓』（新潮社、２０１０年）の中で、著者の西村雄一郎は、三国が黒澤の『七人の侍』（昭29）の久蔵役にオファーを受けた経緯を明かしている。西村によれば、三国がこれをホモの設定で演じたいと黒澤に進言したことから、すぐにこの役を降ろされてしまったという。三国はよほど、本作でのオカマっぽい役と演技が気に入っていたものと見える。

ていく。場合によってはもう一度……」などと、捨て鉢な言葉ばかり吐く。どうやら近所の人にも会いたくないようだ。実はこの男、刑務所から出てきたばかりで、妻は事情を知らない子供たちに、父は〈中国に抑留されていた復員者〉と偽っているのだった。

タクシーは千住大橋を左折、妻の指示により、家の前を行ったり来たりを繰り返す。人目をはばかるかのように、さらに一周して家の前に車をつける三船。見るに見かねて、二千五百四十円の料金を五百円に〈おまけ〉までする。

しかし、いざ家に帰ってみると、年長の子供たちはなかなか父親に挨拶ができずに、もじもじするばかり。すっかり落胆する父親だったが、一番下の女の子が約束どおり中国語で——それも跳びっきりの笑顔で——父を迎え、皆の気持ちがようやくなごむ……。

こうしたヒューマン・タッチは、谷口&黒澤コンビならではのもので、実に心温まるエピソードである。

「二千円損はしたが、こういうことがあるから、タクシー運転手を続けていける」という三船の独白も、心から納得、である。忘れ物の荷物をそっと置き、無言で去っていく三船のなんとカッコいいことか——。

〔エピローグ〕

いよいよ本作最後の乗客である。銀座の街角で、以前乗せた家出少女の青山京子と再会する三船。母親から感謝の言葉をかけられると、忘れ物の手袋を返そうとするが、これが窓拭きに使ったため真っ黒（何たるユーモアか！）。母親と一緒に買い物帰りの様子のこの娘、三船を家で行うクリスマス・パーティーに誘う。しかし、華やかなことが苦手なこの運転手、娘の誘いを断ると、逃げるように走り去っていく。タクシーをどこまでも追いかけていく少女。こうして、タクシー・ドライバーの日常は続いていく……。

いかつい剣豪のイメージがついた後年の三船とは違って、爽やかかつ朴訥な青年といった風情の三船が見られる数少ない映画である本作、まさにタイトルどおり、全編に亘って春風のように爽やかな風が吹き抜ける作品となっている。〈心温まる〉とは、まさしくこういう映画を指して言う言葉であろう。芥川也寸志による流麗な音楽の効果も相俟って、ヨーロッパ映画（ことさらイタリア映画）の趣きも感じられる。こんなに素敵で洒落た日本映画もあるのだと、もっともっと紹介されてしかるべき作品だとは思うが、今、劇場で上映可能なプリントはフィルムセンター所蔵のものに限られるようだ。

ちなみに、三船にとって本作は、黒澤映画で言えば『白痴』（昭26／松竹）と『七人の侍』（昭29）の間の作品に当たっている。

【はみだしエピソード】

『黄色いリボン』は1949年に製作、昭和26年に日本公開されたアメリカ映画。ジョン・フォード監督による〝騎兵隊三部作〟の一篇で、もちろん主演はジョン・ウェインが務めている。その印象的な主題歌は我が国でも大ヒットしたが、もともとは民謡からアレンジされたものであるという。それにしても、「〽お〜いら〜の黄色いタクシー」と陽気に歌う三船と越路によるデュエットは、あまりに愉し過ぎて、いつ見ても頬が緩み放しとなる。

街の映画館では仏映画『愛人ジュリエット』（マルセル・カルネ監督。ジェラール・フィリップ主演）を上映中。1951年製作のこの映画は、昭和27（1952）年12月13日に日本公開されているので、本作の撮影は封切の一ヶ月ほど前まで行われていたことが分かる。

谷口の回想（『黒澤明研究会会報』№19）によれば、最終エピソードは「リーダーズダイジェスト」に載っていたネタから発想されたもので、黒澤と二人、物語のラストはこれで締めくくると決め、シナリオはわずか四日で書き上げられたとのことだ。

4.『天下泰平』（昭和30年：東宝）

© 東宝

昭和30年1月29日封切　監督：杉江敏男　脚本：八田尚之 原作：源氏鶏太　出演：三船敏郎、久慈あさみ、佐野周二、司 葉子、宝田 明、上田吉二郎、森川 信、左 卜全、見明凡太朗、北川町子、笠 智衆　※未DVD化

【三船の役柄】

東洋電機のサラリーマン・立春大吉。軍隊から戻って会社に復帰、乗っ取り工作の阻止に全力を注ぐ。

本書で紹介せずして、いったい誰が、どの媒体でこの映画を世間に知らしめるのか⁉ と声を大にして言いたい、三船敏郎主演による〝サラリーマンもの〟の好篇。稲垣浩監督の〝宮本武蔵〟三部作と助演の『サラリーマン忠臣蔵』を別にすれば、三船が続篇のある〈連作〉に出演したのは、以降、本『天下泰平』正続篇しかない。

『週刊朝日』に連載された源氏鶏太の原作は不勉強にして読んだことがないが、一貫して職人的資質を発揮し続けた杉江敏男監督の作品らしく、テンポも快調、ユーモアもたっぷりの痛快作となっている。戦地からふらりと会社に舞い戻ってきた元社員の活躍（挫折と目的の成就）を描く、という点では『暗黒街の対決』（昭35）や『用心棒』（昭36）などの〝アウトロー（一匹狼）もの〟の系譜に連なる映画でもあるわけだが、真剣・純情そのものの〝三船サラリーマン〟は、他の映画ではまずお目にかかれない代物なので、これはこれで大変貴重な作品と言ってよい。この知られざる逸品を発見できたのも――なにせ筆者は、封切当時は生まれたばかりで、本作に接していない――、日本映画の旧作を今に伝え続ける数少ない名画座「ラピュタ阿佐ヶ谷」のお陰である。

「東洋電機」では、正門に据えられた銅像の取り外し作業を実施中。これは先代社長の銅像で、その御曹司である森信吾（笠智衆）もいまや社長の座を降ろされ、一介の総務部長の身となっている。これも戦後のどさくさの中、〝黒幕〟社長の岡崎（見明凡太朗）にその株を握られ、旧・森製作所はこの男に乗っ取られてしまったからだ。代わりの社長は、赤座（上田吉二郎）といい、いかにも傲慢そうな人物である。

先代から引き続き社長秘書を務めているのが、久慈あさみ扮する日高聖子という女性。本作のヒロインである日高嬢は、〈にわか社長〉の岡崎から宴席でセクハラ行為を受けても、これを平然とあしらうことができる、なかなか度胸の据わった女性である。

取引会社を停年になった男（山田巳之助）が総務部長として迎えられたことから、先代社長の息子であるにもかかわらず、森は次長に格下げ。それでも悠然としているのは、あきらめの境地のようにも見える。

そんな中、軍隊（ソ連）帰りの立春大吉（姓は「りっしゅん」、名は「だいきち」）という男（三船敏郎）が会社に復帰してくる。前年9月公開の『宮本武蔵』以降、『潮騒』、『密輸船』、『男性№1』と、現代劇への出演が続いていた三船だが、残念ながらいかにもヒーロー然とした主人公役には恵まれていなかった。突然現れたスーパーマン、というわけではないものの、この男なら何かをやってくれるだろうと、映画館の観客は大きな期待感をもって三船・大吉を迎えたに違いない。

なお、三船にとって、〝復員兵上がり〟という役は黒澤の『野良犬』（昭24）以来となるが、「ソ連帰り」※1という設定は本作と『下町 ダウンタウン』（昭32）くらいしか見当たらない。

大吉が戻って大喜びの日高嬢（久慈あさみ）。大吉のほうは、かつての恋人・恵子（いつもとイメージが違う北川町子）が柳川（森川信）という同僚と結婚してしまっていて、複雑な心境のようだ。

旧社長派（他には田島義文、藤原釜足、左卜全など）に属している大吉は、まずは旧社長である森の自宅※2に下宿することにする。旧社長派による現勢力への反抗は、銅像の台座に狸の置物を据えることくらいしかない。現社長の岡崎と面談した大吉は、森の重役復帰を進言するが断られ、ますます闘志を燃やす。

こうして見るとサラリーマン役の三船も、なかなかたくましくてカッコよく、実に見栄えがする。本作を観た「ラピュタ阿佐ヶ谷」で筆者の隣に座った年配の小母さんも、現代劇の三船に大興奮の態であった。

森の娘・明子（司葉子）は、黒幕・岡崎の息子である才太郎（宝田明）と恋仲になっている。この〈ロミオとジュリエット〉の相談相手※3となる大吉だが、二人は新天地・大阪へと駆け落ちしていく。

その後、大吉は旧友の闇ブローカー・杉村（佐野周二※4）が隠匿物資を保管している一軒家の二階に下宿を始める。するとそこは、奇しくも岡崎の自宅の隣に当たっている（これは、いくらなんでも都合が良過ぎだが……）。双眼鏡で監視を始める大吉。見れば岡崎は、才太郎と明子の結婚に大反対の模様。ここでは、日曜日にはつい暇を持て余し、大吉が週刊誌に連載中の「天下泰平」を読み耽るという〈お遊び〉シーンも見られる。そして、この下宿にいきなりかつての恋人・恵子が訪ねてくる。恵子は夫の柳川と別れる決心をしたと訴えるが、大吉は「帰れ！」と一喝、頑として恵子を受けつけないストイックさを見せる。

赤座社長は、重役会議で「ＧＨＱの意向により、証券処理法が制定された」ことから、株を社員に割り当てると発言。実はこれには悪巧みがあって、赤座は一株五十円のものを七十五円で売り出し、一儲けを企てているのだ。

会社の実権を奪い返すため、できるだけ株を買い集めようと画策する大吉。先代との付き合いが深い高利貸しの鬼山（林幹）を訪ねるが、これはあえなく失敗。それでも、旧友の杉村が買収資金を用立ててくれる。

すると、大吉とは恵子を巡ってライバル関係にある柳川が、「自分も仲間に入れてくれ」と接近してくる。大吉は怪しい気配を感じたが、柳川の協力により多くの取引企業が融資に協力。大吉のほうも、多くの社員に株券購入を約束させて、大吉の計画は実を結ぶものと見えた。

ところが案の定、柳川は岡崎側のスパイで、融資話はパーに。株の購入を約した仲間たち（桜井巨郎、堤康久ら）も、旧社長派の三人以外はみな離れていってしまう。大吉は柳川の自宅に乗り込み、妻の恵子の目の前で裏切り者を殴りつけるも、時すでに遅し！　この勝負は、岡崎の勝利に終わる。

※１　戦後十年を経過して作られた映画にもかかわらず、こうした設定がなされているのは、シベリア抑留者の帰国が昭和31年頃まで続いていたからであろう。他にも、会社の守衛役の左卜全が「マッカーサーより偉い」と自称するなど、この映画が作られた昭和二十年代末には、まだ戦後が完全には終わっていなかったことが窺える。経済企画庁により「もはや戦後ではない」と宣言されるのは、昭和31年になってからのことである。

また、ソ連（シベリア）からの帰還兵というだけで、大吉は会社の上層部から「アカ」ではないかと疑われる。酷い話もあるものだ。ちなみに、東宝では大争議以降、撮影所から共産主義者は一掃され、そちら系の小劇団（新劇）の俳優は数少ない例外を除いて、東宝作品への出演を許されることはなかった。

※２　森信吾の自宅は、小田急線「下北沢」駅のすぐ近くにある設定となっている。画面に写る「下北澤駅」の看板が実に重々しい。ちなみに森は、お坊ちゃん育ちなのでピアノが堪能。会社で溜まったストレスの発散に役立っているようだが、こういう役に笠智衆を持って来る発想がなかなかよろしい。

※３　この設定は、稲垣浩の時代劇『或る剣豪の生涯』（昭34）へと受け継がれている。

※４　三船と佐野周二の共演作は、本作以外には『黒部の太陽』（昭43／監督・熊井啓）しかない。

捲土重来を期し、先代社長の銅像を抱えて会社を去る大吉の姿で「正篇」は終了。結末は三週間後に公開の続篇へと持ち越しとなる。

源氏鶏太原作ものにしては、なんともスリリングな展開を見せる一篇だが、これも三船敏郎の出演があってこそのこと。このような熱血サラリーマンの三船を見られる映画は、本作をおいて他にはない。ところが、この続篇である『続・天下泰平』（昭和30年2月20日封切）のほうは、本作とはうって変わって、さっぱり弾まない映画となってしまう。

こちらは正篇の一年後の話となるが、続篇の公開は前作からわずか一ヶ月後のこと。当然ながら同時進行的に撮影されたものと思われるので、映画に勢いがなくなってしまったのは、脚本（八田尚之から西島大と龍野敏の二名体制に変更された）のせい、としか言いようがない。

正篇と同様のスタッフ&キャスト※5で製作されたにもかかわらず、演出にキレがないばかりか、ユーモア感覚も不足気味、三船を除いては出演者たちにもまったく精彩がない（したがって、物語の詳述は控えさせていただく）。これでは、いつもの杉江敏男――〝御用監督〟とでも呼びたいところだ――に逆戻りで、わざわざ二部作（正続篇）にした意味はないと言わざるを得ない。とは言え、三船のサラリーマン演技には未知なる魅力が溢れていて、三船ファンにとって必見の作であることに変わりはない。

宝田明、司葉子と　© 東宝

【三船本人による発言】

ぼくは立春大吉みたいに女にもてないよ。それにね、ぼくは金があっても株の買い占めなんてしないよ。もっと使うことが他にあるもの……。（中略）ぼくだって、彼のような立場におかれたら、株を買い占めて、もとの会社を再建しようなんて気になるでしょうね。商売するのは嫌だ、株なんか買い占めない、金があったら他に使うなんていうのは、三船敏郎ですよ。

ぼくは案外フェミニストなんだよ。だから、たまにはスカッとした二枚目でもやってみたいと思うんだけど、どうかな。

そういえば、こんどは気楽に芝居が出来るね。肩をいからせる必要もないし……。

（『週刊映画』1955年2月1日号掲載の司葉子との対談「兄妹のように——天下泰平に出演して」より）

※筆者注：本作撮影中に行われたとされる本対談の中で、司葉子は「次の仕事が入り、これから関西ロケに出かける」旨の発言をしている。司が続篇に登場しないのは、そういう事情によるものだったのだが、その関西ロケ映画とは、ひょっとして池部良が沢村栄治を演じた——そして、デビュー作の『君死に給うことなかれ』（昭29／監督：丸山誠治）のあと、もう一本だけという約束で出演した——『不滅の熱球』（昭和30年3月公開／監督：鈴木英夫）のことではなかろうか？　確かに、この映画で池部の相手役を務めた司は、自宅は大阪にあるという設定になっていた。

※5　続篇では、森信吾（笠智衆）の娘・明子（司葉子）に赤ちゃんができたという設定だったが、何故か画面には登場しない。

5. 稲垣浩時代劇大作における哀しき主人公たち（1）

『無法松の一生』（昭和33年：東宝）

「三船敏郎、役柄の変遷」の章でも記したとおり、稲垣浩監督による時代劇大作に数多く出演し、観客を楽しませてくれた三船敏郎。一時は、黒澤映画と交互に出演する形となっていたほどだが、幼少期の筆者には、どれもが強烈な印象を残した。その中でも、これぞ一本と言われれば、迷わず“無法松”こと富島松五郎の半生を力強くも哀しく演じた『無法松の一生』を挙げねばなるまい。夏木陽介も、最も好きな三船主演作として本作を挙げている。

© 東宝

昭和33年4月22日封切　監督：稲垣 浩　脚本：伊丹万作・稲垣 浩　原作：岩下俊作「富島松五郎伝」出演：三船敏郎、高峰秀子、芥川比呂志、田中春男、飯田蝶子、有島一郎、笠 智衆　※ DVD 化（東宝）

【三船の役柄】

荒くれ者の系譜に属する“無法松”こと富島松五郎。福岡県小倉（現・北九州市）で人力車夫をする。

よく知られているとおり、本作は稲垣浩監督自ら昭和18年に製作した映画のカラー・リメイク版である。旧作は、戦中は内務省の、戦後はＧＨＱ※１による検閲を受け、松五郎（阪東妻三郎）が吉岡未亡人（園井恵子※２）に「俺の心は汚い！」と、その心情を告白するシーンなどが約18分もカットされてしまったという不幸な作品である。

内務省のカットの趣旨は、銃後の女が男に心を動かすようでは、出征兵士の士気が鈍る、というものであったという。今思えば、そういう女性がいてくれたら、かえって士気が上がるようにも思うが……。稲垣はそのときの苦い経験を忘れず、無念を晴らすべく、十五年後の昭和32年になって再度、同じ題材に取り組んだのであった。

リメイクの決断を下すに当たっては、三船敏郎の存在も大きかったことだろう。稲垣には、無学で喧嘩っ早い〝暴れん坊〟だが、侠気と優しい心根も併せ持つ昔気質の人力車夫・富島松五郎を演じさせるのに、三船は誠にうってつけの俳優と映ったに違いない。

結果、旧作では実現できなかった様々な映像テクニックを駆使し、カットされたシーンも見事復元することに成功。三船敏郎の感動的なパフォーマンスもあって、本作は第19回ベネチア国際映画祭に出品され、グランプリ（金獅子賞）受賞の栄誉を得る。このとき稲垣が発信した「トリマシタ、ナキマシタ」の電報文はとりわけ有名である。

筆者は、前作ももちろん見ているが、阪東妻三郎の名演をさらに上回る三船敏郎の素晴らしい演技、ことに祇園太鼓を叩く名シーンには見惚れてしまい、思わず目に涙が滲んだものである。小林信彦は『週刊文春』の連載コラ

※１　ＧＨＱとは、総司令部（General Head Quarters）の頭文字をとった通称。正式には「連合国軍最高司令官総司令部」といい、米・英・豪などの連合国が日本における占領政策を実施した機関であった。
※２　阪妻版の園井恵子は本当に美しい。昭和20年8月、巡業中の広島で園井と共に被爆死した丸山定夫が、文学座の舞台「富島松五郎伝」で初代・松五郎を演じていたのも何かの因縁であろう。

ム「本音を申せば」において、「松五郎は色々な人の映画を見たが、阪妻一本あればいい」と言っているが、とんでもない！　筆者には「三船一本あれば、それで充分」である。

そして、明治の未亡人を楚々と演じる高峰秀子がこれまた美しい。阪妻版の園井恵子も素晴らしいが、高峰はけっして園井に劣っていない。撮影当時は三十四歳になろうとしていた頃であるが、ご自身でおっしゃっているような〈おばあちゃん〉にはちっとも見えない。松五郎ならずとも、その全身から滲み出てくる色香に惑った方は数多おられたに違いない。

以下に、映画のあらすじを記しておこう。

明治三十年の初冬、九州小倉に、博奕で故郷を追われていた〃無法松〃こと富島松五郎（三船敏郎）が舞い戻ってくる。芝居小屋でひと悶着起こす、相変わらず喧嘩っ早い松五郎だが、仲裁に入った結城親分（笠智衆）にはきっぱりと詫びを入れるような、さっぱりとした侠気も持ち合わせている。

日露戦争勝利に日本中が湧きかえる中、木から落ちて怪我をした少年・敏雄（松本薫）を助けた松五郎は、その父である吉岡大尉（芥川比呂志）とその夫人・良子（高峰秀子）と知己を得る。豪快で暴れん坊の松五郎も、美しい良子夫人の前では、借りてきた猫のようなしおらしい態度を見せる。

そんな中、風邪をこじらせ、吉岡大尉が急逝。残された夫人と子供のため、運動会に付き合ったりして、なにくれとなく世話を焼く無法松。天涯孤独の松五郎にとっては、母子の面倒を見るのが生き甲斐となっていたのだ。

時代が大正に変わると、すっかり成長した敏男（笠原健司）は小倉中学の四年生になり、他校の生徒と喧嘩をしたりして、母親を心配させる。高校生になった敏男が、小倉を去ってからは、すっかり老け込む松五郎。そんな彼を慰めるのは、良子夫人の優しい面影だけであった。

大正六年夏の祇園祭に合わせ、久々に小倉に帰って来た敏男のため、松五郎は自らバチを取り、本場の祇園太鼓を披露するのだが……。

「身分違いの恋」（というより「美女と野獣の恋」か？）をテーマとした本作。話の中身は、ある一定以上の年齢層の日本人には、いまさら紹介する必要もないほど知れ渡っていようから、本稿では筆者お気に入りの共演俳優を列挙してみたい。

まずは、〈オイチニの薬屋さん〉※3を演じた有島一郎。この薬屋さんは、「あのですね、君がですね、急にですね、起きてですね、うどんをですね、六杯食った…」と、やたら「ですね」を連発、観客どころか共演者までをも煙にまく。『君も出世ができる』（昭39／監督：須川栄三）や『100発100中』（昭40／監督：福田 純）あたりにも繋がる〈弾けた〉演技により、軽演劇出身者ならではの身の軽さを見せつける有島一郎、誠に恐るべし、である。

次が、〈ぼんさん〉役の大村千吉。P・C・L時代には子役として活躍した古手の俳優である。東宝では、こうした役――文字で書くのが憚られるが、「知恵遅れ」の男――を演じて、最も説得力のある俳優ではなかったか。

松五郎の母親代わりのような存在の〈おとら〉に扮するのは飯田蝶子。気のいい女主人役が実にお似合いである。すでに、〝若大将〟シリーズの〈りき〉おばあちゃんより老けているような気もするが……。

喧嘩の仲裁人・結城重蔵を堂々と演じたのが笠智衆。ちっとも偉そうでないところにかえって凄みを感じる親分だ。さすがの荒くれ者・無法松も、彼の人間の大きさに打たれ、改心してしまうほどである。その笠は、当初この

※3 手風琴（ボタン式、鍵盤式などのアコーディオン、いわゆる蛇腹楽器）を弾きながら薬を売り歩く行商人のこと。明治期から昭和の初めまでに存在したとされる「オイチニの薬売り」を、我々は黒澤明の『まあだだよ』（平5）でさらに詳しく知ることとなる。この薬屋さん、ここでは伴奏楽器としてコンサーティーナを使用している。

ような大親分の役を「柄ではない」と断ったそうだが、稲垣監督に執拗に誘われ、最後は根負けして出演に及んだとのことだ。

アッという間に姿を消す吉岡大尉には、前述のとおり芥川比呂志が扮している。夫人役を引き受けるに当たり高峰秀子が出した〈たった一つの条件〉が、「吉岡大尉には芥川比呂志を」ということだったそうだから、余程イメージどおりだったのだろう。風邪をこじらせて亡くなる人間など、今時ほとんど考えられないが、この人ならそんなふうにも見えてくるから、実にナイスなキャスティングと言える。

他にも本作には、当時の東宝のスクリーンを賑わしたバイプレーヤーが大挙出演。かの傑作『七人の侍』(昭29)にも印象的な役で出演した面々――宮口精二（剣の師匠）、稲葉義男（巡査）、土屋嘉男（吉岡大尉の遺児・敏雄の先生）、小杉義男（松五郎の父）、左卜全（居酒屋の亭主）、高堂国典（町の古老）、谷晃（虚無僧）、上田吉二郎（茶店の客）、本間文子（茶店の老婆）が顔を揃えている。

そして、昭和30年以降の東宝映画で、通行人やバーテンなど名もなき役柄を二十年以上に亘って演じ続けた勝部義夫※4は、本作では松五郎が大暴れする芝居小屋の見物客の一人に扮している。出立ちは和装にハンチング、という明治のモダンルック（?）で、もちろんここでもクレジットされることはなかった。

リメイクであることを抜きにしても、本作はとにかく時間の経過の省略が巧みだ。こうしたテクニックは、現代の映画ではまず見られないものである。また、松五郎が吉岡家の知遇を得てから、吉岡大尉が亡くなるまでの流れるような展開、エピソードの積み重ねにも目を瞠るものがある。稲垣の昭和18年作でも見られたオーバーラップやワイプの技法も効果的だし、無声映画を思わせる視覚的ギャグも大いに楽しめる。これは、映画技法のデパート・博覧会、いやまさに映画のお手本のような作品と言ってよいだろう。

本作の三船で何よりも素晴らしいのは、何と言っても松五郎が可愛がっていた敏男の高校の先生に聞かせるためバチを握る、祇園太鼓の乱れ打ちのシーンである。蛙打ち、流れ打ち、勇み駒、流れ打ちの四種類の太鼓を、遠慮がちながら、さも楽しそうに叩く三船のばち捌きの見事さといったら⁉ いったい、いつから叩いていたのかと思うほど、堂に入ったその達者な〈叩きっぷり〉は、何度見ても惚れぼれとしてしまう※5。撮影が終わった時には、一瞬の間をおいて、そこに居合わせた約五百名の出演者とスタッフの間から、松五郎にではなく、今度はこれを演じた三船敏郎に対する万雷の拍手が浴びせられたというから、観客よりも先に、まずは身内に対して大きな感動を与えていたことになる。

誰よりも早く撮影所入りする三船は、人知れず稽古に励んでいたのであろう。いくら成城のお屋敷住まいとは言え、あんな太鼓の乱れ打ちをしたのでは近所迷惑になること必至。常識人である三船が、そんなことをするとはとても思えず、これは撮影所のステージで一人黙々と稽古していたものと思われる※6。高校生になって、かつてとは付き合い方が変わってきた敏男への想い、そして吉岡夫人への密やかな恋慕の念がないまぜとなり、ちょっと照れたような顔をした松五郎が叩く祇園太鼓の音は、豪快なようでいて繊細、えも言われぬ哀しい響きを持っている。ここは三船敏郎の、演技者として最高の名場面と称してもよいのではないか？ 少なくとも筆者にとっては、

※4 いわゆる大部屋＝仕出しに当たる俳優は、東宝では「Bホーム」というランクに属していた。彼ら「Bホーム」役者は、当日演ずる役を演技課で確認してから、現場に向かう毎日だったという。勝部義夫は、多い時は同じ作品で四つの役で出てきたこともある。ちなみに、筆者が勝部の出演を確認した最古の作品は、先に紹介した三船敏郎主演作『続・天下泰平』（昭和30年2月20日公開）である。もともと帝国劇場で舞台俳優をしていた勝部が、東宝に移籍することになったのは、当劇場が昭和30年にシネラマ（巨大スクリーン）主体の映画館に転じたからで、勝部が東宝と専属契約を交わしたのはこの年の初め頃だったと思われる。あんなにハンサムな勝部さんが、何ゆえに台詞もほとんどない〝仕出し〟俳優に甘んじていたかについては、桜井浩子さんにその真相を伺っているが、活字にすることは控えさせていただく。

※5 映画公開と同じ年、昭和33年7月発売の村田英雄のシングル「無法松の一生」（コロムビア・レコード）の間奏には、三船が叩いた祇園太鼓の音が入っているという。これはサウンドトラックからの流用ということだが、三船がわざわざスタジオまで出向いて録音したという説もある。その真相やいかに？

※6 高瀬昌弘監督の前掲書『東宝砧撮影所物語【三船敏郎の時代】』には、「毎朝七時頃、撮影所にやってくる三船さんは、車を演技課前に乗り捨てると、一人でダビングルーム（音楽録り用のステージ）に入って行き、一人で譜面とテープを取り出して、太鼓の練習をしていた」とある。

そうである。

映画の後半は、やや駆け足気味の展開を見せる。松五郎が吉岡夫人に対して真情を発露。これを恥じて姿を消すと、ラストは死にゆく松五郎の一生のフラッシュバックとなる。ここはいささか古さを感じるところではある※7。

ちなみに、人力車の車輪のイメージを用いて、松五郎の感情を表現するこの描写方法は、円谷英二のアイディアであるという。稲垣も本多猪四郎と同様、円谷特技監督とコンビを組むことが多かった監督だが、そのパートナーシップはことのほか上手くとれていたことが分かる。

車を引く松五郎　© 東宝

しかし、この無法松の吉岡夫人への一途な思いと行動は、我々がよく知っている、あの男が成す、哀しくも愚かな行為に似てはいないだろうか？　こうして見ると、明治・大正の世に生きた天涯孤独の荒くれ者〝無法松〟が吉岡未亡人に抱いた密やかな思いは、渥美清が半生を通じて演じ続けたはまり役〝フーテンの寅〟が四十八人のマドンナに対して抱いた恋心——どちらも片思いに終わったのが哀しいが——そのもの。あまり指摘されることはないが、我らが寅さんの原点が、荒くれ独身男の無法松にあったことは明らかである。そして、富島松五郎と車寅次郎の間には、やはり山田洋次が作り出した〝馬鹿〟シリーズなどの荒くれ者（安五郎、安吉、サブ、熊五郎、源五郎などの名前をもつ）ハナ肇※8が存在し、松五郎を演じた三船敏郎と寅次郎の渥美清は、山田の粋な取り計らいにより、『男はつらいよ 知床慕情』（昭62）で運命的な顔合わせを果たすこととなる。

「俺の心は汚い！」そう叫び、自らを律する松五郎。これぞまさに車寅次郎が言うべきセリフである。「富久娘」の美女ポスターを吉岡夫人に見られないよう必死に隠そうとする松が、寅に見えてきたのは筆者だけではないはずだ※9。

松五郎がなす心情の告白は、稲垣の『或る剣豪の生涯』（昭34）で〝和製シラノ〟の駒木兵八郎（これも三船が朴訥に演じる）が死の間際に司葉子の千代姫に語った代理告白と同様、言うに言われぬ男の無念さが滲み出てきて絶品。愛する者のためには、己を犠牲にしてまでも尽くし抜く、という〈男の哀れ〉を誘う役柄は、やはり稲垣が監督した『どぶろくの辰』（昭37）の土方＝飯場労働者・辰を経て、『風林火山』（昭44）の山本勘助役で絶頂を迎えることとなる。

【はみだしエピソード】

岩下俊作による原作「富島松五郎伝」の映画化である「無法松の一生」だが、稲垣浩の二作のほかにも、昭和38年に東映（監督は村山新治）で三国連太郎の主演により、昭和40年には大映（監督は三隅研次）で勝新太郎の主演により作られている。後者は、なぜか東宝映画専門だった筆者も小学生時代に見ている。本作同様、伊丹万作の脚本を使用したものだったが、勝新もかなり無法松のキャラに適合していた――似合っていた、という意味である――ことを思い出す。荒くれ男なら、大映では勝新が一番手であったことは言うまでもない。

運動会での父兄による競争シーンで、三船・松五郎が余裕で抜き去った青年は、旧作で吉岡夫人を務めた女優・園井恵子の実弟であるという。一種のお遊びに過ぎないかもしれないが、これは稲垣らしい人間味溢れる〈粋な計

※7 ベネチア出品版は現地で再編集したというが、どこを直したのだろうか？
※8 〝馬鹿〟シリーズの第一作目『馬鹿まるだし』（昭39：松竹）では、ハナ肇扮する主人公・安五郎が『無法松の一生』の芝居を見、「俺の心は汚れている」の台詞に感動して、涙ぐむシーンがある。ハナはのちに、人気テレビ・ヴァラエティー「巨泉×前武 ゲバゲバ90分！」（昭44～46：日本テレビ系）から生まれたキャラクターを主人公とした〝為五郎〟シリーズ（松竹で昭和45年から47年にかけて五本ほど製作）の主人公も演じている。
※9 〝寅さん〟こと車寅次郎の姓「車」は、ひょっとして「車引き」からきているのではないかと思ってしまう。

らい〉と言ってよいだろう。

その園井恵子が、丸山定夫率いる「櫻隊」に所属、公演先の広島で、原爆投下により落命したこと——それも自身の誕生日当日に——はよく知られる事実である。それにしても、この時の公演演目が「無法松の一生」であったとは、なんと皮肉な巡り合わせであろうか※10。

お遊びといえば、稲垣作品ではスタッフや監督がエキストラで出演することなど日常茶飯事。本作でもプロデューサーの田中友幸が通行人（スナップ写真から推測）として特別出演している。

本作におけるオーバーラップは、旧作同様、光学処理ではなく、すべて現場のキャメラが手作業で行う〈直ダブリ〉方式で撮ったという。これはキャメラマンとしての能力を問われるやり方だそうで、撮影の山田一夫にとっては、NG《エヌ・ジー》を出したら前のシーンも撮り直しとなるリスクを負わされたということであった。チーフ助監督・丸輝夫による「芸術的とさえ云えるスケジュール管理」（高瀬昌弘評するところの褒め言葉）も功を奏し、結果としてベネチア映画祭でのグランプリ（金獅子賞）受賞に繋がる。

【三船本人による発言】

（原作を読んで）

簡潔な文章の中に松五郎という愛すべき人間がいきいきと描かれているのに感心しました。ほんとうに人間くさい松五郎の性格が実在したひとのように感じます。

（プレスシートより）

（太鼓のシーンについて）

（稲垣は）太鼓をその前日まで教えてくれないんですよ。太鼓の先生はいるわけですからね。それを教えてくれない。その日の前になって徹夜だよ。前々から太鼓打つこと決まっているんだから、先生がちゃんと叩いてテープに入れたやつもあるんだから、それを早くくれれば練習もできたかもしれないけど、前の晩によこすんだもの、弱っちゃったよ。だけどやっちゃったけどね（笑）。

（前掲『［講座］日本映画⑤　戦後映画の展開』掲載の佐藤忠男との対談「戦後映画を駆け抜ける」より）

（ロサンゼルス「東宝ラブレア劇場」における〝こけら落とし〟上映に同行して）

お客さんの隣に座って、反応を見たわけですが、ちゃんと受けるところは受けてるし、太鼓を叩く場面はなかなか好評だった。終わってから、「あの場面は素晴らしかったが、どれくらい練習したか」とか、「お前は大変なドラマアだ」とか質問されたり、おだてられたり、冷や汗をかきましたね。無法松と未亡人の淡い恋なんか、向こうの人にはどうかと思っていたが、やはり解るんですね。ハンカチを取り出したりして……。シメタと思ったな。結局、良いものというか、まあ、あれは解りやすいストーリイでもあるけど、良い映画を作れば、言葉や風俗習慣をこえて理解してくれるんだと感じました。

（『東宝映画』１９６０年10月号掲載「海外旅行一ヶ月――三船敏郎さんのお土産談」より）

（金獅子賞受賞の報を受けて）

とにかくおめでたい話です。日本映画がどしどし外国で賞をとる。こんなに嬉しいことはない。受賞の日は丁度家にいたが、夜中の三時に電話で呼び起こされて、一日中新聞社に追い廻されたが。主役の稲垣さんや田中さん（プロデューサー）がいないのだから仕方なかったのでしょう、僕は松五郎という男に惚れて、僕なりに演った

※10　このあたりのことは、新藤兼人監督による異色のドキュメンタリー作『さくら隊散る』（昭63）に詳しいので、未見の方は是非ご覧いただきたい。

が、賞を取ってみるとやはり嬉しい。

（東宝の社内報『宝苑』掲載のインタビューより）

（「前作の阪妻の演技を研究したか」の問いに答えて）

僕は、人マネはしません！

（文藝春秋『ノーサイド』1995年2月号「「戦後」が匂う映画俳優」のインタビューより）

膨大な数の主演作の中から、身を切るような思いで「この10本」を選んだものの、稲垣浩による三船主演時代劇を一本だけに絞るのはあまりにももったいないと思い始めてきた筆者。昭和二十年代の終わりから三十年代にかけて稲垣が手掛けたカラー時代劇で三船が演じた主人公は、どれもが魅力に溢れている。続いて、三船がサムライ版シラノ・ド・ベルジュラックをコミカルかつ哀愁たっぷりに演じた『或る剣豪の生涯』と、神話の世界に身を投じて二つの役を力演した『日本誕生』を、紹介させていただくことにする。前者は、筆者が記憶する、最も古い封切りでの鑑賞作品である。

5. 稲垣浩時代劇大作における哀しき主人公たち（2）
『或る剣豪の生涯』（昭和34年：東宝）

続いては、三船の隠れた名演と言うべき『或る剣豪の生涯』をご紹介しよう。コミカルかつ哀しい三船の素晴らしい演技に、“大根”の文字はけっして当てはまらない。

© 東宝

昭和34年4月28日封切　監督・脚本：稲垣 浩　出演：三船敏郎、宝田 明、司 葉子、河津清三郎、平田昭彦、淡路恵子、藤原釜足、三好栄子、若山セツ子
※未DVD化

【三船の役柄】

容貌魁偉の武士・駒木兵八郎。密かに愛する千代姫と美剣士・苅部十郎太の恋の手助けをするが……。

記憶の限りにおいては、本作こそ筆者の東宝映画初体験作。まさに幼稚園に上がったばかりのことである。映画の内容と言えば、フランスのエドモンド・ロスタンによる戯曲「シラノ・ド・ベルジュラック」の時代劇版であり、舞台が関ヶ原合戦期の日本に置き換えられてはいるものの、本来子供が見るようなものではない。それでもしっかりと脳裏にインプットされているのは、ひとえに三船の大袈裟な赤鼻メイクの印象と、死を目前にして手紙を読む、悲壮なラスト・シーンがあってこそのことである。

三船敏郎にとっては、一世一代の名演とされる『無法松の一生』（昭33）に続く稲垣浩監督作となる本作、大人になってから改めて見直してみると、この作品でも、黒澤作品ではまず絶対に見ることができない、ユーモラスかつ哀愁溢れる人物像を、三船自身が全身全霊をかけて演じ切っているのがよく分かる。〝愚直で一途な男〟もまた、三船の真骨頂である。

〝愛しのロクサーヌ〟こと千代姫に扮するのは司葉子。姫に夜な夜な〈愛の言葉〉を語りかけるのは、彼女と惚れ合っている美剣士・苅部十郎太（宝田明）の代わりを務める大鼻＝醜男の駒木兵八郎で、これが本作の三船敏郎の役名である。もとが舞台劇であるから、そもそも一つひとつの台詞が長く、ましてや詩心や喋りの才能がない十郎太を演ずる宝田明に比べれば、代筆・代読を担う三船・シラノの台詞の量が半端なく多いのは当然のこと。その膨大な量のセリフが三船のプレッシャーになったことは想像に難くなく、当時、稲垣組の助監督であった高瀬昌弘監督の証言※1によれば、これが三船による「監督への無言の抗議」――すなわち、夜中に監督の家に車でやって来ては、騒音を発してぐるぐると回る――の始まりであったという。この間接的な不満の表明方法が、かの有名な「黒澤のバカヤロー事件」へと発展していったことは、前掲『成城映画散歩』に記したので、ご参照されたい。

やはり高瀬監督の言によれば、本作の元ネタは、戦時中に稲垣自身が書いたシナリオ『白野弁十郎』であるという。昭和20年に企画されたものの、米軍（ＣＩＥ）による検閲で「アメリカに対する反抗が感じられる」等の理由から映画化が認められなかった、いわば〝幻の企画〟※2を稲垣が執念で復活させたことになり、これは、『無法松の一生』の成功が生んだ副産物と言ってよいだろう。それにしても、主人公の名前がシラノ・ベンジュウロウとは……。

さて、先にも記したとおり筆者には、ラスト・シーンにおける三船の――文字どおり必死の――長台詞を、子供ながら息を呑んで（感動して！）見た記憶がある。徳川方の侍との斬り合いで傷つき、死期が近づく中、夕闇迫る寺院の庭先にて、憧れのロクサーヌ＝千代姫に――手紙の文句を暗唱することで――自らの心情を切々と語る三船・シラノ。これは、『無法松の一生』では成し得なかった「男の愛の告白」をようやく果たしたものと見ることができる。

実際本作は、『無法松の一生』とその作品世界＝構造が酷似しており、対をなす作品と言っても良いほどだ。どちらの主人公も、本来なら決して恋してはならぬ相手に恋慕の情を覚える〈荒くれ者〉。というより、身分（職業）や容姿において、その対称となる女性には不釣合いであることを自ら悟っている男である。その恋のお相手は、悲しいかな三船扮する主人公にはまったく〈その気〉がないが、信頼だけは寄せている。まさに〝ピエロ〟役の三船は、彼女が愛する者のために心底から尽くし抜き、果ては一人寂しく死んでいく……。この哀れな男を、後年、山田洋次が作り上げた〝馬鹿〟シリーズの主人公や、〝男はつらいよ〟シリーズの車寅次郎の原型と言わずして、何と言おうか？

※1 高瀬昌弘『我が心の稲垣浩』（ワイズ出版、2000年）による。高瀬は当時、サードかフォース助監督だったと思われる。
※2『週刊実話』1959年3月16日号57頁掲載の記事「勝手がちがう或る剣豪」では、稲垣浩が「三十年も前から暖めていた素材」（原文ママ）とされている。

三船扮する駒木兵八郎――残念ながら白野弁十郎ではない――は、関東侍（徳川直参の旗本）に敵対する石田三成・十人槍の一人。映画の冒頭、太閤殿下・豊臣秀吉の命日＝一周忌にもかかわらず舞台に上がった出雲の阿国（三好栄子）に対しては、〈恩知らず者〉と罵倒。その芸の邪魔をする傍若無人な振る舞いは、まさに松五郎の芝居小屋での暴れっぷりと同じである。このシーンでの三船の流麗なる口上・立ち回りはなかなかの見もので、ここは〝演技派〟ミフネによる、正真正銘の「一人芝居」を素直に楽しみたい。

ところで、兵八郎の鼻の大きさをあげつらい、十郎太が彼に向かって放つ侮蔑の言葉は、次のようなものであった。

①ハナつく闇　②出鼻をくじく　③鼻を突っ込む　④鼻息が荒い　⑤ハナであしらう　⑥ちーんとひとハナ…、いやはやなんと愉快な〈ハナ尽くし〉であろうか。良くぞまあ、こんな矢継ぎ早に、人をからかう言葉が出てくるものだと感心するが、この十郎太という若侍、前述のとおり美剣士ではあるが、実は文才がなく、しゃべりの才能もゼロ。好きになった千代姫に対しては、気の利いた言葉のひとつも言えない無粋者なのである。

そんなことから、〈文武両道〉に秀でた兵八郎が、十郎太に代わって恋文の原案を作ってやることになる。もちろんこれは「シラノ・ド・ベルジュラック」の物語と全く同じ展開である。美人の姫から「兄のように思っておりました」などと言われてしまえば、彼女の為に一肌脱がねば、それこそ男ではない！　夜の闇に紛れては、宝田に成りすまし、司・ロクサーヌに直接――陰ながらだが――愛を語りかける三船・シラノ。しかしながら、千代姫に向かって投げかけられたポエティックな愛情表現の数々が、実は兵八郎自らの心情の発露であったとは、純粋無垢なお姫様には知る由もない。ああ、これもまた「男はつらいよ」の展開そのものではないか。

やがて兵八郎と十郎太は、武蔵と又八のごとく、関ヶ原の合戦に〈大阪方＝西軍〉として参加。敗軍の兵となった二人は、落武者として生き延びるが、深手を負った十郎太は自ら死を選ぶことになる――。

それから十年、傷心の姫は尼に身を変えていて、毎年自分に会いに来てくれる兵八郎を楽しみに待っている。ところが、姫を訪ねた兵八郎は関東侍との斬り合いの末、深手を負ってしまう。なんとか姫のもとに参じた兵八郎は、かつて十郎太が姫に贈った愛の口上をすらすらと語り出す。ここぞ本作最大の見せ場であるのだが、事ここに至って、姫はようやくこれまでの〈愛の言葉〉が兵八郎本人の口から出たもの、すなわち彼の本心であったことを悟る。このとき兵八郎の命は、もはや〝風前の灯〟であったのだが……。

以上、悲しい哀しい恋物語の本作。宝田の若侍に人間的魅力がいまひとつ乏しく、三船・シラノが彼に肩入れする気持ちが今ひとつ伝わってこないのが残念な点ではある。当時の大人の観客も、積極的に宝田を応援する気にはならなかったのではないかと推察するが、醜男・三船の独壇場であることを考えれば、とやかく文句をつける必要はないだろう。

本作では演出面における様々な工夫も見られる。稲垣はラストで、関東侍から闇討ちに遭った兵八郎が相手を倒す〈絵〉は見せずに――これぞ見せ場シーンなのだが――、それをあえて彼の回想場面として観客に呈示する手法を採っている。これなどは、無声映画時代から培った演出テクニックであり、稲垣のもっとも得意とするところであったろう。

よほど稲垣に気に入られたか、はたまたウマが合ったのか、三船敏郎にとって稲垣浩は、黒澤作品に次いでコンビ作が多い監督となる※3。もともと稲垣と黒澤は昭和三十年代の東宝における両〈巨頭〉であり、会社も東宝の

※3 黒澤映画十六作に対し、稲垣とのコンビ作は全二十作に及ぶ。

スタッフも二人をそのように扱っていたと聞く。こうして三船は、ある時期――昭和二十年代の終わりから三十年代の後半あたりまで――は、両巨匠のスケジュールに合わせて交互に主演作を撮っていくことになる。

思えば後年、自身のプロダクションに稲垣を迎えて製作した『風林火山』（昭44）における山本勘助にも、この醜男の系譜はしっかりと受け継がれており、三船はこのときも、ヒロイン・由布姫（佐久間良子）に恋心を抱きながらも、〝男は黙って〟耐え忍ぶ寡黙な侍を演じている。この山本勘助なる男も、明らかに富島松五郎～駒木兵八郎の延長線上にあるキャラクターと言ってよいだろう。

パンフレット表紙

最後に、特筆すべき役者として、三好栄子と若山セツ子の二人を挙げておきたい。老醜を晒す〈出雲の阿国〉に扮した三好も凄かったが、ビリングが相当下がった中で、若山が見せる可憐な演技（司の介添えをする尼さん役）にも是非ご注目いただきたいと思う。もし、目の前にあんな可愛らしい尼さんがいたとしたら……、あなたならどうする？

【はみだしエピソード】

三船・シラノの大きく醜い赤鼻だが、これはメーキャップ師・小林重夫の手によるものである。この方、すでに『生きものの記録』（昭30）で三船の老けメイクを担当していて、三十五歳の三船を七十歳の老人に仕立て上げた名職人であった。稲垣作品では『無法松の一生』にも参加している。

本作は、平成15年末、世田谷文学館で開催された「三船敏郎展・作品上映」の折にも上映されている。筆者はもちろん駆けつけたが、嬉しいことにゲストとして司葉子さんと高瀬昌弘監督のお二人が参加。このとき司さんは、三船さんとの思い出を懐かしそうに語り、本当に優しい人だったと繰り返しおっしゃっていた。三船ファンの筆者はそれだけで胸が熱くなったものだが、なんとサプライズ・ゲストとして、ご子息・史郎氏まで見えられたのにはさらに感激。聞けばその日は、偶然にも三船さんの命日に当たっていて、史郎氏は父上の法事を済ませてから会場に駆けつけたのだという。さらに、客席には稲垣浩監督のご子息の姿もあり、かねがね東宝のスタッフや俳優たちの結束力が強いことは伺っていたものの、筆者にとっては、改めてそのことを実感する嬉しい一日となった。

和製シラノには、実は前例がある。昭和28年に宝塚映画で製作された『天狗の源内』（2月25日公開／監督：倉谷勇）がそれである。シラノに扮するのは、第二次「あきれたぼういず」に参加した山茶花究。役名は巻田源内といい、役どころはヤクザの用心棒である。ロクサーヌ役は宝塚歌劇団の故里明美が担い、田舎廻り一座の花形役者・錦（にしき）太夫に扮して、大根役者の市川半四郎（江見俊太郎＝渉）に熱を上げる。かくして恋仲となった二人の間に割って入るのが、和製シラノの〝天狗の源内〟というわけである。本作も、シチュエーションこそまるで違えど、物語の基本線は「シラノ・ド・ベルジュラック」そのものであった。

最後は、半四郎に頼まれた恋文を愛する太夫の前で読み上げる源内だが、「見た目ではなく、心の美しさこそが太夫の心を動かした」と知った時には、深手を負った源内にはすでに死が迫っている……という映画。三船・シラノも素晴らしいが、元が喜劇役者（あきれたぼういず※4のメンバーでもあった）の山茶花によるシラノもなかなかに哀しく、味わい深いものがあった。機会があったら是非こちらもご覧いただきたい。

※4 あきれたぼういずは昭和10年結成の音楽コントグループ。メンバーには川田義雄、坊屋三郎・芝利英の兄弟に益田喜頓がいた。山茶花は第二次あきれたぼういずに参加している。

【三船本人による発言】

（台詞について）

とにかく自分でしゃべっても歯が浮くようだよ。

セリフがしゃべりにくいかと思って心配していたら、案外平気だった。

こんなワリの合わん役ははじめてだよ。

（『週刊実話』1959年3月16日号「勝手がちがう或る剣豪」より）

（稲垣監督について）

絵コンテなんか見せてくれない。いつもサングラスかけて、ジロッと暗い中から見ている。どこ見ているかわからない、怖いんだよ（笑）。

（前掲『［講座］日本映画⑤ 戦後映画の展開』掲載の佐藤忠男との対談「戦後映画を駆け抜ける」より）

5. 稲垣浩時代劇大作における哀しき主人公たち（3）

『日本誕生』（昭和34年：東宝）

時代劇というジャンルに括られる作品ではないが、筆者にとってはこれも立派な“稲垣時代劇”の一本である。目も眩むような豪華な出演者たちを眺めているだけでも、あまりにも魅惑的で、幼少期に見た本作は、東宝映画というジャンルを強く意識させるものとなった。

昭和34年11月1日封切 監督：稲垣 浩　特技監督：円谷英二　脚本：八住利雄・菊島隆三　出演：三船敏郎、鶴田浩二、司 葉子、香川京子、原 節子、田中絹代、中村雁治郎　※ DVD 化（東宝）

【三船の役柄】

日本神話に登場する日本武尊＝倭建命（ヤマトタケルノミコト）と須佐之男（スサノオ）の二役。

この映画の物語を紹介することは、ある意味虚しい作業である。語り部の媼《おうな》（杉村春子）が説く、伊邪那岐《イザナギ》・伊邪那美《イザナミ》による〝国産み〟のエピソードから、著名な日本神話である日本武尊《ヤマトタケルノミコト》の物語へと入っていくこのスペクタクル巨編は、ストーリーなど意識しないで楽しむべき映画だからだ。実際、本作はあれよあれよと言う間に、めくるめく神話の世界が展開されていき、３時間の間まったく飽きることがない。

本作が「東宝映画１０００本製作記念作品」と謳われていたのは、何故かよく憶えている。道理で製作も、滅多にない藤本眞澄と田中友幸による〈二人体制〉となっていたわけだ。昭和37年製作・公開の「東宝創立三十周年記念作品」である『忠臣蔵』も同じ体制で作られており、どちらもまさに〝映画・演劇陣総出演〟と言うべきオールスター作品であったことから、当時の東宝では稲垣浩が最も〈重鎮＝巨匠〉扱いされていたことが分かる。実際、神話を映画にしてしまうなど、まさに神をも恐れぬ所業だが、それだけこの頃の東宝が〈イケイケ〉だったという証しである※1。稲垣自身、プログラム誌上で「ファンタジーというより一種のロマンになるでしょう」とか、「幻想的な時代劇といったものじゃなく、もう少し詩情のあるものに描きたい」との抱負を述べていて、ここからはこの映画をただの神話の再現にはしたくなかったという意図が読み取れる。

11月1日に封切られた本作は、もともとゴールデン・ウィーク※2の公開を目指して企画されたものであった。ところが、これだけの超大作となったことから、準備が間に合わず、急遽スタッフと主要キャストをそのままシフトして、前述の『或る剣豪の生涯』（４月28日公開）を製作するという緊急措置がとられた。円谷特撮チームのほうは、４月19日公開の山本嘉次郎監督作『孫悟空』（悟空には三木のり平が扮する）を先に手がけている。もちろん当時は、大半の東宝映画ファンはそんな事情を知ることもなく、春と秋の両方に稲垣浩の娯楽大作を楽しんだわけである。

先に記したとおり、映画の冒頭では、イザナギ・イザナミの二人の神による〝日本列島誕生〟の模様が、〈円谷特撮〉を駆使してファンタジックに描かれている。このシークエンスが当時愛読していた少年誌※3に紹介されたことから、筆者など少年たちは、本作の公開を、それこそ首を長くして待ったものであった。

さて、子供だった筆者にとって最も記憶に残ったのは、三船敏郎演ずる日本武尊《ヤマトタケルノミコト》がいまだ小椎子命《オウスノミコト》を名乗っていた頃、女装を施して巧みに近づいた熊曽建《クマソタケル》兄弟（志村喬、鶴田浩二）を見事に討ち取る場面はもちろん、何と言っても一番は、ゲスト出演した当時の現役横綱・朝汐太郎と、小林桂樹・加東大介・三木のり平・有島一郎・柳家金語楼・エノケン（榎本健一）といった〝喜劇人オールスターズ〟による天岩戸《アマノイワト》のシークエンスであった。

小椎命が、父である景行天皇（中村鴈治郎）に命じられて実行する熊曽建兄弟征伐の場面は、女性に化けてまでクマソ兄弟を殺す三船・オウスの所業が卑怯に感じられ、子供心にもあまり好きになれなかった。三船には女装などしてほしくなかったし、実際ちょっと不気味に感じたからである。実の兄・大椎皇子《オオウスノミコ》（伊豆肇）や、異母弟（宝田と久保の両〝明〟）とのややこしい関係に悩む小椎命と、異様なまでに美しい巫女・弟橘姫《オトタチバナヒメ》（司葉子）※4との哀しい恋の結末は、子供心にも可哀想で仕方がなかったが……。

ご存知のとおり〈天岩戸〉のくだりは、神々が乙羽信子扮する天宇受女命《アメノウズメノミコト》に裸踊りを敢行させ、天岩戸にお隠れになった天照大神《アマテラスオオミカミ》を、何事かと思わせて岩戸から出してしまおうという計画を描いたものである。ところが、リ

※1 前年の昭和33年をピークに、観客動員数は減り続けていくことになるのだが。
※2 ゴールデン・ウイーク（GW）なる和製英語は、昭和26年のこの時期に公開された『自由学校』（監督：吉村公三郎／松竹の渋谷実監督作と競作になる）が大ヒットしたのを機に、大映の専務M氏が名づけたものとされている。
※3 当時の少年誌には、「鉄人28号」（横山光輝）や「鉄腕アトム」（手塚治虫）で人気を集めた『少年』（光文社）や、「まぼろし探偵」（桑田次郎）と「赤胴鈴之助」（武内つなよし）が魅力的だった『少年画報』（少年画報社）、それに「少年ジェット」（こちらも武内つなよし）の『ぼくら』（講談社）などの月刊誌と、今も綿々と続く『少年マガジン』（光文社）や『少年サンデー』（小学館）といった後発の週刊誌があった。『日本誕生』の特集記事が載ったのは、果たしてどの雑誌だったのか？
※4 司葉子と三船の初共演は意外に早く、好評を得た司のデビュー作『君死に給うなかれ』（昭29／監督：丸山誠治）の翌年1月公開の『天下泰平』（昭30／監督：杉江敏男）であった（助演作篇に詳述）。

ハーサル中に胸当てがはずれてしまった乙羽は、本当に乳房を晒してしまう。これはまさに日本のストリップショウの原点であり、のちの新藤兼人監督作品におけるヌード・シーンのさきがけとなったハプニングと言ってよいだろう（画面には写っていないので、期待されぬように）。

それにしても、天照大神を原節子に演じさせるとは、いったいどなたのアイディアであろうか？　こんなトンデモナイ役をこなせる人は、他にいるはずもない。ここでの原節子は文字どおり神々しく――これぞ女優冥利に尽きる役だろう――、本作出演を期に、まさに天の岩戸にお隠れになるがごとく、スクリーンからフェードアウトしていくのであった。

当然ながら子供時代の筆者は、円谷特撮による〝八岐大蛇《ヤマタノオロチ》〟にも大興奮。この神話シークエンスで、乱暴者の須《ス》佐之男《サノオ》に扮したのが、またもや三船敏郎である。ここで叢雲《ムラクモノ》剣《ツルギ》を振りかざしてオロチを退治する荒々しいミフネもカッコ良過ぎるほどで、これでは子供でもファンにならないほうがおかしい。

2017年にノーベル文学賞を受賞した、日系英国人小説家、カズオ・イシグロ氏が、幼稚園時代に本作を観た記憶を持っていることが、阿川佐和子によるインタビュー記事「この人に会いたい」（『週刊文春』2001年11月8日号掲載）により広く知られるところとなった。昭和29年11月、長崎県生まれのイシグロ氏は、――筆者とまったくの同世代であるから、これも当然のことだが――、親に連れて行ってもらって何度も観たこの映画に影響を受け、三船扮する須佐之男になりきって、ヤマタノオロチと戦う遊びに興じたという。初めの頃は怖くて見られず、4～5回目になってようやく指の間から少しだけ画面を覗けるようになったと語るイシグロ氏に対し、筆者は最初から凝視できたのが自慢である。

黒澤組で撮影を担当した松尾民夫さん※5が、初めて就いた現場が本作である。ここで松尾さんが目にしたのは、小椎命《オウスノミコト》（日本武尊の幼名）に扮する三船敏郎が倭姫《ヤマトヒメ》（命の叔母で伊勢神宮の宮司を務める）役の田中絹代を前にして、すっと流した一筋の涙であった。熊襲征伐から戻った途端、スメラミコトである父から東の国の平定を命じられたことから、心許すヤマトヒメに悩みをぶつける場面である。

ここは、台詞はなかったものの、田中が放つ「気」のようなものに打たれたのか、三船は一回目のテストだったにもかかわらず、田中の前で本物の涙を流して芝居を続ける。稲垣監督は三船に、「三船ちゃん、最初からそんなに気張らなくていいよ」と声をかけたとのことだが、二度目の芝居、すなわち本番では涙はついぞ流れず終い。ここで松尾さんが学んだのは、「一度きりの芝居をいかにきちんとキャメラに収めるか」ということであった。キャメラマンとして、映画として一番難しいことを、松尾さんはまさに最初の現場で学んだことになる。

倭姫の田中絹代と小椎命の三船
© 東宝

その倭姫《ヤマトヒメ》が語る〈劇中劇〉が、三船が二役で演じるスサノオによるヤマタノオロチ退治のエピソードである。操演とギニョール※6によるこの〈怪獣〉は、たちまち筆者のお気に入りとなり、後年『三大怪獣 地球最大の決戦』（昭39／監督：本多猪四郎）に登場したキングギドラを見た時には、たちまちこのヤマタノオロチを想起したものだ。『キングコング対ゴジラ』（昭37／監督：本多猪四郎）でキングコングに睡眠剤入りの赤い液体を飲ませるシーンを見た時に、すぐにこのシーンを思い出して、一人ニヤリとほくそ笑んだことも、幼少時代からの東宝映画体験からくる、実に子供らしくない自

※5 松尾民夫さんは昭和32年に東宝入社。『悪い奴ほどよく眠る』（昭35）から黒澤組につき、遺作の『まあだだよ』（平5）まで撮影・製作で参加している。
※6 ギニョールとは、フランス製指人形劇の主人公の名で、そこから人形劇の総称ともなった言葉。転じて人間が手動で操る人形のことも指し、日本製怪獣映画では手や指で操作する怪獣やロボットをこう呼んでいる。

慢話のひとつである。

のちのちになって本作を、池袋にあった「文芸地下」で再見した時に感心したのは、火山が噴火し、地割れに人がのみ込まれていく特撮シーンの見事さであった。「バーサタイル・プロセス」なるカラー・シネスコ合成機※7がここで初使用されたとのことだが、これぞ技術革新、イノベーションである。この頃の円谷特撮は、実に丁寧かつ冒険的で、人形を使わず、本当に地割れを起こし、人がそこに吸い込まれていく様を描いている。そして、そこに溶岩流が襲い、人をのみ込む……。ここは、CG全盛時代の今だからこそ、多くの人に観てもらいたいシーンだ。

以上、のちの『日本沈没』（昭48）などとは比べものにならないスケールと多彩な出演者を誇る本作は、あらゆる時代を通じての「東宝映画」を代表する一本と言って差し支えないだろう。『七人の侍』や『ゴジラ』（ともに昭和29年公開）も、東宝を代表する名作だが、これほどの〈超大作感〉は有していない。

それにしても自らが誕生させた〈日本〉を、のちに沈没させてしまう——それも二度に亘って——東宝は、まったくもって節操がない会社と言わざるを得ない。まあ、そこが凄いところでもあるのだが……。実際、東宝は、創立五十周年を記念する「半世紀傑作フェア」においても、『日本誕生』と『日本沈没』の二本立てを組んでいたほどである。

【はみだしエピソード】

公開当時に発行されたパンフレットによれば、伊勢神宮の巨大セットは生田にあったオープン用地に設営されたことが分かる。

当時の人気大関で、昭和34年3月場所後に第四十六代横綱に昇進した朝潮太郎は、何を隠そう、この年3月に創刊された初の週刊少年誌『少年マガジン』の表紙を飾った人である。ちなみに、もう一方の『少年サンデー』の創刊号の表紙は長嶋茂雄で、こちらの定価は三十円であった。これも余談だが、四年後の昭和38年に創刊された『少年キング』の初表紙は戦艦大和だったと記憶する。当時、他誌は定価が四十円になっていたが、創刊号だけは三十円の特価であった。

乙羽信子の話題を少々。画面でちらりと見える彼女のおっぱいは、もちろん〝ニセ乳房〟。今で言うところの〈特殊メイク〉によるものである。いまだ新藤兼人の映画で脱ぎまくる以前のことで、当時は彼女のようなスターが胸を晒すなどということは、万が一にも考えられないことであった。ちなみに、この〝擬似おっぱい〟も『生きものの記録』や『或る剣豪の生涯』で三船のメイクを担当した小林重夫の作であるとのことだ。

本作の光学作画を担当した飯塚定雄は、自著『光線を描き続けてきた男』（洋泉社、2016年）において、三船敏郎を大絶賛している。というのも、八岐大蛇との戦いは、三船がムビオラ（編集機）で見せられたオロチの動きを完全に把握してから、ブルーバックの前で演技をして合成したもので、飯塚は三船のあまりのタイミング（勘）の良さに、円谷英二共々唸らされたという。

当時の新聞広告（山形新聞、1959年10月31日掲載。山形新聞社提供）

※7　この機械に投じられた費用は、当時の金額で六千二百万円とのこと。

【三船本人による発言】

（技髪さんに女装させてもらいながら）

超グラマーの誕生だね！（『東宝グラフ別冊』日本誕生特集号より）

「東宝グラフ別冊」表紙

6.『暗黒街の対決』（昭和35年：東宝）

© 東宝

昭和35年1月3日封切　監督：岡本喜八　脚本：関沢新一　助監督：竹林 進　出演：三船敏郎、鶴田浩二、司 葉子、河津清三郎、中丸忠雄、平田昭彦、田崎 潤、ミッキー・カーチス　※ DVD 化（東宝）

【三船の役柄】

東京から荒神市に左遷されてきた“汚職刑事”こと、実は“暴力団狩り”のベテラン刑事・藤丘三郎。

岡本喜八が手がけた〝暗黒街もの〟の中でも最高の一本である。男と男の友情を横軸に、男対男の対決を縦軸とする本作。筆者は、傑作の誉れ高い『暗黒街の顔役』（昭34）よりも、絶対にこちらをお薦めする！

やはり岡本がメガホンを取った前作『暗黒街の顔役』は、大ヒットを記録したものの、極めて日本的な〈兄弟愛〉が物語の主軸となっていることに加わえ、音楽を伊福部昭が担当したこともあって、全篇に亘りウエットな雰囲気に支配される作品となっていた。筆者は、どうにもこれに馴染めなかったのだが、岡本は一転、この続篇をドライでユーモア溢れ、併せてスピード感も兼ね備えたハードボイルド・アクションに仕立て上げる。大好きだという西部劇の要素も採り入れるなど、自分のカラー（岡本流）一色に染め上げているところが何よりも好ましい。岡本自身も「スポーツをやっているような徹底したドライな作品にしたい。文句なしに楽しめるものを……」と、新聞紙上（『報知新聞』昭和34年10月25日付）で意欲を述べている。

三船のアクションのスピード感たるや、三十郎の殺陣にも負けぬ切れ味である。トレンチコートの着こなしが、かのボギーをも凌いでいると思うのは、贔屓の引き倒しであろうか？…※1　三船敏郎と鶴田浩二という当時の〈東宝二大俳優〉を上手く使いこなし、両者の顔を立てているところも、岡本喜八の進歩を示している。

やくざの勢力争いが起きる荒神市に、夜汽車でやって来たトレンチコートの男・藤丘三郎を演じるのが、我が三船敏郎である。汚職の片棒を担いだことから、当地に左遷されてきた刑事で、駅の雑踏でスーツケースを盗んだ男（岩本弘司）を追い詰め、平手打ちの九連発を食らわす。ここからすでに、もの凄いスピード感だ。同じく大岡組のやくざ三人（堺左千夫ら）との喧嘩も激しく、ここでは十五連発のパンチを浴びせている。

キャバレー「青い猫」では、新興やくざ組織の大岡組組長（河津清三郎）が市会議員（林幹）ら、市の有力者たちを接待中。大岡は、かねてから小塚組が握っていた〈砂利採取に関する権利〉を奪おうと躍起になっているのだ。そして、当キャバレーのホステス・サリー（司葉子）は、亭主の仁木が自動車事故を起こして行方知れずのままとなっている。ちなみに、キャバレーの支配人には中丸忠雄が扮していて、どう見ても小塚組よりこちら側＝大岡組のほうが悪そうだ。

酒場を経営する鉄雄（鶴田浩二）は、かつて小塚組の幹部だったが、大岡と張り合い奪い取ったナンバーワン・ホステスの妻が、仁木が起こした自動車事故で亡くなったという因縁がある。藤丘刑事は鉄雄に近づくが、すでに堅気となっている鉄雄の協力は得られない。

大岡が仕切るキャバレー「青い猫」に、ライバルである小塚組の親分（田崎潤）が乗り込んでくる。砂利採取権を奪われたことで、大岡組に喧嘩を売りにきたのだ。これを藤丘が「逮捕する」と称して外に連れ出す。危ない状況に陥った小塚を救いだした格好である。

二人は鉄雄のウェスタン・バーで酒を酌み交わす。ここで藤丘は、鉄雄の妻は大岡組の秘密を握ったため殺されたのではないかと聞かされる。そして、酔った小塚は店を出たところで殺し屋トリオ〝トリオ・アミーゴス〟（天本英世、若松明、高木弘）の銃撃を受け、あえなく命を落としてしまう――。

このように本作は、出だしから物語が分かりやすく――それもだれることなく――、小気味良く進行する。小塚組と大岡組の間を、三船の藤丘刑事――実は〝暴力団狩り〟のベテラン刑事・野口――が泳ぎ回り、最後は悪の枢軸・大岡組を一網打尽に逮捕するという展開となる。

そして、最後の最後はタイトルどおり、大岡を自らの手で葬った鉄雄と野口刑事との〈一対一の対決〉である。結果的に、野口に撃たれた鉄雄は「借りは全部返した」と言い残して、女房のもとへと旅立っていく。まるで西部

※1　同じ『報知新聞』掲載のインタビュー記事で指摘されているとおり、時代劇や汚れ役が続いていた三船がモダンな背広姿になるのは、昭和32年2月19日公開の『この二人に幸あれ』（監督：本多猪四郎）以来二年ぶりとなる。

劇か日活映画みたいな結着のつけ方だが、岡本＝東宝流のほうに、よりスマートさを感じるのは、贔屓目のせいだろうか？

この映画については、テレビ放映時に見たときは気づかなかったが、後年、今は無き名画座「大井武蔵野館」で再見した折、ふと〝あること〟に気づいて、思わず膝を打った。というのも、この作品のシチュエーションが、まさに黒澤明の『用心棒』（昭36）そのものだったからだ。ちなみに、かの傑作時代劇『用心棒』は、本作の翌年に公開された映画である。

『用心棒』は、米国の作家、ダシール・ハメットのハードボイルド探偵小説『血の収穫』に誘発されて脚本作りがなされたことで知られている。そして、こちら『暗黒街の対決』も、やはり和製ハードボイルドの第一人者・大藪春彦の「血の罠」（『週刊アサヒ芸能』連載）を原作としているのだ。大藪の「血の罠」がハメットの「血の収穫」に誘発されて書かれたものである以上、それぞれの映画化作品が同じ臭い、同じ骨格をもっていたとしてもなんら不思議はない※2。

この両作、改めて眺めてみると、驚くほどソックリである。主役が同じ三船敏郎であることはもちろん、ふらりと〝ある町（地方都市と宿場町）〟にやってきた主人公の三船が、対立するやくざ組織の間に入り、両者を手玉にとって自滅させてしまうという構造がまったく同じなのだ。よく聴くと、佐藤勝が付した音楽まで似ている。

新興やくざの親分・大岡社長（これが何と『用心棒』で清兵衛親分を演じた河津清三郎！）から、誘いを受けるところなどは、まるで『用心棒』で、「俺はケタが違う」と言って、誘いをやんわりと断るあたりも桑畑三十郎による〈用心棒代つり上げ作戦〉を思わせる。おまけに、かくまっている鶴田浩二の小屋に三船が食事を運んでやる様も、立場こそ違えど、三十郎に食事を運んでくる権爺（東野栄治郎）の行動そのもの。この時鳴る音楽がまた、三十郎のテーマのヴァリエーションとも言える音楽構成（作曲は同じ佐藤勝）であるうえ、この行為を怪しまれた三船が親分のもとへと連れてこられても、けっして居場所は吐かないあたりも権爺とそっくり同じである。いやいや、実際には『用心棒』こそが、この映画に似ているのだが……※3。

問題になった『荒野の用心棒』（1964：セルジオ・レオーネ監督）でもあるまいし、天下のクロサワが盗作、なんてことは思いもよらぬことだが、筆者にはこれはけっこうショックな発見であった※4。

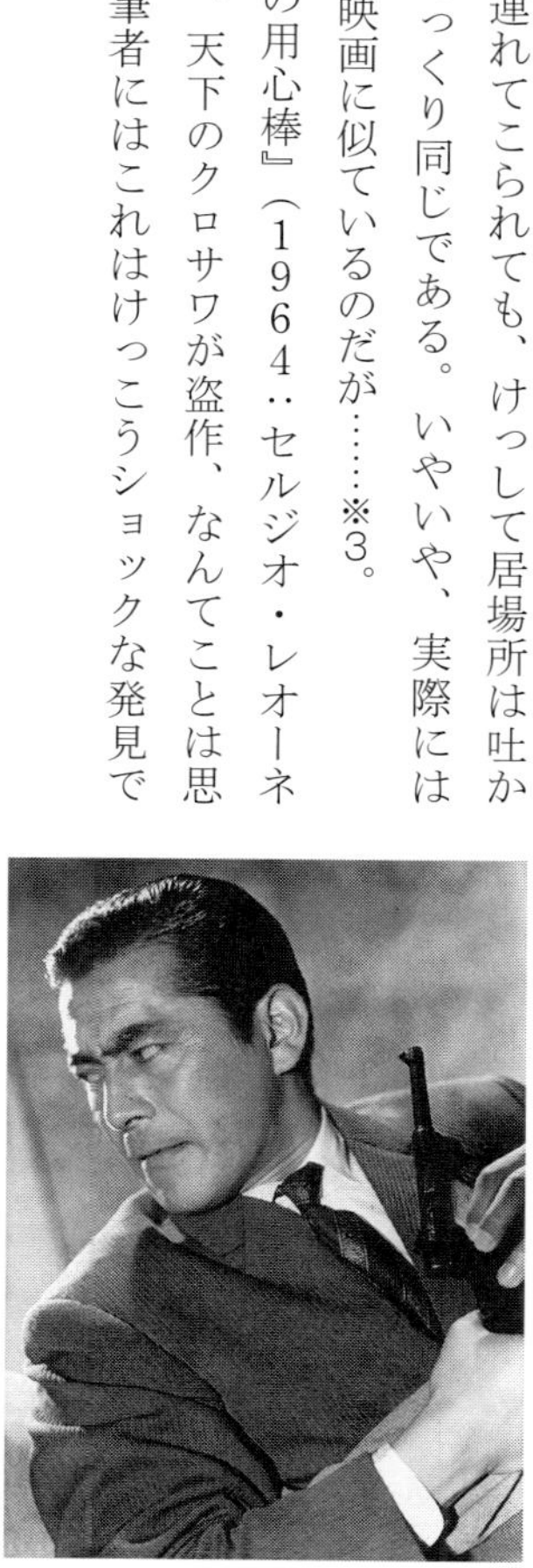
拳銃を持つ現代版三十郎？
© 東宝

話を本作に戻そう。『用心棒』同様、こちらも〈文句なしの大傑作〉であることは先ほど申し上げたとおり。三船敏郎の〝一匹狼〟の魅力が満喫でき、さらには沢村いき雄や天本英世といった東宝バイプレーヤーたちの名演・珍演も楽しめるうえ、三船が悪漢たちを手玉に取る様も、見ていて本当に痛快である。読者の皆さんにも是非『用心棒』と見比べて、その面白さ、岡本演出の切れ味の良さを再認識していただきたい。

〈黒づくめ〉の殺し屋〝トリオ・アミーゴス〟（クレジットは〝トリオ・アミゴス〟）による、これみよがしのコーラス曲「月を消しちゃえ」（関沢新一詞、佐藤勝曲）は、実際にコロムビア・レコードからリリースされた。

※2 原作では単なる汚職刑事でしかなかった主人公が、映画化された作品では、実は潜入捜査官だったという改変がなされている。これは三船のイメージを慮ってのことであろうが、ここはひたすらダーティーな三船でもよかったように思うのは筆者のみか？
※3 熱血警官に扮する夏木陽介の役柄も、どことなく『用心棒』の若輩ヤクザを思わせる。『用心棒』では桑畑三十郎に助けられた夏木だが、本作では河津清三郎の子分に撃たれてあえなく死んでしまう。
※4 実際には、『用心棒』の企画は、すでに『読売新聞』昭和31年5月21日付夕刊で発表済みであった。

天本英世、若松明、高木弘の三人による歌唱は、実際は〈口《くち》パク〉※5だが、このシーンは何とも人を食った演出がなされている。これについては、監督自身「ドラマじゃなく、ひとつのミュージカルプレイみたいなものをやってみようと思った」と語っている。

本作は、テンポ良いカット繋ぎで魅せる導入部から、すでに〝喜八節〟全開。タイトルバックに付された佐藤勝によるジャージーなBGMも堪らなくカッコイイ。ご覧いただければ、オフホワイトのトレンチコートで決めた三船敏郎の姿が瞼に焼きついて離れなくなること請け合いである。

【はみだしエピソード】

本作の舞台は架空の地方都市「荒神市」。ここがどこなのか積年の謎となっていたが、プロデューサー・田中友幸について論考した著書『神を放った男』(キネマ旬報社、1993年)を読んでいて、初めて本作のロケ地が判った。この地は、実は著者で製作者である田中文雄の故郷・宇都宮市で、当時ここに住んでいた田中は、自転車を飛ばして撮影を見学に行ったという。

「荒神」と言えば、清水の次郎長の「荒神山」が真っ先に頭に浮かぶ。これは伊勢国(現在の鈴鹿市)にある山で、慶応二年に大きな喧嘩があったことで知られる。岡本喜八は、マキノ雅弘の『次郎長三国志』シリーズ全九作でチーフ助監督を務めており、この「荒神市」なるネーミングが同シリーズへのオマージュであることは確実。面白いのは、敵対する暴力団の親分を〝大政〟の河津清三郎と〝桶屋の鬼吉〟の田崎潤に演じさせていることで、これも実に人を食ったキャスティングである。

ちなみに、本作のスタジオ撮影は世田谷区の千歳船橋にある「連合スタジオ」で行われた。森繁久彌邸に隣接する当撮影所は、のちに豊田四郎作品や〝駅前〟シリーズなどを作り出す「東京映画」の撮影所となっている。

しのぎを削るヤクザ組織同士を、主人公が一計を案じてお互いを潰し合わせる、という本作のシチュエーションは、『用心棒』もそうだが、ヤクザ映画のパロディーである『日本一のヤクザ男』（昭45：植木等主演、古澤憲吾監督）でも踏襲されている。

【三船本人による発言】

神代から急に現代の芝居になるんですから、ちょっととまどいます。

（『報知新聞』昭和34年10月25日付インタビュー記事より）

※筆者注：この三船の発言により、『日本誕生』直後の撮影だったことが分かる。

喜八さんとは、だいたい兵隊（へ行っていた時期）も同じ。年齢も同じくらいだったし、『酔いどれ天使』の頃、成城で一緒の下宿に住んでいた。一年くらいいたかな。

（演技の点では）これといった注文はしませんね。おとなしい人だし、そう厳しくああしろ、こうしろと言わない人だから。

（前掲『［講座］日本映画⑤ 戦後映画の展開』掲載の佐藤忠男との対談より）

ライバルは、いない。

（前掲『浪漫工房』掲載のインタビューにて。「同時代には、池部良さんや鶴田浩二さんがいますが、ライバルという存在の方はいましたか」との問いに答えて）

※5 口《くち》パクとは〝プレスコ（プレ・スコアリング）〟によりあらかじめ録音された歌曲に、俳優がさもそこで歌っているようにあて振り（口合わせ）する撮影技法のこと。本人が歌ったものを使う場合もあれば、他人が歌ったものに合わせる場合もある。

7.『血と砂』（昭和40年：三船プロ・東宝）

昭和40年9月18日封切　監督：岡本喜八　脚本：佐治 乾・岡本喜八　原作：伊藤桂一「悲しき戦記」 出演：三船敏郎、団 令子、佐藤 允、伊藤雄之助、天本英世、仲代達矢　※ DVD 化（東宝）

【三船の役柄】

終戦間際の北支戦線で少年音楽隊を率いて、八路軍に奪われた砦を奪回に向かう小杉曹長。

岡本喜八監督による『独立愚連隊』二部作以降に作られた〝独立愚連隊〟シリーズ※1の最終作にして、いわゆる〈番外篇〉的作品に位置づけられる本作。少年時代の筆者が最も熱を上げて見た三船敏郎の主演作であり、三船に対する思い入れが最高潮に達した映画でもある。だいいちこの映画、この年1月に公開された『侍』（昭40）で、強烈な印象を残したばかりの岡本喜八の監督作なのだ。これは期待するなという方が無理で、この映画を見に、いったい何度山形宝塚劇場※2に通ったことだろう。本作をシリーズの最高傑作に挙げる人は多いが、筆者も全面的にこれに同意する。

ユーモアたっぷりで、テンポ良いカットつなぎも快調、しかしその反面、戦争はかくもむなしいものだ、と切々と説かれた気分にさせられる本作は、まさに「反戦映画の鑑」と称すべき作品である。脚本は、詩人で小説家の伊藤圭一が『週刊新潮』に連載した「悲しき戦記」の第8話「黄土の一輪」（短編）※3をもとに、岡本自身と佐治乾がふくらませたもの。北支や南京などに出兵経験があるだけあって、伊藤はその後も多くの戦場小説を書いているが、映画化されたのは本作のみとなる。以下、少し長くなるが、この傑作戦争映画の物語を辿っていく。

昭和20年夏の北支戦線。音楽学校を出たばかりで、鉄砲の撃ち方も知らない少年音楽隊の面々が、司令部から締

※1 岡本が監督した『どぶ鼠作戦』（昭37）以降、『やま猫作戦』（同／監督：谷口千吉）、『独立機関銃隊未だ射撃中』（昭38／監督：谷口千吉）、『のら犬作戦』（同／監督：福田純）、『蟻地獄作戦』（昭39／監督：坪島孝）と続いた本シリーズ。岡本喜八は、かろうじて自作の『どぶ鼠作戦』までをシリーズと認めているようだ。
※2 筆者の実家が株主を務めていた東宝映画封切館。幼少時代から祖父や祖母に連れられ、東宝映画を浴びるように見たことが、その後の筆者の人生を大きく左右することとなる。
※3 原作の主人公は戸倉曹長で、いつ死ぬかわからない兵隊を慰めるために呼んだ慰安婦〝お春ちゃん〟の口から、戸倉の死後に隠された事実が明かされる、という形式がとられているとのことだ。

め出された小杉曹長（三船敏郎）と共に最前線に配属される。

配属された佐久間大隊では、小原見習士官（満田新二）が敵前逃亡罪にて銃殺されたところ。何人かの撃ち手のうち、ただ一人小原の額のど真ん中に弾を撃ち込んだのが、古参の〝七年兵〟で炊事場の主・犬山一等兵（佐藤允）※4である。怒った小杉は犬山を張り倒し、次に銃殺の命令を下した佐久間大尉（仲代達矢）※5を殴りつける。小杉の怒りには何か理由《わけ》がありそうだ。

佐久間が言うには、小原が銃殺に処されたのは、「〝火葬場《ヤキバ》〟と呼ばれる砦を勝手に戦線離脱した」からで、結果的に砦の守備隊は八路軍の攻撃で全員戦死したという。かくして小杉は、「上官殴打罪」で営倉入りとなる。

コンダクターの原田一等兵（大沢健三郎）※6以下十三名の少年兵※7たちが、「聖者の行進」を追悼歌として小原を送る。〝葬儀屋〟と呼ばれる持田一等兵（伊藤雄之助）が小原に〈送る言葉〉は、「靖国神社には行くなよ」というもの。「（靖国に行ったら）魂も何もなくなってしまうことだよ」なる台詞は、岡本の偽らざる本音であろうが、現在、参拝に赴く政治家たちはこれをどう聞くだろうか？

小杉に続いて、古参の犬山一等兵、暴力＝戦争否定の〝意気地なし兵隊〟志賀一等兵（天本英世）、さらには埋葬専門の持田一等兵も「脱走幇助」なる罪で営倉入りとなる。いずれも〈はみだし者〉の兵隊ばかりで、これではまるで〝独立愚連隊〟である。

小杉にゾッコンの〝朝鮮人慰安婦〟お春（団令子）のお色気作戦が奏功したか、小杉は罪には問われず、佐久間大尉から〝ヤキバ砦〟の奪還を命ぜられる。そして、慰安所に留め置かれていた少年音楽隊の面々※8も、小杉の指揮下に置かれることになる。

「満州娘」※9を歌い、くつろぐ憲兵二人（長谷川弘ほか）を、小杉は〈隠密行動〉の訓練と称して少年兵たちに捕縛させる。これも、ヤキバ守備隊全滅の真相を暴くためで、小杉は小原見習士官が拷問にかけられた末に殺されたのではないか、と疑っているのである※10。

ヤキバ砦を目指す小杉隊。営倉の三人もこれに同行する。ここでも「人は殺せないが、もし殺さなきゃ自分が殺される時には、しょうがないから一生懸命殺す」なる〝葬儀屋〟の言葉が、胸に響く。砦への道中、畑を耕す百姓を偽物（ゲリラ）と見破った小杉は、そのうちの一人・陳（木浪茂）を捕虜にする。

通称〝ヤキバ〟はクリークに囲まれた砦で、五十名の兵と三層のトーチカがあるのが確認される※11。早速攻撃に出る小杉隊。かつてピッチャーだった原田指揮者の手榴弾攻撃により、砦奪還には成功するが、トロンボーン

※4 佐藤允は本作でも『大学の山賊たち』（昭35）同様、「バッキャロー」を連発する。砧同友会でお会いした子息の闘介氏によれば、嬉しいことに佐藤允にとっても本作は、大変お気に入りの作品であったそうだ。
※5 どうやら佐久間は〈女嫌い〉の童貞らしいが、こんなヘンな役を仲代達矢にやらせる岡本も凄い。かつて『独立愚連隊』で、三船敏郎に頭のオカシイ隊長役をやらせた実績のある岡本だから、この程度は当たり前か?
※6 大沢健三郎は子役上がりの俳優。成瀬巳喜男作品『秋立ちぬ』（昭35）、『妻として女として』（昭36）、『女の座』（昭37）から久松静児の隠れた傑作『早乙女家の娘たち』（昭37）、そして〝サザエさん〟シリーズ、〝ベビーギャング〟シリーズ、〝社長〟シリーズに至るまで、その出演作品は膨大な数に及ぶ。このの ち、テレビの青春もので活躍したのはご存じのとおり。
※7 〝アルトサックス〟担当は阿知波伸介。〝ピッコロ〟にはやはり子役出身の日吉としやすが扮している。日吉は、昭和三十年代の日本映画界にあっては最高に可愛らしい名子役として名を馳せる。成瀬巳喜男の『浮雲』（昭30）、オムニバス作品の『くちづけ』（同）、〝おトラさん〟シリーズ（昭32〜）、テレビでは「月光仮面」（昭33〜）などで彼の名演技が見られるが、なかでもシリーズ全作品に出演した『サラリーマン目白三平』における冬木（三平の次男）役が印象に残る。
※8 機関銃の音は「イチニサンシ」の四連符の繰り返しだと教えられる隊員たち。こういう専門的なことを台詞に加えるあたりも岡本流である。
※9 昭和13年、テイチクから発売され大ヒットした歌曲。服部良一の妹である服部富子の歌唱による。服部富子は女優として、マキノ正博（のちのによるマキノ雅弘）によるオペレッタ時代劇『鴛鴦歌合戦』（昭14：日活）や、長谷川一夫・李香蘭主演の国策映画『支那の夜』（昭15：東宝）にも出演した。
※10 この展開や「水虫が痒くなると誰かに見られている証拠」なる佐藤允の台詞は、否応なしに『独立愚連隊』を想起させる。
※11 この素晴らしいオープンセットは、監督の自宅からも程近い〝生田オープン〟（川崎市多摩区菅）に作られたもの。当地は現在、「SOL星が丘」という有料老人ホームになっている。

（伊東昭夫）が倒れ、さらには原田も敵と刺し違えて戦死してしまう。

激しい戦闘の中、八路軍の迫撃砲陣地は全滅。小杉は、全滅したはずの日本軍守備隊員の墓の数が足らないこと——これはラストの伏線となっている——に気づく。

その後の戦闘でフルート（西川明）ら三名が倒れ、志賀も敵と刺し違えて果てる。殺したくない男が殺さざるを得ない立場に追い込まれる、という矛盾が哀しい。


小杉を追ってやって来たお春さんこと金山春子——実は朝鮮人慰安婦の金春芳——に、小杉は少年たちの〈筆おろし〉を依頼。スーザホーン（木村豊幸）もトランペット（樋浦勉）も、これには歓喜の叫びをあげる※12。

少年兵は残り九名。持田が八路軍の死体を片付けていると、再び敵の襲撃を受ける。ここで少年たちをかばおうとした小杉が腹を撃たれる。皆に動揺を与えぬよう、これをひた隠しに隠す小杉。

いよいよ八路軍兵士がわんさと押し寄せてくる。これを引きつけるだけ引きつけておいて、撃って撃って撃ちまくる犬山たち※13。負傷者が続出する中、夜明けがやってくる。明るくなってくると、引き揚げ始める八路軍。犬山が砦の様子を見に行くと、血の海でもがく小杉を発見。少年たちが一人も死んでいないことを喜び、駆けつけたお春に金鵄勲章を手渡すと、小杉は「本当にありがとう」と言って息絶える。三船をアイドルと仰ぐ筆者にとっては、なんと切ないシーンであったことか。


そんな中、本隊はすでに撤退準備を完了している。だが、佐久間大隊長だけはヤキバへ向かうと宣言。さらには、一旦報告に戻ったトランペットらも砦に帰ってくる。

小杉の埋葬は、やはり「聖者の行進」にて執り行われる。ここで初めて、銃殺になった見習士官と小杉の関係が明らかになる。小杉にとって小原は、養子に出た実の弟だったのだ。

そこに物凄い砲撃がくる。それでもタコ壺の中で演奏を止めない少年兵たち。大砲を潰しに犬山が一人敵陣へと向かう。腹を刺された犬山がそこで見たものは、砦から逃亡し、八路軍へと寝返った三人の日本兵の姿であった。

一人また一人と死んでいく少年兵たち。なんと無残な光景であろうか。持田が必死に死体を片付ける中、残るはトランペットただ一人となる。そこに捕虜にしていた中国人ゲリラ・陳が砦に駆け寄ってくる。手に紙を持ち、何やら叫んでいる陳を持田が撃つ。見れば、そのビラには「日本兵のみなさん、戦争は終わりました」と書かれているではないか――。

さらなる銃撃で持田とトランペットも死ぬ。大隊長が駆けつけた時には、その様子を目撃したのは「皆、死んでしまった」とつぶやくお春さんただ一人となっていた。そして、そのお春さんも……。

そもそも本作は、岡本監督が三船敏郎と石原裕次郎で撮ろうとしていた『馬賊』と並行して進んでいた企画で、こちらが諸事情――当然ながら「五社」の高い壁のせいであろう――で中止となったため実現したものである。監督自身、「いままで『愚連隊』や『どぶ鼠』で底流としておいたテーマをもう少しはっきり出せると思ってやった」(『アートシアター』62号『肉弾』パンフレット)と語っている。

岡本作品で、三船敏郎が正統的な(まともな)軍人を演ずることは珍しく、そういう意味で本作は、三船ファンにとっては安心して見ることのできる作品となっている。ただ、本作での三船は若い兵隊の教育指導係、いわば〝お守り役〟であり、ある意味〝脇役=損な役回り〟に徹しているので、自由奔放に演じきっている感じには見え

※12 その感情の爆発を、各人の楽器の音色で表現する佐藤勝の音楽構成が実に巧みである。
※13 仲間がいかに撃たれ続けようと、うじゃうじゃと押し寄せてくる八路軍は、まるで『スターシップ・トゥルーパーズ』(1997/監督:ポール・ヴァーホーヴェン)の〝バグ(昆虫型宇宙生物)〟のごとし。これは『独立愚連隊』(昭34)から引き継がれる、本シリーズの伝統(?)である。

ない。自社作品に出演するときの三船はどことなく遠慮が感じられ※14、好ましいような、物足らないような複雑な気分にさせられることが多い。ここでも三船は、部下の伊藤雄之助（かなりのお荷物的存在である）を庇い、敵の銃弾を浴びて、物語半ばで途中退場してしまう。トップビリングを張る主演俳優が、映画の途中で死んでしまうことなど、普通では考えられない展開である。まあ、ここが〝曲者〟の岡本と、〝遠慮深い〟三船らしいところではあるのだが――。

改めて申し上げるが、筆者はこの映画をこよなく愛する一人である。〈面白くも哀しい〉いや〈哀しくも面白い〉とでも表現すべき本作は、シリーズ中、反戦思想が最もストレートに表れた娯楽映画の傑作であると断言したい。監督自ら語っているとおり、「見ているときは徹底的に楽しく、見終わったあと〝黒人霊歌〟の祈りにも似た強烈な印象」※15が残る、第一級の娯楽作品と言ってよいだろう。

また、戦争経験がまったくなく、「武器は楽器だけ」という少年音楽隊の位置づけには、やはり監督の「反戦・厭戦のメッセージ」が端的に込められているように思える。監督自身、少年音楽隊に「聖者の行進」※16を演奏させているのは、「おかしくて、やがて哀しきみたいなものに使える」と思ったから、と語っている。

監督が表現する「賑やかだけど悲しい音楽」である「聖者の行進」は、黒澤明と早坂文雄のコンビが得意とする「コントラクンプト」すなわち「対位法」に、最も相応しいタイプの音楽と言える。

そして、何よりも印象深いのは、最後の戦いにおける少年たちの死に様である。いよいよ弾丸も尽き、もはや砲撃されるがまま演奏を続ける――まさに楽器を武器に闘う――しかなくなった少年たちの奏でる「聖者の行進」が、彼らが一人またひとりと死んでいくにつれ、――楽器のパートがいなくなるのだから当然なのだが――音が足りなく（薄く）なっていく、という哀切極まりないラストには心の底から泣かされた。魂を揺さぶられるとは、まさにこのシーンを見た時に使う言葉であろう。最後はトランペットひとりになってしまうのだが、音楽をこういう形で戦争映画に採り入れ、まさに哀しみの旋律とリズムに仕立て上げた脚本の妙には唸らざるを得ない。

音楽面では、繰り返し演奏されるデキシーランド・ジャズの「聖者の行進」もいいが、「火葬場《ヤキバ》」と呼ばれる砦を目指して進撃することが決まる前日、日本軍陣地で少年たちが奏でる、ドヴォルザーク風アレンジの「夕焼け小焼け」※17も実に素晴らしい。もちろんこれは、『ある日わたしは』（昭34）以来、長年に亘って岡本作品の音楽監督を務めてきた佐藤勝※18のアレンジによるものである。

佐藤は、団令子扮する朝鮮人慰安婦・お春のテーマソングとでも言うべき曲も用意している。これが歌われるのは、お春さんを迎える準備をする場面。『江分利満氏の優雅な生活』（昭38）、『ああ爆弾』（昭39）を経て、佐藤勝が習得した〈ミュージカル・センス＝お遊び精神〉が大いに発揮された見事なミュージカル・シーンで、その直後に展開される凄まじい戦闘シーンとの対比が鮮烈な印象を残す。これはのちにマイケル・チミノ監督の『ディアハンター』（１９７８）でも見られた構成の妙である。

※14　典型的な例は、三船プロ製作第一弾で自身が監督に祭り上げられた『五十万人の遺産』（昭38）の時のエピソードであろう。この時の三船の気の遣い方は尋常ではなく、撮影時間の削減のためであろうか、できるだけカット数を減らしてみたり、果てはスタッフやキャストの家族まで招いて有馬温泉で大宴会を開いたりするなど、通常はあり得ない配慮を見せる。さらに、編集を手伝った黒澤明から、主人公の三船のアップの撮り足し（なにせ三船は、主役たる自分のアップをほとんど撮らなかった）や、自らCMに出演する製薬会社の商品（アリナミンA：「飲んでますか」のフレーズでお馴染み）を飲むシーンのカットを求められるなど、三船の気配りは度を越したものであったという。ちなみに、高瀬昌弘監督によれば、「飲んでますか」は三船の口癖だったそうだが、おそらくは助監督室に酒を差し入れする時の常套句だったのだろう。

※15　『映画ストーリー』１９６５年８月号（雄鶏社）１９２頁掲載の特集記事における発言。

※16　映画は、少年音楽隊十三名による「聖者の行進（When The Saints Go Marching In）」をバックに、スタッフ&キャスト・クレジットが出るオープニングから快調にスタート。彼らが踏むステップは実に愉しいが、コーラスの声が大人の男性のものであるのはいただけない。少年たちによって演奏されるのは、「聖者の行進」のほかには、明治の軍歌「抜刀隊」や黒人霊歌としても有名な「ジェリコの戦い」など。

※17　「夕焼け小焼け」の演奏に聴き惚れる兵隊の一人は、東宝〈Bホーム〉＝大部屋俳優の隠れた代表格・勝部義夫。

※18　例外としては『顔役暁に死す』（昭36）があり、こちらはハードボイルド映画に特性を発揮する池野成が音楽監督を務めている。

本作は、前述のとおり〝独立愚連隊〟シリーズの集大成的作品であるが、未熟な若者たちが熟練の師の影響を受け、成長を遂げるという点においては、〝クロサワ流〟成長物語のヴァリエーションとも言える。三船扮する曹長（いわば師匠）が放つ台詞「（お前たちには）戦争の仕方は教えたが、人殺しは教えんぞ！」には、教訓とメッセージがたっぷりと込められている。この教えを守ったがためか、最後は十三人全員とも死んでしまうので、成長の記録としてはあまりにも空しいのだが。

はみだし者の古参兵たちも、逃亡した日本兵に殺されたり、友情を育んだと思っていた捕虜を殺すことになったりと、皆アイロニー溢れる結末を迎える。そして、皮肉にもこの日が昭和20年8月15日、つまり終戦の日のその朝だった、というオチがつき、お春さんの死に顔により、この〈面白くも哀しい〉戦争映画は静かにその幕を閉じる。

なお、この〈終戦のケジメ〉については、のちに岡本監督自ら『日本のいちばん長い日』（昭42）を作って〈落とし前〉をつけることになる。江戸から明治へと変わる世直し期を描いた作品も含め、この監督は、価値観の一変する時期、まさに時代の変わり目で翻弄される人々を好んで取り上げた作家と言うことができよう。

ゲリラを狙う小杉曹長（三船プロ提供）

【はみだしエピソード】

『独立愚連隊』（昭34）をはじめとして、岡本戦争映画には、現在では国際問題となっている慰安婦が堂々と登場する。本作で団令子が演じる朝鮮人慰安婦・お春さんは、まさに天使のような存在として描かれているが、今の感覚からすれば、いささか異和感を覚える向きもあろう。団令子は、〝若大将〟シリーズで見せていたはちきればかりの若さ――ここでは〝アンパンのへそ〟※19などと呼ばれていたが、まさにピッタリ――は、数年経過したのちの本作ではむせかえるような色気を有する女性に変貌。子供ながら、その妖艶な魅力にＫＯ《ノックアウト》されたものだった。特に、ハイスピード撮影による水浴びのシーンには本当に参った。小学生のくせに、夜になって布団に入ると、団令子のシュミーズ姿が瞼にちらついて眠られなくなった憶えがある。

皆さんは、昭和41年から翌42年にかけて日本テレビ系列で放映されたＴＶ映画「遊撃戦」を憶えておいでだろうか。岡本喜八監督による、いわばもうひとつの『独立愚連隊』とでも呼ぶべき戦争もの（岡本監督は総監修および脚本を担当）である。

これは、やはり戦争末期の北支戦線における日中による攻防戦を描くもので、桂林飛行場攻撃指令を受けた「遊撃隊」の面々に加え、毎回豪華なゲスト陣が配され、映画顔負けの面白さを発揮した傑作ＴＶシリーズであった。レギュラー出演者も岡本組でお馴染みの顔ぶれが揃っており、第二回目で途中退場してしまう三橋達也のほかは、まさに独立愚連隊を思わせる俳優たち（佐藤允、堺左千夫、大木正司、小川安三、それに元歌手の小坂一也など。ミッキー・カーチスもそうだが、岡本監督はロカビリー好きだったのであろうか?）が出演。そのなかでも、娑婆では「花火屋」だったという堺左千夫は、この『血と砂』における伊藤雄之助（こちらは「葬儀屋」）にも似た面白いキャラクターであった。

※19　団令子が劇中〝アンパンのへそ〟と呼ばれたのは、川島雄三の『接吻泥棒』（昭35）が最初で、次が『大学の若大将』（昭36／監督：杉江敏雄）であった。当然ながら、当時の団令子がアンパンのようにパンパンの丸顔だったからつけられた渾名で、芸名（團伊玖磨から採った）を与えた藤本眞澄あたりがつけたものであろう。

そして、この遊撃隊の面々も、本作同様、使命はきっちり全うするが、最終回では全員壮烈な戦死を遂げる、という悲しい運命を辿る――。

なお、音楽は黒澤作品同様、岡本作品にはなくてはならない作曲家である佐藤勝が担当。テーマ曲も、黒澤明監督の『隠し砦の三悪人』※20を髣髴とさせる勇壮なマーチであった。物悲しくも爽快なこの曲を筆者は大のお気に入りで、レコードやテープなどなくとも、今でもソラで口ずさむことができる。

この頃、三船の次の出演作品として取り沙汰されていたのは、『カスター将軍の最後』なるダリル・ザナック製作による二十世紀フォックス映画。雑誌『映画ストーリー』1965年8月号グラビアでは、「インディアンの酋長」（正確にはスー族の酋長クレージー・ホース）役で出演の予定と紹介されていて、三船本人も「戦争ものというと今までアクションばかりを売り物にした映画が多かったが、今度の作品では男の友情を徹底的に描く。ジョン・フォードの西部劇と、フランケンハイマーのアクションをミックスしたようなスケールの大きい映画に仕上げるつもり」と語っている。8月にクランクインの予定がロケ地の都合で延び、結局、三船のこの映画への出演は実現することはなかった※21が、『価値ある男』（1961／メキシコ映画）以来となる三船の外国映画出演は、そのジョン・フランケンハイマー監督による『グラン・プリ』（1966）で実現することになる。

【三船本人による発言】

〈役柄について〉

僕は今まで男くさい役柄ばかりが多かった。それでよく人に、一つのパターンばかりで飽きないかといわれるんだが、僕はそうは思わない。一口に男らしさといっても、一本一本がそれぞれ別の男らしさだと思うんだ。例えば今度の『血と砂』にしても、今までの豪快で竹を割ったような性格よりも、ヤクザで女好きでお人好しな男らしさを強調したいと思っている。どこまで成功するか、それはやってみないとわからないがね。

（作品について）

僕は、今までのような単なるアクションだけを売り物にする戦争映画は作りたくないんだ。軍隊という組織の中で、色々な個性をもった人間がぶつかり合いながらも、利害を共にする戦友と助け合っていく過程を、本格的な人間ドラマとして描きたいんだ。そりゃ、もちろんアクションシーンもふんだんに入れますよ。しかし、それはあくまでテーマを明確に浮かび上がらせるための手段だと思っています。とにかく大人も子供も楽しめて、見たあとで戦争の本当の残酷さが強く胸を打つ映画に仕上げるつもりです。

（どちらも雑誌『映画ストーリー』１９６５年８月号、１９２頁掲載の記事「世界の映画は俺のもの」より）

（三船プロ設立について）

黒澤さんの『赤ひげ』が最後で、（中略）そのあたりから日本映画はだんだん低調になってきたわけですよ。（中略）その頃ですよ。本社に呼ばれて、「近々のうちに砧（撮影所）は閉鎖する。黒澤さんは黒澤プロという看板をかけた（原文ママ）。おまえに声（は）かからなかったか」というから、「いや何もかからない」と言ったら、「よし東宝で金出すから、三船プロという看板かけろ」ということで、三船プロを作ってくれたのが当時副社長だった

※20 『血と砂』の予告編には、この『隠し砦の三悪人』の音楽が流用されている。
※21 当初はフレッド・ジンネマンのメガホンでスタートしたこの超大作映画、主役のカスター将軍にグレゴリー・ペック、共演にはリチャード・ウィドマークが予定されていた。結局、ロバート・シオドマクが監督を務めたこの映画は、三船抜きで完成され、日本では『カスター将軍』のタイトルで昭和43年に公開された。

森岩雄さん、専務の藤本（眞澄）さん、それから（東宝の大株主の）川喜多（長政）さん※22。その方たちが三船プロダクションをというのを最初作ってくださったわけですよ。

（前掲『［講座］日本映画⑤ 戦後映画の展開』掲載の佐藤忠男との対談「戦後映画を駆け抜ける」より）

※22 〝日本映画の母〟と称される川喜多かしこを妻に持つ。娘は、伊丹十三と結婚していたこともある和子。外国映画の買い付けをする東和商事（のちの東宝東和）を設立するなど、ファミリーで日本映画の発展に力を尽くした。長政の死後、妻のかしこが川喜多記念映画文化財団を設立、現在でも鎌倉で「川喜多映画記念館」が運営されている。

8.『奇巌城の冒険』

（昭和41年：三船プロ・東宝）

昭和41年4月28日封切　監督：谷口千吉　脚本：馬渕 薫　原作：太宰治「走れメロス」　出演：三船敏郎、中丸忠雄、三橋達也、白川由美、佐藤 允、大木正司
※ DVD 化（東宝）

【三船の役柄】

和製メロスとなる日本人船乗り・大角《おおすみ》。捕われの身となり敦煌の町で奴隷として売られそうになっていたところを、学問僧・円済により救われ、仏舎利を求めてシルクロードを共に旅することになる。

この映画が昭和38年10月公開の『大盗賊』※1の続篇的作品であることは、当時小学生だった筆者でも、見ていてすぐに分かった。

『大盗賊』のほうは〈大人向け〉の意匠がこらされていたものの、いわゆる〈子供受け〉する映画であったし、三船敏郎扮する主人公のキャラクターこそ違えども、その世界観やサブ・キャラクターに共通点があったため、二年半も前に公開された映画にもかかわらず、よく記憶していたからである。

そして、この魅力的なタイトルをもつ映画は、そのポスターやロビー・カード※2からして、異国風味ぷんぷん。ロケ地が日本ではないことは一目瞭然で、巨額の予算が投じられた、いわゆる〈超大作〉映画であることが、子供にも充分伝わってくる雰囲気を有していた。

『大盗賊』が「シンドバットの冒険」の南洋版なら、こちらは太宰治の「走れメロス」に「アラビアンナイト」と「西遊記」の世界観を掛け合わせたような、大冒険ファンタジー映画の趣がありあり。本作は大人の観客にも、そして子供だった筆者のような小学生にも大いにアピールする、夢いっぱいの娯楽作に見え、公開前から期待は募るばかりであった。

監督は『大盗賊』に引き続き谷口千吉が、特技監督もやはり円谷英二が務めた本作、ゴールデン・ウィーク※3に公開されたことからも、東宝が大人だけでなく子供の観客動員をも見込んでいたことは明らか※4。実際、筆者も祖母に連れられて、三度ほど見に出かけている。

さて、原作となった「走れメロス」は、ざっと次のような話である。

――人を信じられず暴君になってしまった王がいる。この王に磔（はりつけ）の刑を命じられた男・メロスが、妹の結婚を見届けるがため、友を身代わりにして三日間の猶予をもらう。そしてメロスは一念を果たし、数々の障害に苦しんだり、心の葛藤に迷ったりしながらも、自らが磔にされるべく刑場に戻ってくる。結果、その二人の真の友情に感銘した王は、改心してメロスを許す——。

こういう、ある意味観念的かつ理想論的な寓話を、脚本の馬渕薫はよくぞ無理なくこの時代の中国大陸（敦煌〜シルクロード）に、それも冒険活劇に置き換えたものである。しかし、こうした道徳的で勧善懲悪的なテーマは実に東宝的であり、まさに「明るく楽しい東宝映画」のコンセプトにピッタリの題材であった。

そんな期待いっぱいの本作、話のスケールも相当に大きい。

奈良朝の時代、遣唐使として大陸に渡った日本の学問僧・円済（イメージはまさに三蔵法師：中丸忠雄）が、敦煌で買い取った日本人奴隷・大角《おおすみ》（かつては船乗りだったが遭難して奴隷となる：三船敏郎）の力を借り、日本の仏教布教のために必要な〈仏舎利〉※5を手に入れようと、シルクロードを旅する。ところが、二人は道半ばで、ペシルの都で圧政を成す暴君（三橋達也）に捕えられてしまう。

※1 『大盗賊』は昭和38年10月26日公開の東宝映画。堺の豪商・呂宋助左衛門の南の海での大冒険が描かれている。同じく田中友幸の製作により、八住利雄が構成した原案を木村武、関沢新一が脚本化、谷口千吉が監督をした。やはり円谷英二の特殊撮影が加えられているが、音楽は佐藤勝が付している。主演はこちらも三船敏郎、本作と共通するキャストは佐藤允、有島一郎、天本英世、中丸忠雄、田崎潤、浜美枝など。

※2 ロビー・カードとは、劇場前にしつらえられたガラス付き掲示板に張られる、公開映画のスチール写真のこと。本編の画面とはちょっと違う、専属キャメラマンによるスチール写真は、観客の興味を惹くのに十分な魅力を備えていた。

※3 ゴールデンウイーク（黄金週間）なる呼び名は、4月末から5月第1週にかけての大型連休が、映画興行界にとって〈書き入れ時〉だったことから生まれた造語。昭和二十年代後半から使われており、今でも〈現役〉だが、NHKはけっして使わないと聞く。実際、本作公開の劇場に観客が押し寄せたかどうかは、記録がないので何とも言えない。

※4 本作の併映作は『喜劇・駅前漫画』。それまで〝駅前〟シリーズは、子供向け作品とは同時上映されなかったが、この『駅前漫画』が珍しく子供向けの内容だったこともあり、こういう二本立てプログラムとなったのだろう。今の感覚で捉えても、これはなかなかのナイス・カップリングである。本シリーズは、東京映画（千歳船橋の森繁邸の隣地にあった）製作による大人向けの喜劇映画で、昭和33年公開の『駅前旅館』（井伏鱒二原作、豊田四郎監督によるれっきとした文芸作品）の好評を受け、『喜劇・駅前団地』（昭36／監督：久松静児）からシリーズ化、昭和44年の『喜劇・駅前桟橋』（監督：杉江敏男）まで全二十四本も作られた。時折、王貞治とかジャイアント馬場、佐田の山などの人気スポーツ選手がゲスト出演することはあったが、けっして子供が見るようなものではなかった。

火あぶりの刑を宣せられた大角は、仏舎利を日本に送るという円済の悲願を果たすべく、その本人を人質として残し、一人敦煌へと向かう。ここペシルに戻れば自分が火あぶりとなるにもかかわらず、必ず戻るとの約束をして――。暴君による様々な妨を受ける大角は、果たして砂漠を越え、都に戻ってこられるのか？ ――これを〞ロマン溢れる冒険譚〞と言わずして何と言おうか!?

この二人の行動・活躍の場は、いわゆるシルクロード。キャラバン隊に合流した二人は〈仏舎利〉を求めて、敦煌の町から西へと向かう。撮影は、実際にイランとトルコで敢行された（タクラマカン砂漠でもロケされた）というから、当時としてはやはり超大作の部類に入るスケールである。

本作は、製作を担った三船プロダクションにとっては、『五十万人の遺産』（昭38）に続く海外ロケ作品となる。三船本人の張り切り具合はともかく、例によって周りに気を遣って、変なところにお金をかけてはいないかと、その懐具合が気になってしまう。そういう目で本作を眺め直すと、現地ロケは肝心な場面だけに絞られていて、ロケーション撮影も、やはり海外ロケ作品である『怒涛一万浬』との〈二本撮り〉※6で行ったというから、三船の経営観念はかなり向上していたことになる。

音楽は『大盗賊』の佐藤勝に代わって、伊福部昭が担当。谷口千吉とはお互いのデビュー作『銀嶺の果て』（昭22）以来、コンビ作は九作目となる。その異国情緒溢れる音楽構成※7は、タイトルバックのシルクロードの山々にかぶさってくる〈中近東〉風音階のBGMから、すでに魅力たっぷり。やはり伊福部は、こういう地域性・土着性のある映画に抜群の力を発揮するタイプの音楽家だと、改めて認識させられる。

子供心にもよく記憶に残る場面と言えば、中丸と三船が奴隷市場――沢村いき雄※8が売人を演じ、実に適役――で出会うシーン、そして、シルクロードをキャラバン隊について歩いていく場面を挙げねばならない。黒盗賊の一団が襲い掛かってくるスペクタクル場面も、子供には相当なインパクトがあった。特に砂漠や遺跡のシーンは、〈本物〉＝現地ロケで撮られているだけに、スケール感が半端なく大きく、否応なしに悠久の時の流れのようなものが伝わってくる。

そして、本作には、『大盗賊』から抜け出てきたかのような魔法使いのお婆《ばば》（役名は不知火のおばば：天本英世／前作では声は吹き替えだったが、今回は自身による）と美女好きの仙人（役名は酔仙導人：有島一郎）※9が再登場。この二人による軽妙なやり取りが、また実に愉しい。お婆の妖術と仙人による神仙術は円谷特撮の最大の見せ場で、今の目で見ればいささかチープに感じるところもあるが、当時はこれでも高レベル。筆者をはじめとする子供たちは大喝采を送ったものだった。

しかし、何と言っても〝注目度ナンバーワン〟は中丸忠雄、その人である。中丸は本作で、〈悪の宰相〉や〈暗黒街のギャング〉、それに〈憎々しい軍人〉といった、いつもの役とは百八十度逆の〈善僧〉円済を演じているか

※5 仏舎利とは、仏教の開祖・釈迦（ゴータマ・シッダールタ）の遺骨・遺灰を指す。日本における仏舎利信仰は誠に凄まじいものがあり、いったいお釈迦様は何人いらしたのかと思うほど、仏舎利を祭る寺が多い。

※6 〈二本撮り〉の証拠に、スタッフは、美術（植田寛）、録音（西川善男）、照明（森弘光）、整音（下永尚）が共通。キャストも三橋達也、佐藤允、堺左千夫、平田昭彦、浜美枝が両作に出演していて、中丸忠雄は髪型（当たり前のことだが坊主頭）まで同じであった。

※7 監督の谷口から「異国情緒が強すぎる。もう少し活劇調の音楽にしてもらえないか」との注文を付けられた伊福部。しかし、『銀嶺の果て』の時と同様、伊福部は監督の要求を突っぱね、現在聴くことができる音楽設計で通したとのことだ。こうした信念を持つ音楽家だからこそ、あれほどの特徴のある映画音楽を作り出せたのであろう。ちなみに、本作と『大魔神』（昭41：大映）は、なんと同時進行で録音がなされたという（小林淳『伊福部昭語る』前掲書）。

※8 前進座、ムーランルージュにもいたことがある、東宝脇役俳優の代表格。この方の代表作と言えば、どなたも黒澤明の傑作クライム・サスペンス『天国と地獄』（昭38）における、横浜駅の駅員を挙げられるに違いない。江ノ電の車両の出す音について説明する、その語り口は実に絶品であった。ところが、この役、最初にオファーがなされたのは、かの喜劇俳優・三木のり平だったというから驚きである（小田豊二『のり平のパーッといきましょう』小学館、1999年）。

※9 有島一郎の代表作を挙げるのはなかなか至難の業である。『キングコング対ゴジラ』（昭37／監督：本多猪四郎）におけるパシフィック製薬宣伝部長の多胡、『100発100中』（昭40／監督：福田純）に登場した手塚部長刑事（ルパン三世の銭形警部のモデルと言われる）、『クレージー黄金作戦』（昭42／監督：坪島孝）でのズーズー弁丸出しの北川常務などと共に本作を挙げても、東宝映画ファンなら異論はないであろう。

らだ。そして、これが意外にも（失礼！）実にお似合いだったので、これまたビックリ！　普段悪役ばかり演じている俳優がこういう役を振られると、どこか胡散臭く感じるものだが、中丸にはそのような臭みやヘンな癖がまったくない。さすが池部良に憧れて俳優になっただけのことはある。ここでは、善人役もお手の物であることを見事に証明している。

奇巖城に棲む〈悪の宰相〉、すなわち〝悪の権化〟役は、本作では平田昭彦が担っている。インテリ俳優の平田※10が悪役に扮すると、抜群の魅力を発揮することは、他の東宝映画で証明済みのことである。

それに、今回は〈黒盗賊〉ゴルジャカを演ずる佐藤允も、『大盗賊』の〈黒海賊〉に負けず劣らずの〝悪の魅力〟を放ちまくって、絶好調。リチャード・ウィドマークばりのニヒルな表情は、子供のくせに大好きになったものだった。そして、人を信じられないため〈暴君〉になってしまったという、ちょっとひねた〈王様〉役の三橋達也こそ、この映画で最高に重要な役どころ＝キーマンと言ってよい。悪はワルだが、どこか〈良い人〉の雰囲気を垣間見せる微妙な役柄を演じるのに、つかみどころのない芸風で通してきた三橋は誠に適役であった。

映画は、その王様の〝ちょいワル〟ぶりによって、いよいよ「走れメロス」の展開を見せ始める。ここから「三日目で戻らねばならない」という時間限定のスリルが加わるものの、最後に〈目出たし目出たし〉の結末※11となるのは、ある意味予想どおり。しかし、クライマックスの盛り上がりは、三船敏郎扮するヒーロー・大角《おおすみ》の円済への友情からくる献身的精神の発露、そして男としての勇気ある行動があってこそのこと。大事な仏舎利を日本へと送り届ける※12ため、三船・大角《おおすみ》が必死の努力と奮闘を見せる、そのシーンの迫力と興奮が観客に伝わらなければ、この映画の面白さは半減してしまう。結果として、大角の妨害をするゴルジャカや〝不知火のおばば〟ら、悪役の存在も際立ち、映画は、エンターテインメントとして上々の出来栄えを見せる。この手の映画に必要なのは、何と言っても〈魅力的な悪役〉の存在である。

ここまで述べたとおり、小学六年生の筆者にとって本作は、心底楽しめた冒険ファンタジー映画の一本となった。そして今にして思うのは、こんなにも荒唐無稽で、ある意味馬鹿馬鹿しいほど単純な空想世界を、クソ真面目に演じ、真剣な態度で作り上げた東宝の俳優&スタッフ諸氏が、なんと素敵な人たちであったか、ということだ。本作こそ、まさに東宝娯楽映画の〈王道〉と称すべき作品である。

翻ってみれば、肝心の大人の観客は果たしてどのような反応を示したのか？　還暦を越えた今、改めて本作を振り返ってみると、当時これを大人の目で見たとしたら、かなり〈引いた〉のではないかとも思える。いくら「イラン・ロケ敢行」と言われてみても、ペシルの都はどう見ても生田のオープンセットだし、〈黒盗賊〉との対決場面も、これは御殿場で撮ったもののようにしか見えない。それに、出てくる異国人の誰も彼もが、皆日本語しか話さないのも実に不自然。このあたりには、当時の大人たちも、我々が『敦煌』（昭63）や『蒼き狼』（平19）に感じたのと同じ違和感を覚えたに違いない。

そして、こうも言える。『大盗賊』が〈子供にも受ける〉大人のファンタジーであったのに対して、本作は元から〈子供受けを狙った〉作品※13なのだと――。してみると、大人の観客であれば、本作に戸惑いを覚えたのは、ある意味当然のことである。タイトルにしても子供には実にナイスな響きだったが、これが〝ルパンもの〟からの

※10 平田昭彦はれっきとした東大卒の俳優。昭和25年に東京大学法学部を卒業、一旦は貿易会社に就職するが、在学中からアルバイトをしていた映画界入りの夢を捨てきれず、昭和28年の第5期〝東宝ニューフェイス〟として俳優になる。兄の小野田嘉幹が映画監督（その妻は女優の三ツ矢歌子）だったことが影響したか、実妹も女優（音羽美子）、妻はやはり女優の久我美子と、平田は〈映画界一家〉を築いた。

※11 その結末は、まさに「メロス」の世界そのもの。身代わりとなって磔ならぬ火あぶりの刑に処せられそうになっていた円済は、大角が〈人間の約束〉を果たしたことにより、王の心変わりを呼び、刑は免れることとなる。

※12 そもそも三船が弟の黒沢年男に持ち帰らせた仏舎利は、〈盗掘〉以外の何ものでもないと思うが、いかに？

それにしても、生きたまま〈火あぶりの刑〉に処すなどという残虐な刑罰シーンが出てくるのは、本作か、ケン・ラッセル監督の狂気の大傑作『肉体の悪魔』（1971）くらいのものである。もちろん『肉体の悪魔』と違って、本作ではそのような刑が実行されることはないが――。

※13 事実、監督の谷口千吉は、当時はこの手の〝お子様向け〟作品しか撮らせてもらえない「スランプ期」にあった。

〈いただき〉であることは、大人には明白。だいいち城の名は劇中、一度も呼ばれていないし、実際、物語の内容とは何の関係もない。

実際、今インターネットなどを眺めると、本作の評判はあまり芳しいものではない。もっとも、そういう否定的なコメントを寄せているのは、ほとんどが若い方たちで、リアルタイムでは本作に接していない人たちのようだ。だから、これは本当の意味での評価とはなり得ない。

確かに本作、多くの要素を詰め込んだことで、いまひとつ練られていない部分や、だれる箇所もある。しかし、これを救っているのが三船敏郎の力演である。本作は三船の勢いによって、映画の加速度・魅力が倍加していることは明白。本作に関しては、三船の役者としての真面目さや必死さに、思わず引き込まれて見てしまったという方も多いのではないか。

そして、その三船敏郎も、この映画で演じたヒーローを終生忘れられなかったようで、かなり後年になってからも、自ら主演する同種の企画『孫悟空』※14の実現に向け尽力を重ねたことは、別章に記したとおりである。

本作への愛着度と評価の正当性に関して言えば、いろいろと欠点を書き連ねながらも、今でも「面白かった」と自信を持って言い切ってしまえる、筆者のような観客の〈勝ち〉である。この映画は、純粋な〈子供の目〉すなわ

奇巌城の大オープンセット　© 東宝

ち〈映画好きの視点〉で見なければ、正当な評価をくだすことができない――つまり楽しめない――映画なのだ。見た人の〈映画に対する思い〉を判定する「リトマス試験紙」のような映画と言ってもよい。そして、殺伐とした時代の今だからこそ、このような子供心や遊び心に満ち満ちた映画が必要なように思える。

現在の日本映画界なら、CG技術を駆使して、大迫力の活劇映画を作り出すのはいともたやすかろう。しかし、それだけではこのような面白い映画にはけっしてなり得ない。何故か？　まず、佐藤允や田崎潤、中丸忠雄といった地味だが味のある〝大人の〟俳優がいない。それに、天本英世や有島一郎のような手錬の俳優――〝怪優〟と言ってもよい――も皆無。そして、なによりも三船敏郎という、どんな役を演じても〝ヒーロー〟になり得る、〈太陽〉のような俳優が存在していないからである。

ヒーロー不在のこの時代、若い映画ファンには今こそ本作に接して、三船敏郎の俳優としての魅力を肌で感じていただきたいと思う。

【はみだしエピソード】

特撮TVシリーズ『ウルトラマン』の第7話にあたる「バラージの青い石」（怪獣・アントラーが登場する回）を見た時、いかに筆者が小学生だったとはいえ、その〝伝説の都〟バラージが、本作と同じセットを使って撮られたものと、すぐに気づいた。おそらくは生田オープンに建てられた〈奇巌城〉及び〈ペシルの都〉のセットを流用したものであろうが、TV映画にしてはバラージの町並みやお城があまりに立派で、スケールも大きかったことが、かえって不審（?）を招く結果となってしまったわけである。

※14　本作での円済に対する大角の態度は、まるで三蔵法師に対する孫悟空のそれである。

ちなみに、『ウルトラマン』では科学特捜隊のフジ・アキコ隊員を演じた桜井浩子が、本作では、『大盗賊』の浜美枝よろしく、三船・大角にハンカチを投げつける、王妃・白川由美の〈お付きの女〉に扮している。また、当のウルトラマンに変身するハヤタ隊員役の黒部進が、悪役（武官長役）として登場したのには、非常に複雑な気分にさせられた。もともと東宝映画では悪役に扮することが多かった黒部だが、いくらなんでもこの時期には、「それはない」と思ったからである。

またまた魔法使いの老婆「不知火のおばば」に扮した天本英世。『マタンゴ』（昭38）で「キノコ怪人」を演じた時には、あまりにも恐ろしいメイクで、コワ過ぎてまともに見られず、まったく天本とは気づかなかったが、『大盗賊』で同じような役を演じた時から強烈なインパクトを受け、筆者はここで初めて彼を「恐るべき役者」として認識するようになった。

その後のヘンテコリンな役の数々で、世間にも大いに知られるようになった天本だが、のちにテレビ番組『平成教育委員会』（フジテレビ系）で、お茶の間に露出するようになってからは、その風変わりな私生活も知られるようになる。家を持たず、一時は電話もない、砧八丁目にあるクリーニング店の二階を間借りして生活していたことなど、筆者しか知らないトリビア話※15であるが……。

テレビで放映された『二十四の瞳』（昭29／監督：木下恵介）で初めて天本に接した際、この怪優が若い頃は〈普通の〉役者だったことをが判り――なんとここでは高峰秀子の〝まともな〟夫役を演じており、これは、同年の『女の園』で映画デビューしたばかりの頃であった――、さらには東大法学部中退のインテリと知った時には、さすがにビックリ仰天したものだった。

【三船本人による発言】

正月十三日には、アフリカ西海岸に出かけて『怒涛一万浬』という、マグロ漁船を背景にした映画の海外ロケをし、そのあとイランで『奇巌城の冒険』のロケ。私のプロがかんでいるので、そのほうの準備が大変です。正月は、家にいると酒を飲み過ぎちゃうんで、親類の家をグルグル回るつもりです。

（『奇巌城の冒険』御殿場ロケ中の取材にて：『週刊読売』1966年1月7日号、67頁、芸能欄より）

※15 これは、同じくこの店の二階に下宿していた大学の後輩から直接聞いた話である。

9.『上意討ち 拝領妻始末』

（昭和42年：三船プロ・東宝）

© 東宝

昭和42年6月3日封切　監督：小林正樹　脚本：橋本 忍　原作：滝口康彦　出演：三船敏郎、加藤 剛、司 葉子、江原達怡、神山 繁、山形 勲、市原悦子、仲代達矢
※ DVD 化（東宝）

【三船の役柄】

会津松平藩の馬廻り役・笹原伊三郎。養子に入った笹原家で、頭の上がらぬ妻のすがとの間に、二人の倅がいる。

のっけから個人的な回想で恐縮だが、本作については、予告篇やロビー・カードなどで、その当時の筆者のお気に入り俳優であった神山繁が〈悪役〉で出演していることを知り、複雑な気持ちで鑑賞したことをよく憶えている。人気TVドラマ「ザ・ガードマン」※1で神山が演じた、マダム好きでダンディなガードマン「榊」の大ファンになっていた筆者は、本作で見せたいかにも憎々しげな〈悪役〉ぶり――白目がちで、隈のあるその目が実に不気味――に戸惑いながらも、そのニヒルでクールな演技に深い感銘を受けた。『奇巌城の冒険』同様、映画は魅力的な悪役がいて、初めてヒーローやヒロインが映えるということを、まざまざと知らされた瞬間でもあった。

片や主役《ヒーロー》の三船敏郎が演ずるのは、封建時代の世にあって、〈馬廻り役〉として長年藩に仕え、さあこれから隠居して平穏な余生を、と思っていた矢先に、いきなり世継ぎ騒動の渦に巻き込まれる初老の武士・笹原伊三郎。この悲運の侍は、禄高・三百石の笹原家の婿養子という立場で、勝気で底意地の悪い恐妻によるいびり・毒舌に長年耐え続けてきた、という忍耐力の持ち主である。

なにせ悲劇の物語であるから、初めは藩による理不尽なお達しや振る舞いにも耐えに耐えていたが、ついには我慢の限界を越え、一命を賭して藩に反旗を翻す伊三郎。三船は、自身が出演するCMのキャッチ・コピー「男は黙ってサッポロビール」どおり、まさに三船らしい――言葉で語らなくとも態度で示す――演技でこの役を我が物にしている。

当時の三船は、老境に入ってはいるものの、威厳と品格を備え、いかなる局面に立ってもその誇りを失わない武士を演ずるのに最も相応しい年齢（撮影時は四十六歳）に達していた頃である。その存在感の大きさは半端ないも

※1「ザ・ガードマン」は昭和40年4月からTBS系で放送された、大映テレビ室製作による人気テレビドラマ。宇津井健、藤巻潤、中条静雄、稲葉義男といった面々が出演、放送初期には「東京警備指令」というサブタイトルも付されていた。大映で昭和40年から41年にかけて映画版（『東京用心棒』と『東京忍者部隊』のサブタイトルがつく。監督はどちらも井上昭）も二本ほど作られたが、こちらには神山繁と川津祐介は出演していない。ちなみに神山は、文学座、劇団雲に所属し、舞台でも活躍。昭和41年に放映されたテレビ時代劇「真田幸村」（系）では石田三成に扮し、筆者のようなファンを一喜一憂させてくれた。

のがあり、臨界点を超えた時の感情の爆発のエネルギーは、当時人気が高かった東映仁侠映画※2の主人公たちも三船の比ではない。公開時のポスターにある「藩の無理非道 もう我慢がならぬ! 会津二十四万石 屋台骨から崩してみせる」なる宣伝文句は、ヤクザ映画もかくや、という下世話さだが、本作がこれらに比して遥かに格調高く、緊張感漲るものとなっていることは、本作を一度でもご覧になった方なら誰もが首肯されるであろう。

一方、独立プロの社長としては、小林正樹監督による、一切〈中抜き〉をしない――切り返しショットの度にいちいちカメラ・ポジションを変える――演出方法にも耐えに耐えていた三船。なにせこのやり方で撮影すると、とにかく時間がかかり、スタッフの残業代もかさむからである。そして、〈中抜き〉をしない以上、〈順撮り〉※3にもこだわる〝鬼の小林〟(名付け主は仲代達矢)は、舞台と掛け持ちをする加藤剛(伊三郎の倅・与五郎役)※4が俳優座とスタジオを往復する間、何時間でも待ち続けたというから、社長・三船のイライラは、劇中の武士・伊三郎と同様、頂点に達していたものと思われる※5。

以下、物語をやや詳しく紹介する。

笹原伊三郎(三船敏郎)と浅野帯刀《たてわき》(仲代達矢)は、会津松平藩で一、二を争う剣の使い手。今日も二人は、殿の刀の試し斬りの最中である。伊三郎の得意技は〈抜き胴〉の一手。どうやらこれは、「自ら進んで出ていかない」という剣法のようだ。

倅の与五郎(加藤剛)には、心根の優しい嫁を迎えたいと切に願う伊三郎。それというのも、自ら笹原家に入った養子の身として門閥や格式を守るべく、口うるさい妻のすが(大塚道子：巧演である)にはあえて逆らわず、これに耐えてきた歴史があるからだ。

お側《そば》用人の高橋外記(神山繁)から、殿・松平正容(松村達雄)の側女《そばめ》・お市《いち》の方(司葉子)にお暇が出て、当笹原家の嫁に差し遣わされるとの内意が伝えられる。それというのも、お市の方が二番目の側女はおろか、自分を袖《そで》にした殿に対しても乱暴を働いたからである。笹原家としては、気の進まぬ嫁を迎えざるを得ないということに他ならず、「ご内意をよーく心得ておけ」とのお側用人の言葉が重くのしかかる。「あまりにも畏れ多い」と逃げ口上を吐く伊三郎だが、なんとこれを当の与五郎が承諾。笹原家では、市を嫁として拝領することとなる。

するとき市は実に良い女房で、伊三郎の心配は杞憂に終わる。母のすがに辛く当たられる市に、与五郎は「じっと我慢の父を思え」と言って激励。伊三郎のほうも、当初からの予定どおり家督を与五郎に譲り、隠居の身となる。

ここから、市が大奥に上がる時のエピソードが回想形式で語られるとともに、市と与五郎の幸せな夫婦生活が綴られていく。市は「素晴らしい夫と舅を得て、今夜限りで子供（菊千代＝殿との間に生まれた男子）のこともきっぱり忘れられる」と、その喜びを言葉に表し、与五郎も「またとない良い女房を迎えられた」と、市に感謝の意を述べる。

二年後、与五郎と市の子・トミが誕生。幸せの絶頂と思われた、その時。江戸表に出ていた若君が急死し、状況は一変する。菊千代を世継ぎに仰ぐことが決定したことから、「市を大奥に返上せよ」との命が下る。これは家老

※2 昭和三十年代後半に始まる東映お家芸の、一連のヤクザ映画。その嚆矢は、昭和35年に東宝から移籍した鶴田浩二の主演による『人生劇場 飛車角』（昭38／監督：沢島忠）とされるが、翌昭和39年には本格的ヤクザ路線を目指す『博徒』シリーズ（監督：小澤茂弘・深作欣二他）や、高倉健主演による『日本侠客伝』シリーズ（監督：マキノ雅弘他）がスタート。その後の東映はこの路線一辺倒となる。

※3 〈順撮り〉とは、物語の流れ、シナリオの流れどおりに撮影していく方式で、役者が感情を上手く維持できるという利点がある。

※4 与五郎役を瑞々しく演じた加藤剛さんに伺った話では、「三船さんは非常に気を遣う方で、よく車（リンカーン）に乗せていただいたりした」そうだ。もしかすると三船は、加藤剛を三船プロから成城の自宅まで車で送り迎えしていたのではなかろうか。のちに加藤は、熊井啓監督の『千利休 本覚坊遺文』（平1）で、ワンシーンではあったが三船との共演を果たしたほか、テレビ東京にて放映されたTVドラマ版『上意討ち』（平4／監督：高瀬昌弘）では、今度は自身が父親の笹原伊三郎役を演じている。

※5 実際、撮影終盤には夜六時開始、朝終了というスケジュールが二週間続き、映画の完成が約一ヶ月遅れている（『キネマ旬報』1967年6月下旬号）。

の柳瀬（三島雅夫）や国頭の土屋（山形勲）などの画策によるものだが、「理不尽と無道！ 人の心を知らぬ」と意地を立て、伊三郎は断固これを拒否する姿勢を示す。

市も「(大奥には) 戻りたくない。与五郎と添い遂げたい」との意志を表明。伊三郎は、これを「愛の美しさに打たれたらばこその反抗」と評する。実際、与五郎と市、そして父の伊三郎の間には、確固たる愛情・信頼関係が築かれていたのである。

しかし、もしこれを断れば笹原の家は危うい。お家のことを考え、与五郎はやむなく市に大奥へ戻るよう説く。これを見た伊三郎は、ますます怒りを募らせる。

ある日、母親側に与する弟・文蔵（江原達怡）の策にはまり、市は家老の屋敷に軟禁されてしまう。戻らなければ、父子は切腹に処す、との脅しを受けた市は、やがて大奥に帰還の運びとなる。この際、家老がお菊（市原悦子）※6という乳母代わりの女を遣わしてくる。意にはそまぬが、父子はこの女を受け入れざるを得ない。

伊三郎と与五郎に腹を切らせる話も、正式に市の「返上願」を出せば免除されるという。一旦はこれを了承する父子だったが、与五郎が家老に差し出した「返上願」の中味は、「市を返せ」という伊三郎名義の「嘆願書」であった。「あまりにも身勝手！ 意地でも市は返さぬ」という与五郎の言葉がずしりと胸に響く。

家老はすぐさま〈国廻り支配〉を務める帯刀《たてわき》に、伊三郎父子を討ち取るよう命じる。しかし、帯刀は「役廻りが違う」としてこれを拒否。さらに、討手を送れば「血の雨が降る」と示唆する帯刀。伊三郎の剣の技量を知ればこその発言である。

いよいよ笹原父子に切腹の「上意」が下る。これに「首を三つ持ってこい」と応ずる伊三郎。討手を持ち受け、「生涯でこれほど生きている気持ちがするのは初めて」と、高ぶった気持ちを倅に伝える。こういう時こそ三船の朴訥さ・誠実さが生きる。

市を同道し、改めて上意を伝えに来るお側用人・高橋外記。市による助命嘆願の意を汲み、二人を城外の寺に〈蟄居《ちっきょ》押し込め〉とする旨を申し伝えるとともに、市にその意の確認を迫る。「私は……」と言い淀むお市の方。すると、彼女は自ら槍を胸に突き刺し、命を絶つ。無残にもたちまち討手に斬り伏せられる与五郎。

伊三郎の怒りはいよいよ頂点に達する。討手を全員斬り倒し、高橋も串刺しにする伊三郎。ここは、三船敏郎、迫真の演技である。神山ファンでもある筆者の心境は、相当複雑なものがあったが、相手が三船なら致し方ない。

庭に若い夫婦の遺骸を埋める伊三郎。「非道無道を天下に示す」ため、トミを連れて江戸に出る決意を固める。だが、国境の木戸を守るのは親友の帯刀。関所の前に立ちはだかって伊三郎を待つ――。

国境を越えようとする伊三郎に、帯刀は「勝負（勝ち）を譲れ」と迫る。それがトミのためだ、というのだ。もちろん最後は一対一の対決である。三船と仲代の決闘を抜きにして、この映画が結末を見ることはない。精神的な勝負は、与五郎と市を入れて三対一のようなもの。『椿三十郎』以来となる三船と仲代の対決であったが、勝利は「抜き胴」の伊三郎のもとに下る。たとえ親友同士であろうと、ひとたび使命が下れば、互いの命を奪い合わねばならない、という武士の掟や苦悩というものは、後年、山田洋次監督が藤沢周平原作の諸作で描いたものとまったく同じである。

しかし、剣術では誰にも負けない伊三郎も、鉄砲には勝てない。どこからともなく飛んでくる銃弾に倒れた伊三郎は、「江戸には行けなくなった」ことを悔い、トミに「母のような女になり、夫には父のような男を」と言い残

※6 お菊を演じた市原悦子は俳優座に所属。新劇女優として高い評価は得ていたものの、まだ映画の世界では著名ではなかったので、その〝どこにでもいる女〟としての存在感を買われてのキャスティングであったと思われる。

して無念の死を遂げる。

ここに乳母のお菊が姿を現し、わずかながらも救いを感じさせたところで、伊三郎の哀しみも、武家社会の持つ非人間性をも吹き消してしまうかのように、国境に風が吹きすさんで、このシリアスな時代劇は観客にカタルシスを与えぬまま、静かに幕を閉じる。

三船の忍耐が功を奏したか、作品として高評価を受けた本作※7。いまだ中学生だった筆者の目にも、黒澤映画に劣らぬほど重厚で、格調も高い立派な出来栄えの作品と映った。画面から迫ってくる緊迫感・悲壮感も半端ではなく、本作公開時のパンフレットで監督の小林が述べた『切腹』は、封建制度の制度側からこれに抵抗する人間を描いた。今回は、人間愛を主軸に、抵抗する側から描く。悲劇の典型のような作品。そう、ギリシャ悲劇のような重厚なイメージで作り上げたい」とのコメントどおりの結果となったと言ってよいだろう。武満徹によるシャープでタイトな音楽や、村木与四郎による美術セットの素晴らしさも特筆すべきものがある。

ストーリー的には、前半から中盤にかけて、徐々にだが、確実に悲劇に向かって突き進んでいく武家一家の苦悩や哀しみが、じっくりかつ的確に表現されている。三船には、こういう〝悲劇のヒーロー〟が本当によく似合うと、思い知らされたものだし、全編に漲る異様なテンションに、胸が締めつけられるような気持ちになったことも、中学一年生のくせにやけによく憶えている。

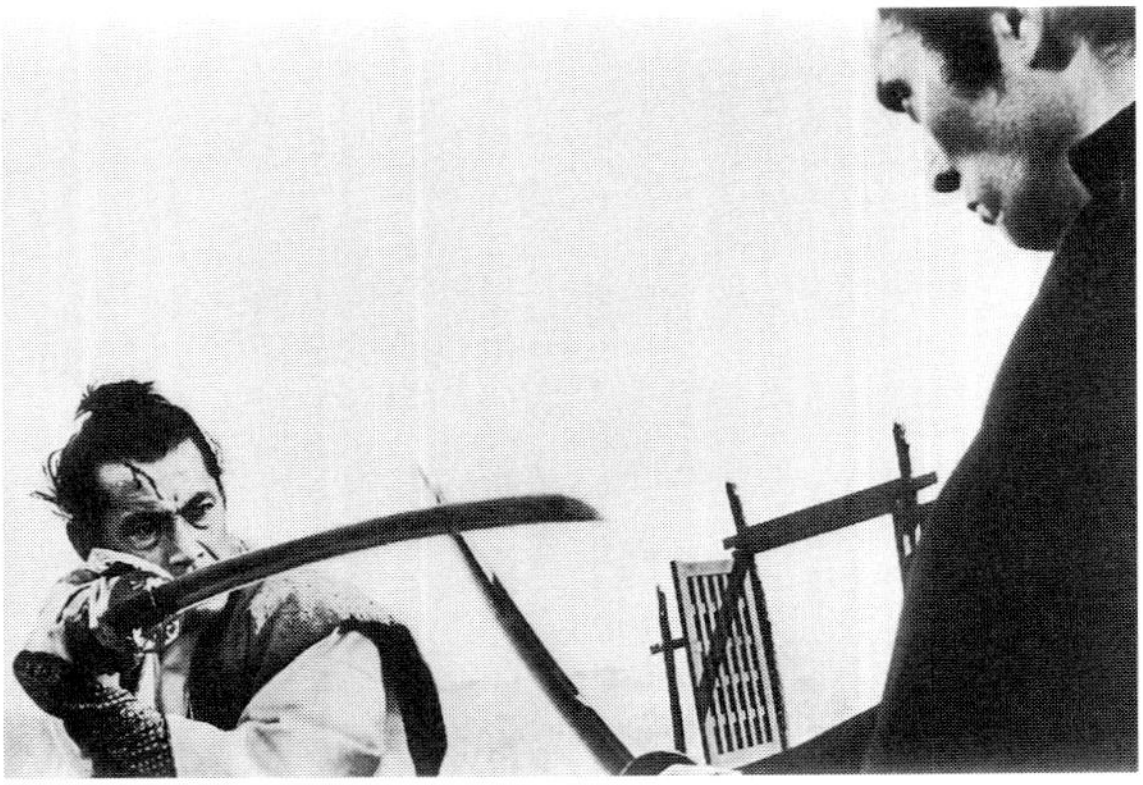

怒り心頭の三船・伊三郎の構え　© 東宝

こうして後年の三船は、阿南陸相、山本五十六、山本勘助、赤報隊の権三、近藤勇など、志半ばで倒れる、切ない〝悲劇のヒーロー〟を演ずることが多くなっていく。これも日本映画の低迷期にあって、観客がかつての『奇巌城の冒険』のような脳天気な映画を求めることはなくなり、三船もいつまでも陽性のヒーローだけを演じられる時代ではなくなっていたことに他ならない。古くからの三船ファンとしては、なんとも言えない寂しい気持ちがしたものだが、その当時の日本映画界の空気を考えれば、これを受け入れざるを得なかったのも事実である。

滝口康彦による原作「拝領妻始末」は、雑誌『城』1965年3月号（光風社書房）に所収。全編に張り詰める緊張感は、原作譲りのものと推察するが、今この書に接することはなかなか叶わない。

俳優としては、気丈ながらも妻としての幸せを望む〈儚い女心〉を感じさせる市《いち》の司葉子もいいが、伊三郎の妻・すがを演じる俳優座の大塚道子が、恐ろしいまでの邪気を孕んだ演技で、物凄い存在感を発揮。やはり司葉子との共演作である『その場所に女ありて』（昭37／監督：鈴木英夫）における同僚（男言葉を話す広告代理店のタイピスト）役と並ぶ巧演を見せる。神山繁には及ばないが、伊三郎の所属する馬廻組組長役の山形勲の悪役ぶりも光っている。

ちなみに本作、三船敏郎が私財を投じて成城の北側に設立したスタジオ（成城八丁目と調布市入間町にまたがる二千坪の土地に三つのスタジオと時代劇専用のオープンセットを建設：第3部第2章「三船プロダクションのトリッセンスタジオと三船芸術学院」を参照）で撮影された映画の第一作目に当たる。独立プロ「三船プロダクショ

※7　結果として本作は、権威ある「キネマ旬報ベストテン」（1967年度）の第1位を獲得。世界三大映画祭のひとつであるベネチア国際映画祭（第28回）でも「国際映画評論家連盟賞」を受賞している。

ン」としての製作映画であるから、スタッフも監督以下三十五名という、まさにロー・バジェット作品。監督自身も『キネマ旬報』（１９６８年2月上旬号）誌上で、「東宝という会社の後ろ盾があったとはいえ、製作はすべて、三船プロという独立プロでなされたものであり、混成スタッフのため手違いもあり、水準まで持っていくのが、せいいっぱいでした」と語っている。

思えば、小林がこの五年前に松竹で撮った時代劇『切腹』（昭37）も、滝口康彦の原作（『異聞浪人記』光風社、１９６３年）、橋本忍の脚色によるものであった。こちらの主演は仲代達矢だったが、やはり武家社会の非情さや理不尽さ、そして武士道の持つ残酷さをシリアスに描いており、最後も一対一の決闘――こちらでは丹波哲郎がその相手をする――で終わる。まるでこの両作は対になっているかのようで、そのテーマも様式＝語り口も似通ったものとなっているのは実に興味深い。音楽はどちらも武満徹が担当。こちらは、シンプルな楽器のみで構成・演奏されており、極めて日本的なスタイルを採っている。

三船プロ前に集う三船社長と小林正樹監督、司葉子、仲代達矢（三船プロ提供）

なお、本作の特徴として、演劇的な照明設計（小西康夫による）が採用されていること、カメラ（山田一夫）がズームを多用していること、さらには、人を斬ったときに出る〃斬殺音〃がやけに目立つ＝大きいことが挙げられる。照明や撮影に奇を衒った要素が加えられているのは、監督が「ギリシャ悲劇」を意識していることからも頷ける話だが、テレビの時代劇のように斬殺音が大きく鳴り響くのは、いかがなものか。いかに『椿三十郎』以来の風潮とはいえ、もう少し抑制気味にしたほうが、かえって迫力と現実感が増したように思われる。

【はみだしエピソード】

〈中抜き〉の一件以外にも小林正樹の撮影方法・手順に不満をため込んでいた三船。ひたすら耐えて演技を続けていたが、背後から三船に串刺しにされた神山繁は、この時「三船さんの歯ぎしりが聞こえてきてゾッとした」そうだ。これを神山から聞かされた北大路欣也が、羨ましがった話も有名である（前掲『浪漫工房』第8号）。

筆者は、本作をだいぶ後になって銀座並木座で鑑賞したことがある。その時のことは今でも忘れられない。なんとその時の並木座では、椅子の下をねずみが駆け回っていたことに加え、ロールの掛け違えから、映写（物語）の順番が狂ってしまい話のつじつまが合わなくなるという、前代未聞の事態が発生したのだ。初めて見た人も当然気付いたろうが、劇場側からは何の説明も謝罪もなかった。

【三船本人による発言】

『上意討ち』が、さいわいに興行成績もよく、見てくださったかたがたの評判もいいので、うれしいです。「役者ふぜいが何をやるんだ」なんていわれかねない大仕事を、向こうみずにはじめて、苦労したすえの作品ですから、本当に、うれしい。（中略）いずれにせよ、日本映画をいくらかでも、よりよくするために、微力ながらがんばりますよ。

（『キネマ旬報』１９６7年7月上旬号より）

オレみたいに『上意討ち』はヒットしていると思っているのに、東宝は百万円しか儲けをくれなかった。そこへいくと洋画の配給会社は、大変良心的に——。（『近代映画』１９６9年2月号 臨時増刊『風林火山』特集号より）

10.『風林火山』（昭和44年：三船プロ）

© 東宝

昭和44年3月1日封切　監督：稲垣 浩　脚本：橋本 忍・国弘威雄　原作：井上 靖
出演：三船敏郎、中村錦之助、佐久間良子、緒形 拳、大空真弓、田村正和、中村賀津雄、中村翫右衛門、石原裕次郎　※ DVD 化（東宝）

【三船の役柄】

井上靖の歴史小説に登場する軍師、山本勘助。溢るるがごとき知力と胆力を併せ持つこの男、その先を見る眼力によって、仕えた武田信玄を陰から支えたとされるが、「甲陽軍鑑」（武田氏の軍学書：ここでは勘介）以外の歴史書ではその名が確認できず、実在の人物か否かは諸説あるようだ。

甲斐の武田家に仕官し、天下を治めようとの野望を抱いた軍師の山本勘助（三船敏郎）は、策を弄して板垣信方（中村翫右衛門）に取り入り、武田晴信（中村錦之助）へのお目見えを許される。家臣一同は勘助を信用しないが、晴信は信方の推挙であればと、勘助を召し抱えることにする。

初陣となった諏訪攻めでは、冷酷非情な謀略を巡らし、諏訪一族を根絶やしにする勘助。謀殺された諏訪頼重（平田昭彦）の娘・由布姫（佐久間良子）は、自害しようとするも、勘助に阻止され、晴信の側室にさせられてしまう。

美しい由布姫への恋慕の情を隠しながら、勘助は武田勢を連戦連勝に導く。破竹の勢いで周辺を勢力下に置く武田軍の敵は、今や村上義清（戸上城太郎）のみとなる。その城も勘助の奸計により、闘わずして手中に収めると、由布姫は父の仇・晴信の子・勝頼を産む。

晴信は出家して信玄に、その頃、同じく天下統一の野望を抱く、越後の上杉憲政も謙信〝入道〟となって、両者のライバル対決は目前となる。

四年後、由布姫は二十七歳で早逝。その子・勝頼（中村勘九郎）の成人を見ることだけが生き甲斐となる勘助だったが、永禄四年八月、上杉謙信（石原裕次郎）が一万三千の大軍を率いて川中島に陣を布く。対する武田信玄も一万八千の兵を川中島の海津城に置き――。

かくして、天下分け目の決戦の火蓋が切られる。

こうしたスケールの大きな歴史ロマンを、一旦は映画化権を得た東宝が製作費の問題から映画化を断念。これを自分のプロダクションで製作しようとしたのが、我が三船敏郎である。

晩年は、お気に入りの作品として、もっぱら『連合艦隊司令長官　山本五十六』（昭43／監督：丸山誠治）や本作をビデオで楽しんでいたという三船敏郎。〝お気に入り〟ということでは筆者もまったく同じであるが、筆者が見たのは「山形宝塚劇場」という映画館にて。中学生だった筆者はこの二つの三船主演映画を見に、繰り返し劇場に通った。すでに三船は老境にさしかかっていた頃だが、中学二年から三年生にかかる思春期に見た三船主演映画だけあって、両作品にはことさら思い入れが強い。

特に本作は、この当時、飛ぶ鳥を落とす勢いのあった〝スター・プロ〟ナンバーワンの実績を誇る三船プロダクションの作品であり、他の〝スター・プロ〟※1の中でも、中村錦之助と石原裕次郎を迎え、さらに東映の佐久間良子や演劇・歌舞伎界の大物を揃えたオールスター作品であったことも、この作品への興味を一層高めた。

そもそもこの企画。遡ること十数年前、自社ではオクラ入りにした東宝のプロデューサーに奨められて原作を読んだ三船が、その物語の面白さにいたく感動。二読、三読して「何年か後に、必ずこのオレが山本勘助になってやろう」と決心したものの、なかなか実現できずにいると、今度は東映で片岡千恵蔵の主演により企画が立ち上がる。しかし、これも資金面から中止に。再び東宝に渡ってきた企画を、橋本忍が映画化の目処もないまま脚本化。これが、石原プロとの合作映画『黒部の太陽』(昭43／監督：熊井啓)の大ヒットにより、一億数千万円の利益を得た三船プロの次回作となった、というわけである(このあたりの経緯は、第3部第2章で詳述)。

この脚本は、昭和35年の当時でも製作費はゆうに三億円かかるとされる代物だったが、三船自ら橋本忍に要請し、合戦シーンを減らしたりセット数を減らしたりするなどして、二億円程度でできるよう改稿を施す。それでも数千万円は足らなかった製作費は、三船が家屋敷を抵当に入れ、銀行から用立てたものであるという。

三船は俳優としても、当初の希望どおり、武田信玄に仕えた〝軍師〟山本勘助を堂々と演じ切る。知力と胆力を併せ持つこの山本勘助、原作では五尺に満たない小男で、そのうえ足は不自由、顔には無数の傷を持った醜男とされているが、できあがった映画では右の眉間に刀傷を持ち、片足を少々引きずるだけのハンディキャップにとどめられている。これはスターたる三船のイメージや、映画としての体裁を配慮してのものであろう。

それでも、タイトル前にモノトーンで描かれる暗殺劇の場面では、主人公にも似合わぬ、いささかダークな――というより卑怯な――行動をとる勘助。戦国時代を生き抜くには、こうした狡猾な策略もやむを得ぬということを表したかったのだろうが、これは、主役にしては通常あり得ぬ行動・人物像である。むしろこうした役は、ダーティーなイメージも厭わぬ仲代達矢あたりがやるべきものであったろうが、三船プロ製作映画である以上、社長の三船が主演を務めなくては、親会社たる東宝が許すはずもなかったろう。

とは言え、こうした奸計を用いてまでのし上がっていく悪漢じみた人物でも、我らが大スター・三船が演じれば、次第に愛すべき人間に見えてくるから不思議である。かくして、この武田家家老・板垣信方の暗殺未遂事件をきっかけにして、山本勘助は当の信方（中村翫右衛門）の推挙を受け、武田信玄（この頃はまだ晴信）に軍師として召し抱えられることになる。

さらに、武田に仕官後の初陣となる諏訪攻めにおいては、和議に乗じて諏訪氏を騙し討ちにするというお得意の〈計略〉が奏功、国主の諏訪頼茂（平田昭彦）を謀殺し、勘助はいよいよ晴信から――怖れの念とともに――信頼を勝ち取る。しかし、こうした冷酷非情な面を見せるのはこのあたりまで。この後は、滅ぼした諏訪家の姫・由布姫（佐久間良子）と出会ったことで、その秘めたる恋心から、いつもの三船らしく、女性には照れと戸惑いを見せながらも、武人としては堂々たる行動力を発揮する、という展開を見せていく。

※1 「スター・プロ」という呼び名には、石原裕次郎も中村錦之助も、そして当の三船も大きな違和感を覚えていたようだ。「いやな感じだなあ」（石原）、「面白半分に映画、作っていると思われちゃう」（錦兄）、「スター・プロだなんていわれたら、『黒部の太陽』の時、〝日本映画はこのままではいけない〟と集まった人たち（小道具から大道具に至るスタッフたち＝本当に映画が好きな連中）に申し訳ない」（三船）といった彼らの発言から、それが分かる（『近代映画』1969年2月号 臨時増刊『風林火山』特集号掲載「希望放談1969年 夢を抱く三人男」）。

それにしても、足が不自由な上、ご面相も醜悪な武士が、美しい姫に恋心を抱くが、それをなかなか言い表すことができない、というシチュエーションはどこかで見たことはないだろうか？　そう、これは公開当時もあまり指摘されることはなかったが、同じ稲垣浩監督による『或る剣豪の生涯』（昭34）とまったく同じなのだ。あちらでは司葉子の千代姫がその対象だったが、三船はここでも、佐久間良子の由布姫に対して哀切極まりないシラノぶり――よく考えると無法松もそうだった！――を見せる。女性にとんと縁がない無骨者というのは、稲垣が好んで取り上げた三船の役柄だったが、「男は黙って――」のCMの効果も相俟って、こうした三船のキャラ＝性格付けは、すでに確固たるイメージへと昇華していたことになる。

本作では、野心家で吝嗇家の武田信玄を、中村錦之助が若々しく演じている。勘助なしでは果たしてあそこまでのし上がれたかどうか、というあまり得な役どころではなかったが、信玄役を引き受けたのは、自身のプロダクションで製作した『祇園祭』（昭43／監督：山内鉄也）にゲスト出演してくれた、三船への返礼という意図もあったろう。錦兄は、スター・プロ作品における最後の共演作となった『待ち伏せ』（昭45）でも、あまり良い役を振られていない※2ので、俳優としてのランクは一段下と捉えられていた節がある。

これに対して、『黒部の太陽』（昭43）で共に苦労を嘗めた石原裕次郎は、上杉謙信役という〈おいしい〉役を振られている。筆者が、これに「ちょっと違う」という印象をもったのは、日活の映画は「不良っぽい」としてなかなか観に行かせてもらえず、裕次郎は遠い存在だったことに加え、当時は多少ウェイトオーバー気味になってきていて、戦国時代の武将には見えない、と感じてしまったことによる。裕次郎の撮影は、ほんの一日ほどのものだったそうだが、合戦シーンにおいて見事な存在感を示したのは流石である。

佐久間良子は二十七歳で早逝する姫君にしては、ちょっとお歳が!?　という難点もあったが、これまたいささか肥り気味のお体を見事にシェイプアップ、いかにも激情型の若き女性・由布姫を好演して、東映映画には馴染みの薄い筆者でも、非常に好感が持てた※3。

父を勘助にだまし討ちにされた由布姫は、一旦は自害を図るものの、これを当の勘助が阻止。あまりの美貌に勘助は、たちまちこの悲運の姫に恋をするが、姫が晴信の側室になってしまったため、勘助はその恋心を直接ぶつけることができなくなる。それでも、晴信との間に生まれた子・勝頼には大いに愛情を注ぐことができた勘助。このあたりも、無法松が吉岡夫人の子・敏雄少年に向けた強い愛情とまるで同じである。ちなみに、幼少期の勝頼を演じたのが、のちに〝十八代〟中村勘三郎を名乗ることになる中村勘九郎※4、その人であったことが、あまり取り上げられることがないのは何ゆえであろうか?

由布姫の死後、勝頼の元服（成人）を心待ちにしていた勘助だったが、それが叶わぬまま上杉謙信との決戦を迎える。決戦前の勘助と勝頼とのエピソード——勝頼が出陣する勘助のために勝どきの声を上げるシーン——は、いつ見ても胸が熱くなる。

役者で特筆したいのは、緒形拳である。NHKの大河ドラマ「太閤記」（昭40／豊臣秀吉役）と「源義経」（昭41／武蔵坊弁慶役）ですでにブレイクしていた緒形だが、この頃はまだ映画の代表作はなかった※5。ここで緒形は、勘助に就く足軽・畑中武平——「槍持ち」という重要な役どころ——を演じて、良い味を出しまくる。これを

※2 『待ち伏せ』で中村錦之助に与えられたのは、やたら威勢の良い追跡役人・伊吹兵馬なる役。当初は途中で殺されてしまう設定となっていたが、注文をつけて最後まで生き残ることになった、というような話を聞いた記憶がある。
※3 佐久間の由布姫は、少なくとも、谷啓主演による東映喜劇『図々しい奴』（昭39／監督：瀬川昌治）で演じたヒロイン・美津枝より遥かに良かった。
※4 中村勘九郎（当時）は、昭和30年の5月生まれであったから、本作撮影当時はいまだ中学1年生の頃。中学2年だった筆者の目からしても、まだまだ子供じみていて、その仕草の一つひとつが非常に可愛らしく見えたものだ。
※5 当時はまったく注目されなかったが、緒形拳には『セックス・チェック 第二の性』（昭43／監督：増村保造）という、なかなかにユニークな主演作がある。内容はここでは触れないが……。

きっかけにして、ますます達者で上手い役者にステップアップしていったのはご存知のとおりだ。映画と同時に、NET（現テレビ朝日）で放映されたテレビ版「風林火山」においては、武田信玄を演じた緒形。今考えればかなりの大抜擢――というか離れ業？――だが、本作に出演した際に中村錦之助の信玄を見て、大いに参考にしたことは想像に難くない。

また、本作には平田昭彦とともに〝おしどり夫婦〟と称されていた久我美子が出演。晴信の正室・三條氏に扮し、佐久間良子の由布姫を大いに刺激する役――勘助の策略により、由布姫は晴信の側女となることを決心する――を、いかにも高慢そうに演じているのが実に感慨深い。三船とは『酔いどれ天使』（昭23）以来、数々の映画で共演を重ねてきた間柄だが、久我にとっては、この時代劇大作が自身の時代劇出演最終作となると共に、三船との最後の共演作ともなった。

その他、前進座から中村翫右衛門（勘助を推挙する板垣信方役）と中村梅之助（勘助の部下・萩原弥右衛門役）、歌舞伎界から先述の中村勘九郎（武田勝頼役）、そして錦之助の実弟・中村賀津雄（現：嘉葎雄）が板垣信里役で出演。当時としては――独立プロダクション作品としても――大変豪華なキャスティングがなされた本作は、正真正銘の〈映画・演劇陣総出演〉作品である。

特に、信方の息子で、勘助を最後まで父のように慕い、武田を支えた冷静沈着な家臣・板垣信里を演じた中村賀津雄は、頼りになる勘助の部下・弥右衛門役の中村梅之助と共に、筆者にはことさら強い印象を残した。

かくして、武田と上杉両軍により繰り広げられる「川中島の戦い」は、これぞ稲垣時代劇の集大成とも称すべき圧巻の合戦シーンとなる。封切でこの映画を見た筆者にとっては、〈血沸き肉踊る〉とは、まさにこのシーンのことを指すべき形容詞となった。馬上の三船・勘助が槍を手に、これを振り回しながら疾走する姿は、『隠し砦の三悪人』をも凌ぐ大迫力で、カッコイイの一語。当然ながら三船は、これをスタンドインなど使わず、見事にそして美しくこなしているのだが、この姿勢こそが三船のミフネたる所以と言えよう。

当初は撮影用の馬が足らず、またもや〈幻の企画〉に終わろうかとしたところを、福島県原町《はらのまち》の「相馬野馬追い」祭りで活躍する馬、三百頭を借り出すことに成功、ようやくこの戦国合戦模様が実現したという経緯は、三船本人の口から何度も語られている。ここからは、馬の調達が、俳優の調達以上に本作の最重要課題であったことが分かる※6。

永禄四年八月十五日、謙信は一万三千の大軍を率いて川中島に陣を敷く。これに対する武田軍は一万八千の軍を海津城に置く。いよいよ決着をつける時が来た、ということだ。しかしながら、背後の妻女山から攻め込み、一挙謙信を撃つという勘助による一世一代の奇襲「啄木鳥《きつつき》戦法」は見事に失敗に終わる。これを事前に察知した謙信が逆に軍勢を移し、霧に乗じて信玄の本陣めがけ、一気に馬を走らせたからである。

それにしても、これは本当にあった話なのか？　両者には影武者もいたのではないか？　そもそもこの頃謙信は出家などしておらず、いまだ長尾景虎（上杉政虎）だったのではないか……等々、この辺りの展開には様々な思いが交錯する。しかし、本作は前述のとおり〃大河〃歴史時代劇であるから、詮索は野暮というもの。ここは筆者の中学時代の様な素直な気持ちで、謙信と信玄の直接対決を、わくわくドキドキしながら見ていただきたい。

筆者所有のレコードジャケット

※6　本作で使用された馬のうちの五頭が、最終的に三船の子息・史郎氏が所属する成城大学馬術部に回ってきたことは、前掲『成城映画散歩』に記したところだ。

作戦失敗の責任をとり、謙信の本陣めがけて突撃を敢行する勘助の一隊。ここは本当に興奮させられた。歴史的事実を無視しても――そもそも勘助の存在自体が事実ではないとする説もあったくらいだ――、ここは三船・勘助に裕次郎・謙信を撃ち果たして欲しいと、心底願ったものだった。ここは橋本の脚本もそうだが、稲垣演出も実に素晴らしい。予算もそう潤沢ではなかったにもかかわらず、本当に「映画になっている」※7シーンである。

しかし、映画は時に残酷である。ついに矢折れ刀尽き、勘助は槍持ちの武平（緒形拳）を失い、自らも『蜘蛛巣城』（昭32）の武将・鷲津武時※8よろしく、体はおろかその眼にまで矢を受け、信玄と由布姫への思いをぶつけながら死んでいく。

この勘助の最期の場面は、幼少期から三船を愛し、その映画を見続けてきた筆者のような者にとっては、無念の思いが込み上げてくるばかりか、見るたびに、逆にその悲壮さに酔わされたものである。これは、この頃の三船には、まだまだそういう思いを抱かせるカリスマ性があったということに他ならず、〝悲運のヒーロー〟山本勘助を演じるのにやはり仲代達矢では不適格で、「三船しかいない」という結論が導かれることになる。

山本勘助の最期（三船プロ提供）

音楽は、当時絶好調の佐藤勝。黒澤映画での実績をもとに、良い仕事を連発していた頃だが、本作の勇壮なメインテーマと、浪漫溢れる由布姫のテーマは、筆者には終生忘れられない名曲となった。前年の三船主演作『連合艦

隊司令長官 山本五十六』のテーマも、その叙情性においては他の作曲家の追従を許さぬものがあり、ラストの山本長官撃墜後に流れるエンディング・テーマは、ドヴォルザークもかくや、といったほどの格調高さを見せていた。

真偽のほどは不明だが、黒澤明がプロデューサーの田中寿一に対し、「この映画を自分に撮らせてほしい」と申し出たという話もあると聞く。これを聞いた稲垣浩が、「絶対無理！」と言ったとか言わないとか——。この二人の巨匠による、三船を巡る三角関係※9もまた愉しからずや、である。

本作の大ヒット以降、三船プロダクションは、日本映画界の良心の灯を消さぬことをモットーに、やはり時代劇大作を連作。スター・プロ、独立プロとして最大限の力を発揮し続ける。しかし、凋落傾向の止まらぬ日本映画界においては、興行＝観客動員力を復活させることはもはや不可能。三船らの努力は徒労に終わり、『赤毛』（昭44／監督：岡本喜八）、『新選組』（昭45／監督：沢島忠）、『待ち伏せ』（同年／監督：稲垣浩）といった三船プロ製作によるオールスター時代劇は、結果的に多くの観客を集めることはできなかった。こうして三船プロの映画製作プロダクションとして命運は尽き、三船がその活躍の場をブラウン管に移さざるを得なくなったのは、ご承知のとおりである。

※7 「映画になっている」というは、黒澤明が放った名言。優れた映画には、必ず「映画になっている」シーンがいくつかはある、というのが黒澤の持論である。
※8 『蜘蛛巣城』では味方の兵から雨あられの矢を受けた三船だが、これを射っていたのが大方は成城大学の弓道部の学生だったことも、前著に記したとおり。三船のストレス発散となる「黒澤のバカヤロー」発言がなされた最初期に当たる。
※9 昭和29年公開の黒澤作品『七人の侍』以降は、稲垣の『宮本武蔵』三部作（昭30～31）をはさんで『生きものの記録』（昭30）が製作・公開。その後も『蜘蛛巣城』（昭32）に続く『柳生武芸帳』二部作（昭32～33）の間に『どん底』（昭32）が製作、さらに『無法松の一生』（昭33）に続いて『隠し砦の三悪人』（同）が作られる。昭和34年は『或る剣豪の生涯』と『日本誕生』に続き『悪い奴ほどよく眠る』（昭35）が製作、昭和36年は『大阪城物語』～『用心棒』～『ゲンと不動明王』と続き、翌37年には『椿三十郎』の次に『どぶろくの辰』と『忠臣蔵』が公開。そして、『天国と地獄』（昭38）～『士魂魔道 大竜巻』（昭39）と続いた両巨匠交互製作による三船出演作も、いよいよ黒澤＆三船の最終コンビ作『赤ひげ』（昭40）にて終焉を迎えることになる。

多感な中学生・高校生時代に、こうした動向——日本映画界の栄枯盛衰——に同時代的に接した筆者は、三船プロや東宝の最期の輝きを、身をもって体感した。それこそ最後の世代に属することになる。しかし、この時見て、肌で感じた三船プロ作品から放たれる一種異様な熱気は、これ以降の七十年代日本映画には感じられなくなる気概と迫力に満ち満ちていて、誠に魅力的に映ったことを特筆しておきたい。

【はみだしエピソード】

黒澤映画でもすっかりお馴染み、御殿場の長田孫作氏により調達されていた大量の馬も、この頃にはすでに十三頭のみとなっていた。なるほど、戦後の農耕機具の発達により、日本では馬を必要としなくなっていたのである。それにしてもこの〝孫さん〟、最盛期には五百頭もの馬を集めたというからたいしたものだ。そこで、悩める稲垣たちがひらめいたのが、福島県原町の「相馬の野馬追い」。ここにはまだ、三百何十頭という馬がいたのである。

本作は、借り出した馬を使った戦闘シーン（原町市郊外の雲雀《ひばり》ヶ原ほかにて撮影）で、昭和43年9月5日にクランクイン。画面からは、それは激しい戦国合戦が繰り広げられているように見えるが、撮影時には馬がなかなか思うように動いてくれず、相当苦労を強いられたという。

かくして撮影は三ヶ月半の長期に及び、クランクアップは昭和43年12月10日。本作は、翌昭和44年の2月1日にロードショー公開され、3月1日より一般公開されている。

当時の三船のお昼の常食はラーメン。ところが、福島のロケ先ではなかなかそうもいかず、連日、仕出しの弁当に舌鼓を打っていたそうだ。

自身のプロダクションの仕事であるだけに、ロケーション時には酒量を減らしたという三船。それでも毎晩、日本酒二本は確実に空けていた——それも二日酔いはしない——というから、その酒の強さたるや、まこと恐るべし、である。

武田の館（居館・書院）のセットは、三船プロ本館・第一ステージの向かい側、現在の神戸屋レストランの辺りにあったオープンセット用地——それ以前は野菜畑だった——に作られた。本館側は成城九丁目に当たるが、こちらの住所は調布市入間町となる。セット費も稲垣と美術デザイナーの植田実により大幅節約、通常なら一億円かかるところを、四千五百万円（普通の映画の一本分の製作費に当たる）も浮かしたという。このセットは、三船プロ製作によるテレビ時代劇「五人の野武士」（昭43～44：日本テレビ系）でもそのまま使用、実に効率的な使われ方がされている。

律儀な三船は、東映から佐久間良子を借り受けたバーターとして、約束を交わした大川博社長がすでに亡くなっていたにもかかわらず、『日本の首領　野望篇』（昭52）をはじめ、十本もの東映作品に出演。三船の東映作品への出演を、当時の社長・岡田茂は「悲願だった」と言って、歓迎の意を表している。

【三船本人による発言】

本当にオレたち（石原裕次郎、中村錦之助、三船）は映画が好きなんだよ。それでなくては、こんな苦労ができるかね。

たゆまざる努力、苦労はこれから、さらに大きくなってゆくと思う。でも、それに負けてはならん。オレたちの作る映画は、一本、一

撮影時のオフショット：キャストが勢ぞろい　© 東宝

本が映画史に残るようなものにしたいな。

（『近代映画』１９６９年2月号 臨時増刊『風林火山』特集号掲載「希望放談１９６９年 夢を抱く三人男」より）

映画界は衰退するという言葉ほど、私を怒らせるものはない。やる気になれば、どんな大作だって作れるのだ。その信念がある限り、映画がすたれるとは私には思えない。私の言に間違いがないことは、映画で見ていただきましょう。

（『キネマ旬報』１９６９年1月上旬号「日本映画の軍師 三船勘助」より）

『黒部の太陽』、『祇園祭』の話ですが。五社協定とか何とか、いろいろな障害がたくさんありましてね。「もうだめだ」ということも再々だったんです。あえてやった意気込みの反映みたいなものが、特に強く感じられるとしたら、そのとおりだと思います。でも、いわゆるスター・プロというのも、同じ顔ぶれでもう二本も、三本もやったらあきられちゃいますよ。これからは、やはり内容、材料、企画で勝負していかなければ。

（『キネマ旬報』１９６９年3月上旬号『風林火山』座談会」より）

主演作篇の最後に、10本内に収まりきらなかった、筆者の〝準イチ推し〟三船敏郎主演作をもう一本挙げておきたい。中学生時代に見た東宝映画で、筆者にとっては忘れ得ない、三船の名演が堪能できる作品である。〝スター・プロ〟として最後の輝きを放った三船プロダクション製作&三船主演作が『風林火山』と言うことには何の躊躇もないが、昭和43年に出演・公開された『連合艦隊司令長官 山本五十六』もまた、三船敏郎の主演映画としては、——海外での主演作『レッド・サン』を除けば——、最も三船が輝いた作品である。助演作の10本の前に、〝番外篇〟として、当の三船が晩年まで愛し、何度もビデオで見返していたという、この戦争映画大作を紹介させていただこう。

番外篇　もうひとつの“お奨め”主演作
『連合艦隊司令長官 山本五十六』
（昭和43年：東宝）

© 東宝

昭和43年8月14日封切　監督：丸山誠治　脚本：須崎勝弥・丸山誠治　特技監督：円谷英二　出演：三船敏郎、加山雄三、黒沢年男、佐藤 允、藤田 進、辰巳柳太郎、松本幸四郎　※ DVD 化（東宝）

【三船の役柄】

言わずと知れた、連合艦隊司令長官・山本五十六。当初、対米戦争には反対の立場だったが、いざ開戦の命が下ると「半年や一年は随分と暴れてご覧に入れる」と、積極的かつ大胆に真珠湾攻撃の指揮に当たった。その後の皮肉な運命は、数々の映画で描かれているとおりである。

故郷・長岡での宴席において、三船は「佐渡おけさ」を歌う。

揺れ動く世界情勢の中、昭和15年に「日独伊軍事同盟」が調印され、日本は戦争の道を大きく踏み出していく。対米戦争反対を主張するも、米国との戦争を余儀なくされた山本五十六連合艦隊司令長官は、早期講和の機会を掴むためには開戦間際の大勝利の他に道はないと、米機動部隊の壊滅を図るため、真珠湾奇襲作戦を策定する。「半年や一年の間は随分と暴れてみせる」という山本の決意は、その言葉どおりとなったが、昭和17年6月のミッドウェイ作戦の失敗を機に、アメリカは攻勢に転じ、山本が望んだ早期講和の道は遠のいてしまう。米軍によるガダルカナル上陸作戦以降、生産力と物量に劣る日本軍は劣勢に立たされ、山本はガダルカナルからの撤収を決意。全艦載機をラバウルに集結して、戦局挽回を期す。昭和18年4月18日、山本長官他の幕僚は前線部隊の激励のため、一式陸攻に分乗してラバウルを飛び立つ。そこには、すでに暗号電報を傍受していた米軍が遣わしたロッキードP－38機の編隊が待ち受けていた――。

以上、簡潔にストーリーを記したが、本作は2時間10分弱の尺を持つ戦争映画大作にして、三船敏郎が初めて山本五十六を演じた映画となる。冒頭の辰巳柳太郎（故郷・長岡の船頭さん）とのエピソードからぐいぐいと物語に引き込まれるこの映画を、筆者はいったい何度見たことだろう。中学二年生の夏休みは、本作と岡本喜八の『斬る』の二本ばかり見ていた記憶がある※1。

これは、好むと好まざるにかかわらず、戦争に向き合うこととなった、――いや、ここでは巻き込まれたと言っているかのようだが――、その当事者・山本五十六という人間を中心に、日米戦争を俯瞰的に描いた作品である。筆者もこの映画のお陰で、太平洋戦争というものに真剣に向かい合うことができた。中学校の社会の授業などより、余程役に立ったと言える。いや、本当に勉強になりました。

東宝ではそれまでも、『ハワイ・マレー沖海戦』（昭17）や『太平洋の鷲』（昭28）、それに『ハワイ・ミッドウェ

イ大海空戦 太平洋の嵐』（昭35）といった映画で日米開戦に至る経緯は何度も描いてきた歴史があり、本作はその集大成とも言えるものだ。ちなみに円谷英二は、このすべての作品に特技監督として関わっている。

さて、当時はあまり意識しなかったが、そもそも本作は、かの米国製真珠湾攻撃映画『TORA!TORA!TORA!』（1970：日本語タイトルは『トラ・トラ・トラ！』）に対抗して作られたものである。ご存知のとおり、あちらは東宝から完全独立した黒澤（当時は黒沢）プロダクションと20世紀フォックスによる日米合作映画としてスタート。日米双方の視点から、真珠湾攻撃の真実の姿をあぶりだそうという壮大な企画であった。そして、日本側のほうが〝名将〟山本五十六を中心とした物語となっていたことに対し、これを快く思わなかった東宝サイドが、なかば報復的に本作を企画、東宝の意地と誇りをかけて製作に踏み切ったというのが、本作誕生にまつわる定説となっている。

東宝にはあちらが完成する前に作って公開してしまえ、という〈便乗〉的な思惑もあったのかもしれないが、先方では例の〈黒澤解任事件〉が発生、撮影は大幅に遅延し、公開も昭和45年の9月に繰り延べとなる。結局、こちらの便乗映画は〈本家〉の二年も前に公開され、ある程度のヒットを記録するという結果になった。そして本作は、〝8・15シリーズ〟と銘打たれるようになった最初の東宝戦争映画でもある※2。

ちなみに、「出来た映画に影響があっては一大事」と心配していた『トラ・トラ・トラ！』のプロデューサー、エルモ・ウイリアムズが本作を見ての感想は、「怖るに足らず」だったとのことだが、実際こちらも日本では大

※1 筆者の実家が株主を務める山形宝塚劇場では、何故か本来なら6月23日封切の『斬る』と8月14日封切の本作が同時上映されていた。本来なら谷啓主演の『空想天国』（監督：松森健）が併映作だったはずだが、これは物凄いカップリングで、二本見るとお腹が一杯になったものだ。

※2 第一弾とされるのは、岡本喜八が監督し、三船が阿南陸相を熱演した『日本のいちばん長い日』（昭42）だが、その時点でこのシリーズ名はついていなかった。

ヒットを記録。結果として、双方にとって何の不利益も、影響もなかったことになる。

本作の名場面と言えば、誰が何とおっしゃろうと、筆者はラストの山本長官機撃墜のシークエンスを挙げる。自ら死地に赴くかのごとき悲劇的展開と、見事としか言いようのない円谷特撮、そしてそこに佐藤勝による悲壮で流麗な音楽と仲代達矢の重厚なナレーションが重なり、ここはまさに屈指の名ラストシーンとなっている。

これも、三船のそれまでのキャリアが凝縮したような〈物言わぬ演技〉の荘厳さがあってこそ。ロッキードP－38による執拗な銃撃を受け、煙と火を噴きながら次第に降下していく一式陸攻。すると機内で、山本長官は、刀を手に握りながら死んでいる。まるで何かを睨みつけているかのように——。この静かなる力演とでも言うべき三船の死に様に、深く胸打たれた中学生の筆者は、一人黙々と頭《こうべ》を垂れて劇場を後にしたことを、今でも昨日のことのように思い出す。

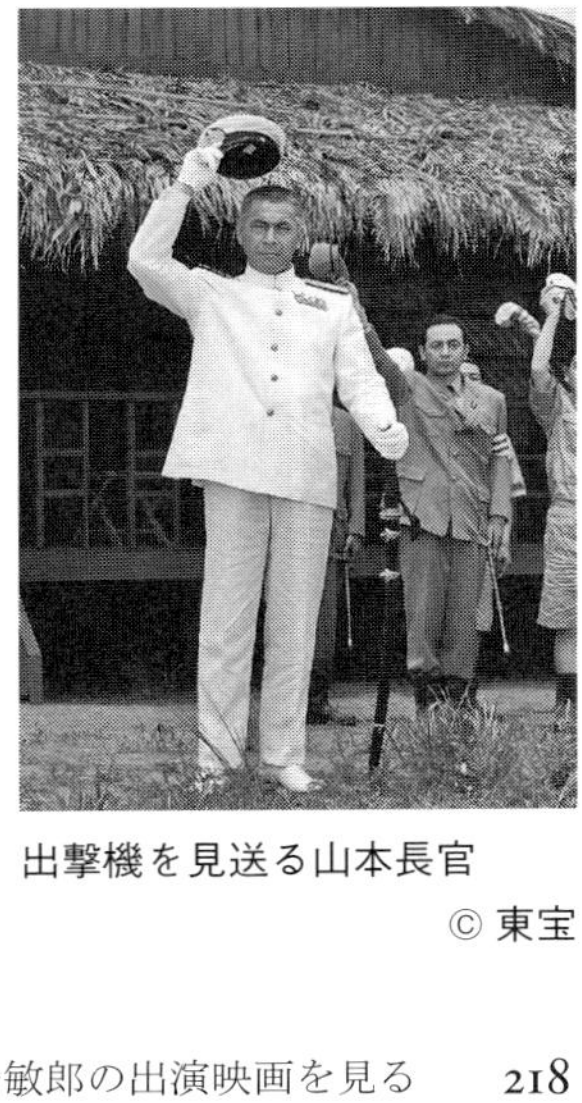
出撃機を見送る山本長官
© 東宝

長官機がジャングルに墜落するのを待っていたかのように流れ出すのは、まさに「山本五十六・愛のテーマ」とでも言うべき哀愁感・悲壮感たっぷりの佐藤勝メロディー。どことなくドヴォルザークの「家路」を思わせる叙情的な節回しとアレンジは、戦争映画の音楽とはとても思えず、サウンドトラック盤が発売されなかったのが不思議なくらいであった。

演技者として最も充実している頃の三船が演じたためか、映画ではかなり立派な人格者として描かれているが、山本五十六ご本人は、実際はもう少し飄々としたユーモア豊かな人物であったようだ。本作には、生まれ故郷の長岡の宴席で民謡「佐渡おけさ」を歌うシーンがあるが、前述のとおり、三船にとってこれはなかなかに珍しいことであった。それでも、口を真一文字に結び、自ら死地へと向かう三船・山本五十六は、中学生の筆者にとっては、まさに尊敬すべきスーパー・ヒーローそのもの。まさに「男は黙って――」を地でいくこの撃墜シーンは、何度劇場に通っても熱い思いで胸がいっぱいになったものである。

この直前、山本長官が最前線視察を決意する場面がある。ここで山本は冒頭の船頭・辰巳柳太郎の息子（役名は白井一水：小柳徹※3）と出会う。タイミングとしても絶妙で、これは実に見事な展開＝脚本である。ここからは、あの時の（戦争がなかった頃に会った）船頭の息子も否応なしに戦場に赴かざるを得ない時期が来てしまった、という悲劇的運命と諦念が感じ取られる仕組みだ。

従兵（役名は近江三曹：小鹿敦）との軍服の色に関するやり取りも、好ましくも哀しいエピソードである。従兵がせっかく〈死に装束〉のような白の軍服を着用するのをやめさせたにもかかわらず、結果的に山本は運命の視察へと向かっていく。

その視察の護衛を引き受ける戦闘機隊は江原達怡と、以前岩国航空隊で出会っていた戦闘機乗りの若者らで、ここでの彼らとの交流シーンにもしみじみとさせられる。とにかく本作は、山本の人間性・悲劇性を際立たせる脚本（須崎勝弥と丸山誠治による）の巧みさが光っている。

※3　小柳徹は、NHKの連続ドラマ「ホームラン教室」（昭34～38）でその顔と名を売った子役俳優。東宝映画には、やはり三船敏郎が〈不動明王〉役で出演した『ゲンと不動明王』（昭36／監督：稲垣浩）の主人公・ゲン役で出演。その後も、加山雄三主演による戦争映画『ゼロファイター 大空戦』（昭41／監督：森谷司郎）や、夏木陽介主演の青春学園ドラマ「青春とはなんだ」（日本テレビ系）の映画版第二弾『でっかい太陽』（昭42／監督：松森健）などでその顔が見られた。お茶の間では、TBSテレビの若者向け音楽番組「ヤング720」（昭41～46）での司会（昭和43年以降、亡くなるまで）もこなしていたが、本作出演後の昭和44年3月、第三京浜で起こした交通事故により、短い生涯を終えた。

本作は、特撮の素晴らしさにも触れておかねばなるまい。連合艦隊が登場する最初の特撮シーンから、筆者は燃えに燃えた。当時は、特撮だけで一億円を投じたとの報もなされたように記憶する※4。鹿児島湾での雷撃訓練も実に迫力があった。ここで〝雷撃の神様〟伊集院大尉（加山雄三）が登場。人気者だけに、加山には若手俳優の中では最も重い役が振られている。

真珠湾攻撃のシーンは、東宝戦争映画ではこれが三度目か四度目になるだろうか、『ハワイ・ミッドウェイ大海空戦 太平洋の嵐』（昭35／監督：松林宗恵）からの流用がほとんどだが、ここは円谷英二の〈十八番〉と言ってもよい出来栄えである※5。特に、今作での山間を抜けて樹木すれすれに飛行する編隊の図は、本当に見事の一語！ ここはなんと、飛行機を操るのではなく、山自体を動かして撮ったのだという。

ミッドウェイの連合艦隊空母の炎上場面も『太平洋の嵐』からの引用だが、これは何と、あの『トラ・トラ・トラ！』でも使用されたいわくつきのショットである。そして上空の偵察機から捉えた米空母艦隊のその姿は、その海面が実は〈寒天〉で作られていると知った時には、なるほどその手があったかと大いに納得。この場面は、まったくもって実写にしか見えない。それに、田村亮扮する三上中尉が戦死する場面での夕焼け空の美しさと言ったら――、これも筆舌に尽くしがたいものがあった。

ちなみに、当時の子供たちは、皆軍艦や飛行機好きであったから、きちんと艦名がテロップで紹介されるこの映画は、今風に言えば〈お役たち度〉満点。戦艦長門をはじめ、金剛や榛名まで見られる本作には、子供たちは大満足であったろう。

こういう〈戦争もの〉に付き物なのが、銃後を守る女性たちである。本作では司葉子と酒井和歌子がその役割を担っているが、『めぐりあい』（昭43／監督：恩地日出夫）で恋人役だった黒沢年男がワコちゃんの相手役（役名は木村大尉）を務めている。こうした〈運命に引き裂かれる男女〉役は、さしずめ平成の今なら、松山ケンイチと蒼井優に決まりである。実際、『男たちの大和』（平17／監督：佐藤純弥）では、この二人がこの役目を果たしていた。

本作公開から二年後、高校生になってから、舛田利雄と深作欣二が日本側の監督を請け負った『トラ・トラ・トラ！』（1970／米側監督：リチャード・フライシャー）を見た筆者だが、この時は本当に驚いた。何ゆえかと言えば、我が連合艦隊の艦船を除いては特撮をほとんど使わず、圧倒的な物量とスケールで「パールハーバー奇襲作戦」を描いたこの米映画と東宝特撮映画である本作が、山本の人間性や考え方に関する描写や台詞にほとんど違いはなく、さらには、両作品ともまるで打合せでもしたかのように、アメリカの工業力＝国力を身をもって体験・理解し――確か本作では、煙突の数の違いを例に挙げていた――、これからは空（航空機）の時代だと悟っていた日本海軍の軍人が、自分の考えとは正反対の方向、すなわち意に反して日米開戦へと進まざるを得なかった〈悲劇の人〉として描かれているという、その類似性からである。この一致は、両作品とも黒澤と小国英雄、菊島隆三が書いた脚本を元に作られたものであるからに他ならず、心ならずも黒澤は、他者の手によって二つの〈山本五十六映画〉を世に送り出したことになる。

本作で描かれる、一方的に陸軍を悪者扱いしたかのような開戦の経緯には、反発や異論を唱える向きもあるようだが、本作や『トラ・トラ・トラ！』での山本五十六像は、平成二十三年になって東映で作られた、同タイトルの役所広司主演・成島出監督版（「連合艦隊」が「聯合艦隊」と漢字が違うのと、「太平洋戦争70年目の真実」のサブ

※4 この映画のために作られた軍艦は百五十六隻。戦艦大和など6～7メートル級の連合艦隊に、11メートルの赤城、それに13メートルのヨークタウン（クライスラー製のエンジンが搭載され、自走できる）といった大型ミニチュアにより、リアルな画面が作られた。さらに、製作されたミニチュアの飛行機は約千機。実物大の零戦五機も作られ、空中戦関係だけで二千五百万円の予算が投じられたという（公開当時のパンフレットより）。
※5 『ハワイ・マレー沖海戦』（昭17）の時は、アメリカ側に実写フィルムと間違われたというエピソードも残っている。

タイトルが付く〉にもまったく同じように引き継がれている。

黒澤明降板後の『トラ・トラ・トラ!』日本側パートの製作・出演に、自ら名乗りを上げたほどの三船敏郎であったから、この〝悲劇のヒーロー〟役にはかなりの積極性をもって取り組んだものと思われる。三船にとって山本五十六役は、その後、二度も演ずる〈はまり役〉となったばかりか、映画としてもご自身の晩年のお気に入りの一本となる。したがって本作は、『赤ひげ』(昭40)以降、二度と出演が叶わなかった〝黒澤映画〟に――間接的にではあるが――、三船が再び関わりをもつことができた、ある意味〈幸福な作品〉と言うこともできよう。

【はみだしエピソード】

前述のとおり、『トラ・トラ・トラ!』の黒澤解任劇のあと、エルモ・ウイリアムズから山本五十六役をオファーされたのは、当の三船敏郎であった。本作で山本を演じたばかりの三船は、製作もすべて三船プロに任せてくれれば、と主張したそうだが、結局そうはならず、山村聰に落ち着いたのはご承知のとおりである※6。

これも『トラ・トラ・トラ!』にまつわる話。実際、降板した黒澤に代わって日本側の演出を担う監督は、なかなか現れなかったという。第二班監督だった佐藤純弥が降り、小林正樹もオファーを蹴り、その後も多くの監督が候補に挙がったが、黒澤に遠慮したのか、結局この難しい立場を引き受けたのは、日活の舛田利雄と東映の深作欣二の二人であった。深作が引き受けた理由が、「報酬が桁外れによかったため」という逸話からは、彼が東映に干されていた時期であったことが窺われる。深作はここで得たギャラで、結城昌治の直木賞受賞作『軍旗はためく下に』の原作権を買い取り、自ら新星映画社という独立プロに持ち込んで映画化を果たす。その後は東映で〈実録ヤクザ路線〉をひた走っていく深作だが、この話を聞いたときには、戦争というものに真摯に向き合ったこの原作に賭ける情熱が伝わってきて、正直、深作という監督を見直したものである。この異色の戦争映画は、昭和四十七年、東宝系劇場にて全国公開され、筆者もその内容の凄まじさと映画の組み立て方に大きな衝撃を受けた一人である※7。

本作における特撮のミスをひとつ指摘しておこう。長官機である一式陸攻を撃墜するのは、ガダルカナル基地から飛来したロッキードP－38の編隊十六機、そして、これを迎撃するのが〝ゼロ戦〟こと零式艦上戦闘機六機、であるはずだが、何故かその中に一瞬だけだが紫電改の機体が写り込んでいるのだ。これも多くの東宝戦争映画（『太平洋の翼』も混じる）のフィルムの流用から生じたミス――というより誤算?――であったわけだが、ラスト・シーンの感動が大きかっただけに、これは大変残念なことであった。

このシーンでの三船は、座席に座り、軍刀を抱いたまま、まったく身動きしない。ひょっとして無事だったか、と期待はしたものの、残念ながら歴史は変えられようもなく、P－38からの銃撃を受け、果てていることが判る。そして、長官の後ろの座席につき、やはり銃撃により死んでいる将校こそ、東宝の専属俳優の中でも屈指（?）の〝脇役スター〟、勝部義夫その人であった（215頁写真右側が勝部である）。

勝部は、東宝映画ならすべて出演しているのではないかと思うほど、東宝のスクリーンではしょっちゅう目にする〝仕出し俳優〟※8だったが、フィルムにクレジットされることはほとんどなかった。しかしながら、本作にはその名がしっかりと刻まれており、ご本人もさぞかし嬉しかったのではないか。

※6 このあたりの経緯は、田草川弘が著した「黒澤明 vs. ハリウッド〈トラ・トラ・トラ!〉その謎のすべて」（文藝春秋、2006年）に詳しい。
※7 『軍旗はためく下に』を見た時の衝撃は、翌年の『仁義なき戦い』（昭48）のとき以上で、カラーとモノクロの画面が交錯する過去の戦場シーンは、筆者の脳裏にしっかりと刻みつけられた。〈反戦映画〉とは、まさにこの映画を指して言う言葉である。
※8 〝仕出し〟とは、通行人とかキャバレーのバーテンとか、役名もないような役柄を専門に演ずる俳優のことで、他社では〝大部屋〟という呼び方もされる。東宝では専属俳優のランク付けがなされていて、三船など主役を張る俳優は「Aホーム」、その日の朝に出演作品を割り振られる勝部のような〝仕出し〟は「Bホーム」に所属していた。その中にもさらにランク付けがあったことは、前掲『成城映画散歩』に詳述した。

【三船本人による発言】

戦争はいけないが、規律正しい軍人精神には学ぶものがある。

（千鳥ヶ淵戦没者墓地の無名戦士の墓を参拝した時のコメント：公開当時のパンフレットより）

【主演作篇】まとめ

筆者の〈独断と偏見〉で選出した「主演作篇」は、お楽しみいただけただろうか？

本書からあえて除外した黒澤作品であるが、この中には黒澤が脚本を担った作品が三本も入っているので、黒澤と三船の関係は、監督作だけではないことがよくお分かりいただけたに違いない。だいいち、三船が主演した『山本五十六』という映画は、黒澤が撮ろうとした『トラ・トラ・トラ！』の生まれ変わり＝変奏曲のような作品である。三船が黒澤監督に寄せた尊敬と信頼の念は、三船が自身のプロダクションの事務所の中に黒澤プロ用の部屋を作ったことでも、十分窺い知ることができる。

また、結果的として、黒澤と並び立つ、もう一人の〝巨匠〟稲垣浩監督の作品が四本も入ることとなった。これは、いかに三船が、黒澤と稲垣の両監督の作品に交互に主演していたかの証しである。本章で記したとおり、稲垣作品における三船の、豪快かつセンチメンタルな魅力もまた、多感な少年時代の筆者には格別なものがあった。

他には、谷口千吉監督と岡本喜八監督の作品が三本ずつ、森一生、杉江敏男、小林正樹、それに丸山誠治の監督作が一本ずつ、というセレクトになっている。谷口と黒澤の関係の深さについては本章でも記しているが、初期の谷口作品は黒澤映画にも負けぬ、ワイルドかつ繊細な魅力を放っていた。三船と両監督との因縁の深さも、十分お分かりいただけたことと思う。岡本喜八と三船の相性の良さ・信頼関係の深さは、若き日に共にした現場での苦労と共同生活によるものであろうが、これについては「助演作篇」で改めて述べさせていただきたい。

成城の隣町・砧に居を構えた丸山誠治は、助演作篇に入れた志村喬主演の『男ありて』（昭30）という野球映画と、三船は出演していないが、下町の若い男女が織り成す青春模様を描いた『二人だけの橋』（昭33）という忘れ難い名作を生み出した〝プログラム・ピクチャーの名手〟である。晩年の三船とは、『太平洋奇跡の作戦 キスカ』（昭40）の他、いくつかの抒情性と人間味溢れる戦争映画で良い仕事を成したことでも知られる。

東宝のプログラム・ピクチャーなら何でも担った監督が杉江敏男である。〝三人娘〟映画から、〝三等重役〟、〝お姐ちゃん〟、〝若大将〟、〝社長〟、〝駅前〟、〝国際秘密警察〟、〝落語野郎〟からクレージー映画まで、シリーズものならなんでもござれ。自ら企画を提出したことなど皆無と思われる、いわゆる職人監督＝御用監督である。あえて代表作を一本挙げるなら、やはりサスペンスフルな密室劇の傑作『三十六人の乗客』（昭32）であろうか。三船とは『天下泰平』（昭30）前後篇など、意外にも八本もの作品でコンビを組んでいる。

森一生は大映、小林正樹は松竹でそれぞれ素晴らしい仕事を成した監督である。東宝での森の監督作は、三船が主演した『荒木又右衛門 決闘鍵屋の辻』（昭27）のみ。『座頭市御用旅』（昭47）は、勝プロ製作で東宝は配給しただけの作品であった。小林は『上意討ち 拝領妻始末』（昭42）の他にも、『怪談』（昭40／にんじんぷろ製作）や『日本の青春』（昭43／東京映画製作）、『いのちぼうにふろう』（昭46／俳優座映画放送提携）、『化石』（昭50）などの大作・異色作を東宝のスクリーンで発表している。三船とは、相性が合わなかったからか、当初監督を予定されていた『日本のいちばん長い日』を降板以降、再びコンビを組むことはなかった。

続いては、三船敏郎が助演に回った作品で、筆者がお奨めの10本を挙げて、さらに演技者・ミフネの真骨頂を探っていこうと思う。自分で読み返してみると、なんだかこちらの方が筆の滑りが滑らかのような感じもしてくる。どうぞ、トリビア話満載の「脚注」や「はみ出しエピソード」と併せて、お楽しみいただきたい。

第2章

三船敏郎、この10本
【助演作篇】

1.『石中先生行状記』

（昭和25年：新東宝）

（三船プロ提供）

昭和25年1月22日封切　監督：成瀬巳喜男　脚本：八木隆一郎　原作：石坂洋次郎
出演：宮田重雄、渡辺 篤、池部 良、杉 葉子、藤原釜足、若山セツ子、中北千枝子、柳谷 寛、三船敏郎　※未 DVD 化

【三船の役柄】

馬車を引く農夫・長沢定作（第三話に登場）。

前年の『青い山脈』（昭25／監督：今井正）の大ヒットを受け、石坂洋次郎の原作小説を再度映画化しようと目論んだ藤本眞澄プロデューサー。こちらは、藤本プロダクションと新東宝が組んで作った〈共同製作〉作品で、監督は成瀬巳喜男が務めている。

本作は、三話形式からなる、いわゆるオムニバス映画で、石坂本人と思われる小説家が主人公となって物語が進められる。当初、藤本は、石中先生役を石坂本人にオファーをかけていたそうだが、石坂は固く辞退。結果として、洋画家兼医学者にて原作（「小説新潮」掲載）の挿絵も担当していた宮田重雄がこの役を務めることとなる。この宮田先生、なかなかいい味を出しまくりだが、この役はあくまで〈狂言回し〉に過ぎず、主役は三話ともそれぞれ異なっている。

そもそも石坂は青森県弘前市の出身。弘前高等女学校に教員として勤務していた経験から、こういう小説が書かれたと推察されるが、エピソード自体はどれもたわいもない話ばかり。特に第一話目は、石中先生がただのホラ話に付き合わされる話で面白くもなんともなく、時間も短い。第二話目が『青い山脈』の池部良・杉葉子コンビが活躍する溌剌とした青春喜劇で、当時流行ったのだろうか「エロ・レビュー」なる風俗描写に加え、それを観に行く親たちへの嫌悪感が描かれ、これはなかなかに興味深い話であった※1。清潔感溢れる杉は、いかにも東宝の女優らしくて実に微笑ましく、池部の少年のような〈固い〉演技もいつもどおり。ここでは、弘前のねぶた祭りの原型のようなものも見ることができる。

本作、ここまではなんと言うこともない平凡作で、事実、世評も高くない。石坂のユーモア風味と、成瀬の〈しんねりむっつり〉とした作風がマッチせず、成瀬が戦後陥ったスランプからいまだ抜け出せない〈失敗作〉とも評

※1　この二話の両方に出てくるのは石中先生以外では、中村金一郎役に扮する渡辺篤のみ。浅草オペラ出身で、すっ呆けた雰囲気が晩年まで変わらなかった俳優である。我々には、『どん底』、『用心棒』から『どですかでん』までの黒澤映画で馴染みが深い。

価されている。しかし本作、実はここからの第三話目が素晴らしいのだ。我が三船敏郎は、このパートに登場。これだけでも本作を見る価値は充分にある、と断言しておきたい。

我が国の映画や小説では、とかく農家の暗さ・陰湿さばかりが強調されがちである。ところが、これは見た人の誰もが幸せな気分に浸れ、「農業も悪いものじゃない」と心から思える一編となり得ている。十九歳で適齢期（この頃はそうだったのだ！）の若山セツ子の百姓娘は、とにかく朗らかでよく笑う女の子。愛くるしい笑顔に思わずこちらの頬も緩んでしまう※2。そんな彼女が間違えて別の荷車に乗り込み、うたた寝をしている間に、別の部落の農家へと運ばれていく――。

そして、その農家の長男こそ、こんな役をやってよいのかと思うほどイメージの違う三船敏郎なのだ。この農夫、無口でシャイ、おまけにドモリがちだが、仕事はしっかりとやり、弟の面倒もよく見る男と設定されている。この独身男と若山の少女が偶然の出会いを経て、お互いに好感を持ち始める、というシチュエーションがまず微笑ましい。

本作の三船は、見ているだけでとにかく可笑しい。こんなに笑えるとは思ってもいなかっただけに、逆に可笑しくて仕様がない。三船はここで、コメディもこなせる俳優であることを見事に証明したといってよい。成瀬の演出も、風呂上りの髪型や表情にお茶目さを強調。筆者が見た劇場※3は爆笑の渦に包まれていた。

三船扮するこの青年、〃男は黙って〃とばかりにほとんど言葉は発さないが、若山に「何か喋れ」と促されて、とんでもないことをする。とんでもないこととはいったい何？　そう、なんと三船はここで、いきなり『青い山脈』の主題歌を歌い出すという挙に出るのだ。あの三船が、である！　こんな愉快で軽やかな三船敏郎は、他の映

三船敏郎使用の台本（三船プロ提供）

画では絶対に見られないこと請け合い!! このシーンでは、歌とバックグラウンド・ミュージックがからみ合い、調和し、まさに音楽が〈掛け算〉をしている。この音楽テクニックを、のちに大林宣彦監督が自作で多用することは、大林映画をお好きな方ならよくご存知であろう。

本作では、他にも〈楽屋落ち的〉サービスが用意されている。若山が映画館に入るシーンでは、その小屋で『続・青い山脈』（昭24／監督：今井正）を上映していて、若山が〈自らの出演シーンを別の出演者の立場で見る〉という、なんとも愉快な〈お遊び〉が見られる。これぞ〝セルフ・パロディ〟の極みであり、当時の成瀬は、まだこういったジョークを受け入れ、喜劇調の演出も唯々諾々と採り入れる感覚と余裕を有していたのである。

他の出演者では、藤本と並ぶ東宝の大プロデューサー・田中友幸と結婚した中北千枝子が若山の姉を演じ、さらには飯田蝶子が三船の母親で、気のいい農家のおかみさん役を好演している。中北は、三船の出世作『酔いどれ天使』（昭23／監督：黒澤明）で、街の顔役・岡田（山本礼三郎）のかつての妻で、今は〝酔いどれ医師〟の真田（志村喬）のもとで働く女・美代を演じており、その後も、三船とは『静かなる決闘』（昭24／大映）で共演している※4。

こうしてみると、飯田は、随分と前から〝若大将のおばあちゃん〟みたいな人だったし、中北も〝ニッセイのおばちゃん〟※5になる前から、人の好い小母さん役が似合う女優だったことが分かる。本作は、昭和25年以降、ほ

※2 若山は、『銀嶺の果て』（昭22）で出会った谷口千吉監督と昭和24年に結婚。ところが、谷口が『乱菊物語』（昭31）で使った八千草薫と親しい関係になったことから、その年、昭和31年に谷口とは離婚している。
※3 筆者は本作を、平成20年9月24日に池袋の「新文芸坐」で見ている。
※4 三船と中北の共演作は、他にも稲垣浩の『無法松の一生』（昭33）や『大阪城物語』（昭36／監督）などがあるが、本格的な共演ではなかった。

とんどの作品で脇役に起用されることとなる中北が、初めて出演した成瀬映画でもある。

とにかくこのオムニバス映画の小品は、どうということもない日常を淡々と描いているのは前述のとおりだが、この第三話があるお陰で、全体として素晴らしい人間賛歌となり得ている。ここは、若山の天真爛漫な笑顔と、三船のお茶目さに乾杯！　である。

なお、この原作は何度か映画化されたが、東宝では昭和41年に丸山誠治監督によりリメイク。このときは、宝田明が石中先生を演じている。また、本作には正統的続篇も存在し、その名も『戦後派お化け大会』（昭26／監督：佐伯清）という。なんともすごいタイトルだが、これは、東北の小さな町で演劇公演を計画する〝戦後派〟の青年たちが、費用を捻出するため、夏祭りの「お化け屋敷」でアルバイトをする、という内容からきている。この続篇、やはり藤本プロダクション※6の作品で、宮田重雄が引き続き石中先生役で出てくるほか、池部良や三船敏郎、杉葉子といった本作と同じキャストに加え、小林桂樹も登場する。

【はみだしエピソード】

松竹首脳陣、おそらくは城戸四郎が「松竹に小津は二人はいらない」などと発言したことで、東宝（当時はP・C・L）への移籍を決意したと言われる成瀬巳喜男。このエピソードはいまや通説となっているが、真偽の程は定かではないようだ。しかし、成瀬のP・C・Lへの移籍は、いずれにしても昭和9年のことであった。成瀬を東宝に招いたのは藤本眞澄。これも、青年時代から続いていた友情があったからこそのことと聞く。成瀬はやがて、まるでこの恩に報いるかのように、東宝で良心的作品を量産、映画撮影のお手本を示すがごときの〈早撮り〉により、予算・日程は絶対にオーバーしないという信条を守り続けることになる。

小津は最後まで、自ら例えた〝豆腐屋〟であり続け、せいぜい〈焼き豆腐〉か〈がんもどき〉くらいの変調作品しか作れなかった（作らなかった？）が、どうしてこちらの豆腐屋さんは、けっこういろいろなタイプの映画を撮り続ける。どちらがエライかは、一概に言えるものではないが、果たして……？

本作でもひたすら元気で愛らしかった若山セツ子は、昭和60年、病を気にやみ、自死を遂げる。女優としては、不幸なラスト・シーンを選んでしまった、としか言いようがない。あんなに天真爛漫な笑顔を見せてくれていたのに……。

ところで、当時の公開版では、本編で成立した三組のカップルが再登場するエピローグが付いていたという話を聞いたことがある。三組が、当該映画の試写会で石中先生と再会する設定となっていたそうだが、これもなんとも愉快な〈お遊び〉である。そういえば、劇中、「この話を小説に使ってよいか」云々との台詞もあった。かくして、この画期的な〈おまけ〉シーンは、脚注※6に記したとおり、新東宝の小屋で「三部」別々に公開しているうちに、いつの間にか無くなってしまう。これは、この〈おまけ〉が将来物凄い財産になろうとは、誰も意識していなかったということであり、日本映画のフィルムに対する意識の低さを象徴した出来事と言ってよいだろう。

本作の公開にかかわるもうひとつの証言がある。新東宝が経済的理由から本作を一話ずつ別々に公開した際、これを監督である成瀬に断るのを忘れていた藤本は、公開後、飲み屋で三度も成瀬に頭を下げることとなる。ここで、しつこくグダグダ文句を垂れる成瀬にブチ切れた藤本は、「表に出ろ！」と成瀬を一喝。もちろん喧嘩は、そ

※5　昭和44年から日本生命のテレビCMに出演した中北千枝子は、長くこの呼び名で親しまれた。小林亜星が作曲し、デュークエイセスが歌った「ニッセイのおばちゃんの歌」（正式タイトルは「モクセイの花」）まであって、中北と言えば生命保険の営業員のイメージが定着。都はるみがマドンナを務めた『男はつらいよ 旅と女と寅次郎』（昭58／監督：山田洋次）には、このキャラそのままの保険屋役で登場する。

※6　藤本プロダクションは、藤本眞澄が東宝に招かれたことで昭和32年には解散となる。また、この年、昭和25年4月に東宝と別れて独立、危機的経営状態に陥った新東宝は、本作を三つのエピソード（第1部「隠退蔵物資の巻」、第2部「仲たがいの巻」、第3部「干草ぐるまの巻」）に分けて上映するという姑息な手段をとったとのことだ。

の場で収束したとのことだが、なんとも成瀬らしい話である。この話は、藤本の相棒であった金子正且プロデューサーと鈴村たけしによる著『その場所に映画ありて プロデューサー金子正且の仕事』（ワイズ出版、2004年）に詳しいので、ご参考まで。

【三船本人による発言】

『新馬鹿時代』や『石中先生行状記』は出番が少ないので、印象があまり濃くない。（中略）僕は戦後の俳優だ。東宝が新東宝と分裂した時に東宝に残り、東宝自主でも作品はできることを証明するために、起用してもらったわけだ。（中略）要するに僕は人間的でありたい。酒を飲むのは悪いと思うが、目がさめたとき、まぶしがらずに〈おてんと様〉が見られるようになりたいと思っている。俳優を何か特別な職業、特別な人種のように考えられることは辛い。そして、性分として陰の方で、冷たい批判を云われることは、それだけ心を使わせられるので、それがつらい。肉体的には、かなり辛いことがあっても僕は健康だから、その時は辛くても何ともない。スタッフもみんな辛いのである。精神的な苦労を、僕は肉体程に堪える力をもっていない。

（原文ママ：前掲『百万人の映画知識』に掲載された、本作撮影直後のエッセイ「『銀嶺の果て』から『野良犬』までを語る」より）

※筆者注：後年の三船敏郎の俳優としての生き方を見れば、ここでの発言は大変興味深いものがある。なお、本書の発行年月日は不明だが、昭和24年末の発行と推測される。

2.『東京の恋人』（昭和27年：東宝）

© 東宝

昭和27年7月15日封切　監督：千葉泰樹　脚本：井手俊郎・吉田二三夫　製作：熊谷久虎・藤本眞澄　出演：原 節子、三船敏郎、杉 葉子、藤間 紫、柳谷 寛、岡村文子、清川虹子、森繁久彌　※未DVD化

【三船の役柄】

宝石ブローカーの黒川という男。イミテーションを扱うのを専門としている。原節子のお相手役を無骨かつ無難に務め、劇中、「荒城の月」を歌うシーンもある。

千葉泰樹作品にしては、珍しくライト感覚を持ったハート・ウォーミング・コメディ。東宝らしからぬ〈下町人情もの〉でもある。コメディー・タッチで演出された部分など、〝やり過ぎ〟と言っても差し支えないほどノリが軽い。これに対し、〈人情〉部分を原節子と三船敏郎といった重々しい（?）俳優たちが演じることで、かえって軽やかさが増すというマジックが起きているのが面白い。ちなみに、三船敏郎と森繁久彌の共演は、本作が『海賊船』（昭26／監督：稲垣浩）※1に次いで二度目となる。

物語の肝となる事件は、三船扮する宝石ブローカーがらみで発生する、本物の宝石と偽物の取り違え騒動で、本作がフランク・キャプラに代表されるスクリューボール・コメディに影響されているのは間違いない。もっとも、ヒロインの原節子とそのお相手となる三船が恋に落ちる、という展開はないが――。

千葉泰樹はいまだフリーで映画を撮っていた頃で、東宝専属となるのは昭和31年のこと。製作には、源氏鶏太原作による一連のサラリーマンもの※2を手がけて成功した藤本眞澄に加えて、原節子の義兄に当たる熊谷久虎※3が名を連ねている。

物語の舞台は銀座界隈。主人公は、江東区の共同アパートに住む原田ユキ（原節子）という名の似顔絵描きである。ユキの仲間の〈靴磨き〉三人組は、今朝も「俺たち街の三銃士」なる自分たちのテーマソングを歌いながら、彼女をアパートまで迎えに行く。正《ショー》太郎（小泉博）、忠《チュー》吉（増渕一夫）、大《ダイ》助（井上大助）※4の〝ダイ・チュー・ショー・トリオ〟は、銀座の並木ビル前の舗道で〈靴磨き〉の店を構えているのだ。

彼らと同じ都電に乗り合わせた黒川（三船敏郎）は、小銭の持ち合わせがなく、ユキに電車賃を立て替えてもらう。ぱりっとしたスーツを着こなし、立派な紳士に見える黒川。実は、並木ビルの隣にある「宝山堂」なる宝石店に、ダイヤのイミテーション（偽物）を収めにきた〈宝石ブローカー〉なのだ。お金を返したついでに、街頭に立つユキに似顔絵を描いてもらった黒川は、大助に靴磨きを頼む。これぞ日本がまだ貧しかった時代の光景である。

次に登場するのが、並木ビルに事務所を構える赤澤なる人物。一見して嫌味な男だが、実は憎めないところもある小心者＝小悪党で、これを森繁久彌が軽妙に演じている。『三等重役』（昭27／監督：春原政久）の小ずるい人事課長役——これも軽薄そのもの！——でブレイクしたばかりで、プロデューサーの藤本眞澄がこの役に森繁をキャスティングしたのも当然のことであったろう。

街娼のハルミ（杉葉子）からも「嫌な奴」と言われている赤澤は、ベアリング・メーカー「赤澤工業」を経営していて、小料理屋「お多福」の女将・小夏（藤間紫）※5と愛人関係にある。二人で宝山堂のショーウィンドウのダイヤモンド（これがなんと五十万円！）を眺めていると、小夏はこの偽物があるのに目をつける。会社に赤澤の妻・鶴子（清川虹子）から電話がかかってくると、これをうまく利用した小夏は、赤澤からダイヤのプレゼントの確約を得る。このダイヤの本物と偽物を店主夫婦（十朱久雄と沢村貞子）が取り違えたことが、やがて大騒動へと発展していくことにな

原節子とのツーショット © 東宝

※1 森繁はここで、〝支那海の虎〟と呼ばれる三船率いる海賊船の船員役を演じる。次なる共演作は、昭和35年から36年にかけて公開された〝社長〟シリーズ版「忠臣蔵」の『サラリーマン忠臣蔵』正続篇（監督：杉江敏男）となる。

※2 東宝では、源氏鶏太のサラリーマン小説を原作とした映画が、小林桂樹を主人公とした『ホープさん』（昭26／監督：山本嘉次郎）に『ラッキーさん』（昭27／監督：市川崑）、そして森繁と小林が活躍する『三等重役』と連作され、すべて藤本眞澄が製作している。

※3 国粋主義者として知られる原節子の義兄・熊谷久虎は、本作の共同製作者の藤本眞澄とともに原との関係が疑われた男性の一人。

※4 井上大助は、藤本眞澄に可愛がられた俳優で、石坂洋次郎原作・千葉泰樹監督による藤本プロ作品『山のかなたに』（昭25）でデビュー。その役名を芸名としたばかりでなく、しばらくは役名も「大助」で通す。さらに、その後の源氏鶏太原作のサラリーマンもの『ホープさん』、『ラッキーさん』（昭26）では、すべて「給仕・大助」として登場する。その後は、役名もつかないような端役ばかりの俳優生活を送り、昭和52年にわずか四十二歳で病死。『紙芝居昭和史 黄金バットがやって来る』（昭47／監督：石田勝心）が遺作となった。

※5 藤間紫と言えば、この時代に演じたのはほぼ芸者。岡田茉莉子は芸者・小夏役（昭和29年の『芸者小夏』）など、芸者役ばかり演じさせられるのが嫌で東宝を辞めてしまうが、藤間のほうは黙々と——と言っても台詞は喋るが——これをこなし、市川猿之助の妻の座にまでのし上がることになる。

る——。

不規則な生活を送っているからか、体を壊している（結核か？）ハルミは、街で具合が悪くなったところを黒川に助けられ、アパートに運ばれる。するとそのアパートにはユキが住んでいて、黒川は彼女と再会を果たす。「皆、生きていかねばならない……」とのユキの言葉が、黒川には——現在の我々観客にも——重々しく響く。

ダイヤのほうは、店主の妻の勘違いにより本物が愛人の小夏に、偽物が妻の鶴子に渡っている。鶴子が会社に乗り込んできて、赤澤の浮気と偽ダイヤの存在がバレる。結局、小夏が持っている偽ダイヤ——実は本物——は、赤澤の会社で給仕を務めるタマ子（高山スズ子）にでもくれてやれ、ということになる。

黒川がいったい何者なのか分からなかったユキたちだが、靴磨きの三人組がヤクザ（広瀬正一、堺左千夫、中山豊ら）に絡まれているところを黒川に助けられたことから、ようやくその身元を知る。ハルミの看病のお礼にと、山の手にある——驚いたことに昭和27年になっているにもかかわらず、焼け跡だらけの——黒川の自宅を訪ねるユキたち。黒川は、父親が宝石商だったことから自分も宝石ブローカーになったと自己紹介、「荒城の月」を歌って四人を歓迎する。本作は、三船が歌をうたうシーンが見られる数少ない映画のひとつだが、これがなんとお上手でビックリ。黒川が苦労人であったことを知ったユキが放つ「心の中に宝石を持っている」などという臭い台詞も、原節子の口から語られると心から納得できるから不思議だ。

赤澤の妻・鶴子が誤って指輪を排水管に落とす。焦って取り出してみると、輝きが鈍っていることから、偽物であることが判明。実は本物のほうを持っていたタマ子のほうは、それとは知らず、ハルミの病気を治すためにと指輪を売ろうと決心する。しかし、タマ子はこれを都電の窓から落としてしまい、勝鬨橋が開いて※6、指輪は隅田川へとまっしぐら。「指輪を返せ」と迫る赤澤。タマ子は正直に「なくした」と主張するが、まったく信じてもらえない。

関係者全員が築地署に集められ、結果としてタマ子の無実が証明される。しかし、偽物を作った黒川は、〝清く正しく美しい〟ユキにいたく嫌われてしまう。「お多福」で自棄酒《ヤケ》を飲む黒川。やはりこの男、ユキのことが好きだったのだ。そんな中、ハルミが危篤状態に陥る。ユキは、ハルミが田舎の母親（岡村文子）に手紙で工場の職工と結婚したことを報告、その際、チューさん（忠吉）が撮った黒川の顔写真を同封していたことを知る。急遽電報で母親を呼び寄せると同時に、黒川も捜すユキ。もちろん、ハルミの旦那に成りすましてもらうためである。「お多福」で酔いつぶれている黒川は、「ニセモノは嫌いなはずだったのでは？」と、皮肉交じりにこの申し出を断る。

一方、隅田川の川さらいを始める赤澤夫妻の様子が描かれる。こちらのほうは冒頭に記したとおり、千葉泰樹らしからぬオチャラケ演出に終始。潜水夫ら（堤康久ほか）は、川底で〈ドジョウすくい〉や〈おちゃらかほい〉をしながらダイヤを探したりする始末だ。

さすがに三船には〈性悪男〉役は演じさせられない、といった理由であろうか、酔いを醒ましてアパートに現れる黒川。きちんと職工の格好をしているところが生真面目そうで好ましい。無骨だが、優しい心根を持っているという、三船には誠にお似合いの役どころである。すっかり旦那になりきり、母親からも信用される黒川。ユキも、そんな黒川に好意を感じ始めたようだ。黒澤映画とはうって変わってコミカルな味を出しまくる三船も、また楽しからずや。二枚目のまま三枚目を演じているから面白い、とも言えるのだが――。

容態が急変したハルミは、隅田川の花火を見ながら、母や友人たちに看取られて幸せな最期を遂げる。そして、ようやく黒川にもニセモノの役目が終わる時がくるのだった――。

上野駅でハルミの母を見送った黒川とユキは、三人組とタマ子を連れ、彼らの念願だったモーターボートによる水上ピクニックを実行する。〈川さらい〉に奔走する赤澤らを横目に見ながら、「欲望という名の船だね」※7と揶

※6 本作は、勝鬨橋（昭和15年架設）が上がる瞬間が見られる貴重な映画で、それも何度も上がる。東宝映画では、丸山誠治監督による〝ダイヤモンド・シリーズ〟の一篇『憎いもの』（昭32）にも登場。東京で会社員として働く娘（安西郷子）を訪ねてきた父（藤原釜足）の悲劇と言うべき本作では、二人が「はとバス」に乗って東京見物をするシーンで、勝鬨橋が上がる様子が見られる。

揄するのは大ちゃんこと大助。楽しいピクニックが続く中、カメラが川底に眠るダイヤモンドを捉えたところで、この下町を舞台にしたハートフル・コメディにもエンドマークが出る。

【はみだしエピソード】

清川虹子扮する鶴子は、旦那の愛人・小夏のことを「フーチャカピーの糟漬け！」などと呼んで侮辱。さらに、ヒステリーを起こした鶴子は、会社で作っているパチンコ玉を投げつけ、事務所を破壊するに至る。清川はこの年、伴淳三郎と結婚――正式なものではなかったとの説もあるが――、乗りに乗った演技を見せていて、森繁とのかけ合いも絶妙である。

都電の車窓から見える日劇には、市川崑の東宝作品『若い人』（昭和12年公開の豊田四郎監督作の再映画化作／昭和27年7月8日公開）の看板が掲げられている。こちらは前週に封切られたばかりなので、本作の撮影時期がいかに直近のことであったかがよく分かる。

三船はこれでモーターボートの運転に目覚めた？　© 東宝

【三船本人による発言】

原節っちゃんは意思が強かった。いやな役は絶対にやらなかった。その上、役者をやめたらおもてに出てこない。

（前掲『浪漫工房』第8号　特集「国際スター　三船敏郎　その偉大なる愛」でのインタビューより）

※7「欲望という名の船」ならぬ「欲望という名の電車」は、テネシー・ウィリアムズによる戯曲で、1951（昭和26）年にエリア・カザンにより映画化。日本公開は昭和27年の5月22日であったから、この「欲望という名の船だね」なる台詞は実にタイムリーな洒落だったのだ。

3.『ひまわり娘』（昭和28年：東宝）

© 東宝

昭和28年3月26日封切　監督：千葉泰樹　脚本：長谷川公之　原作：源氏鶏太　出演：有馬稲子、三船敏郎、伊豆 肇、木匠マユリ、荒木道子、村瀬幸子、三好栄子、清水将夫　※未 DVD 化

【三船の役柄】

主人公の“ひまわり娘”こと藤野節子が勤務する会社の直属の上司・日立《ひだち》一平。

これもまた、千葉泰樹監督による源氏鶏太原作小説（『婦人生活』連載。ラジオ東京でラジオドラマにもなった）の映画化作品。公開当時の「プレスシート」No.13（1953年）によれば、本作の謳い文句は、以下のようなものであった。

「愛する、愛されるということ、心打たれる父性愛、我が社の恋人と全社員の憧れの的である藤野節子さんが巻き込まれた、お茶汲みストライキ。オフィスの微笑ましき恋、ユーモラスな事件、女事務員の種々相《しゅじゅそう》を描いて、全編にヒューマニズムが流れる東宝ならではのサラリーガール映画」。これを見れば、当時の東宝がいかにこの手の〝サラリーマンもの〟に力を入れていたかがよく分かろうというものだが、本作は三船敏郎が初めて〈普通のサラリーマン〉を演じ、主人公の脇を固めた作品でもある。

主役を務める有馬稲子は、昭和26年に『宝塚夫人』※1（小田基義監督／東宝）で映画デビュー。この年昭和28年には宝塚を退団し、正式に東宝の所属となっているので、本作は有馬にとっては〈東宝専属第一回作品〉となる。記念すべき第一回作品を源氏鶏太原作、千葉泰樹監督作品で飾れたのは、会社の彼女への期待度の高さの証しであり、実際、東宝が、有馬を〈第二の原節子〉として売り出そうと図っていたという話もある。

ストーリーは、新人社員が様々な苦難に遭遇しながらも、これに敢然と立ち向かっていく〈成長＝成功物語〉で、まるで有馬の映画界への参入にエールを送るかのような内容となっている。会社内で巻き起こる〈お茶汲みストライキ〉騒動とヒロインの恋の顛末、そして家庭内でなされる温かいやり取りは、今の目から見ても実に心地よく、豪華な三船敏郎の助演もあって、非常に贅沢な〈サラリーマンもの〉の佳作に仕上がっている。

三船と有馬にとっては、これが最初で最後の共演作となる本作。のちの二人のキャリアや俳優としての位置づけを踏まえて見れば、猛烈なミスマッチ感も湧いてくる。それでも、初々しい有馬相手に——それこそ役柄どおり——一所懸命〈一介のサラリーマン〉を演じる三船の姿からは、大いなるシンパシーを感じること必至！　そういう意味では、大変貴重な作品ということができよう。

ちなみに本作は、三船がかの大作『七人の侍』の直前に出演した作品※2で、それを踏まえて見るとなかなかに感慨深いものがある。他にも三津田健、中村伸郎、宮口精二、長岡輝子、荒木道子、杉村春子といった文学座の俳優たちが多数出演、映画に厚みを加えている。

映画は、主人公・藤野節子（有馬稲子）の初出勤の模様から始まる。父は清水将夫。見るからに大変穏やかそうなお父さんである。「第一印象が大切」というのは村瀬幸子扮する母親。鏡に向かって無理やり笑顔を作ると、これを弟・宗太郎（井上大助）がからかう。源氏鶏太&千葉泰樹のタッグ作では、井上大助は欠かせない存在である。父娘そろって出勤する仲の良い藤野家は、駅の様子から世田谷の経堂にあるように見える。

節子が入社したのは、日比谷ビルディングに入っている「東京化学工業株式会社」。早速、庶務課文書係助手を命じられる節子。庶務課には勤務中に居眠りをしたり、ガムを噛んだりしている女子社員がいてビックリ。直属の上司は、文書係主任の日立（ひだち）一平（三船敏郎）、通称〝弁慶さん〟である。ここでも〈普通のサラリーマン〉を演じる三船だが、こんな上司が

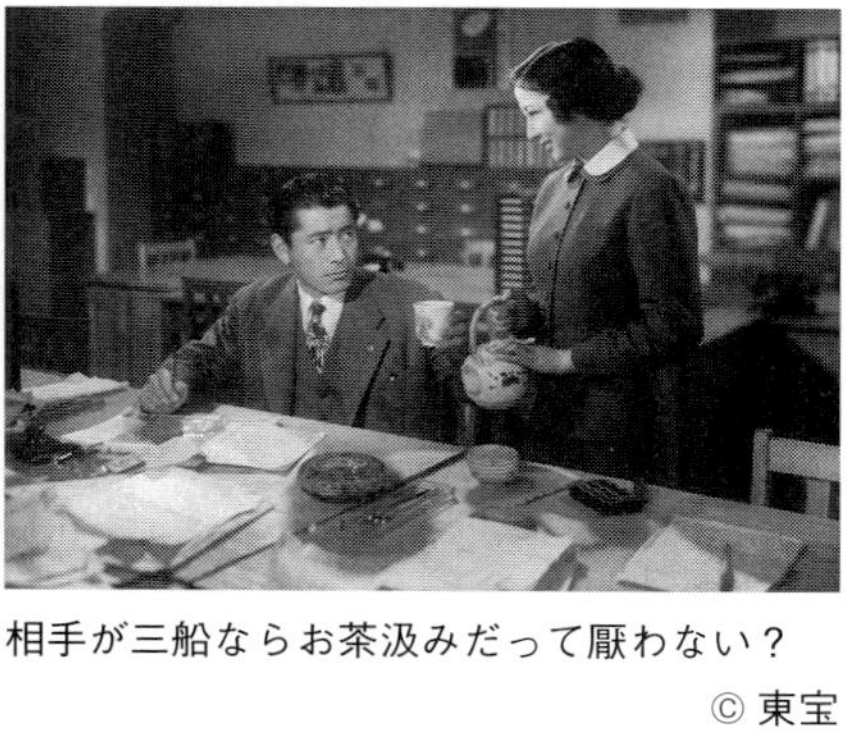

相手が三船ならお茶汲みだって厭わない？

© 東宝

※1　有馬のデビュー作『宝塚夫人』は、春日野八千代、月丘夢路といった宝塚出身女優に加え、有馬や八千草薫など宝塚少女歌劇団のメンバーが大挙出演した、本格的〈宝塚映画〉の一作である。

※2　昭和29年4月26日封切の『七人の侍』のクランクインは、昭和28年の5月27日。クランクアップは翌29年の3月18日（16日説、20日説もあり）であるから、撮影に約十ヶ月もかかったことになる。三船はその間、『太平洋の鷲』（監督：本多猪四郎）に助演、こちらのほうが先（昭和28年10月21日）に公開されている。

会社にいたら、さぞかし違和感があるだろう。〝弁慶さん〟が節子を各課に紹介して回ると、〈純情型〉、〈カマトト〉、〈インテリを売り物にするタイプ〉などと言われてしまう。有馬稲子の当時の印象は、まこと純情そのもので、やがて〝ゴテネコ〟※3などと呼ばれることになろうとはとても思えない。

「違和感がある」とは言ってみたものの、本作の三船を見ていると、サラリーマン役が意外にもよく似合うことが分かる。若いくせにお茶が好き、というキャラも効いていて、「頭をかくとお茶を欲しているサイン」だと教えられた節子が、四度も続けてお茶をサービスすると、いかにも弱った顔をするところなど、ユーモア演技も達者な三船である。ちなみに〝弁慶〟という渾名は、社長室に押し入ろうとした暴力団を、取っては投げ、ちぎっては投げたという武勇伝から来ていて、やはり三船には、ただのサラリーマン役など振られるはずもない。

この日立《ひだち》の大学時代の悪友に、当社の鶴見工場で経営見習いをしている田辺産業の跡取り息子・良助という男がいる。これを演じるのは伊豆肇。三船とは「第一回東宝ニューフェイス」の同期生である。すっかり節子を気に入ってしまった良助は、自宅で行われるパーティーなどに誘うようになる。

日立が弁慶さんと呼ばれるようになった〈いわれ〉を説明する同僚女子社員・志村に扮するのは、木匠《もくしょう》マユリ※4という女優。のちに、皆から孤立する節子の味方となってくれる唯一の女子社員である。

同僚の井田（沢村契恵子）は、「両親の看護と内職による睡眠不足」と称する遅刻が多い。早速、節子に「手取り六千二百円では厳しいので、五百円貸してほしい」と頼み込んでくる井田。当時のサラリーガールの給料はこんなものだったのだ。

明らかに女性差別をする販売課の秋田（千秋実）。これに反発するのが石井英子（阿部寿美子）という女子社員である。秋田がお茶汲みばかりやらせ、女性を侮辱するのに対抗、石井は仲間にストライキを決行するよう仕向ける。節子の「自分の意志でお茶汲みをしてはいけないのか」という至極まっとうな意見は、たちまちのうちに却下されるが、節子は心底から日立にお茶を淹れてやりたいのである。

残業の夜、逆に節子にお茶を淹れてくれる日立。節子もこれに応えて、先輩の日立にお茶を差し出す。ところが、この節子の行為が問題視されてしまう。石井に頬をぶたれる節子。しかし、彼女も黙ってはいない。節子が〈お茶汲みストライキ〉に反旗を翻すと、そもそもストに加わっていなかった勤続十五年のお局《つぼね》社員・山野（荒木道子：好演）も男性社員にお茶を煎れ出し、女子社員に対しては、「方法が間違っている」と指摘、さらには、主体性がないとして、意見をまとめてきちんと会社に交渉すべきだと主張する。部長（三津田健）、庶務課長（中村伸郎）といった幹部連中にはストライキ中止を告げ、「女がお茶を汲むのは当然だという考え方はやめていただきたい」と、誠にもっともな意見を述べる。本作で最も〈おいしい役〉はこの山野女史であろう。

良助のホームパーティーに招かれる日立と節子。良介に気がある石井英子も、プレゼント持参のうえ出席している。良介が父母に節子を紹介し、節子はすっかり気に入られてしまう。一人取り残され、バフェット（ビュッフェ）・スタイルでサンドイッチをパクつく三船の様子は、かなり可笑しい。

結局、満腹にならなかった日立は節子とおでんを食べて帰ることにする。お酒を飲むとシャックリがとまらなくなる節子。駅まで出迎えに来た弟の宗太郎が、二人の様子を覗き見すると、シャックリを止めるため、節子を脅かす日立。この二人、なかなかいい感じに発展しているように見える。

田辺良助に書類を届けた節子が、横浜のホテルで食事をご馳走になる。良助からズバリと「好きになった。いけませんか？」と告げられ、両親に対しても正式に縁談の申し込みがなされたことを知る。大喜びする父と母に、

※3　有馬稲子の渾名は、一般的にはその芸名から「ネコちゃん」だが、会社（東宝）やマスコミからは、はっきりと自分の希望を主張する（要するに気が強く、生意気＝ごねる）性格から、「ゴテネコ」と呼ばれた。

※4　木匠マユリも、三船と同じ「第一回東宝ニューフェイス」合格組で、旧芸名は「木匠久美子」。筆者が印象に残る作品は、飲み屋の娘を演じた『浮雲』（昭30／監督：成瀬巳喜男）と、三船との共演作で花屋の娘に扮した『酔いどれ天使』（昭23／監督：黒澤明）の二作。

「まだ結婚なんて」と躊躇する節子。それでも、一応はお付き合いをしてみることに。しかし、節子の頭に弁慶さんの存在があるのは明らかだ。

ホテルを出る際には、外人男性と部屋に入ろうとする井田と鉢合わせ。井田からは、「お互い内緒に」との申し出を受ける節子。これが翌日、大問題に発展するとはいまだ知る由もなかった。

〝パチモク※5〟中の日立に、節子は良助と交際していることを告げる。「交際を断ろうかしら」とカマをかける節子に対し、つれない素振りの日立は、「田辺はいい奴だ」などと言って、節子をガッカリさせる。女心が分からない弁慶さんのキャラは、実際に照れ屋でぶっきらぼうな三船敏郎の素顔に合わせたかのようだ。

田舎の母（三好栄子）が上京。縁談話を持ってきた母と、浅草松屋デパート屋上の「スカイクルーザー」※6に乗り、結婚問題について語り合う日立。「会社で助手のようなことをしている女の子――つまりは節子のこと――を見初めたが、友達＝田辺良助に先を越された」と漏らすと、母は「堂々と果たし合いでもすればよい」、「お前の決心がつくまで死んでも帰らない」と言って、息子をけしかける。三好と三船のやり取りからは、なんともいえぬユーモアが滲み出てきて、誠に愉快である。

「ホテルに男性と泊まるT化学工業女子社員」との見出しが踊る週刊誌を、志村が会社に持参。この女子社員とは誰なのか、仲間と噂し合っていると、（実際ホテルに入っていった）井田が、これを節子のこととして噂を撒き散らし始める。この噂を信じた女子社員たちは、またもや節子を吊るし上げる。かばってくれるのは志村だけ、といった状況の中、日立も弁解に来てくれるが、逆に女子たちにやり込められてしまう始末で、節子の疑いはどうしても晴れない。

噂の出所を明らかにしようと主張する山岸女史。さすが、ベテランのすることは違う。すると、井田のキャバレー勤めが（目撃した出入り業者により）部長らの知るところとなり、開き直った井田はホテル泊まりも自分のことだとカミングアウト。節子への疑惑はようやくにして晴れる。

誰も節子に謝ろうとはしない中、石井だけが謝罪。これは、現場にいた自分の名前を言わないでくれた節子への感謝の念からだが、他の女子社員らは〈ひまわり〉のように輝く節子への嫉妬心でいっぱいのようだ。

家に帰ると、社内の冷たさと家庭の温かさが否応なしに比較される。しかし、話が結婚のことに及ぶと泣き出してしまう節子。するとそこに、我らが三船敏郎・弁慶さんが登場！　母親のハッパが利いたようで、「突然ですが」と前置きした上で、「僕と結婚してくれませんか？　駄目ですか？」といきなりプロポーズを始める。「断然君が好きです」との、必死の求婚ぶりがなんとも微笑ましい。

父が酒を勧めると、日立はあまり酒が飲めないことが分かる。「けっこうですわ」と言う母親。父親もすっかり日立の人間性を気に入る。こういう純朴・純真な青年役を三船に振る、という発想がまず素晴らしい。会社における理不尽な扱いも、節子の悩みも、すべてこのラスト・シーンのためにあったわけである。有馬稲子の専属契約と今後の活躍を祝する本作は、こうしてハッピーな結末を迎えるのであった。

それにしても劇中、主人公が一度も「ひまわり娘」と呼ばれることがないのは何故？

※5　こんな言葉があったとは知らなかったが、〝パチモク〟とはパチンコで煙草を獲得すること」と説明するのは有馬の同僚・木匠マユリである。
※6　浅草松屋の屋上遊園地にあった「スカイクルーザー」は、昭和25年に設置。『とんかつ大将』（昭27）、『お嬢さん社長』（昭28）といった川島雄三監督作や久松静児の『渡り鳥いつ帰る』（昭31）などの日本映画の他、1955（昭和30）年公開のアメリカ映画『東京暗黒街 竹の家』（監督：サミュエル・フラー）にも登場。米捜査官のロバート・スタックがマフィアのボス、ロバート・ライアンと銃撃戦を展開する大詰めのシーンで、この乗り物が効果的に使われている。東京のランドマークともなったこの乗り物だが、昭和35年には老朽化を理由に撤去。本来だったら、ここでアクションシーンを展開するはずの三船が、母親役の三好栄子とのんびり結婚問題を語り合うのは、実に愉しいものがある。

【はみだしエピソード】

この年昭和27年、有馬は今井正が新世紀プロで撮ろうとした『にごりえ』（昭28）への出演を熱望。東宝が争議の折に会社側と闘った人間が作る映画への出演を認めるはずもなく、当然この話はボツに。その後、ホサれたり、役柄のことで揉めにもめた東宝を辞め、有馬が独立プロ「にんじんくらぶ」へと走ったのも、当然と言えば当然のことであったろう。ちなみに、『都会の横顔』（昭28／監督：清水宏）で共演した有馬から、「池部さん、本番になるとあがるんですか？」と言われて「頭にきた」池部良は、監督から食事に誘われた際、清水が「あいつ（有馬）は生意気だからほっとけ」と言うのを聞いた、と証言している（志村三代子・弓桁あや編『映画俳優 池部良』ワイズ出版、２００７年）。これは、当時の有馬の評判のほどが実によく分かるエピソードと言ってよいだろう。

三船が、本作では母親だった三好栄子※7と夫婦役を演じたのは、ご存じ、黒澤明が原水爆の恐怖に苛まれる老人の悲劇を描いた『生きものの記録』（昭30）にて。これは、三十五歳だった三船が七十代の老人を演ずる設定だったからこその話であり、この時点で１８９４（明治27）年生まれの三好は六十一歳の老女（失礼！）であった。三好は、三船とは稲垣浩の『宮本武蔵』三部作（昭29～31）の初めの二作でも、お杉（お婆）役で共演している。

※7　三好栄子の夫は、東宝の映画プロデューサー・森田信義。森田は山本嘉次郎、成瀬巳喜男、石田民三、衣笠貞之助、今井正、渡辺邦男、熊谷久虎、滝澤英輔など、錚々たる監督たちの作品を製作している。

4.『男ありて』（昭和30年：東宝）

昭和30年5月10日封切　監督：丸山誠治　脚本：菊島隆三　出演：志村 喬、岡田茉莉子、藤木 悠、夏川静江、伊東 隆、清水 元、清水将夫、加東大介、土屋嘉男、三船敏郎　※未DVD化

【三船の役柄】

東京スパローズに所属するプロ野球選手・矢野。監督の島村から寄せられる信頼も厚く、主将として新人選手の良き兄貴分となっている。

志村喬の代表作といえば、黒澤明との名コンビ作『生きる』（昭27）か、侍のリーダー格・勘兵衛に扮した『七人の侍』（昭29）を挙げる方が多いだろう。しかし本作こそが、志村がそれらにも劣らぬ名演技を見せる〈渾身の一作〉である。志村自ら「他人の手に渡したくない」と、身銭を切って（脚本料を払って）までも映画化を念願したこの脚本、その使用料は、撮影に半年間を費やした――それも盲腸を患った直後にもかかわらず出演した――『生きる』のギャラとほぼ同額であったという。

その脚本は、黒澤作品でもお馴染みの菊島隆三の手によるもので、菊島にとっては、同年公開の『不滅の熱球』（昭30）※1に続く野球映画となる。

志村の、黒澤映画以外の代表作となった本作は、のちにテレビの世界でも取り上げられ、フジテレビ（昭38）と日本テレビ（昭39）でTVドラマ化。志村は映画とテレビの両方で、この監督役を務めた俳優となる。さらに原作は、新国劇でも劇化され、上演されているとのことだ。

三船敏郎とは、デビュー作の『銀嶺の果て』以来、家族ぐるみで親しく付き合う間柄となっていた志村は、住まいも同じ成城にあったためか、三船の子息たちからは親戚の〝おじちゃん〟と思われていたという。実際に、志村は黒澤の『静かなる決闘』（昭24／大映）では三船の父親役を演じたが、それ以降は血縁関係の役を演じることはなかった。

黒澤映画以外にも共演作が多く、本作でも重要な役どころで助演している三船敏郎だが、プロ野球チームの監督に扮する志村を、選手としてしっかりバックアップするという、簡単そうで実は難しい役柄に挑んでいる。三船が演ずるのは、いかなる時も試合を投げずに、落ち着き払った態度で野球という仕事に臨む、〝チームの要〟矢野選手役。まるで本物の野球選手のような立派な体格が眩しい。実際、この頃の三船は、『野良犬』（昭24）の若手刑事のような〝青二才〟の成長物語を演ずる〝若手〟時代はとうに過ぎ、しっかりと〝中堅〟の役どころに対応できるキャリアを積み上げていた時期に当っている※2。志村本人も、澤地久枝（志村の評伝「男ありて」の著者）※3に対し、三船敏郎を評して「彼は何十年に一人というスタアですよ」と語っているほどだ。

現在、DVDがリリースされていないこの映画を見るのは容易でない。見たくとも、名画座で上映されるか、CSチャンネルなどで放映されるのをひたすら待つのみである。しかし、当時、齢五十歳に達していた志村が、自ら熱望して演じた〈若くはないが、武骨で誠実、そして人生を知っている男〉島村は、見る側が中年や老年であればあるほど魅力的に映ること間違いなし！　まさに〈大人の見るべき映画〉である本作は、できるだけ多くの日本映画ファン、ことさら三船敏郎と志村喬を愛する方々に見ていただきたいと願ってやまない。そして、志村本人も澤地の著書において、本作について次のような発言を残している。

「私自身、演じていて、主人公の心情がよくわかって、切なかった。男の仕事というものは、実際厳しいものだ。家庭も大事だが、もっと大事なものがあるはず。この大事なものにかけた島村監督の生き方は、男として立派だと思う――」。

もう一度言う。本作は志村喬、五十歳のときの渾身の作である。

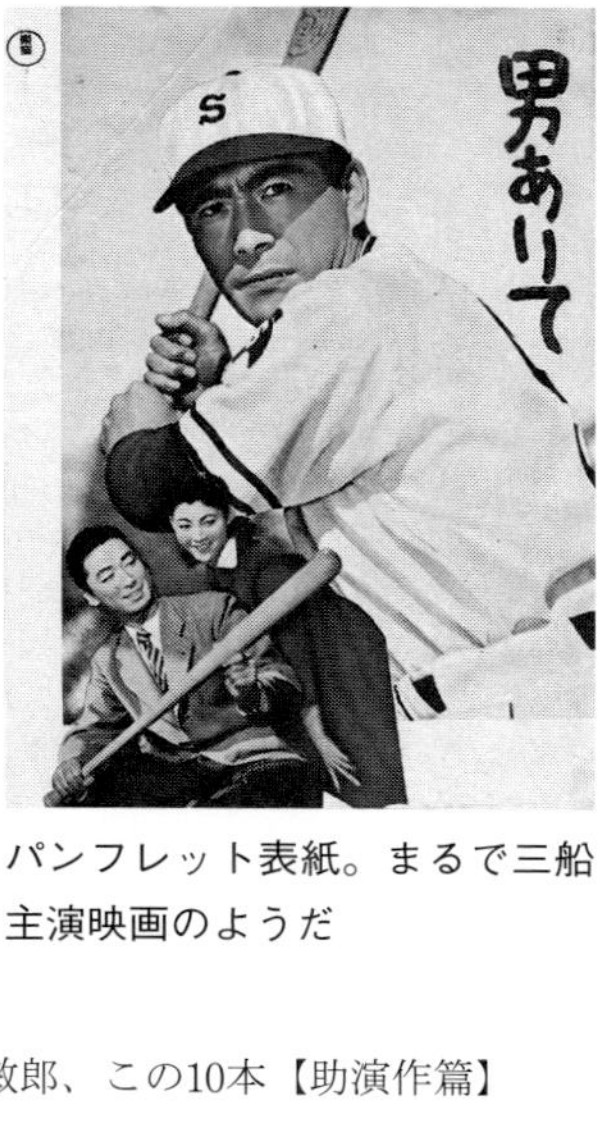

パンフレット表紙。まるで三船主演映画のようだ

※1　巨人軍に所属した往年の名ピッチャー・沢村栄治の、選手としての栄光と私生活を描く野球映画。監督は、東宝〝陰の巨匠〟と言われた鈴木英夫。沢村に扮した池部良が、その独特の投球フォームを完璧にこなしているのに驚く。相棒の捕手・内堀保に扮するのは千秋実、藤本監督は笠智衆が演じている。

※2　三船は、本作後に宮本武蔵の続篇『一乗寺の決斗』で成長著しい武蔵を、続いて『生きものの記録』で狂気に陥る七十代の老人を演じている。

※3　澤地は、『醜聞（スキャンダル）』（昭25／松竹）で演じた蛭田弁護士を志村の〈最高の一作〉に挙げているが、志村のほうは、「わが心の自叙伝」（「神戸新聞」に掲載／昭49）において、三船と共演した大映映画『馬喰一代』（昭26）で演じた〝小悪党〟ゼニコの親分を評して、「正直言って私は、むしろこうした憎めぬ男が、役としては好きだ。『七人の侍』の勘兵衛よりも好きと言ってもいい」と語っている。

志村扮する島村は、「東京スパローズ」なるプロ野球チームの監督を務めている。年齢は五十一歳の設定で、巨人軍初代監督と位置づけられる藤本定義監督がモデルとなっているという。チームはこのところ負けが込み、現在6位と最下位をキープ。作戦を考えるための〈朝のトイレタイム〉も長くなりがちである。

しかし、息子の父兄会のことは忘れても、チームのこと、とりわけ新人選手の大西（藤木悠）を自宅に下宿させることはけっして忘れない島村。そう、十九歳の長女・みち子（岡田茉莉子）に言わせれば、「家庭生活を踏みつけにし、仕事のことばかり考えている」男なのだ。

ところで、この時、茶の間のラジオから流れてくるのは「たき火」と「カッコウワルツ」の二曲※4。既成曲の使い方は、この時代の映画のほうが今より遥かにテクニカル、かつ〈映画的〉である。

結局、みち子の部屋で寝起きすることになった大西。ピッチャーとしてプロ契約を結んだものの、なかなか試合には出してもらえない。八歳の息子の照夫（伊東隆）※5の小学校の父兄会――「ＰＴＡ学年部会」の看板が見える――に出席したみち子と「駒場駅」の改札でバッタリ出会った大西は、ちゃっかり彼女を映画※6へと誘う。大西は、雨で試合が中止になったので戻ってきたのだが、島村は大西のこの行為が気に入らず、のちにこれが二人の間の大きな火種となる。

次の場面は、名古屋イーグルスとの試合の模様。出演者に「中日ドラゴンズ・ダイヤモンズ軍」のクレジットがあったことから、同軍が撮影に全面協力したものと思われる※7。スパローズには〈霊柩車に出会うと試合に勝つ〉というジンクスがあるらしく、島村は葬儀屋に金を握らせ、霊柩車を雇うという行動にまで出る。監督というものは、それほどまでにチームを勝たせたいものなのだ。しかし、結局、初戦は負けに終わる。

大西には「いつゲームに出されてもいいよう、度胸を決めておけ」とオイシイことを言っていたにもかかわらず、みち子との一件からか、結局は大西を使わない島村。悔し紛れに「家庭生活から不平不満を除くべき」などと進言したばかりに、監督の逆鱗に触れた大西は、遠征途中で東京に戻されてしまう。

タイミングの悪いことに、みち子が大西を慰めようと開いたパーティーの最中に帰宅する島村。これでますます機嫌が悪くなる。このあたりの志村の頑固親父ぶりは、なかなか見応えがある。

ある日、三塁のピンチランナーに起用された大西は、自分の判断でホームスチールを敢行、チームは見事サヨナラ勝ちを収める。しかし、サインを無視したことに怒った島村は、大西を殴りつける。かくして「親にも殴られたことがない」という大西は、島村宅から出て行くことに。すると、みち子の抗議を受け頭に血が上ったか、仲裁に入った妻（夏川静江）にまで暴力をふるう島村。これが、幼い照夫がバットで父を打ち、みち子も家を出るという散々な結果を招来。まさしく〈横暴な専制君主たる父親像〉と呼ぶべきものがここにある。

実際、昭和三十年代まではこうした頑固オヤジはゴロゴロしていたし、DV（ドメスティック・ヴァイオレンス）などという概念も言葉もなかった時代のことだから、まあこれはこれで許されたわけだが、島村もいささかバツが悪いのか、「俺ってやつは、まったく厭な奴だ」などとつぶやいて反省の意を示す。こうして映画は、いよいよ三船の出番となる。

※4　どちらも時代を感じさせられる曲だが、もともとスウェーデン製の曲である後者は、黒澤の『酔いどれ天使』へのオマージュのように思える。
※5　照夫は、父親の島村から「恥かきっ子」と言われている。これは、父が歳をとってから生まれた子供のことで、設定上、照夫は島村が四十三歳のときの子ということになる。今は「恥かきっ子」などゴロゴロしているので、こんな言葉は誰も使わなくなってしまったが……。それにしても、照夫を演じた伊東隆の芸歴は本当に凄い。成瀬作品の『おかあさん』（昭27）や『鰯雲』（昭33）から、松林宗恵監督の佳作『風流交番日記』（昭30）、鈴木英夫の傑作サスペンス『彼奴《きやつ》を逃がすな』（昭31）、本多猪四郎監督による島倉千代子の歌謡ロマンス映画『東京の人さようなら』（昭31）、谷口千吉が撮った離島ラブロマンス編『裸足の青春』（昭31）、水野久美と久保明が瑞々しい魅力を放つ若人賛歌の『二人だけの橋』（昭33）、それに鉄腕ピッチャーの子供時代を演じた『鉄腕投手 稲尾物語』（昭34）、やはり本多猪四郎が手掛けた『獣人雪男』（なんと伊東は雪男の子供！に扮している）まで、約10年に亘り名作や娯楽作で幅広く活躍した子役である。その淋しげな表情はいまだに忘れられない。
※6　大西とみち子が入った映画館はポスターから察すると、おそらくは渋谷松竹。二人が見た映画は、エリザベス・テイラー主演の『花嫁の父』（1950／監督：ヴィンセント・ミネリ）であった。
※7　プログラムの記述によると、ここは名古屋の中日球場でのロケ。岡田茉莉子と北川町子がアトラクションで歌を歌うというので、集まったエキストラはなんと一万五千人！　東京スパローズは最下位を争うチームなので、お客さんが多いと不自然だと、スタッフはかえって苦労を強いられたそうだ。

みち子は大西と共に、兄貴分の選手・矢野（三船敏郎）に相談をする。すぐに、二人が好き合っていると察する矢野。喧嘩は〈ゲームセット〉にして、翌朝には家に戻るみち子だったが、島村のほうは翌日の試合で今度は審判を殴って、出場停止処分を受けてしまう。

すると、監督代理を務めることになった矢野が大西など若い選手を重用したことで、皮肉なことにチームは快調に勝ち星を重ねる。矢野は、オーナー（清水元）から正式に監督にならないかと誘われるが、立場をわきまえるこの主将は、もちろんこれを断る。こうした慎み深い人間を演じても、三船の誠実な人柄が滲み出てくるようで非常に好ましい。

島村は妻のきぬ江への罪滅ぼしのつもりか、彼女が好きだったという少女歌劇を揃って観劇。前に矢野と行った〝お好み焼き屋〟に連れて行ったりする。そんな時、自身の出場停止処分が解け、島村は翌日からの九州シリーズにそそくさと旅立っていく――。このとき観客の誰もが、妻の辿る悲しい運命を悟ったに違いない※8。

ここからが、まさに志村喬の演技の見せどころ。妻のきぬ江が急死し、悲しみにくれるべき時にもかかわらず、彼は試合（チーム）のことしか考えていないように振る舞う。試合の差し支えにならぬよう「火葬は早めにしてくれ」とか、坊主には読経を「ありがたいところだけ、かいつまんで」などと頼み込む始末だ。

火葬が済むと、早速試合に行こうとする島村。みち子の制止を振り切り、今シーズン最後のドラゴンズ戦に臨む。「お母さんを殺したのはお父さんだ！」とのみち子の罵りの言葉がその背に投げつけられるが、この日はチームが4位に浮上するか、最下位になるかが決まる試合なのである。島村にとっては、まさに「監督はつらいよ」の境地に他ならず、まるで任侠映画のような「男には行かねばならない場所がある」などという大袈裟なセリフも、志村喬が放つと大いに納得できるから不思議だ。

9回表、1点差の緊迫した状況の中で、キャッチャーが負傷。ここで二番手捕手の石原忠（のちの佐原健二）が出ようとすると、自らがキャッチャーを、さらにはピッチャーに大西を指名する島村。こうなると、結果はすでに見えたようなもの。二人は見事1点差を守り切り、試合は絵に描いたようなスパローズの勝利に終わる。試合後、島村はオーナーに辞表を提出。これで彼の野球人生も終わりを告げることとなる。

続いて画面に、妻の墓前でさめざめと泣く島村の姿が映し出される。そして、それを黙って見つめるみち子と照夫の姿も──。ここでは、家族の絆が強まったことが示されてはいるものの、妻を失わなければ家庭の大切さを知ることができなかった〝仕事人間〟島村への皮肉が込められているようにも見える。「勝ったものこそ実は敗者」というロジックは、橋本忍が中心となって書いた『七人の侍』の物語の根底にあったものと同じで、志村はここでも敗者に終わったことになる。

という本作、優しい眼差しを持つ丸山誠治らしい〈誠実な〉演出が光る野球映画の好篇で、これを嫌いという映画ファンなど一人もおられぬに違いない。三船敏郎の静かなる助演により、かえって志村喬の強烈な頑固監督ぶり＝個性が際立つという、通常の共演作とは真逆の〈動と静〉のコンビネーションの妙が見られるのも面白い。

本作には最後の最後で、島村が新聞社の特派員になっている〈後日談〉が付されている。このエピローグは、妻の墓前で「老け込まないで生きていく」と誓った島村の決意を表したものであろうが、ここは、筆者は不要と感じた。前のシーンでエンドマークが出た方が、遥かに深い余韻が残ったと思うが、いかがだろうか？

※8　本作で照明を担当した石井長四郎が「失敗した」と悔やんだのが、志村喬の妻が急死することを、先に匂わせるような照明をしてしまったことだという。これも、「照明は出過ぎたことをしてはならない」という石井のポリシーによるものだろうが、先に述べたとおり、筆者も確かにここで妻の死を感じ取ってしまったのだった。

【はみだしエピソード】

島村監督の自宅は、契約書の記載内容から見ると「世田谷区北澤一丁目百三十番地」にある。すると、二階の窓から見える電車は井の頭線で、島村の息子・照夫が通う小学校は、今も駒場東大駅前にある「駒場小学校」ということになる。見れば、周りの景色は今とは大違い。皆さんには映画館のスクリーンで、是非こののどかな風景をご覧いただきたい。なお、その当時はまだ「駒場」と「東大前」は別々の駅で、両駅がひとつになって「駒場東大前」駅として開業したのは、昭和40年になってからのことである。ちなみに、「駒場」駅前にあるお店は「原商店」、「福ずし」、そば屋の「朝日屋」など。今も営業しているお店は果たしてあるのだろうか？

島村が息子の照夫とキャッチボールをするのは「駒場野公園」にて。ここでも後方に井の頭線が走っているのが見える。かつてこの辺りには、東京帝国大学のほか、東京教育大学の農学部があったが、現在では「大学入試センター」となっている。

我が憧れの〝Bホーム〟スター勝部義夫（もちろんノンクレジット）は、本作ではスパローズの選手の一員に扮している。選手には土屋嘉男、松尾文人《ふみんど》のほか、渋谷英男や石原忠がおり、ベンチの控え選手には向井淳一郎や中島春雄の顔も見える。東宝バイプレイヤーズは、このようにプロ野球選手まで演じねばならなかったのだ。

ある時期は、成城の住人であった志村喬。最初に成城に十五坪の家を持ったのは、昭和24年、四十四歳のとき、黒澤映画で言えば、『静かなる決闘』から『野良犬』の時期に当たる。ここは成城六丁目25番地の三船邸からすぐ近くの成城七丁目にあり、九年近く住む。次に志村は、やはり成城にかなり贅沢な家を二年がかりで建築。昭和33年に完成したこの豪邸は成城四丁目5番地にあったが、五年後には手放し、志村は熱海のマンションを経て、麻布狸穴《まみあな》のマンションへと移っている。

5.『妻の心』（昭和31年：東宝）

© 東宝

昭和31年5月3日封切　監督：成瀬巳喜男　脚本：井手俊郎　出演：高峰秀子、小林桂樹、千秋 実、中北千枝子、三好栄子、杉 葉子、北川町子、沢村貞子、加東大介、三船敏郎　※未DVD化

【三船の役柄】

主人公・喜代子の友人の兄で、銀行に勤める竹村健吉。喜代子から融資の相談を受けたことから、親切に相談に乗っているうちに微妙な関係になる、という難しい役どころ。三船にとっては最後の成瀬映画出演となった。

とある地方都市の薬舗「富田栄龍堂」※1の次男・信二（小林桂樹）と愛情もなく結婚した喜代子（高峰秀子）の、揺れ動く〈妻の心〉を描く成瀬巳喜男監督作品。成瀬が初めて大家族を扱った作品として、また『石中先生行状記』（昭25）に続いて、三船敏郎が成瀬映画に出演していることでも大いに興味を引かれるが、正直に申し上げると、初めて見たとき、筆者は三船が出てきただけでかなりの違和感を覚えた。どこにでもいそうな人間しか登場しない成瀬映画にあって、三船は〈存在感があり過ぎる〉のである。こんな格好良い人が銀行員をしていたら、大概の顧客はこの人の虜になってしまい、仕事にならないのではないか？

ところが、大人になってから再び本作を見た時、この違和感は雲散霧消。ここでの三船は、引きに引いた演技で、ヒロインの高峰秀子を大いに惑わせるのだが、これが実に様になっていたからである。とにかく成瀬映画は、若いときに見ても、その深い味わいに気づくことはまずできない。なるべく〈大人〉になってからご覧になることをお奨めする次第だ。

この役は、いわゆる〈色悪〉※2ではないが、一種の〝不倫もの〟に三船がその相手役で登場するとは思いもよらず、これはこれでなかなか面白いキャスティングである※3。当時の大人の観客たちは、意外な三船の役柄とその登場の仕方に、案外得心して見たのではないか？　未見の方には、誠実な地方銀行員に扮し、その全身から滲み出るフェロモンで、ヒロインの心をかき乱す三船の〈色男〉ぶりをとくとご覧いただきたい。小林桂樹も、草壁久四郎との共著『演技者　小林桂樹の全仕事』（ワイズ出版、１９９６年）において、「成瀬さんの映画に出るとまた、（三船は）違った男の魅力で大変いいんです」と絶賛している。戸惑わされる側の高峰秀子が上手いのは言うまでもないことだが……。

三船敏郎は、この年昭和31年には、本作と佐分利信監督の『愛情の決算』に助演。珍しくも現代劇、それも人妻と微妙な関係に陥る二つの〝ロマンス映画〟に出演した年となった。

話は、成瀬巳喜男監督お得意の、夫婦の心の移ろい・すれ違いを描くもの。この度は、地方都市——脚本の井手俊郎によれば群馬県の桐生とのこと——の旧家が舞台となっているだけに、家族の問題が入り込んできて、陰が差し始めた夫婦の絆にさらに亀裂が入る、といった設定になっている。

薬屋を継いだ次男夫婦——これが小林と高峰である——が、事業の失敗もあって家業の状況が芳しくなくなってきたことから、敷地内に喫茶店を開業しようと計画。そんな折、義妹の嫁入り支度で物入りがあったり、東京でサラリーマンをする長男夫婦が実家に転がり込んでくるなどして、夫婦の間に小さからぬ波風が立つ。

そういう状況の中、夫の信二がこっそりと芸者と温泉旅行に出かける。すると旅行先で、同行の芸者・福子（北川町子）が自殺するという事件が発生。さらに妻の喜代子は、喫茶店開業資金を用立てるため、友人の竹村弓子（杉葉子）の兄で銀行員をする健吉（三船敏郎）に相談を重ねるが、ここでもちょっとした誤解が生じる。

信二は、今で言うところの〝プータロー〟の兄・善一（千秋実）に商売資金として金を用立てるが、この長男もまた突然姿を消してしまう。こうして喫茶店の開業は遅れに遅れ、夫婦と家族の間にもやもやとした気分が連鎖していく——、といった内容の本作。まさに〝ヤルセナキオ〟※4たる成瀬に、最も相応しい題材である。

※1　当薬舗に置いてある商品は、トクホン、バルサン、エーザイ製品など。
※2　外見は二枚目だが、その中身は残酷無比な悪人という役柄。歌舞伎の役柄から来ていて、その代表格は「東海道四谷怪談」の民谷伊右衛門とされている。映画で言えば大藪春彦原作の『野獣死すべし』（昭34）の主人公・伊達邦彦が最もこの呼称に相応しく、こちらも『四谷怪談』（昭40／監督：豊田四郎）同様、やはり仲代達矢が演じている。
※3　三船が登場するメロドラマ・不倫ものには、他にも『婚約指環（エンゲージリング）』（昭25／松竹）、『霧笛』（昭27）、『愛情の決算』（昭31）、『下町　ダウンタウン』（昭32）があるが、本作が最も普通に登場してヒロインを惑わせているので、いちばん罪が重いかもしれない。
※4　〝ヤルセナキオ〟なる呼称は、成瀬巳喜男の前妻・千葉早智子との破綻（昭15）や、戦後から『めし』（昭26）まで続いた作品的なスランプから、その孤独な姿を見た人がそう呼んだという説と、「やるせない」「切ない」「哀しい」成瀬の作風から、名前に引っ掛けてそのように渾名されるようになった、という二つの説がある。

このようにけっして楽しい気分にさせてくれる映画ではないにもかかわらず、当時の観客は皆、何ゆえに成瀬作品を愛し、映画館にせっせと足を運んだのか？　これはやはり、成瀬があの当時の日本人に共通する苦悩――市井の人々の平凡な悩みだが――をねちねちと、いや、じっくりと描き、今で言うところの〈ストレス〉をさらけ出したことで、「ああ、つらいのは自分だけじゃないんだ」と安心感を覚え、さらに、それに立ち向かうヒロイン――その多くは高峰秀子が演じた――に深い共感を覚えたからではないか。要するに成瀬映画とは、大人のための〈ストレス発散〉映画だったのだ。

高峰演じる喜代子は、老舗の商家に嫁に来たというだけで、それでなくともつらい立場にあるところに、義妹の澄子（根岸明美）を嫁に出す支度金が必要になったり、長男（千秋実）から商売を始めるための準備金を無心されたりと、何かと物入りが多く、心労は増すばかり。そして、喜代子の、そのつらい〈心〉は誰にもわかってもらえない、というのが本作の肝だが、夫や友人にはけっこう〈ぼやいて〉おり、それなりに発散しているようにも見える。

母親（三好栄子）の言によれば、「つまらないことに手を出しては失敗を繰り返してきた」信二、それに、家業を継がずに東京でサラリーマンになったものの、うだつが上がらず弟に金の無心に来るような兄の善一と、いずれも頼りにならない息子ばかり。そして、封建的な風土を持つ商家の一角で、喜代子が夫と喫茶店――母が言うには〝道楽〟――を始めようと資金融資の相談に行くのが、幼馴染みで銀行勤めをする健吉（友人・弓子の兄）なのだ。この対比が効いているからこそ、我々観客には、健吉が頼りがいのある人間に見えてくるわけである。

結果的に、健吉の勤める「昭和銀行」から三十万円借りることになる喜代子。この〝幼馴染み〟があまりに男らしく爽やかな人物になっていたことで、喜代子の心は揺れにゆれる。小林桂樹扮する夫とは見た目からして大違い※5。酒を飲まない健吉へのお礼の品はネクタイかワイシャツ、という話になるが、これを演ずるのが大酒飲みの三船、というのは実に笑える洒落である。

喫茶店を始めるに当たり、喜代子がコーヒーの煎れ方や料理を習うキッチン「はるな」のマスター夫婦を演じるのは、加東大介と沢村貞子の姉弟《きょうだい》。どちらも成瀬作品ではお馴染みの顔である。善一の妻・かほるに扮するのは中北千枝子。成瀬作品でヒロインの心をかき乱す役をやらせて、この方に勝る女優はいない。

善一が、三十万円の借金を信二に申し出てくる。勤めている会社が潰れ、店をやるのだという。兄弟が金のことで諍いになると、母が次男で当主の信二に「今度だけは承知しておくれ」と泣きついてきて、結局喜代子は喫茶店の開業資金の中から二十万円を義兄に用立てることになる。お金――それも具体的な金額が示される――にまつわる話ばかりなのは、成瀬映画のひとつの特徴である。

信二が幼馴染みの「赤城屋」の主人・国夫（田中春男：妻は花井蘭子）と、芸者二人（北川町子と塩沢登代路※6）を連れて、一泊の温泉旅行に出かけるのは前述のとおり。これが喜代子の知るところとなり、妻は「自分だけ逃げ出した」と言って夫を責める。しかし、不満をぶちまけても何も解決はしない。無理やり元気を出し、毎日「はるな」に出る喜代子は、「昭和銀行」勤めの健吉にお金の相談をする。

今や喜代子の心の拠り所は健吉ただ一人。喜代子が信二と上手くいってないと察する健吉だが、妹の弓子には「（喜代子は）昔とちっとも変わらない」と、当たり障りのない感想しか述べない。そもそも喜代子と信二が〈好き合って結婚したわけではない〉ことを、弓子と健吉は知っているのだ。

※5 小林桂樹は『続・社長洋行記』（昭37）でも、サラリーマン風（実は華僑の青年実業家）の三船に憧れの君（尤敏）を奪われる、という〈負け犬〉役を演じている。

※6 後年TVで人気者になった塩沢ときは、東宝第2期ニューフェイスの出身。本作では芸者の一人として出演しているが、まだあの独特の個性は発揮していない。ちなみにこの頃は、本名の塩沢登代路を名乗っており、昭和34年公開の『大学のお姐ちゃん』（杉江敏郎監督）から「とき」に改名している。

本作の三船は、前述のとおりいささか場違いの感はあるものの、成瀬の巧妙な演出テクニックによって、ドキリとさせられる演技を見せる場面がある。高峰扮する喜代子の相談に乗り、若いときにハイキングに来たという公園で、健吉らは通り雨に遭い、小憩所で雨宿りをすることとなる。その間、妹・弓子の結婚話を通じて、二人はほのかな思いを目と目で通じ合わせる。何かを言いかける健吉。ここに思わぬ邪魔が入り、三船は言葉を失ってしまう……。観客にも健吉が何を言いかけたのかは分からない。このなんとも言えないスリル！　成瀬作品で特筆される〝目線〟演出の真髄がここにある。名人・成瀬の手にかかれば、もの言わずともこのような緊張感溢れる感情表現が可能となるのだ。ここでは、成瀬名物である〝雨〟の効果も最大限に発揮されている。

高峰秀子、杉葉子と　© 東宝

信二が、芸者の福子が自殺したことを妻に伝える場面も素晴らしい。福子のことを「好きでも嫌いでもない仲だった」と説明する〈残酷さ〉を持つ信二だが、自虐的になったのか、「このまま好きな人（健吉のことを言っている）のところに行ってしまうなら、別れてもいい」とまで言う。夫にそのように思われていたことが分かった上、愛情も店の将来も不透明、喜代子のモヤモヤ感は増すばかりだ。

金を手にして姿を消していた善一が東京で就職していたことが分かり、妻のかほるは娘の瑠美子（松山奈津子）を置いて東京へと帰っていく。千秋実も優柔不断な長男を巧みに演じ、誠に適役である。

実家※7に行った帰りに、喜代子が弓子の家に立ち寄る※8。あくまで喫茶店はやるつもりだと宣言したうえ、夫から健吉との仲を誤解されていたことを弓子に愚痴る喜代子。「兄さんには黙っていて」と念を押すのは、本当は言って欲しいからに違いない。

ふんぎりがついたのか、夫と二人、喫茶店を開くことを決める喜代子。新装開店したパチンコ屋をボーッと眺める信二に、「秋までには開店したい」と明るく語りかける。パチンコ屋の前でチンドン屋が休んでいる光景は、〈成瀬映画ならでは〉※9のものだ。

弓子が薬局にやって来て、「兄は笑っていたわ」と喜代子に告げる。喜代子の口止めにもかかわらず、やはり弓子は誤解の一件を健吉に話していたのだ。「結婚がますますイヤになった」と言う弓子に、喜代子の母が――これが三十組目となる――大学の先生との縁談を薦めたところで、このモヤモヤ映画はほんの少しの希望を滲ませて終幕となる。ここで茶の間に入って来た亭主に紅茶を勧めた喜代子が、服についたゴミをさりげなく取ってやるところなど、実に巧みな心理描写で、見事の一語。これだから成瀬映画は侮れない。

兄妹《きょうだい》が純粋で理想的な存在として登場する点では、本作は根上淳と香川京子が兄妹を演じた『稲妻』（昭27）との共通性が見られる。また、ラストが、冒頭と同じ町並みを捉えた俯瞰ショットで締めくくられるのは『めし』（昭26）とまったく同じで、次作の『流れる』（昭31）でも同様の構成がとられている。

ところで、脚本を担当した井手俊郎は成瀬から何度も書き直しを強要され、「もうこのおっちゃん（成瀬のこと）とはできない」※10と思ったそうだ。井手は本作を「つまらない作品」とまで言い切っていて、自らの脚本作品に

※7 喜代子の実家は煙草屋という設定。弟には土屋嘉男が扮している。
※8 竹村家のシーンでは、いつもピアノ曲がBGMとして流れる。
※9 チンドン屋が見られる成瀬映画は、枚挙に暇はない。本作以前では『銀座化粧』（昭26）、『めし』（昭26）、『おかあさん』（昭27）、『夫婦』（昭28）、『晩菊』（昭29）、『くちづけ』（昭30）と、年に一本は必ず登場していることになる。
※10 井手俊郎は、その後しばらく成瀬と離れていたが、『娘・妻・母』（昭35）以降、『妻として女として』（昭36）、『放浪記』（昭37）、『女の中の他人』（昭41）などでコンビを復活、六作品で脚本を担当している。

散々な評価を下している。これはシナリオライターと監督の微妙な人間関係が垣間見られる興味深いエピソードだが、筆者はこのモヤモヤ&イライラ映画を十二分に楽しんだクチである。

【はみだしエピソード】

藤本眞澄と共に製作に名を連ねる金子正且によれば、本作に登場する薬屋は、桐生市にあった自らの親戚の家であるという。ロケの際には大変な人だかりとなったことから、成瀬は撮影を中断、東宝撮影所の第1ステージにそっくり同じ巨大セットを組んで、その薬局を再現したというから、やはり巨匠である。

6.『下町 ダウンタウン』（昭和32年：東宝）

昭和32年11月5日封切　監督：千葉泰樹　脚本：笠原良三・吉田精弥　原作：林芙美子　出演：山田五十鈴、三船敏郎、淡路恵子、多々良純、村田千栄子、田中春男
※未 DVD 化

【三船の役柄】

荒川のほとりで銅と鉄屑を扱う「三原商事」で働く鶴石芳雄という青年。シベリアからの引揚者（復員兵）でもある。

わずか五十九分の小品だが、何と見応えのある作品だろうか。これは、〝ダイヤモンド・シリーズ〟と呼ばれた短篇シリーズの一作だが、まこと千葉泰樹監督の細やかな演出が冴えわたる逸品である。観客動員がピークにあった頃の日本映画の底力をまざまざと思い知らされるとともに、三船敏郎の隠れた名演が見られる映画でもある。ラストでの意外な退場の仕方にも、是非ご注目いただきたい。

ところが、こういう地味な役を演じた三船作品は、名画座でもなかなか上映してくれない。ＣＳチャンネルなどで放映の折には、必ずやご予約のほどを。

山田五十鈴と三船は『どん底』（同年9月公開）に次ぐ共演作となる。この前後にも、二人は『蜘蛛巣城』（昭32）、『用心棒』（昭36）という重々しい黒澤作品で顔を合わせているが、本作の山田が一番女性らしい女性と言えよう。

冒頭、お茶の行商人・りよ（山田五十鈴）が川の堤防を歩いてくる。八歳になる息子・留吉（亀谷雅敬）と共に、静岡からお茶の行商に来ているのだ。今日も茶葉は一軒でしか売れず、昼を告げるサイレンが鳴ってしまう。通りがかりの人に「葛飾区役所はどう行けばいいか」と質問、二人は「三原商事」というバラック建ての、店とも言えないような店で弁当を使わせてもらうことにする。

三船敏郎扮する鶴石芳雄が働くこの店では、銅と鉄屑を扱っている。揚げられた看板には「本社　東京都荒川区南千住87」との記載があるので、そこの下請けでもしているのだろう。ここからは対岸に、荒川区尾久にあった東電尾久発電所の煙突（映画によく出てくる、いわゆる〈お化け煙突〉ではない）や東電変電所も見え、ここが隅田川上流で荒川放水路にも挟まれた足立区小台町あたりでの撮影だと分かる。今でこそこの辺は「隅田川」と称するが、当時は放水路とは区別して「荒川」と呼んでいた。――まさに東京の〝ダウンタウン〟ということになる。

「戦後四年目の早春」とのテロップが出るこの映画、キーワードは〈シベリア〉である。バラックに一人住まいをしているという鶴石は、シベリアからの引揚者だと告白するし、りよの口から、自分の亭主もシベリアに抑留されていてなかなか帰国できない、ということが語られる。そして極めつけは、りよの子供・留吉が三度も口にする「異国の丘」※1である。この歌は、昭和23年のNHKラジオ「のど自慢」で、復員兵が歌ったことから知られるようになった楽曲だが、実際シベリアに抑留されていた兵士が作詞し、やはり同地にいた吉田正が作曲したものである。シベリアからなかなか帰って来ない夫のイメージを強調する役目を果たすこの悲壮感たっぷりの歌を、いたいけな子供が口にし、吉原病院に、いわゆる「検黴《けんばい》」（梅毒検査）に来ている〝パンパン〟※2たちまでもが楽しそうに歌っているのが皮肉である。

物語はいたってシンプル。戦争のあと、人々がみな生活に困窮していた時代、ちょっとした偶然により、つかみかけた幸せがするりと逃げていってしまう男女の悲恋もので、そこまでのハッピーな気分がラストで一気にひっくり返る悲劇でもある。

こうしてみると「もはや戦後ではない」昭和三十年代初頭の映画界でも、〈戦争の傷跡〉という切り札がまだ通用していたということになるが、この手の題材が現代で通用するはずもなく、映画業界が題材探しに苦労する現状を憂いていたところ、平成も20年になって、突如『私は貝になりたい』がリメイクされるというニュースが日本中を駆け巡った。それも公開してみたら、そこそこヒットしたということだから、我が国の映画界もよく分からないところである。

※1　昭和24年には渡辺邦男監督、上原謙・花井蘭子の主演により、同名の映画（4月25日封切）も作られている。
※2　パンパンとは、主に進駐軍の兵隊を相手に街角に立った夜の女、すなわち売春婦のことで、日本映画にも多く登場する。東宝映画では、これを演じた団令子の『女体』（昭39／監督：恩地日出夫）が最も鮮烈な印象を残す。パンパンガール、パン助などの呼称もある。吉原病院で、娼婦たちは「東京ブギウギ」も歌う。

本作で特筆すべきは、小道具の使い方の巧みさである。例えば、山田が売る静岡のお茶、三船の長靴、お祭りで売られるカルメ焼き、山田の買うコロッケ、旅館の扉の鍵、猫の屍骸、などなど。これらのものが心理描写に一役も二役も果たしているのだ。

当時、助監督だった谷清次の話によると、撮影中、監督から「カット」がかかっても、スタッフが誰一人として動かなかったことがあったという。これは皆が山田五十鈴の演技に感動して、泣いていたからだというから、まさに大女優・名女優と呼ばれた証しである。そのとおり山田は、二年連続で「キネマ旬報」女優賞を受賞することになる※3。

音楽は『ゴジラ』（昭29）で名を馳せた伊福部昭。お茶をもらい、弁当を食べるうちにお互いの境遇が明らかになり、次第に親しみが湧いてくるシーンでは、重々しく鳴り響いていた音楽がいきなり軽やかなものに変わる、という転換の妙を見せている。

りよ母子は、稲荷町で「結婚相談所」を営む幼馴染みのおきくさん（村田千栄子／大映）の二階を間借りしている。襖一枚隔てた隣室には、夫が結核のため清瀬の施設で療養中の中村たまえ（淡路恵子）が住んでいる。たまえは、実は大家と結託し、客をとっている娼婦なのだ。おきくは大西という男（多々良純）から、りよを世話（紹介）するよう頼まれている。しかし、いつ帰ってくるかも分からない夫を六年も待っているりよは、この話に乗ることはない。本作に登場するのは、このように戦後を引きずっている人間ばかりである。

おきくの旦那（田中春男）はいわゆる〝山師〟で、ニシンの買い付けをするのに金が必要だとして、大西から引き出すようおきくに指示する。たまえは「女ってそれぞれに苦労をしょってるものね」と言って、ため息をつく。その後、おきく夫婦とたまえは売春容疑で警察に引っ張っていかれ、娼婦のたまえは「吉原病院」に収監されてしまう。

りよは留吉を連れ、コロッケとフライ――一個五円である――を手に鶴石のバラックに立ち寄る。ここの鉄屑を運搬する「荒川運輸」の配送員には沢村いき雄と大前亘が扮している。留吉を「白髭神社」のお祭りに連れ出した鶴石は、カルメ焼きをご馳走。たちまち親しくなった二人は、母のりよと共に浅草の「観音様」を見に行くことになる。

「松屋」の屋上※4の飛行塔に乗った後、六区で映画を見る三人。映画館から出ると、雨になっている。鶴石は「稲荷町までなら近いから」と、母子を送っていくと言う。しかし、留吉が疲れて眠ってしまったこともあり、りよは「小さな旅館で休んでいきたい」と主張。結果、三人は旅館「すみだ荘」に部屋を取ることになる。もちろん、別れ難い気持ちがそうさせたに違いない。

鶴石とりよは、取り立てて気の利いた言葉を交わすわけでもなく、時は淡々と過ぎていく。互いの年齢を尋ね合うと、おりよさんは三十歳だと言う。鶴石が一歳年下であることが判り、「もうおばあさんよ」と自嘲気味に言うりよ。鶴石はかつて結婚していたが、兵隊から戻ったら、妻は別の男と暮らしていたと告白。ここは、中年男女の心の機微といったものがじわじわと伝わってくる、情感溢れる名シーンとなっている。

川の字になって寝る三人。「そっちへ行っていいか?」との鶴石の誘いに、りよは一旦「いけないわ」と拒否。「おりよさんは偉い」と言う鶴石。「女が皆だらしないっていうわけではないんだ」と、かつての女房と比較したかのような発言もする。結局その夜、二人は結ばれるのだが――。

朝になると、鶴石は「責任を持つ」と宣言。部屋を探すことを約して、二人は別れる。これが最後になるとは思

※3 山田五十鈴は、昭和31年は『猫と庄造とふたりのをんな』と『流れる』の二作、この年昭和32年は『蜘蛛巣城』、『どん底』そして本作の演技により、同賞を受賞している。
※4 戦後四年目の設定である本作では、時代設定上、昭和25年に設置された「スカイクルーザー」が存在していないことになっている。

いもせずに……。

ここからが本作のクライマックス。一時間に満たない短編でも、しっかり起承転結が設けられている。運送トラックの助手（大前亘）が休んだため、鶴石が大宮まで同乗することになり、黒板にりよへの書置きを残す。観客の脳裏に、不吉な思いがよぎる。訪ねてきたりよの、手鏡で顔を直す仕草のなんといじらしいことか。こういうところに山田の上手さを感じるのは、筆者のみではないだろう。

するとバラックの事務所では、見知らぬ男たち（広瀬正一、佐田豊ら）がなにやら片付けをしている。彼ら荒川運輸の者たちの言によれば、鶴石は大宮からの帰り、川口でトラックごと川に転落して死んだのだという※5。ここは、唐突な三船の物語からの退場が、かえって哀しみを増す仕組みとなっていて、「わざわざ死ぬために復員してきたみたいなものだ」とつぶやく佐田豊の言葉が、りよのみならず、我々観客の胸にずしりと響く。

中野の功運寺にある林芙美子の墓を千葉監督、山田五十鈴らと参る（三船プロ提供）

今日も昼を告げるサイレンが鳴る。またも「異国の空」を歌い出す留吉。弁当を使いに、いつか鶴石と行った「白髭神社」へと向かう母子。荒川運輸のトラックが土埃を舞い上げ、二人を追い越して行くと、りよの目から涙がこぼれ落ちる。苦い苦いラスト・シーンであるが、伊福部昭による「祈りのコーラス」が救いとなっている。メロドラマや悲劇を演じる三船もまた、我々を魅了してやまない。

【はみだしエピソード】

本作における台詞で聞き捨てならないのが、多々良純と村田千栄子の吐く「恐れ入谷の鬼子母神」と「足を洗いのお薬師様」の二つの香具師《やし》言葉（慣用句）。特に後者は今では誰も言わない、というか筆者も初めて聞いた絶妙のシャレで、本作の舞台に近い新井薬師をもじったものである。他には「その手は桑名の焼蛤」が有名だが、これも今ではまったく聞かれなくなってしまった。

本作には、山田母子と三船が浅草で休日を過ごすシーンがある。三人は松屋の屋上遊園地「スポーツランド」と六区の映画館で遊ぶ。普通なら真っ先に五区にある「浅草花やしき」※6に行くところだが、三船たちは何故か松屋デパートで遊ぶ。何故に松屋だったのかといえば、お財布の紐が硬かったこともあろうが、当時、デパートの屋上は子供たちの〝天国〟であったから、三船は山田の子供をこちらに連れていったのだろう。脚注に記載のとおり、人気の観覧車「スカイクルーザー」は昭和25年に初お目見えしたものであるから、昭和24年の物語である本作には当然ながら登場していない。

六区の映画館「浅草クラブ」※7で三人が見る映画は、滝沢英輔監督の『斬られの仙太』（昭和24年4月5日封切／主演：藤田進）。次回上映作品として、エンタツ・アチャコの『新東京音頭 びっくり五人男』※8（昭和24年6

※5 トラックの転落ショットは、東宝技術部による特殊技術にて処理されている。光学撮影の中野稔さんに伺った話では、このセクションは、構成メンバーもやっている仕事内容も、のちの円谷プロそのものであったという。
※6 戦時中一時取り壊されていた「花やしき」は、昭和22年に再開園されていた。
※7 この「浅草クラブ」、実在した映画館の館名は「東京クラブ」といい、外観は当館でロケされたものとのことだ。『男はつらいよ 寅次郎わが道をゆく』（昭53：マドンナはSKDの花形スター役の木の実ナナ）では、車寅次郎がこの館の裏手でバイをするシーンがある。なお、当館は平成の初めに取り壊されてしまう。
※8「五人男」とは、花菱アチャコ、キドシン、横山エンタツ、川田晴久、古川ロッパ（ポスターのビリング順）のこと。

月7日封切／監督：斎藤寅次郎）の看板がかかっているが、ビリング（俳優の記載順）はアチャコが先であった。

【三船本人による発言】

『蜘蛛巣城』のときにも、メーキャップにいろいろ苦労をされて、あの能面そっくりの顔を考え出されるし、セットなどでの山田さんの態度にも僕らは見習うべき点が多いと思うんです。共演する僕なんかいつも圧倒されがちですが、こんどは二人とも汚れ役ですが、じっくりとしたものだけに、大いに勉強になると思います。

（原文ママ：公開当時のパンフレット掲載「共演者は語る」より）

パンフレット表紙

7.『ハワイ・ミッドウェイ大海空戦 太平洋の嵐』（昭和35年：東宝）

© 東宝

昭和35年4月26日封切　監督：松林宗恵　特技監督：円谷英二　脚本：橋本 忍・国弘威雄　出演：夏木陽介、佐藤 允、田崎 潤、池部 良、榎本健一、上原美佐、三益愛子、河津清三郎、藤田 進、鶴田浩二、三船敏郎　※ DVD 化

【三船の役柄】

第2航空戦隊司令官・山口多聞。ミッドウェイ海戦では空母「飛龍」に乗り込む。

平成16年、『ゴジラ ファイナルウォーズ』の完成後に取り壊されてしまった東宝撮影所の名物的存在、いわゆる「大プール」は、昭和35年製作の本作のために作られたものである※1。それにしても、このプールを使って撮影された、円谷英二の特撮技術の素晴らしさは、今見ても舌を巻くばかりだ。空母「飛龍」のオープンセット※2も本当に物凄い代物で、本作はもう一度、東宝スコープのワイド画面で、それも大スクリーンで観たい作品である。

真珠湾攻撃の特撮シーンは、後年『連合艦隊司令長官 山本五十六』（昭43／監督：丸山誠治）に流用されることになるほどの素晴らしい出来栄えを見せているが、一方では『ハワイ・マレー沖海戦』（昭17／監督：山本嘉次郎）でのモノクロの味が格別、という方もおられるだろう（本作は、このモノクロ版のカラー・リメイクの趣きさえある）。なにせ、終戦後この映画を観た米軍関係者が、本物のニュース・フィルムと勘違いしたくらいの完成度である。筆者もこちらに軍配を上げる一人だが、本作での〈寒天〉の海を進む連合艦隊や機動部隊のロング（俯瞰）ショット、それにミッドウェイにおける我が空母群の大炎上シーンは、それはそれで「素晴らしい」の一語に尽きる。のちに、三船敏郎が三度び山本五十六を演じた米映画『ミッドウェイ』（１９７６／監督：ジャック・スマイト）※3に流用されているのを見たときには、誇らしい気持ちさえしたものである※4。

なお、本作の前には『太平洋の鷲』（昭28）という、いわば〝太平洋〟シリーズの第一作目が作られていて、続く第三弾『太平洋の翼』（昭38）も含め、三作続けて出演しているのは、我が〝永遠のヒーロー〟三船敏郎だけである。

筆者の世代だと、山本五十六と言えば三船のイメージが強く、『トラ・トラ・トラ!』（１９７０）※5や『パール・ハーバー』（２００１／監督：マイケル・ベイ）を見ると、山村聰やマコ岩松には申し訳ないが、物足らなさを覚えてしまうほどだ（ちなみに本作では、三船は山口多聞を演じ、山本五十六には藤田進が扮している）。

監督をした松林宗恵は、〈和尚《おしょう》〉と呼ばれていた経歴に偽りはなく、本当に西本願寺派のお寺の僧侶だった方である。道理で死や戦争に対する思いが、直接作品に反映されているはずだ。その後、海軍予備学生を経て、海軍中尉に昇進した松林だが、〈集団殺人〉とも言える戦争に対しては、忸怩たる思いがあったに違いない※6。

松林監督の厭戦思想や死生観の表れなのであろう、この作品には、ラストに何とも不思議なシークエンス――海中に没した三船や田崎潤の艦長たち、すなわち死者による語らいがもたれる――が用意されている。監督自身の思いがストレートに表現された挿話なのであろうが、後年見直したとき、子供時代には気にならなかったこの場面に軽い違和感を覚えたことを告白しておかねばなるまい。戦争映画でこのような観念的でファンタジックな表現をした方は、松林監督をおいて他には、まずいらっしゃらないであろう。

本作は、航空母艦「飛龍」での出来事が物語の中心に置かれている。主人公は、夏木陽介扮するパイロット・北見中尉。艦橋に集うのは、山口多聞・第二航空戦隊司令官の三船敏郎以下、飛龍艦長の田崎潤、参謀の池部良、土屋嘉男、伊藤久哉、大友伸、そして平田昭彦、田島義文、小杉義男、桐野洋雄などの東宝専属俳優の面々である。「皇国の興廃この一戦にあり」と、マストにZ旗が掲げられるお馴染みの描写は『ハワイ・マレー沖海戦』と

※1 この大プールでは、戦争映画以外にも『モスラ』（昭36）や『キングコング対ゴジラ』（昭37）など、本多猪四郎監督&円谷英二特技監督による怪獣映画・特撮映画が多数撮影された。筆者が思うに、最もその効果が発揮されたのは、モスラやコングが南海の孤島へと帰っていくラスト・シーンと、三船敏郎（東郷平八郎）率いる連合艦隊とバルチック艦隊との決戦を描いた『日本海大海戦』（昭44／監督：丸山誠治）の海戦シーンではなかろうか。やがてCG全盛時代を迎えると、当プールはその使命を終え、平成16年に解体。跡地にはスタジオ改造計画に伴い、第11・12ステージと東宝映像美術や装飾部が入る「装飾棟」が建てられている。現地をご覧になれば、まさに「つわものどもが夢の跡……」の心境に陥ること必至である。

※2 このオープンセットは、千葉県勝浦市の海岸に原寸大のスケールで設営されたものである。

※3 この映画は、〝センサラウンド〟サウンド・システムの採用でも話題を呼んだ。

※4 『ミッドウェイ』のエンド・クレジットでは、ちゃんと本作の題名が記されている。

※5 友成大尉の発する暗号「トラ・トラ・トラ＝我奇襲に成功せり」は、本作には登場しない。

※6 植木等の父上である僧侶・徹誠《てつじょう》氏もまた、戦争を集団殺人と捉え、召集令状がきた檀家の人間には、戦争というものは集団殺人と断じ、「なるべく戦地では弾のこないような所を選ぶように。絶対死んじゃ駄目だぞ。必ず生きて帰ってこい。（中略）なるべく相手も殺すな」と念を押していたという（植木等『夢を食いつづけた男 おやじ徹誠一代記』朝日新聞社、1984年）。

まったく同じだ。攻撃隊の隊長・友成大尉に扮するのは鶴田浩二。夏木陽介演ずる北見は、この隊長機の飛行士を務めている。ちなみに、機銃手にはまだ成城大学の学生だった西條康彦※7が扮しており、この頃の西條にしてはなかなか大きな役が与えられている。

北見の親友・松浦中尉は、当時夏木の〝相棒〟役が多かった佐藤允が演じていて、松浦は第二次攻撃隊に属している。その他のパイロットには、小泉博、中島春雄、中丸忠雄、山本廉といった、やはり東宝映画ではお馴染みの顔が並ぶ。

本作、ほとんどが軍人による戦闘シーンで構成されるが、唯一民間人が登場するのは北見の帰省先にて。真珠湾攻撃の後、正月を故郷の佐世保で過ごす北見には、啓子（上原美佐）※8という許婚《いいなずけ》がいる。「せめて仮祝言だけでも――」との母（三益愛子）の声をかき消すように、南方戦線へと向かっていく北見だが、次に帰省した折に、ようやく祝言を挙げることができる。

ところが、電報が来て、すぐに艦隊に戻される北見。もちろんこれはミッドウェイに向かうためで、初夜もお預けである。ここに登場する校長先生には、〝エノケン〟こと榎本健一が扮している。〝東宝オールスター〟作品だけあって、本作では新旧の東宝俳優陣が揃い踏みだが、エノケンが唯一の喜劇人であった。

本作には、山口少将が連合艦隊司令長官の山本五十六を訪ねるシーンがある。ここで交わされた会話「これからの戦争は工業力、つまりは国力対国力。したがってアメリカとは今のうちに決着を」云々は、のちの〝8・15シリーズ〟『連合艦隊司令長官 山本五十六』においても、山本役の三船敏郎により繰り返し述べられることになる。なお、ミッドウェイ海戦の特撮シーンのかなりの部分が、真珠湾攻撃のシーン同様、この『山本五十六』に流用されているのだが、ここは日本人ならなかなか平常心では見られない場面であろう。結果は分かっていても、「早く爆弾を魚雷に代えろ！」と叫びたくなってしまう。友永隊の第一次攻撃の効果が不充分で、「第二次攻撃の要を空母を失う羽目に陥る我が連合艦隊。最後は、総員退艦の命を下した三船の山口司令官と田崎潤の艦長は、舵に自らの身体を縛りつけて、艦と運命を共にするのだった。

認む」と打電してきたことから、すべての歯車が狂っていくのだが、とにかく本作は全編に亘って悲壮感が横溢。

見ていて、胸が苦しくなった方も多いのではないか。

偵察機がなかなか敵空母を発見できなかったのも本作戦の敗因のひとつに挙げられようが、なにしろアメリカ側にはすでにレーダーが完備、こちらの動向はすべてお見通しだったのである。

我が第一航空戦隊の指揮をとる「赤城」の艦橋には、河津清三郎扮する南雲中将（司令長官）以下、上原謙、加東大介、小林桂樹、宝田明、三橋達也、堺左千夫といった参謀たちが勢揃い。なんとも豪華な顔ぶれではあるが、南雲長官が下した判断は、ご承知のとおり最悪の結果を生んだわけだから、ここは当時〝悪役専門〟であった河津清三郎が必要だったのだろう。戦記小説などでは、南雲忠一の評判はとにかくよろしくない。

利根索敵機（大村千吉ら）から「敵艦らしきもの見ゆ」との打電が入ったものの、「空母を伴う」との情報が遅れたのが、我が方には不運であった。急ぎ陸用爆弾を魚雷に変更している最中に、敵空母の艦載機が襲い掛かってくる。まさに最悪のタイミングで、「赤城」「加賀」「双龍」の三隻の空母が火ダルマとなり、戦闘不能に陥る。

かくして、〈健在〉を表明した「飛龍」の全機が敵機動部隊を攻撃、ようやく空母一隻を沈めるも、時すでに遅し。残るは夏木陽介の友永機など、八機のみとなるのだった。

母艦に戻り、再出撃を目指す友永。しかし、敵機の集中攻撃を受けた「飛龍」も炎上――と、出撃したすべての空母を失う羽目に陥る我が連合艦隊。最後は、総員退艦の命を下した三船の山口司令官と田崎潤の艦長は、舵に自

※7　西條康彦と黒澤明、ひいては三船敏郎との意外な関係については、前掲『成城映画散歩』に記したところだ。
※8　上原美佐は、黒澤の『隠し砦の三悪人』（昭33）に雪姫役でスカウトされた新人女優。撮影後、すぐに一作限りの引退を表明するも、東宝の慰留を受け、本作や『日本誕生』など八本の東宝映画に出演。しかし、本人に意欲がなかったのであろう、その女優生活は二年間で終わってしまう。あの『スター・ウォーズ』（1977〜）のレイア姫のモデルにもなったわけだから、引退していたとしてももう少し注目されてもよかったように思うが……。

らの体を縛りつけ、艦と運命を共にする。ここで、佐藤允らの負傷兵が道連れとなるのも悲しいことであった。

米側の損失は、ヨークタウンとエンタープライズ型の二隻の空母のみ。しかし、北見の母と新妻が聞くラジオでは、「日本側の大勝利」なる〈情報規制〉のかけられた大本営発表が流され、一般国民に敗戦の情報が知らされることはなかった。

艦橋で語られる「我々は大きな間違いを犯したかもしれない」なる三船のセリフは、〝戦中派〟である松林宗恵監督からの〈戦死者への鎮魂の念〉＝〈次世代へのメッセージ〉と受け止めるしかない。海中に没した三船と田崎による奇妙な述懐も同様である。

艦と運命を共にする三船と田崎潤　© 東宝

【はみだしエピソード】

本作撮影中のある日、松林監督による突然のセリフ変更に激昂した三船敏郎は、その日の撮影が終わるや、助監督部屋に怒鳴り込みをかける。なにせ三船は、すべて台詞を暗記して撮影に臨んでいるのだ。すると、ほとんどの助監督たちが三船の剣幕に恐れをなして逃げ出す中、高瀬昌弘だけが三船の相手をしたという。セリフを覚えるのにどれだけ苦労しているかを主張し、高瀬に向かって二時間近くも文句を垂れる三船だったが、翌日の撮影では、台本数ページにも亘る長ゼリフをきっちりと覚え、本番は一発ＯＫとなる。そしてその夜、再び高瀬の元を訪れた三船は、「昨日はゴメン!」とスコッチ・ウィスキー二本を置き、早々と助監督室を退散する――。これは、高瀬の著書では決まって紹介される、心根の優しい三船の人柄をよく表すエピソードである。

本作撮影中にスタジオ見学に訪れたのは、米俳優のチャールトン・ヘストン。『十戒』（１９５６）や『ベン・

ハー』（1959）といった大作で、日本でもすっかり有名になっていた頃である。この時は、特殊撮影スタッフが作り上げた米艦隊のミニチュアを手に取りご満悦の様子だったヘストンだが、のちに出演した映画『ミッドウェイ』（急降下爆撃機で「飛龍」を撃沈する軍人・ガース大佐を演じた）に、本作のライブラリー・フィルム（日本側連合艦隊の炎上シーン）が流用された時には、この日のことを思い出したのではないだろうか。なお、この時作られた「大和」のミニチュアは、靖国神社に奉献、献納式まで執り行われたという。

本作でも軍歌が多数登場。「ダンチョネ節」、「軍隊小唄」、「兵隊さんよありがとう」などが兵隊たちによって歌われるほか、「同期の桜」や「海ゆかば」などのメロディーがBGMで流されている。

平成21年夏、8月15日のその日、松林〝和尚〟もついに天国へと旅立つ。「偲ぶ会」が開かれたのは、この大プール跡にも程近い第8ステージにて。ステージでのお別れ会は監督の遺志でもあったと聞く。筆者も参列しようと出かけてみたが、会費が高くて断念したという恥ずかしい思い出がある。

勝部義夫はキャスト・タイトルにクレジットがあり、「飛龍」の整備員として登場する。ちなみに、〝ソロモン〟※9こと広瀬正一も同じく整備兵役であった。

【三船本人による発言】

僕は平和論者！（海軍の将官服が「よく似合うよ」と言われてのコメント）

（双葉社『週刊大衆』1959年3月14日号掲載「三行コメント」より）

※9　この渾名がついたのも、広瀬が実際に「ソロモン海戦」（昭和17年8月〜11月）に参加し、生き残って帰ったからこそのことである。怪獣映画マニアには、俳優としてよりもキングコングのスーツアクターとしての方が有名か？

8.『座頭市と用心棒』

（昭和45年：勝プロ・大映）

（山口勝弘氏所蔵ポスター）

昭和45年1月15日封切　監督・脚本：岡本喜八　脚本：吉田哲郎　原作：子母沢寛
出演：勝新太郎、三船敏郎、若尾文子、米倉斉加年、岸田 森、嵐寛寿郎、滝沢 修
※ DVD 化（東宝）

【三船の役柄】

とある宿で幅を利かす小仏一家の用心棒の先生にして、その本当の顔は、御用金の着服事件の真相を探る公儀隠密・佐々大作。

大映のドル箱番組であった〝座頭市〟シリーズ。七年余に亘る作品群の中で、天知茂の平手造酒をはじめとした様々な剣豪・ライバルとの対決を制してきた〈盲目の侠客〉座頭市だが、第二十作目となる本作で、ついに〈あの男〉との対決のときを迎えた。日本映画界も、〝スター・プロ〟花盛りの時代ながら、観客動員から言えば、まさに先行き不安定の情勢であったから、大映には、ここで座頭市にミフネ・用心棒との対決をさせることで、一気に打開を図るという意図があったのであろう。しかし、結論から言えば、この試みはある意味大成功、別の観点からはまったくの失敗に終わる。

というのも本作、観客動員的には「シリーズ最大」と喧伝されていたように記憶するが、両スーパースターの対決に決着がつけられることはなく、結果として〈両雄が並び立って〉しまったからである。筆者も封切日に三船ファンの父親と劇場に駆けつけたが、我々も含めた観客たちは、かなりのモヤモヤ感を持ったまま家路についたものである。

それでも筆者が、この映画を「この10本」に加えた理由は、三船の用心棒としての再登場が叶った喜びもさることながら、三船がこの難しい仕事を成しに大映へと出向するに当たって、デビュー作『銀嶺の果て』時代からの〝盟友〟岡本喜八監督を同道したこと（番外篇で後述）、その一点に尽きる。この二人の信頼の強さは、三船が数々のヘンな役に付き合ったこと、三船プロで仕事を三作も共にしたこと、そして勝プロ＝大映にまで岡本を連れて行ったことから十分に伝わってくるし、この難儀な仕事は、やはり日本映画界にとって大きな価値があったと思うからである。

以下に、岡本が苦闘した、本作の筋書きを要約してみる。

〝そよ風〟、〝せせらぎ〟、〝梅の匂い〟を求めて、斬り合いに疲れた市（勝新太郎）が三年ぶりでやって来た里は、今やヤクザの小仏政五郎（米倉斉加年）と、その父親で生糸問屋「烏帽子屋」の弥助（滝沢修）が、金塊の在りかを巡って激しく対立する物騒な村に変貌していた。

小仏一家には用心棒（三船敏郎）がいて、親分の政五郎は早速、用心棒に市を斬るよう要請。二人は早くも対決の時を迎えるが、お互いの腕を認め、同類と感じた二人は「バケモノ」、「ケダモノ」となじり合いながらも、居酒屋へと繰り出す。するとそこには、かつて市の手を引いてくれた〝梅の匂い〟のする梅乃（若尾文子）がいる。用心棒と梅乃はお互い気があるようだが、二人は口喧嘩ばかりしている。

凶状持ちで「百両首」の市が番太（草野大悟）に捕えられると、烏帽子屋は市を受け出し、自分の味方に引き入れようとする。次第に金塊（御用金）着服のからくりを悟る市。父と共謀する次男の三右衛門（細川俊之）が送り込んでくるのは、九頭竜（岸田森）なる不気味な流れ者である。

八州廻りの脇坂（神山繁）が里に立ち寄る。この脇坂や番太も御用金着服の一味で、自分たちが疑われていることを番太に教える。実は、九頭竜は跡部九内《くない》という名の公儀隠密で、たちまち脇坂一行を斬って捨てる。九頭竜が証拠となる者をすべて消していくのは、自らが金《きん》を手に入れるためである。これを見抜く用心棒（三船）自身も、やはり公儀から差し遣わされた佐々大作なる隠密なのであった。

市と佐々は、お互いが用心棒をする烏帽子屋と小仏一家を闘わせて、両方を潰してしまおうと策略。そんな中、里の長老・兵六（嵐寛寿郎）が九頭竜の単筒に倒れ、市は金塊が兵六の彫っていた百三十体の地蔵の中に隠されていることを知る。

江戸から駆け付けた次男・三右衛門も交え、潰し合いは最終局面を迎える。身内で切り合いを始めた烏帽子屋父子だったが、瀕死の弥助が金の在処《ありか》＝地蔵の立つ丘へと向かう。これを追う政五郎と三右衛門の兄弟。市は、砂金状態となっている金《きん》を地蔵から取り出し、助っ人たちに地面に積み上げさせる。これに群がってくる烏帽子屋父子。誠に浅ましい限りだ。これを九頭竜が無差別に撃つ。そしてその銃弾は、佐々をかばおうとした梅乃をも倒す。

九頭竜を斬り倒す佐々。愛する梅乃を失ったかに見える今は、市を斬るしかない。こうして用心棒と座頭市による〝地上最大のチャンバラ〟が始まろうとしていた……。

以上、なんとも苦労の跡が見えるストーリー展開ではないか。どこか『用心棒』――すなわち、ダシール・ハメット――の匂いも感じる。勝・座頭市と三船・用心棒という大映&東宝両社のスーパー・ヒーロー、それもスター・プロの社長同士を闘わせて、そもそも決着をつけられるはずはなく、ああでもないこうでもないと設定と展開をこねくり回さねばならなかったことは、容易に想像がつく。否応なしに、お互いの弱点も描かれることとなり、三船も黒澤作品での〝三十郎キャラ〟とは一味違った面を出さねばならないような状況に追い込まれ、苦闘しているように見える※1。

思えば、座頭市が誕生したのも、それまでの時代劇のスタイル――東映の時代劇に代表される様式的な殺陣――をすっかり駆逐してしまった『用心棒』(昭36)と『椿三十郎』(昭37)の影響を受けてのこと。市によるスピード感溢れる仕込み杖さばきも、従来の――黒澤明に言わせれば、斬られるのを待っているような――のんびりとしたチャンバラにはない、リアルでシャープな三船の刀さばきがあってこそのものであったから、両者が出会い、対決

※1　三船敏郎の孫息子で、現在映画プロデューサーの仕事をする三船力也さんは、この映画を初めて見た時、三船が米倉斉加年（政五郎親分）の口真似をして「しぇんしぇー」とおどけるのがとても嫌だったという。確かに三十郎はこうした下卑た口ぶりは見せなかったし、後年のTVシリーズ「荒野の素浪人」の峠九十郎も品のない悪ふざけはしなかったものだ。だいいち、本作の三船・用心棒は、金に執着するのは〝本家〟と同じにしても、その目的は大違い。また、酒好きなのはいいが、酔っぱらって寝てばかりいるし、女好きなうえ、おまけに泣き上戸と、いささか人間くさ過ぎるキャラとなっている。撮影時期が、やはり岡本作品である『赤毛』の直後であることを考えれば、三船・用心棒に農民・権三の血がちょっぴり混じってしまった、ということになろうか？

に至ることは、ある意味〈必然〉だったわけである。

当時、〝座頭市〟シリーズはまだ大映配給※2によるものだったので、筆者が観に行った劇場は「山形大映」であった。しかし現在、本作のＤＶＤは東宝ビデオから発売されており、筆者の感覚としても、これはほとんど東宝映画である。岡本作品では常連だった砂塚秀夫に岸田森、それに『赤毛』（昭44）で活躍したばかりの寺田農や、三船とは因縁浅からぬ神山繁に田中浩※3といった顔ぶれが助演していることにも〝東宝感〟があった。

本作の封切前、筆者は、本作のサウンドトラックのコンパクト版※4を購入、主演作篇に記した『風林火山／赤毛』とともにこれを愛聴していた。もちろん本作の音楽は伊福部昭。〝座頭市〟シリーズの全作品を担当したことはご承知のとおりである。伊福部は〝大魔神〟三部作や〝眠狂四郎〟シリーズなども担当し、大映映画ファンには著名な音楽家であったが、ゴジラをはじめとする怪獣映画等で、我々東宝映画好きにもすっかりお馴染みであったから、サントラ・レコード蒐集に目覚め始めていた筆者は、これをいち早く入手せんとレコード店に走ったものだった。

岡本に本作の話が持ち込まれたのは、岡本喜八『映画監督岡本喜八対談集　しどろもどろ』（筑摩書房、２０１２年）によれば、昭和44年10月10日のこと。当初は「ホン（脚本）の出来が、具合が悪く」て、断ろうと思っていた岡本だったが、「変な男気みたいなもの」が出てきて、脚本を自分が書くことで引き受けることにしたのだといぅ。二十三日間で書いた脚本を、三十六日で撮り上げたそうだから、かなりの〝やっつけ仕事〟だったことになる。

前述のとおり、もとから「あり得ない企画」であった本作に、岡本は真っ向から取り組む。結果として、監督が「不安」を抱いたとおり、中学生だった筆者も〈大いなる満足感〉は得られず終いとなったが、それでも、いつものシリーズ作や黒澤・岡本作品とは一味違う雰囲気も感じられた。それは両主人公がいつもは見せない〈欲〉みたいなもので、ひょっとすると岡本作品の常道である「主人公の死」で物語が終わるのではないか、との危惧すら覚えたものである。それだけ〈両雄並び立たず〉のプレッシャーが岡本と両ヒーローを追い込んだ証しであり、対決が引き分けに終わったことで不満は残ったものの、どこかホッとした気分を覚えたことも確かだ。

考えてみれば、座頭市と用心棒の決闘はキングコングとゴジラの対決のようなものだが、あちらのバトルは引き分け※5に持ち込まれても、見せ場がそれなりにあって、大いなる納得感・満足感が得られた。しかしながら、刀や銃による一騎打ちは、勝負がつかなくてはカタルシスを得られるはずもない。窮地に立たされていたスター・プロの両雄は、この肝心なことに思い至る余裕を失っていたのであろう。

現場もなかなか大変な状況だったようで、撮影方法に関して――例えば開始時間、コンテ重視など――で大映京都スタッフ（特に撮影の宮川一夫）と岡本監督の溝が広がり、終始険悪な雰囲気の中、撮影が行われたとのことだ。撮影開始前にステージ入りするのは、東宝出身の岡本と三船だけ。監督の描いた絵コンテどおりに撮影する習慣のない大映のスタッフからの反発など、岡本は要らぬ苦労を強いられることとなった。

さらに本作、公開時期に関してもひと悶着があったと聞く。当初から東宝では、三船プロ作品『新選組』（監

※2 本作以降、座頭市シリーズの配給は、ダイニチ映配から東宝へとスライド。東宝での第一作目は、森一生が監督した『座頭市御用旅』（昭47）で、森繁久彌が助演している。
※3 小仏一家の一員に扮した田中浩は、三船プロに所属。外国映画『レッド・サン』（1971／監督：テレンス・ヤング）出演の折には御大・三船に随行し、三船が演じたサムライ・黒田重平衛のスタンドインを務めたばかりでなく、端役での出演も果たしている。のちに、「わんぱくでもいい、たくましく育ってほしい」の丸大ハムのTVコマーシャルで全国的に顔が売れたので、ご存知の方も多いはずだ。
※4 本盤は、大映レコードからの発売。東宝に東宝レコードがあったように、当時は大映もレコード会社を持っていたのである。
※5 ご承知のとおり『キングコング対ゴジラ』（昭37）でも、コングとゴジラによる〝世紀の対決〟の決着はつかず終い。最後は熱海城を破壊、もつれ合って崖上から海に転落する両雄だったが、ゴジラは海中に没したまま姿を見せず、コングは熱海沖から南海のファロ島へと帰っていく。

督：沢島忠）※6の正月（1月1日）公開が予定されていたことから、東宝からの申し入れにより、本作の公開時期は後ろ倒しとなる。そして、本作が正月第二弾となる1月15日公開に決まると、今度は東宝の二番館の上映とバッティング。プロデューサーの三船がずいぶんと突き上げを食らったという話が、『キネマ旬報』誌を賑わせている（後掲の三船本人による発言も参照されたい）。

三船プロ、石原プロといった、いわゆる〝スター・プロ〟の隆盛もこのあたりまで。そもそもの始まりである『黒部の太陽』（昭43：石原プロ）における裕次郎と三船の初顔合わせ以来、『祇園祭』（同年：中村プロ）での錦之助&三船の共演、『風林火山』（昭44：三船プロ）での三船・錦之助・裕次郎の三者共演を経て、勝プロの本作ではとうとう勝・座頭市と三船・用心棒の直接対決まで実現。その後は、この手の大作映画はやはり三船プロの『待ち伏せ』（昭45）、石原プロの『富士山頂』（同年）くらいしかなくなり、『待ち伏せ』ではついにその全員が顔を揃えることとなる。いくら各社の大スター、夢の共演といってもこれだけ乱発されれば、観客に飽きがくるのは当然。観客動員数は減少の一途を辿り、いよいよ日本映画界も、本当の意味で〝斜陽〟のときを迎えるのであった。

【はみ出しエピソード】

この映画で三船は、くたびれた灰色の着物に濃い茶色の袴を着用している。〝本家〟の桑畑三十郎はどうだったか？　これはモノクロ作品のうえ、カラー写真が残っていないので確認しようがないと思っていたところ、『用心棒』のロケ地であった〝農場オープン〟※7に潜入して、三十郎の衣装を目撃していた人物がいたのだ。当時は中学生だったという湯川幹夫さん※8によれば、桑畑三十郎の着物は濃いモスグリーンで、袴はこげ茶であったという。テレビシリーズ「荒野の素浪人」のセカンド・シーズン（昭49／NET系）における峠九十郎の着衣が、最もこれに近いのではないだろうか？

【三船本人による発言】

僕が勝ちゃんの作品に出ているというのではなく、観客が楽しんでくれる絶対面白い作品にするため、一緒に協力して作っているつもり。単なる顔合わせなんてナンセンス。出演する一作一作が勝負ですよ。現在の映画に欠けているのは、作品に打ち込む熱気じゃないですか。

（サウンドトラック・レコード解説文掲載「撮影こぼれ話」より）

いや、まったく弱っています。東宝系の館主さんや東宝の営業部から吊し上げを喰っているんです。私が忙しかったこともあるが、まさか〝用心棒〟という題名をそのままズバリ使われるとは思わなかった。

（「三船プロ社長〝スター・プロ〟を語る」より）

筆者所有のレコード・ジャケット

※6　こちらの併映作『クレージーの殴り込み清水港』（昭45／監督：坪島孝）には、天本英世扮する座頭吉《ざとうきち》と内田良平扮する荒船五十郎なる用心棒の対決シーンがあった。本家公開前に、ニセモノながら座頭市と用心棒の対決を実現させてしまうという、そのパロディ精神には大いに賛同した筆者である。

※7　『七人の侍』（昭29）で都の情景のセットが組まれて以来、多くの東宝映画の時代劇セットが組まれたオープン用地。のちに美術倉庫が「東京美術センター（美セン）」、「東宝ビルト」へと発展し、円谷プロ製作による特撮TVシリーズ「ウルトラマン」や「ウルトラセブン」など（いずれもTBS系）が撮影されたことでも知られる。現在では、「コモレビ大蔵」という瀟洒な集合住宅地になっている。

※8　2016年11月の三船敏郎「ハリウッド殿堂入り式典」に同行した関係者の一人。

9.『男はつらいよ 知床慕情』

（昭和62年：松竹）

（山口勝弘氏所蔵ポスター）

昭和62年8月15日封切　監督・脚本：山田洋次　脚本：朝間義隆　出演：渥美 清、竹下景子、倍賞千恵子、前田 吟、すまけい、冷泉公裕、赤塚真人、淡路恵子、三船敏郎　※ DVD 化（松竹）

【三船の役柄】

北海道は知床の地で獣医をする上野順吉なる初老の男。妻に先立たれ、一人娘のりん子も〈駆け落ち〉同然で東京に嫁に行ってしまったので、現在“男やもめ”中。ある日、宿屋を探す寅さんを車に乗せたことから――。

全四十八作ある〝男はつらいよ〟シリーズ中、〈最強のゲスト〉が三船敏郎であることに、異論のある方など一人もおられないだろう。もちろん、これは歴代〝マドンナ〟を含めてのことで、超個性派の渥美清が演じる車寅次郎と堂々と渡り合ったゲスト・スターは、浅丘ルリ子演じた〝リリー〟を除けば、第三十八作目の本作に満を持して登場した三船をおいて他にはいない。いや、三船が演じた獣医・上野順吉は、むしろゲストというより、もう一人の主人公と言った方がよい存在であった。浅丘ルリ子が再登場した第十五作目に登場した船越英二なども、パートナーとしてかなり強烈な印象を残したが、三船の存在感とは比べようもない。

山田自身、こんなことを言っている。「前々から、スケールのでっかい三船さんと繊細な寅さんを組み合わせたら、ミスマッチなんだけど、とても楽しくなるんじゃないかと思っていてね。ようやく実現することになって、どこが舞台だろうと考えたとき、三船さんはどこにおいても似合う人じゃないのよ。東京のビルの間を歩いても、下町に行っても、農村においても駄目。そういう強力な個性がある。やっぱり三船さんにはオホーツク海の沿岸だなあと、すっと背景が浮かびましたね」（『毎日新聞』平成20年7月7日付夕刊掲載「訪ねたい 銀幕有情」より）。

まさに、この監督のコメントが本作成功の秘訣であることは明らか。車寅次郎という、とてつもなく強烈なキャラ――それもあの〈無法松〉の生まれ変わりである男――に対抗できるのは、我が三船敏郎をおいて他にはいない。それまでも、森繁久彌や嵐寛寿郎といった超個性派の男優たちが寅さんと絡んだことはあるが、三船ほどの扱いではなかったし、寅さんを食うなどということは考えようもないことであった。ちなみに、上野順吉なる役名は、かのジョン・ウェインのもじりであるというから、山田にとっての三船はそれだけの存在だったことになる。

三船と渥美清を共演させようという、山田のそもそもの発想は、『武蔵と寅吉』なる時代劇企画であった。これは一時の『キネマ旬報』誌でたびたび報じられており、筆者など三船ファンは映画化されるのを楽しみに待ったものである。したがって、この『知床慕情』は、実現することがなかった『武蔵と寅吉』※1のリベンジ的企画であり、結果として、武蔵と寅吉ならぬ、上野順吉と車寅次郎という〝似た者同士〟の二人による、一種の〈友情物語〉へと変化していった。晩年の黒澤明と山田洋次の関係も、一種の連帯感で結びつけられていたように見えるので、そういう観点からしても両監督から愛された両ヒーローの邂逅は、必然のことだったと言えよう。

かくして、本作の展開は以下のようなものとなった。

故郷・柴又に帰り、肺炎で入院中のおいちゃん（下條正巳）を病院に見舞ったのは良かったが、医師（イッセー尾形）とトラブり、本来なら〝跡取り〟である「とらや」の手伝いもままならない寅次郎に、おばちゃん（三崎千恵子）は大激怒。「店はやめる！」と言って泣き出してしまう。これを見た寅は意気消沈、再び旅に出ることになる。

阿寒からのテレビ中継でおばちゃんに「反省」の意を表した寅は、知床で一風変わった上野順吉（三船敏郎）という獣医と知り合う。妻とは十年前に死に別れ、一人娘のりん子も東京に嫁に出て現在〝男やもめ〟の順吉に、近所のスナック「はまなす」の雇われマダム・悦子（淡路恵子）が何くれとなく世話を焼くのを見る寅。

代わり者同士、気が合う順吉と寅だったが、そんな中、娘のりん子（竹下景子）が実家に戻ってくる。久しぶりに会う娘に対して、不機嫌な態度で接する順吉は、「寅さんがいてくれてよかった」と独りごちる。

聞けば、りん子は駆け落ち同然で東京へと出たものの、すぐに亭主と上手くいかなくなり、しばらく一人暮らしをしていたという。これも気に入らず怒鳴りまくる順吉に、悦子は「クソおやじ」と罵り、りん子を庇う。

寅が〈大自然と共に生きる人たち〉と悠々たる時を過ごす中、アパートを引き払いに一旦東京へと戻ったりん子は、柴又の「とらや」に立ち寄る※2。

記者会見風景（三船プロ提供）

知床では、老いの陰が忍び寄る順吉に、悦子が妹のいる新潟へと引き上げる意思を示す。これには無言の順吉。ところが、りん子が戻ってみると、順吉と寅が大喧嘩をしたという。これは、寅が順吉に悦子のことをとやかく忠告したためだが、寅はりん子に「鉄砲で撃ち殺されるかと思った」※3とぼやく。

休日に、スナックの常連である船長（すまけい：巧演である）ら「知床の自然を守る会」の面々（冷泉公裕、赤塚真人、油井昌由樹ら）によって、バーベキュー・パーティーが催される。

ここで悦子が、攻めて「スナックをやめる」と宣言。これに「俺は反対だ」と怒る順吉。いよいよ恋のキューピットである寅さんの出番である。果たしてここで順吉は、悦子に本心を告げることができるのか？　そして、寅とりん子の運命は……？

それまでの寅は、自らの恋心はさておいて、マドンナの恋の手ほどき・橋渡し役（例えば、第二十三作の桃井かおりと布施明や、第三十作の田中裕子と沢田研二、それに第三十七作の志穂美悦子と長渕剛）※4を果たしてきたという経験を持っている。ところが、自分より年長で人生経験も豊かなカップルの恋を応援したことはなく、この設定は本作が初となる※5。これは自らの理想を、寅が同志的存在である三船の獣医に託した、ということになろ

※1　話の筋は、「晩年の宮本武蔵（三船敏郎）が、武蔵の名を騙《かた》る変な男（これが寅吉か？：渥美清）と出会い、なんとなく一緒に旅を続けることに――。本物は、いつしか偽物の自由奔放で滅茶苦茶な生き方に魅せられていき、やがて、本物が美女に恋すると、偽物がこれを見破って大喜びする――」（前掲『毎日ムック 三船敏郎 さいごのサムライ』）というものだったとのことだが、まさにこのプロットが本作にスライドしていることは明白である。
※2　寅がマドンナと柴又で接触しない作品は極めて珍しい。
※3　これは、三船が猟銃を片手に田崎潤の家に殴り込みをかけた「成城のピストル事件」（土屋嘉男談）から、山田が発想した設定に違いない。
※4　このうち田中裕子と沢田研二、志保美悦子と長渕剛は、本当のカップルになった。
※5　第十六作『葛飾立志編』（昭50）では、マドンナの樫山文枝に思いを寄せる大学教授・田所（小林桂樹：『日本沈没』で演じた考古学者と同名、かつ渥美清の本名！）に対し、〝男と女の愛情の問題〟について講義した寅だったが、二人が結ばれることはなかった。

うか。

また、相手から好意を持たれたにもかかわらず、自ら身を引くパターンは第二十九作のいしだあゆみの例を持ち出すまでもなく、幾度となくある寅。本作でも順吉の必死の告白が悦子に受け入れられ、「知床旅情」※6の大合唱となった折に、いつのまにかりん子から手を握られていて、寅は大いなる戸惑いを見せる。そして、いつものとおり〈恋愛の成就〉に恐れをなしたか、寅は「渡り鳥は南に帰ります」との書き置きを残し、この女性からそっと去っていくのである。

そして、肝心の三船のほうは、黒澤の『野良犬』（昭24）で初顔合わせした、因縁の（？）淡路恵子※7を相手に、「俺が（悦子が新潟に）行っちゃいかんという訳は、俺が、オレが――惚れているからだ！　悪いか？」と、開き直ったかのように、愛の言葉を絞り出す。こんなに恋愛に必死となる三船を、他の映画で見たことがあっただろうか？　それも、主演作篇で見てきたように、無骨そのもので、ラブシーンなど絶対に似合わないような三船に、山田は愛の告白をさせているのだ。ここは、山田洋次の三船に対する強い思いと尊敬、観客へのサービス精神がない交ぜとなった感動的な展開で、筆者の胸にも熱いものが押し寄せてくるのだった。

淡路恵子と共に（三船プロ提供）

これ以降、三船が俳優として本領を発揮したのは、熊井啓監督の『千利休　本覚坊遺文』（平1）くらいしかないことを思えば、本作はまさに三船の――生き生きとした役柄を演じた作品としては――俳優としてのキャリアの〈最終到達点〉であったと言っても過言ではないだろう。

本作を観終わって、もうここまで来てしまうと、寅の恋の物語もいよいよ来るところまで来てしまったかのように思えたものだが、シリーズはさらに続き、まるで寅さんへの〈いきにえ〉のごとき、後藤久美子というフレッシュな血が導入され、第四十八作目まで作られていったのはご存知のとおりだ。

【はみ出しエピソード】

本作では、三船の獣医と酒を飲みながら、寅さんが「爺さん酒飲んで酔っ払って死んじゃった。婆ちゃんそれ見てビックラして死んじゃった」なる歌を歌うシーンがある。これは、三船と黒澤の初顔合わせとなった『酔いどれ天使』（昭23）で、志村喬扮する酔っぱらい医師・真田が、夕食時に賄いの婆や（飯田蝶子）を前にして歌う歌※8とまったく同じである。ここからも、山田洋次による熱烈な黒澤愛＝リスペクトが感じ取られて、誠に微笑ましい。ちなみにこの歌は、他にも『ドリフターズですよ！ 前進前進また前進』（昭42／監督：和田嘉訓）の中で、いかりや長介によって歌われている（こちらも「死んじゃった」歌詞ヴァージョン）。

長年の謎であったこのすっ呆けた歌詞を持つ曲だが、インターネットで調べてみると、若宮由美による研究論文「フロートの〈マルタ〉とシュトラウス父子」（『埼玉学園大学紀要』第5号、2005年）の中で、「ドイツの歌劇作家・フロート（フロトウ）のオペラ『マルタ』の第一幕第四番の合唱曲『まじめで働き者の娘さんたち』のメロディーに、浅草オペラの時代に替歌でこの詞（爺さん酒飲んで酔っ払ってころんだ）が当てられ、広く歌われるようになった」旨の説明がなされているのを発見した。これが事実なら、浅草オペラではエノケンも歌っていたとい

※6 森繁が製作・主演した『地の涯に生きるもの』（昭35／監督：久松静児）の羅臼ロケの時に作られた「さらば羅臼よ」が発展して、この歌となったことは、今や知らぬ者とてない話であろう。
※7 淡路が『野良犬』でスクリーン・デビューを果たしたのは、松竹歌劇団入団前のこと。本作は、中村錦之助（のちの萬屋錦之介）と結婚して、女優業から遠ざかっていた淡路が、やはり渥美清との共演作『父子草』（昭42／監督：丸山誠治）以来、二十年ぶりで映画界に復帰したことでも話題を呼んだ。
※8 歌詞は、『酔いどれ天使』では「――酔っぱらって転んだ」と歌われている。志村の歌が上手いのは、すでに『鴛鴦歌合戦』でよく知られていることだが、『生きる』で歌った「ゴンドラの唄」のほうは、市村俊之のピアノの伴奏とは相当ずれていて、これはこれでなかなかたいしたものであった。

うから、黒澤がこれを使いたくなった気持ちもよく分かろうというものである。なお、この歌は、他にも「明治末から東京第三高女（現在の都立駒場高校）に伝わり、踊り続けられている『コチロン』というダンス曲のメロディーに女学生が詞をつけたもの」という説もあって、真偽のほどは定かでない。

山田洋次の黒澤明とクレージーキャッツに対するリスペクトの念は、作品の端々から見て取れる。ハナ肇を主演に撮った八本※9でしばしば使ったクレージーの面々を、山田は本シリーズにおいても要所要所に配置している。特に、神父から寺の住職まで演じた桜井センリは、何作に登場したか数えきれないくらいで、交番の巡査やタクシーの運転手などをこなした犬塚弘も、寅の小学校の同級生（第二十八作目）にキャスティングされたほか、最終作となった『寅次郎紅の花』（平7）ではまたもタクシーの運ちゃんとして登場、最終作のラスト・シーンに華を添えている。

また、黒澤関連では『七人の侍』のうち、志村喬、宮口精二という凄腕の剣豪を演じた名優を、山田はやはり要《かなめ》となる役に配している。勘兵衛役の志村は、ご存じのとおりシリーズ第一作目から登場、さくら（倍賞千恵子）と結婚する諏訪博（前田吟）の父親・飈一郎に扮して、その後も第八作、二十二作と計三作に亘って出演。久蔵の宮口精二のほうは、二作に亘ってマドンナに扮した吉永小百合（役名は歌子）のやはり父親役で出演、どちらも忘れがたい印象を残している。

ところで、車寅次郎という名の由来だが、映画研究本でこれに言及されたことはほとんどない。筆者は、かつて松竹で、その後は東宝やその他の映画会社でナンセンスな喜劇映画を撮り続けた斎藤寅次郎が、そのネーミングの由来と固く信じているのだが、いかがであろうか？　斎藤寅次郎監督は、山田と同じ成城※10――それもかなり近所――に居を構え、当然ながら山田は喜劇映画の大御所に敬意をもっていたであろうから、自分の作る喜劇映画の主人公にその名前をつける、というのは極めて自然のことのように思える。だいいち、姓の「車」にしても、『無法松の一生』の項で述べたように、その主人公のキャラが寅さんに受け継がれていることは明らかなので、車引きの「車」が寅さんの姓に引き継がれたことも大いにあり得る話である。真相をご存じの方は、是非お知らせいただきたい。

【三船本人による発言】

山田洋次監督とは住んでいるのが同じ町内（東京・成城）ということで顔見知り。今年の正月ごろ、一緒に食事をしたとき、こんどの『寅さん』に顔を出してくれないかって言われてね。

獣医というのは初めてだった。『静かなる決闘』とか『赤ひげ』で、医者の役はやっているんだが。でも、どんな役でもやることはそう変わらない。この声と、面（つら）と、体でやるんだから。

今、アメリカからワイワイ言ってきているのが一本あるんだ。断っても、断っても、性懲りもなく言ってくるのがね。日本軍が捕虜を虐待する話なんだ。そういうのやりたくない！」

（『朝日新聞』昭和62年8月10日付夕刊掲載「フラッシュ」インタビューより）

※筆者注：この作品とは『戦場にかける橋』の続編『クワイ河からの生還』（1989年公開／監督：アンドリュー・V・マクラグレン イギリス映画）と思われる。結局、三船は出演せず、仲代達矢がこの役を演じた。

※9 最後となった作品『喜劇・一発大必勝』（昭43）におけるハナの役名は、なんと「団寅造」である。

※10 山田洋次は、成城大学で行った講演会「映画監督から見た黒澤映画」において、当地に居を構える以前は祖師ヶ谷大蔵にある団地「祖師谷団地」にお住まいだったと、明かされていた。この講演会は、平成22年度の「成城大学オープンカレッジ」のひとつとして開催されたもので、大船から遠く離れた祖師谷に住む山田は、松竹の同僚たちから「東宝に入ればよかったのに」と、よくからかわれたそうだ。

10.『深い河』（平成7年：仕事）

（山口勝弘氏所蔵ポスター）

平成7年6月24日封切　監督・脚本：熊井 啓　原作：遠藤周作　出演：秋吉久美子、奥田瑛二、井川比佐志、香川京子、沼田曜一、杉本哲太、菅井きん、三船敏郎
※ DVD 化（ポニーキャニオン）

【三船の役柄】

太平洋戦争末期、インド国境付近にて上等兵として瀕死の戦友・木口を助けるが、彼に食べさせようとしたトカゲの肉は、実は手榴弾で自爆死した兵隊の人肉で、戦後この経験に苦しみ続けることとなる塚田という元日本兵。木口と再会を果たした時には、深酒が祟って、命を落とす寸前であった。

熊井啓が、晩年好んで取り上げた作家が遠藤周作である。この映画は『海と毒薬』（昭61）以来となる遠藤とのタッグ作で、熊井が次に取り組んだのはかつて日活で浦山桐郎が撮った『私が棄てた女』の、遠藤原作を忠実に映画化した『愛する』（平9）であった。

〈遠藤周作作品の集大成〉とも称される小説『深い河』だが、遠藤文学には門外漢で、言ってみれば「違いの分からない男」※1である筆者は、この映画＝物語の本質に迫ることなど、まったくもって不可能。さらには、何度見ても本作の主人公である秋吉久美子が、かつて自分が性の奴隷として弄んだ挙句、棄教まで迫ったところで〈ポイ棄て〉した奥田瑛二の神父見習いを、フランスやインドにまでしつこく追いかけていくのかがまったく理解不能で、登場するキャラクターや作品などについて語る資格はまったくない。しかし、本作が三船敏郎の遺作となった以上、やはりここに取り上げて論じないわけにはいかないだろう。

『お吟さま』（昭53）で、三船とは『黒部の太陽』（昭43）以来、十年ぶりの再会を果たした熊井啓だが、『千利休 本覚坊遺文』（平1）に続いて、三船を四度《よたび》自作の現場へと呼び寄せる。すでに、外国映画『シャドウ・オブ・ウルフ』（米・仏では1993年公開＝日本未公開）における過酷な撮影（第3章参照）によって身も心も疲弊していた三船は、到底映画に出演できるような状態にはなかったが、熊井からの熱いラブコールを受け、子息である史郎氏とともに撮影現場へと向かう。

撮影時の三船の様子は熊井本人の口から語られている※2ので、ここではあまり触れないが、「気楽にやってください」※3との熊井の言葉にもかかわらず、体調が優れない三船は、テスト（リハーサル）では、塚田のセリフ

※1 狐狸庵先生こと遠藤周作は、自身が出演するインスタント・コーヒーのCMにおいては「違いの分かる男」と称されていた。
※2 前掲『黒部の太陽 ミフネと裕次郎』の中で熊井は、「三船氏はテスト中、意識が朦朧となる時があって、第三者たちには奇妙に見えたに違いない」と証言している。
※3 これは熊井が三船史郎氏に向けた〈口説き文句〉に違いない。

ではなく、『黒部の太陽』の思い出話ばかり話していたという※4。

ところが、キャメラの前に座り、ライトが輝き出すと、三船はたちまち演技者としての気迫が蘇り（熊井啓の証言）、「用意、スタート！」＝本番の声がかかるや、たちまち映画俳優として本来の姿に立ち戻った、というから、三船は生涯、俳優としての意識や矜持を保ったまま逝ったことになる。下手をしたらカットが繋がらなくなることを覚悟してまでも、三船を起用した熊井の、俳優・三船敏郎に対する敬意と愛情がひしひしと伝わってきて伝わってきて——よく見れば、スムースに繋がっていないのはありありだが——、何度みてもこの三船出演シーンは感動と感謝で胸が一杯になる。

映画は、インド最大の聖地・ベナレスを目指すバス・ツアーに参加する、主として三組の登場人物の回想を交えて進行。それぞれの人物が自分の過去を振り返りながら、人間として生きる意味を考える、という形式をとっている。主人公は、前述のとおり秋吉久美子扮する成瀬美津子であるが、まずは原作における主人公格・磯部（井川比佐志）の回想からスタートする。

磯部の妻（香川京子）は重い病気で余命三ヶ月と診断され、そのとおり亡くなる。死を前にして、夫に「私は必ず生まれ変わる。世界のどこかにいるから、見つけて」と言っていたことが頭から離れず、磯部は当地にいるという〈日本人としての前世を持つ〉幼女、ラジニ・プニラルを捜しに、このバス・ツアーに参加したのだった。

十年前、上智大学でうつろな学生生活を送っていた美津子は、熱心なクリスチャンで哲学科の大津（奥田瑛二）を「神様と張り合う」気持ちで誘惑、肉体まで与えて神を捨てさせることに成功する。キリスト像に対して、「私の勝ち」と勝ち誇る美津子だったが、「もう飽きた」と、いとも簡単に大津を棄ててしまう。まるでにっかつ〝ロマンポルノ〟の登場人物を思わせる、挑発的でデモーニッシュなこの役柄は、誠に秋吉にお似合いだが、その後の心変わり様（?）が、筆者にはどうしても合点がいかないのだ。

三年後、建築会社の社長の息子と見合い結婚をし、フランスを旅する美津子は、リヨンの修道院で神父になるため修行中の大津を訪ねる。自信無げに「すみません」を連発していた、以前の大津とは違って、どこか堂々とした雰囲気を備えた大津に驚きを隠せない美津子。大津は、彼女に捨てられ苦しんだ末に、ようやく「キリストの苦しみが解った」と言う。日本に帰ってキリスト教を考えたいという大津の言葉にいささかの共感を抱いたか、美津子はやがて夫と離婚すると、やはり大津が出向いた先、ベナレスへと足が向くのであった。

もう一人のツアー参加者が、戦争経験のある木口（沼田曜一）である。ビルマ戦線にいた元日本兵の木口は、戦後五十年経って見に行った、東大寺二月堂のお水取りの場において、自分の〈命の恩人〉である戦友の塚田（これが三船敏郎）と再会を果たす。居酒屋で昔話をするうちに、木口は、今は会社社長になっている塚田元上等兵が、深酒のせいで体を壊していることを知る。

入院した塚田を見舞う木口。ここは、塚田の妻役の菅井きんとの三人による演技となるが、三船の単独ショットだけは、明らかに〈別撮り〉のように見える。それだけ撮影に難儀したことの証しだが、よくぞ熊井は、演技をするのも困難な状態になっていた三船を根気よく使ったものである。

続いて、戦場での木口の回想シーン※5となる。インド国境付近で皆川という兵隊が手榴弾で自爆死。体の弱った木口に、塚田はトカゲの肉を食べさせようとするが、木口はこれを受け付けない。そこで塚田はこの肉を口にす

※4　三船が盃を叩きつけるシーンは、『黒部の太陽』のときの苦労を思い出して、本当に怒り出した時の一コマであるとのことだ。
※5　この戦闘シーンは、沼田自身が出演した関川秀雄監督作『日本戦歿学生の手記　きけ、わだつみの声』（昭25／東横映画）からの流用。若き日の沼田が登場するので、いかにも繋がっているように見えるが、どうしても流用を意識してしまうという難点がある。

るのだが、なんとこれは死んだ皆川の〈人肉〉なのであった。戦後、酒に酔わないと、自分を見つめる皆川の子供の目から逃れられなくなってしまった塚田は、酒に溺れて体を壊し、半年後に死ぬ。この経験を経て、木口は〈死ぬまで苦しみ続けた〉戦友を弔うため、そして自らも救いを見出すため、当ツアーに参加したのであった。

ベナレスに到着した一行は、ガイドの江波（杉本哲太）の案内で、ブッダ最初の説法の地や、清めの場所であるガンジス河などを見て回る。宗教に興味はなくとも、日本映画初となる長期インド・ロケの効果がいかんなく発揮されたこれらのシーンは、まこと胸に迫るものがある。

兵隊のときにマラリアに罹った木口が高熱をだしたことから、離婚後、病院でボランティアの経験をした※6美津子が看病に当たる。ボランティアをしていた病院で、イスラエルの修道院で勉強中の大津と文通を始めた美津子は、反神論的感覚を持つ大津がなかなか神父になれないことを知る。そして美津子は、ベナレスに向かうという大津の言葉を頼りに、当地にやって来たのだった。

この三人に、スクープ写真をモノにしたい写真家見習いの三條（沖田浩之）が、なかなかその目的を果たせないもどかしさが描かれる中、美津子は街角で大津と再会を果たす。今は教会を辞め、ヒンズー教徒になっている大津は、相変わらず「すみません」を連発する癖が治っておらず、死者をガンジス河の辺の火葬場に運ぶ手伝いをしていると言う。

大津や磯部、木口らから何かを得たのか、美津子は自らこの転生の河・ガンジスに入っていく。過去のあやまちから何かを知り、それぞれの辛さを背負って生きる人間の「深い河」の悲しみに、自らも交じっていると語る美津子＝秋吉は、ここでいったい何を得たのだろう？　この時の秋吉の表情は、本作のハイライトと言ってよく、最初は表情の固かった美津子が、次第に恍惚然とした表情を浮かべて沐浴を続ける様子からは、秋吉自身が何かを〈感じた〉としか思えない。

火葬の模様を写真に収める三條を咎め、フィルムを取り返しに追って行く大津は、階段でサンダルの紐が切れ転倒、大怪我を負う。「すみません」と言って謝るのはもちろんのこと、「神の真似をしても、結局はこんな目に遭うだけ」と自嘲気味につぶやく大津は、美津子らの帰国を前にして危篤状態に陥り、病院であっけない死を遂げる。「僕の人生はこれでいい……」と言い残して死んだ大津の遺骨（灰）を、美津子はガンジス河に撒く。もちろんこれは、〈転生〉を信じてのことに違いない――。

三船敏郎の遺作となった本作『深い河』※7だが、黒澤映画を敬愛し、それに出演した三船をこよなく愛した熊井啓の手によるものであったことが、三船にとって何よりの幸せだったと思うのは、筆者のみではないだろう。熊井自身、自著の中で、この時の三船の演技をこう評している。

「その風格は三船氏ならではのものだった。私には、三船氏の本番の演技になんの違和感もなかった。いや、そればかりか、以前よりもいっそう研ぎ澄まされたものを感じた。あのときの三船氏だから表現できた元兵士の慙愧にたえない心情、苦々しさ、空しさ、そのすべてを

『深い河』プレスシート

※6　原作小説では、美津子は磯部の妻の介護をしているが、映画化に際して、この設定は取り除かれている。
※7　本作は、1995年度「キネマ旬報ベストテン」で第7位にランクされた。

キャメラがとらえたのだ」。

熊井の人間・三船に対する温かい眼差しと尊敬の念、そして、俳優・三船敏郎を眺める冷静な視点も感じられる、なんとも〈深い言葉〉である。

また、直接の共演ではないものの、多くの映画で顔を合わせた香川京子との共演が久々に実現したことも感慨深いものがあった。そして、その熊井も、本作の三作後の監督作で、黒澤明が遺したシナリオの映画化である『海は見ていた』（平14）を最後に、平成19年5月に七十六歳で世を去っている。

【はみだしエピソード】

これは大林宣彦監督に伺った話。大林監督の『水の旅人 侍ＫＩＤＳ』（平成5年7月公開）は、当初、『キネマ旬報』誌などで報じられていたとおり、主人公の〝一寸法師〟役には三船敏郎の出演が予定されていた。ところが、撮影直前、カーマイン・コッポラが音楽をつけた無声映画の試写会で出会った三船に監督が挨拶をしたところ、撮影に入ることすらも分からない状態であったことから、大林は三船の出演を断念、代役に山崎努を指名する。

ここで山崎が出したたったひとつの条件は、三船さんのメイクを担当していたスタッフに自分のメイクをやらせること。これすなわち、自分を三船さんに少しでも似せてもらいたい、ということに他ならず、山崎の三船に対する敬意の念がよく窺い知られるエピソードである。

【三船本人による発言】

特に大変でもなかったです。出番も少ないし、あの監督の仕事じゃ一番楽でしたね。『黒部の太陽』の時は、ひどい目にあいましたが。

（前掲『ノーサイド』１９９５年2月号掲載のインタビューより）

三船敏郎が体調を崩したのは、平成2年12月から一ヶ月ほど、カナダのモントリオール郊外で行われた『シャドウ・オブ・ウルフ』（監督：ジャック・ドルフマン／日本未公開）のロケに参加したあとのことである。この映画は、『レッド・サン』のプロデューサー、ロバート・ドルフマンの子息であるジャック・ドルフマンの第一作目ということで、父親のロバートから直接頼まれて出演することになったものだが、エスキモー部族の長を演じた三船は、厳寒の地で実際にエスキモーの生活を強いられたことから、このロケ以降、かなり体を悪化させる（三船敏郎子息・史郎氏談）。本人も「これは大変だった。雪で寒くて、寒くて。山ン中だからね。それでセットの中は暑いんですから」とか、「引き受けて、えらい思いをした」と正直な気持ちを開陳している。

以上の三船の発言は、『浪漫工房』という演劇研究専門誌（1994年4月発行）と前掲の『ノーサイド』という雑誌（1995年2月号）のインタビューから引用したものだが、前者で三船は、「（煙草は）今、一日に二箱くらいになったんだけど……、お酒は一滴も飲まない。おいしくない。若い頃はいくらでも飲んでいたが、もう半年以上飲んでいないよ」と告白。さらに、「本当に嬉しかった」こととして、昭和61年に「UCLAメダル」をもらったことを挙げ、「この賞は大学教授やノーベル賞の受賞者などに贈られる賞だそうで、映画人がもらうのは珍しいらしいよ」と、その喜びを口にしている。

このメダルは、今も三船プロの社長室に飾られ、まばゆい光を放ち続けている。まるで三船敏郎の偉業を、永遠に讃えるかのように……。

番外篇　岡本喜八作品における三船敏郎の意外な役柄（1）
『結婚のすべて』（昭和33年：東宝）

撮影風景（左が岡本喜八監督、中央は中井朝一キャメラマン）

昭和33年5月26日封切　監督：岡本喜八　脚本：白坂依志夫　出演：雪村いづみ、新珠三千代、上原 謙、三橋達也、堺 左千夫、団 令子、山田真二、仲代達矢、小川虎之助　※未DVD化

【三船の役柄】

ヒロインの雪村いづみが所属する劇団「素顔座」で熱い演出を施す演出家。オネエ風の口調と、その長髪をかき上げる仕草が堪らなく変《ヘン》だ。

ある意味、東宝を代表する〈名物監督〉に昇り詰めた、鬼才・岡本喜八のデビュー作※1。そもそもは、石原慎太郎の監督起用を巡って四十七人いた助監督たちがこれに猛抗議、その結果、バーターにより岡本も監督昇進を果たすことになった、という経緯がある。手持ちとして持っていた脚本『ああ爆弾』は岡本自ら引っ込め、急遽書き上げた『独立愚連隊』も会社から危ないと思われたか、取り上げてもらえず、結局は、安心感のある白坂依志夫によるオリジナルものを任されることとなる。

処女作にその監督のすべてが詰め込まれているとは、よく言われることだが、本作がまさにそうである。細かいカット割りや印象的なカットつなぎ、そしてテクニカルなカメラワーク※2など、後年の〝岡本節〟とでも称すべき特徴・特質が、ここにすでに見て取れる（特に、人物に擦り寄っていくようなカメラワークが画期的！）。見れば、市川崑作品にも共通する、大胆で斬新な演出スタイル、映像のリズムが、デビュー作の時点ですでに確立していることがよく分かる。

物語も、あれよあれよと言う間に進行。観客は、主人公の康子（雪村いづみ）の物怖じしない行動を呆気にとられて眺めることになる。これぞ後年称するところの〝新人類〟以外の何者でもあるまい。

当時の〈セックス事情〉を主題とする本作。実際、プレスシートのキャッチ・コピーには、「奔流するセックスの洪水から生まれた、現代の恋愛と結婚をテーマとしたロカビリー映画第1号」と記されている。しかしながら、主人公の女子大生・康子は、新劇の研究生をしながら、雑誌のファッションモデルのアルバイトもしているとい

※1 すでにこの第一作目から、岡本監督は後年お馴染みとなる〝西部劇スタイル〟で撮影に臨んでいたとのことだ。
※2 岡本喜八は、マキノ雅弘監督の『次郎長三国志』全九作に助監督としてつき、そこで映画のリズムを身につけたと語っている。本人の弁によれば、その独特のテンポやカットつなぎは、予告篇作りから学んだという。ちなみに、本作には黒板の〝見た目〟ショットがあるが、岡本はこれで先輩監督に怒られたそうだ。

う、新しき世代の代表選手といった存在ではあるものの、増村保造作品のようなセックスをテーマとした映画ではないので、危ない行動はほとんどとらない。映画から感じとられるテーマも〈古きものと新しきものの対比〉のように見える。

康子は、実の姉・啓子（新珠三千代）とその夫で大学教授の垣内（上原謙：実にナイスな雰囲気である）と同居していて、この夫婦の破綻のない生活に不満――と言うよりケーベツ感――を抱いている。この夫婦は〈見合い〉で結婚しており、夫は何を考えているのかさっぱり分からない。もちろん姉のほうも、モラルと貞操観念に縛られていて、平々凡々とした面白みのない生活を送っている――ように妹の康子には見える。つまり、姉夫婦は古い側の人間扱いをされていて、康子は、とにもかくにも結婚は〈恋愛〉で、と決めているようだ。まるで、これが新しい夫婦のスタイルとでも言うかのように――。

映画では、この貞淑な姉と雑誌「近代女性」の編集長・古賀（三橋達也）とのアバンチュールに、新世代の康子と山田真二扮する真面目そうな大学生・中川（この学生は垣内の教え子である）の恋愛模様が並行して描かれる。姉は、古賀に積極的にアタックをかけられ、つかの間の火遊びを経験。しかし、最後は夫の良さを再認識して、元の保守的な生活へと戻る。妹の康子のほうは、中川が意外なプレイボーイだったことを知り、ショックを受ける。そして彼女も、祖父（小川虎之助）が選んだ見合い相手の仲代達矢に逆アタックをかけていく――。

「若い世代を先進的な感覚で描いたモダンな映画」という触れ込みの本作だったが、結果的に、姉妹とも安定した生活を目指すという、意外にも保守的な結論と相成る。これも、新人類もいつかは旧人類になっていく、という皮肉であろうか。

本作には、その後も岡本作品に継続的に出演することになる、〝岡本組〟とも言うべき個性派俳優たちが勢揃い。雪村の家族で、やはり見合い結婚を選ぶ保守的な兄は堺左千夫。新劇「素顔座」の研究生には、山本廉と中山豊のコンビに中丸忠雄。シスターボーイ（今で言うオカマ）に宇野晃司と岩本弘司の二人。山田真二とデキている軽薄女は団令子。これまた軽薄そうな大学生には、加藤春哉と佐藤允らが扮している。

さらに本作、カメオ・ロール※3ではあるが、司葉子（女優役）、田崎潤（バーの客）、田中春男（同）、さらには新劇の演出家役で三船敏郎までもが顔を見せる。特に〝オネエ〟がかった口調でキビシイ演出（演目は「ジュディスの恋」）を施し、時に女性的（オカマ風？）に髪をかき上げる、タイツ姿の三船には爆笑必至！　とにかく岡本作品でのミフネは要注意である。皆が、岡本監督へのご祝儀を込めての〈友情＝ノーギャラ〉出演だったとのことだが、三船は、岡本とは若き日に成城の同じ下宿※4で暮らしていたことがあり、監督昇進の折には必ず出演すると約束していたというから、しっかりその約束を果たしたことになる。

主なところで出ていないのは中谷一郎と天本英世、それに伊藤雄之助くらいか。また、「ロカビリー映画第1号」のキャッチフレーズどおり、ミッキー・カーチスがクレイジー・ウェストを従えて登場、ロカビリー・ソングを披露している。ちなみに本作には、主題歌は担当しているものの、雪村の歌唱シーンはない。

ナレーションを務めるのは、やはりのちに常連出演者となる小林桂樹。冒頭、小林の声により〈映画中映画〉の撮影模様が紹介されるが、この映画、「肉体のよろめき」なるピンク映画※5さながらの扇情的なタイトルで、上映される劇場は、今は無き「コマ東宝」の隣に位置する「コマシネマ」（日活のマークがある）であった。

※3　カメオ・ロールとは、〝チラ見〟でもすぐそうと判る、装飾品のカメオからきていて、著名俳優はもちろん、歌手やスポーツ選手、原作者などが、ほんのワンシーンだけゲスト出演することをいう。多くの場合はノンクレジットで、アルフレッド・ヒッチコック監督が自身の作品に必ずちらりと登場する、という例が有名である。

※4　岡本喜八と三船敏郎が成城の〝素人下宿〟のTさん宅で〈同じ釜の飯を食った〉のは、『銀嶺の果て』のロケが終わって間もなくの頃から、三船が『酔いどれ天使』に出演するあたりまで、岡本がサード助監督時代の一年間ほどであったという（前掲『毎日ムック 三船敏郎 さいごのサムライ』ほか）。この下宿が成城のどのあたりにあったのかは、筆者の最大の関心事だが、どちらの家族もご存知ないという。

※5　もっともこの時代、まだピンク映画という呼称はなかった。

番外篇　岡本喜八作品における三船敏郎の意外な役柄（2）
『暗黒街の顔役』（昭和34年：東宝）

© 東宝

昭和34年1月15日封切　監督：岡本喜八　脚本：西亀元貞・関沢新一　出演：鶴田浩二、宝田 明、白川由美、草笛光子、柳川慶子、平田昭彦、河津清三郎、三船敏郎
※ DVD 化（東宝）

【三船の役柄】

暗黒街の顔役から金を融通してもらったばかりに、自らの工場を、邪魔者を消す〈殺しの現場〉として使われる自動車修理工場社長・樫村。それを断れない気弱な態度が実にもどかしい。

岡本喜八監督初のカラー作品である。さらに、〝暗黒街もの〟の第一作ということで、意気込んで作られたのであろう、切れ味鋭いカットつなぎやテンポからは、のちの岡本作品を髣髴とさせる才気が感じ取られる。

しかし、筆者はこの作品をあまり評価しない一人である。続く第二作目の『暗黒街の対決』（昭35／主演作篇で紹介）の素晴らしさは、いくら褒めても褒め足らないくらいだが、ここではまだ旧態依然としたギャング映画の域を今一歩抜け切れておらず、ドライでスカッとした感覚に欠けているからだ。

音楽をつけているのは伊福部昭で、岡本作品常連の佐藤勝と比べると、こちらもいささか古色蒼然とした趣き――要するにウエット感――が色濃く漂い、テンポの良い岡本作品にはいささか不向きに思える。出演者も、宝田明は青臭いなりにも新鮮で良いのだが、やはり主役が鶴田浩二では、東映のギャング映画を見ているようで、東宝映画独特のスマートさが感じられないのである。

しかし、本作では実に意外かつ驚きのキャスティングが施されている。すでにバリバリのトップ・スターだった三船敏郎が、ここではなんとも冴えない自動車修理工場の親父として出演しているのだ。いかに岡本監督への友情から生まれた〈特別出演〉＝〈ちょっといい話〉だったとはいえ、三船がこんな気弱な一般人を――それも誰が演ってもよさそうな役を――懸命に演じているのは、今見直しても、やはりどこかヘンである。

前述したとおり、三船は岡本が助監督時代に同じ下宿で二年ばかり〝同じ釜の飯を食った〟仲であり、監督のデビュー作には必ず出演すると約束していた経緯がある。そして、その約束どおり、前年のデビュー作『結婚のすべて』（昭33）には、オカマっぽい舞台演出家の役で〈カメオ出演〉していたので、三船にとってこの気弱な工場主役は、〈ヘンな役〉第二弾ということになる。

そう、もうひとつ三船に関する〈ちょっといい話〉を披露しよう。これは、当時稲垣浩の助監督だった高瀬昌弘監督が平成15年に世田谷文学館で行ったトーク・イベントで語っていた話である。

松竹から移籍してきて間もない頃、スター意識が強かった鶴田浩二は、東宝移籍に際して、「ビリングはトップで」との密約※1を取り交わしていたという。そして、常に数人もの付き人を従え、現場（ステージ）にも遅れてくるのが当たり前だった鶴田に対し、三船はご存知のとおり付き人などはもってのほか、撮影所入りは誰よりも早く、東宝流の見本を自ら示すのが常であった。

そんなある日、一時間も前に準備ができていたにもかかわらず、遅れて入ろうとする鶴田に対し、三船は文句を言うわけでもなく、さりげなく同時にステージ入りをする。つまりこれは、「一緒に遅刻してあげた」ということに他ならず、この三船の無言の気遣いに感じ入った鶴田は、それ以降、遅れてステージ入りすることはまったくなくなったという。この逸話からは、三船敏郎が「男は黙って」のCMをやる前から、まさに〈無言実行〉の人だったことが見て取れる。

【はみ出しエピソード】

本作には、のちにピンク映画でその名を馳せる港雄一が端役で出演しているという。筆者は何度見ても、港がどこに出ているか発見できないのだが——。もともと東宝美術部で仕事をしていた港だが、「変わった奴がいる」と評判の港に目をつけた岡本が本作に抜擢。これがきっかけとなって、港は俳優への転向を果たす。黒澤明の『天国と地獄』（昭38）には、ヒロポン患者の役で出演。その後、数百本のピンク映画でその顔を拝むこととなることを考えれば、岡本が港をして〈ピンク映画の大顔役〉※2に祭り上げたことになる。

※1　例えば『男性No.1』（昭30／監督：山本嘉次郎）や『宮本武蔵完結篇 決闘巌流島』（昭31／監督：稲垣浩）では、実質的な主役は三船だったが、ビリング（クレジット順）は鶴田がトップになっている。

※2　その代表作と言えば、大和屋竺が監督した『荒野のダッチワイフ』（昭42／国映）ということになろうか。

番外篇　岡本喜八作品における三船敏郎の意外な役柄（3）

『独立愚連隊』（昭和34年：東宝）

© 東宝

昭和34年10月6日封切　監督・脚本：岡本喜八　出演：佐藤 允、雪村いづみ、中丸忠雄、夏木陽介、江原達怡、中谷一郎、南 道郎、上原美佐、鶴田浩二、三船敏郎
※ DVD 化（東宝）

【三船の役柄】

終戦間際の北支戦線、将軍廟に陣をしく日本軍守備隊の部隊長。副官の謀略により、夜間の巡察中に城壁から突き落とされ頭を打って以来、〈まとも〉でなくなる。

平成17年2月19日、惜しくも八十一歳で亡くなった岡本喜八監督。『シン・ゴジラ』（平28）でそのお名前が飛び出した時には、総監督である庵野秀明の岡本監督に対する敬意の念※1と遊び心が窺われ、思わずニヤリとしたものだった。

これは監督にとって初めての戦争映画で、〝戦中派〟たる監督の戦争観が如実に示された、痛快かつシビアな快作である。西部劇風に描くことで戦争を茶化し、さらに大げさに殺戮する場面を加えることで、かえってその無意味さが伝わってくる、という作りになっているところがミソだ。探偵小説仕立てのストーリーを持つ脚本は、監督デビュー前から岡本自身が書き上げていたものである。

本作は〝和製リチャード・ウィドマーク〟と称された佐藤允の初主演作として知られるが、当初は、この役に岡本のデビュー作『結婚のすべて』に出演していた仲代達矢がキャスティングされていたという※2。ところが、仲代が小林正樹監督の大作『人間の条件』（にんじんくらぶ）の撮影に入ってしまったことから、結果としてこの役は、俳優座養成所で仲代と同期だった佐藤にお鉢が回る。

映画の舞台となるのは、兵隊のクズばかりが集まることから〝独立愚連隊〟と呼ばれる北支戦線の小哨隊。ここに、大久保という見習士官の死の真相を調査に現れる従軍記者・荒木が、佐藤に振られた役柄である。見ればこの男、その行動と発言が実にクールでシニカル。それまでの日本映画では、お目にかかることのなかったヒーローらしからぬヒーロー像で、子供だった筆者もたちまちこの〝皮肉屋〟の虜となった。

『毎朝新聞』の記者・荒木こと、実は脱走下士官の大久保軍曹は、戦闘中にもかかわらず情婦と心中するという不名誉な死に方をした〈実の弟〉の死の真相を、見事に究明。最後は馬賊に合流して、広い中国大陸に羽ばたいていく。物語の中で、日本軍の腐った体質が露わとなるのは、岡本の厭戦思想の表れ以外の何ものでもないだろう。

これにて観客の熱狂的な支持を獲得した佐藤は、一気に大ブレイク。ここから佐藤と岡本の長い蜜月時代が続いていくことを思えば、我々観客も含めて小林正樹には大いなる感謝を捧げねばならない。

平成17年5月21日に、池袋の新文芸坐で行われた「岡本喜八追悼上映」におけるトーク・ショーで〝マコちゃん〟こと佐藤允本人が語った話によれば、あの独特の台詞まわしは、岡本監督の演技指導――つまり監督のしゃべり方そのもの――なのだそうだ。本作を見て、佐藤が放つ「いいから、いいから」の独特の台詞回しが耳について離れなくなった方も多かろう。

他の役者では、悪役・中丸忠雄の存在感がとにかく素晴らしい。岡本作品には『暗黒街の顔役』に続く出演（こちらは刑事役）となるが、本作はそのニヒルな〈悪の個性〉が開花したことで記憶すべき作品となった。日本人慰安婦・トミを演じる雪村いづみも素敵だったし、沢村いき雄や中山豊、桐野洋雄に堺左千夫といった東宝バイプレーヤーたちの適材適所の使い方も実に心憎く、岡本は役者の生かし方が上手いと、つくづく感心する。ちなみに、他の愚連隊員には、江原達怡、山本廉、小川安三、三浦敏男といったところが扮している。

そして本作には、三船敏郎がまたしてもとんでもない役で登場。初めて見た時は、筆者も仰天してしまった。これは「暗黒街の顔役」に続く、三船からの岡本監督への〈ご祝儀〉のようなものだったろうが、それにしても三度目となると、岡本監督の確信犯的キャスティングとしか言いようがない。

ここでの三船は、まさしく〝狂人〟役であり、いかに悪役・中丸忠雄（副官・藤岡）の策謀によるものにせよ、夜間の巡察中に城壁から足を滑らせた――実は、突き落とされた――挙句、頭を打って正気を失った（岡本が言うには、頭の少々可笑しい）部隊長、などという情けない役を演じたがる役者などいるはずもなく、「これは俺が！」

※1　庵野秀明がその生涯で（まだ存命だが）最も多く観た映画が、岡本の『沖縄決戦』（昭46）であることは、自ら明かす有名な逸話である。
※2　仲代が谷口千吉の『裸足の青春』（昭31）に出演していた時のチーフ助監督が岡本喜八。二人はこの時非常に親しい間柄となり、これが本作へのオファーに繋がる。ところが、仲代は同じ兵隊役でも『人間の条件』の梶とは正反対のタイプの荒木役を断ってしまう。

であるのか、「ここは三船に！」なのかは知らないが、『銀嶺の果て』の白馬ロケ以来、苦労を共にした二人の信頼関係＝〈阿吽の呼吸〉が、このとんでもないキャスティング＝サプライズ出演を実現させたことは間違いない。

馬賊の頭目として脇にまわっている鶴田浩二も、何か変である。中国訛りの日本語が堪らなくヘンだ。三船、鶴田という当時の東宝二大俳優を、このような〝脇〟で使いこなす岡本は、いったいどういう新人監督なのであろうか⁉　また、中丸忠雄、中谷一郎以下、本作に登場する曲者俳優たちは、これ以降も何らかの形で〝愚連隊〟シリーズ及び、ここから派生した〝作戦〟シリーズ※3に、役をとっかえひっかえして登場することになる。

本作や続く『独立愚連隊西へ』（昭35）で、射っても射ってもひるまず、うじゃうじゃ沸いてくるように突っ込んでくる八路軍（中国共産党軍）兵士は、さながら岡本喜八が敬愛するジョン・フォードの『駅馬車』（1939）に登場するインディアンのよう。この大量殺戮（？）シーンが、ポール・ヴァーホーベン※4が撮った『スターシップ・トゥルーパーズ』（1997）の、バグの襲撃シーンに繋がっていると見るのは、筆者のみであろうか？

左系の映画評論家・岩崎昶は、昭和34年12月7日付『朝日新聞』夕刊において、大量に殲滅される中国共産党軍兵士を前述のとおりインディアンにたとえ、監督の意識を「チャンコロ意識」（原文ママ）と断じたうえで、本作を酷評。これを岡本はかなり恨みに思ったようで、「無責任な叩きようをされると、こちらのほうこそ許しがたい」との発言を残している（「映画芸術」1965年3月号）。このように、映画評論家と映画監督の関係もなかなかに微妙なものがあるが、現在の評論家筋で、このような骨のある批評を成す者など皆無であろう。

こういう批判が多かったためか、岡本は、続篇である――直接のつながりは何もないが――『独立愚連隊西へ』では、加山雄三の日本軍・左文字小隊とフランキー堺演じる梁隊長率いる八路軍が、スパイを引き渡すことにより、戦闘を交えないまま別れていくという、戦争映画では極めて異例のラスト・シーンを用意する。これでも戦争の無意味さは大いに強調され、本作のような殺戮シーンはなくても、かえってカタルシスが増す、という効果が生じているから面白い。筆者は、ドライでクールな第一作目よりも、ユーモア感覚溢れるこの続篇のほうをこよなく愛する者の一人である。

【はみ出しエピソード】

筆者が親しくさせていただいている小谷承靖監督は、岡本喜八と同じ鳥取で少年時代を送っている。やはり同郷の司葉子の推薦により、東宝の入社試験を受験することができたのはよかったが、大学（東大仏文科）の卒業単位が足らないことに気づいた小谷監督。「映画美学」の単位を取れば卒業できると、試験には岡本監督の『独立愚連隊』の批評を書いて「優」をもらったとのことだ。

『ALWAYS　続・三丁目の夕日』（平19）には、堀北真希演ずる〝六ちゃん〟が銀座で映画を見るシーンがある。日劇の壁には、本作『独立愚連隊』の看板が掲げられているのだが、六ちゃんが実際に見る映画は、この二年も前に封切られていた日活映画『嵐を呼ぶ男』（昭32／監督：井上梅次）であった。一介の自動車修理工としては封切館には入れず、三番館あたりで裕次郎の映画を楽しんだ、という設定なのだろうが、ここは絶対、『独立愚連隊』を見て欲しかったところだ。

※3　このうち岡本喜八が監督したのは、『どぶ鼠作戦』（昭37）のみ。
※4　P・ヴァーホーベンは、オランダはアムステルダム出身の映画監督。米国に渡ってから撮った『ロボコップ』（1987）や『トータル・リコール』（1990）が注目を浴び、『氷の微笑』（1992）で大ブレイクを果たす。2000年代に入ってからは、作品数がめっきり減った印象がある。

【助演作篇】まとめ

以上、三船敏郎が脇に回り主演俳優を盛り立てた作品、あるいは、もう一人の主演者と対等に渡り合った準主演作で、筆者にとっては印象の深い映画をいくつか紹介させていただいた。原稿を見直してみると、主演作篇よりも乗って書いている作品もあるほどで、助演者・三船敏郎もまんざら捨てたものではないと、改めて認識した次第だ。よく、主役を演ずるのは〝大根〟でもできるという話もあるくらいだから、実は脇役というものは意外に難しいものなのであろう。選んだ作品は、侍や軍人など〈豪快な男〉を演じたものはごくわずかで、現代劇で心に染みる役柄を演じた三船がほとんど。皆さんには、こういう三船敏郎をこそ、じっくりとご覧になっていただきたい。

次章では、三船敏郎が海外に出向いて出演した外国映画十五本から、日本国内で公開された五作品を選び、映画史研究家の寺島正芳氏に作品概説していただく。筆者が最も燃えた〝サムライ・ウェスタン〟『レッド・サン』も、もちろんチョイスしてある。日本未公開に終わった映画の数々は、これまできちんと紹介されたことがないものばかりなので、興味深くお読みいただけることと思う。さらには、企画はあったものの製作されなかった作品や、出演オファーはあったものの出演しなかった映画についてもご紹介している。

三船が外国映画に出演する際、次のような姿勢を貫いたことはよく知られている。「日本人、特にサムライのスピリットや、日本の風俗習慣を曲げて描かれることが一番イヤだ。私は日本と日本人のために、これからも正しい日本人が描かれるよう、断固戦っていく」（『キネマ旬報』１９８４年４月下旬号「ミフネ ＩＮ ＵＳＡ」より）。『太平洋の地獄』で涙を見せる演技を拒否したことや、スピルバーグの『１９４１』に出演した時、潜水艦内の落書きをすべて消させた逸話に代表されるように、三船は日本と日本人のために闘う〝全権大使〟の役目を果たしていたことになる。

当初は、黒澤明の『隠し砦の三悪人』のシナリオそのままに、ジョージ・ルーカスがスペース・オペラ化しようとした『スター・ウォーズ』だが、今や全世界で――そしてあらゆる世代に――愛されている、この壮大なSF映画への出演オファーを三船がきっぱり断った事実は、今や広く知られる逸話となっている※5。オビ＝ワン・ケノービやダース・ベイダーを、もし三船が演じていたとしたら、その後の俳優人生はいったいどのようなものになったのか？ そして、他にどんな役が舞い込むこととなったのか？ そんなことを夢想するだけで心踊るものがあるが、三船はそれだけ海の向こうでも知られた、――そして魅力的な――俳優・キャラクターだったわけである。

※5 どうやらこれは、米国在住のエージェントが三船の気持ちを〝忖度《そんたく》〟して、断ってしまったものらしいが、なんと勿体ないことをしたことか……。

第3章

外国映画における三船敏郎

—その出演作品と構想や未映画化に終わった企画等について—

寺島正芳

はじめに

戦後日本映画が生んだ最大の主演俳優三船敏郎は、「世界のミフネ」として外国映画出演も少なくないが、それに限って取り上げた論考は、これまであまりなかったように、筆者は考えている。三船以前の我が国初の国際スターは戦前からハリウッドで活躍した早川雪洲であるが、他にも傍役や日系の俳優がいたにせよ、三船の登場まで彼以上の存在感を発揮した俳優はいなかったと思う。彼に続いて丹波哲郎、仲代達矢、高倉健、浜美枝、若林映子といった男女優が1960年代以降、外国映画に出演する。そして二十一世紀の現在は、渡辺謙や真田広之といった面々が洋画でも活躍しているので、やはり三船がその道を拓いたと言っても過言ではないだろう。

本稿では、この戦後初の国際スター三船の外国映画出演作品について紹介、解説してみたい。

三船敏郎が出演した外国映画について

三船敏郎がその生涯に出演した劇映画は、主演や助演、本人役やノンクレジット等で出た特別出演作も含めて、全百五十一本である。この中には、彼が出た外国映画十五本も含まれている。余談だが、三船はこうした洋画出演を〃出稼ぎ〃と称していた。このうち、日本未公開に終わったものは五本ある。これらの作品は、今に至るまできちんと分析・論考されていないように思う。本章では、三船敏郎がその生涯に出演した外国映画作品（テレビ映画及び日本未公開作も含む）のうち五作品の概説とその他の十作品の全体像、構想や未映画化に終わった幻の作品群（外国映画及び日本映画）及び当初は三船の出演が予定されていて、別俳優で製作された作品について振り返ってみたい。なお、当時、報道された様々な記事や雑誌資料等といった一次資料には可能な限り眼を通し、参考にしたことを付記する。

以下が、三船が出た全外国映画のリストである。丸枠数字は出た順番で、（　）内の西暦は基本原則、製作年であり、日本公開年ではない。主なスタッフ、キャスト等は資料篇に記載してあるので、そちらを参照されたい。

①　価値ある男（１９６１）
②　グラン・プリ（１９６６）
③　太平洋の地獄（１９６８）
④　レッド・サン（１９７１）
⑤　ペーパータイガー　太陽にかける橋（１９７５）
⑥　ミッドウェイ（１９７６）
⑦　武士道ブレード（１９７８：日本未公開　ビデオ発売のみ）
⑧　大統領の堕ちた日（１９７９：日本未公開　ビデオ発売のみ）
⑨　１９４１（１９７９）
⑩　将軍（１９８０：テレビ映画　日本では劇場公開）
⑪　仁川（１９８１：日本未公開）
⑫　最後のサムライ　ザ・チャレンジ（１９８２：日本未公開　ビデオ発売のみ）
⑬　兜（１９９０）
⑭　シャドウ・オブ・ウルフ（１９９１：日本未公開　ビデオ発売のみ）
⑮　ピクチャーブライド（１９９４）

これらの作品に何故出たか、出るまでにどのような経緯があったのか、撮影年度や期間はいつからいつまでだったのか、果たして摩擦やトラブルはあったのか（実際かなりあったと聞く）、三船自身、各々の作品について、どのような思いや考えを持って出たのか（激しくその思いを語っている）、さらに肝心の個々の作品の評価はどうであったか等々、今までそうした点に細かく触れ、分析したものはなかったと思われる。

三船自身、その作品選択基準について「台本を丹念に検討するということです。〝毛唐〟はまだ日本人と日本に対する認識がありませんから。うっかりすると、とんでもない作品内容と役をやらなければならない破目になり、国辱ものになる恐れも多分にあるわけです」※1と、今や懐かしい蔑視用語というか、死語（?）である〝毛唐〟という表現もまじえて、単刀直入に述べていて、他の丹波哲郎や仲代達矢が語っているように、外国作品に出る際の「郷に入れば郷に従え」的な協調ムードで撮影に入ってはいない。それでも、撮影前のシナリオの段階でさんざん神経を払ってクレームをつけ、ようやく出演に臨んだら、現場でも〝毛唐〟はこちらの意図をまだ理解できず、監督やプロデューサーとも大げんかしたと、『太平洋の地獄』（1968）の例を挙げて、ざっくばらんの本音（?）を述べているので、三船の怒りのエネルギーは「良い映画を作りたい」という真剣な意欲と常に共存、合致していたということだろう。

「（現地）ロケの生活は楽しかった。（中略）とにかく楽しく仕事をといったロケ・システムでした」※2と朗らかにのんびり（?）回顧する丹波哲郎とは対照的に、三船自身は毎回、外国作品に出るたびに、怒りを覚えていたようで、先の発言のような思いを生涯、抱き続けていたような気がする。これでは、かなりの体力と神経を消耗したことが察せられる。

こうしてみると、やはり三船の外国映画で勢いのあるもの、面白いものは第一作目の『価値ある男』（1961）は別にして、次の『グラン・プリ』（1966）から『太平洋の地獄』を経て『レッド・サン』（1971）くらいまでか、と思う。これらは四十代から五十代までの脂の乗り切った、働き盛りの時期の出演であり、以後も比較的コンスタントに出演はしているが、年齢や三船個人の諸事情も影響したのか、どの作品もどうひいき目に見ても今イチか、パッとしない出来だったことは、ファンとして至極残念ではある。だからといって、すべて失敗作、観るに堪えない駄作であるとはけっして言えないのではあるが……。

以上の視点（見どころ）から見た「三船外国映画出演史」を、代表的作品を五本選んで、一本ずつ詳しく分析・論考してみたい。

※1・2　特別手記「外国映画に出演した七大スター体験ばなし」『スクリーン』1970年4月号、91～96頁、他は石原裕次郎や丹波哲郎など。

(1)『価値ある男』(1961：メキシコ)

日本公開：昭和36年11月3日　監督：イスマエル・ロドリゲス
共演者：コルンバ・ドミンゲス、フロール・シルベストレ

【三船の役柄】　アニマス・トルハーノ（メキシコ人男性）

三船敏郎の記念すべき外国映画出演第一作。昭和36年春公開の『用心棒』撮影終了後、メキシコに飛び、この年4月1日から8週間、同地に滞在して撮影に臨んだ。三船の役柄は、大酒のみで喧嘩っ早いメキシコ人男性アニマス・トルハーノ。原題もこの男の名前である。

この男は、妻ファナ（コルンバ・ドミンゲス）や五人もいる子供は働かせているくせに、自分は酒浸りの怠け者親父で、嫌々勤めた酒造工場でもまじめに仕事はせず、クビになった上、長女ドロテアと逢引きしていた工場主のドラ息子に腹を立てて、傷つけたことで監獄に入れられてしまう。その間に家族は一生懸命に働いて、お金を貯め、土地を買うことにする。さらに、長女は子供を産むが、工場主の息子が父親だったので、出所後の父親を恐れて家を去る。

やがてトルハーノが保釈されて家に戻ってくるが、土地を買うために貯めた大事なお金を見るや、自分の保釈金を捻出してくれた妻へ感謝もせず、また酒とバクチの自堕落な生活に戻ったあげく、一文無しになってしまう。落胆しているところへ、酒造工場の主人がドロテアの子供、即ち自分の孫を引き取りたいと大金を持ってやって来

『価値ある男』撮影中のスナップ（三船プロ提供）

る。喜んだトルハーノは承知するが、妻ファナは反対する。しかし子供の幸せのため、泣く泣く孫を引き渡すことを了承する。こうして得た金で、トルハーノは村の祭りの総代（マイヨルドーモ）の権利を買って〈価値ある男〉になろうとする。

メキシコの各村々で古くから行われているキリスト教の聖者のお祭りを「マヨルドーミヤ」といい、この時、村の主任司祭は村人の中から人徳があり、お金もある者を責任者（総代）として一人選ぶ。この役職は「マイヨルドーモ」と呼ばれ、その地位は名誉あることだが、祭りのすべての諸経費を負担するので、莫大な出費となる。トルハーノは、こうして得た金で、「マイヨルドーモ」の権利を買って〈価値ある男〉になろうとする。だが、仮の行動を見ていた村人たちは、尊敬のまなざしなど送ろうとはせず、拍手も送らない。尊敬は金では買えないことを知った失意のトルハーノは、またもや飲んだくれの毎日。そこに、かねてから付き合っていた情婦カタリーナ（フロール・シルベストレ）が、彼の地位と金に眼をつけて、一緒に他所へ逃げようと誘惑してくる。その時、妻が彼女を刺し殺してしまう。驚くトルハーノに妻は、「貴方を本当に愛している。これ以上の悪いことをさせたくないから、殺した」と言う。ここに至って、妻の真摯な愛情を悟ったトルハーノは、彼女が犯した殺人の罪を被って警察へと向かい、本当に〈価値ある男〉となるのだった――。

三船初の外国映画出演は、俳優生活十四年目を迎えた働き盛りの四十一歳の時であった。本人の回顧によると、（話があった）当初は出演できるかどうか返事もできなかったが、先方はあきらめず、監督兼製作者のイスマエル・ロドリゲスが昭和35年秋に来日。すると、渡されたシナリオが素朴な一人の男の話なので、いろんな先輩の意見を聞いたところ、「日本から役者が出れば日本・メキシコ間を結ぶ絆にもなれる」※1という気になり、交渉の結果「往復の費用と滞在費を出してもらうほかはノーギャラで、報酬としてフィルムを日本に持ってくる条件でオーケー、言葉も通わぬメキシコへ単身出かけて行った」とのことである。

この作品は三船プロのご好意により、日本語字幕スーパー入りのDVDを最近、ようやく鑑賞することができた。見た感想を一言で言えば、「三船敏郎が出た外国映画第一号の栄誉のみを担う作品」ということだ。現地ロケの部分はともかく、家の内部とか村の広場がセット然としており、あまり製作費がかかっている感じがしない。肝心のお話も三船のキャラクターがあまりにも愚かで無知な中年男ぶりで、最後は改心して良い役になるとはいえ、どうして妻がこんな男に愛情を感じていたのか、引っかかる。人物設定として、今は飲んだくれの怠け者だが、若いころは誠実な人柄で……などという描写も欲しかったところだ。三船自身の演技は相変わらず存在感はあるが、最後までさんざん家族に迷惑をかけていたのに、あれで本当に改心して「良い父親」になれるのだろうか？　脚本に落とし穴というか、欠陥があるのは否定できない。

メキシコ僻地の生活習慣や民俗風習の描写は興味深いが、演出的にもどうということもなく、悪くはないのだが、面白さがやや足らない感じがした。つまり三船が出ていなかったら、残念ながら魅力はほとんどない作品と断言できる。逆に三船が出ているからこそ、貴重とも言える。

記念に作られた工芸品
（三船プロ提供）

出演を決めたのは、おそらくは、メキシコ側の熱意にほだされたということなのだろうが、三船自身が出演直後、雑誌『婦人公論』※2に寄稿した裏話にはこう書かれている。「メキシコ側から『僕に似た声のメキシコ俳優に声の吹き替えをさせるから、スペイン語はできなくても結構』と聞かされていたが、『そこは日本男子として何とか責を果たしたい』と、スペイン語のセリフを猛特訓、丸暗記して臨んだ」。

これは、黒澤明や稲垣浩監督作に出るときと同じ姿勢、態度である。三船特有の生真面目さと言ってもよい。このことは、後年まで何度も語っているので、思い出も強烈だったのであろう。また、メキシコでの撮影がキャメラを据えっぱなしで一度に撮るやり方だったので、長い芝居と長いセリフに苦労したことも述べており、こうしたフィルムを惜しげもなく使うメキシコ式と、あるシーンをカットとカットでつなぐ日本流の撮影方法を比べているあたりも、興味深い指摘である。

考えてみると、三船が最初の外国作品として比較的規模の小さなメキシコ映画を選んだことは賢明で、良いトレーニングになったのかもしれない。のちの超大作に出るときの比較検討や教訓、反省材料を与えたと思われるからである。

※1・2　三船敏郎のエッセイ「ぼくの俳優武者修業　メキシコ映画に初出演し名声を博した人気俳優の自画像」『婦人公論』1961年9月号、180〜183頁。

(2)『グラン・プリ』(1966：米)

日本公開：昭和42年2月1日　監督：ジョン・フランケンハイマー　共演者：ジェームズ・ガーナー、イブ・モンタン、エバ・マリーセイント

【三船の役柄】　矢村（ヤムラ製作所社長）

レーシングカーが疾走する「グラン・プリ」レース（GP）を70ミリ・シネラマの大画面にダイナミックな映像と音響を展開した娯楽大作。テレビドラマの演出を経て、『5月の7日間』（1962）や『大列車作戦』（1964）といったサスペンス映画に切れ味を見せた新鋭監督ジョン・フランケンハイマーが手掛けた。

現代のモナコ。グランプリ・レースに出場する各国チームの中で、アメリカ人ピート（ジェームズ・ガーナー）、イギリス人スコット（ブライアン・ベッドフォード）、フランス人サルティ（イブ・モンタン）、イタリア

人ニーノ（アントニオ・サバト）の四人のレーサーは特に注目されていたが、ロータス・チームのピートとスコットが事故を起こし、ピートはチームを追われ、二人の妻も去る。サルティはレース取材に来たアメリカ人記者（エバ・マリーセイント）と良い仲になる。失意のピートは日本人・矢村（三船）の率いるホンダチームに加わり、ドイツ、フランスで行われたレースで優勝。事故で離脱していたスコットもカムバックし、最後は、モナコ・グランプリで激突、矢村のチームが優勝する――という内容で、レースと並行してレーサーの感情や葛藤を描く人間ドラマも描かれ、実に面白い。自動車レース映画の決定版とも言える。

本作に出演した1966年当時、三船自身は、『カスター将軍』※1なる大作西部劇に誘われていたが、インディアンの長老の傍役で、しかも敵役だったので、熟考の末、同時に依頼が来ていた本作に出ることに決めたとのことである。ロひげ、銀髪にスーツをビシッと決めた矢村のモデルはホンダの総帥本田宗一郎らしく、のちにホンダのアメリカ進出を描いたNHKドラマ『勇者は語らず』（昭58）に出演するなど、三船の出演軌跡と関わっている点が興味深い。また、彼は『グラン・プリ』日本公開の際、配給元のMGM宣伝部が作った新聞に、貴重なインタビュー※2を寄せている。

ヨーロッパ全土をロケする撮影は1966年の5月から始まって9月

『グラン・プリ』ポスター（山口勝弘氏提供）

までかかり、「大変な仕事でしたよ。（中略）正直いってとてもくたびれた」とのことだが、自動車レース（ＧＰ）といってもモナコだけではなく、ベルギーやらイギリス、オランダ、イタリアなど世界各国にたくさんあるグランプリ・レースとレーサーを描いた、と語る三船の言葉は、自動車やレースなどあまり知らなかった筆者には勉強になった。

また、当初のキャスティングでスティーブ・マックィーンが予定されていたのに出なかった理由については、当初、マックィーンは「それは俺じゃなくちゃダメだ」と言ってとても出たがっていたが、三船が「ただの自動車スペクタクルを作るんじゃないんだ。レーサーたちを通して男の心を描くんだから、スターはいらないんだ」と述べたところ、「それじゃ、俺は自分でやる」ということになってしまったらしい。三船はさらに「別の映画を撮り始めたマックィーンという男も面白いが、中止になったそうだね」と結んでいるが、後年、カーレースが趣味で生きがいでもあったスティーブ・マックィーンは、確かに「別の映画」であるドキュメンタリー的かつ自分中心（？）の『栄光のル・マン』（１９７１）を完成させているので、結果的に中止にはなっていない。

これでは、意見の対立から、まるで三船がマックィーンの出演申し出を蹴ったみたいな感じに聞こえるが、多分、マックィーン自身が、脚本を読んで方向性やスター意識の違いから断わったか、降りたというのが真相ではなかろうか。『グラン・プリ』自体、確かにただの自動車スペクタクルではなく、レーサーたちを通して男の心も描いているものの、レーサーをはじめとする出演者は三船を含めて当時のスターたちなのだから、その発言には若干矛盾がある。

だが、マックィーンという俳優は終始、唯我独尊的ふるまいが見られたとも言われており、実際に会った三船は、やや気が合わない感じを持ったのかもしれない。１９７０年代前半までアクションも西部劇も、その出る作品は順風満帆（大ヒット）で、我が国でも人気が高かったマックィーンだが、１９７６年のフランシス・コッポラ監督作『地獄の黙示録』（完成は１９７９年）降板騒動以降、急速に出番がなくなった――しかも早くに病魔に倒れた——ことは、映画史的にも証明されていることである。

マックィーンの代わりに、アメリカ人レーサーに配役されたのがジェームズ・ガーナーである。いい役者だが、当時の格からいうと、若手クラスから見てもやはりマックィーンの方が大物であろう。「ジェームズ・ガーナーはどんな人でした?」との質問に対しては、三船は「気のいいやつで面白い男だな、彼は。あまりうまい役者とはいえないけれど」と手厳しい回答をしている。確かに当時、『噂の二人』（1962）や『大脱走』（1963）といった名作、大作にも出演していた俳優だが、小粒で、当時もその後も大スターといった感じではなかった。後年は飄々として気のいいおじさん役というのが持ち味で、三船も性格の良さから、気が合ったのであろう。筆者は、1970年代中期のテレビシリーズ『ロックフォードの事件メモ』の中年探偵役が好みだったが、『刑事コロンボ』のピーター・フォークとはまた違う味わいと良さを持った俳優として記憶に残っている。

本作については、他の男女優陣も一流どころで、三船自身、A級大作で順調に船出という感じである。

撮影中のオフショット（三船プロ提供）

※1　のちにロバート・ショー主演で製作される。
※2　「グランプリ新聞」昭和42年2月1日発行、MGM宣伝部。

(3)『太平洋の地獄』（１９６８：米）

日本公開：昭和43年12月21日　監督：ジョン・ブアマン　共演者：リー・マーヴィン（レッド）※ＤＶＤ化

【三船の役柄】　日本人海軍将校（ブラウン）

太平洋戦争の末期、南洋カロリン群島内の無人島にたった一人生き残っていた日本の海軍大尉・三船敏郎の元に、アメリカ人海軍少佐のリー・マーヴィンが漂着。当初は激しく対立して戦うが、二人で力を合わせないと生きていけないことを悟り、次第に心を通わせながら、最後は船を作って、他の島へ渡る。そこは日本軍が撤退した跡の廃墟になった基地で、彼らはそこで食糧や酒を見つけて一息つくが、やがて、やはりお互いの国家やアイデンティティを改めて自覚し、別れるという話である。

本作はまず登場人物が三船とマーヴィンのたった二人だけで、役名もない。なおかつセリフはお互い日本語と英語をしゃべり（当然なのだが）、しかも字幕スーパーはつかないという点において、異色作である。敵対する外国人同士、しかも戦争中であり、お互いに自国語をがなりたてながら、緊張感の中、互いを出し抜き、自分の立場（いわば戦局）を有利にし、優位に立とうと、戦

『太平洋の地獄』ポスター（山口勝弘氏提供）

う場面（互いを捕虜にしたり、成敗しようとする）が延々と展開される。だが、スーパー無しで見ても、両者の個性的かつ腹芸的演技には手に汗握るし、退屈しない。ジョン・ブアマン監督のメリハリの利いた演出もだれていない。実際、こんな孤島で敵対する兵士があったかもしれず、もし出会ったらこのような展開になるのではなかろうか。

日本軍が撤退した廃墟の島でお互いを理解しあったかに見えた二人だが、三船はふと手にした『ライフ』誌の日本兵の死体写真を見て、やはり敵なのだ、という意識が芽生え、憎悪が再び燃え上がる。だが、南洋の美しい夜明けとともに、お互い自分自身の行動を取るべく、敬礼して別れるのだった――。

筆者がかつてテレビ放映を録画して見たラスト・シーンは、以上のように記憶している。ところが、先年、成城大学のＤＶＤ上映会で再見したものは、驚いたことにこのラストが全然違い、あ然としてしまった。映画の後半、廃墟の島で過ごすうち、米軍による砲撃（艦砲射撃か）が断続的に襲いかかってくる。両者の会話の最中にもだが、そうして緊張が高まる中、二人がいる建物に砲弾が炸裂（だんだん爆音が近づいてくるので、予想できるのだが）して、唐突に終わってしまうのだ。両者の運命は分からないが、多分爆死を暗示させるもので、最初に見た余韻のある別れのヴァージョンとは全然別物であり、これはラスト・シーンを二通り撮っていたためと思われる。アメリカ映画ではよくあるやり方で、例えば主人公が助かるハッピーエンドと、主人公が死ぬアンハッピーエンド、二つのヴァージョンを撮り、覆面試写会などで観客の反応を探り、評判が良かったほうを完成版として編集するやり方である。監督中心の作家・芸術至上主義を取る日本やヨーロッパの映画とは全然違う、商業主義が徹底したアメリカならではの考え方で、当時の日本公開版とアメリカ公開版が違っていた可能性も当然、考えられる。さらにこの作品が作られた六十年代は映画の製作方針や演出が急速に変化する時代で、最後、主人公が死んだり、唐突に場面が急展開して、叩き切るようなエンディングが流行り始めた時期でもあったので、こうした終わり方も理解はできる。

筆者自身は、最初に見たお互いがそれぞれに別れるラストの方が良いと思う。三船も同じ気持ちではなかろうか。どちらか一方しか見ていないか、それとも両方のエンディング版を見ていたのか、今となっては分からない。だが、三船は、映画で描かれた戦争地獄図を通して戦争の空しさを訴えた、と述べているので、登場人物があっけなく死ぬことを暗示する版だけを見ても、これはやはり、異色の反戦映画と評価できる。

なお、この作品は1967年12月4日から約四ヶ月間、南洋パラオ群島のひとつコロール島に籠ってオールロケしたことを三船はパンフレット中で語っている。また「日本人としてのプライドが傷つかぬよう、何より先に配慮しました」、「どのカット一つにしても日本軍人として名誉を傷つけられないように注意しました。それが現地に眠る英霊に報いる唯一の道であると思ったからです」という発言からは、軍人描写の正確さを期する以上に、三船の反戦への思いが感じられる。さらに「仕事の上でよき協力者であった親しき友マーヴィンに、今改めて感謝したい気持ちでいっぱいです」と、ただ一人の共演者へ感謝の言葉を述べ、対するマーヴィンも「三船敏郎という世界的なアクターと、いちど共演してみたいと思っていましたが、ここに実現できて大変嬉しく思っています。彼こそは演技者としてのみならず、人格からいっても、日本を代表する〝ミスタージャパン〟だ」と最大限の賛辞を伝えている。やはり、三船は気遣いの人であり、スタッフやキャストと馬が合うと、作品は成功するのだろう。

監督のジョン・ブアマンは、英国出身の当時の新進気鋭監督で、前作『殺しの分け前　ポイント・ブランク』（1967）が切れ味のいいサスペンスアク

撮影中、三船が使用したチェア（三船プロ提供）

ションであったので、同作に主演したリー・マーヴィンが気に入って、三十四歳の若さで今作に起用となった模様だ。書き遅れてしまったが、脚本に、『羅生門』や『私は貝になりたい』の橋本忍が名を連ねている点も忘れてはならない。以後、ブアマン監督は『脱出』（１９７２）や『未来惑星ザルドス』（１９７４）、『エクスカリバー』（１９８１）などの異色作を発表している。

(4)『レッド・サン』（１９７１：仏／伊）

日本公開：昭和46年11月26日　監督：テレンス・ヤング　共演者：チャールズ・ブロンソン、アラン・ドロン、ウルスラ・アンドレス　※ＤＶＤ化

【三船の役柄】　黒田重兵衛（日本国大使の部下）

１８７０年のアメリカ西部、日米修好の任務を帯びた日本国大使一行を乗せた特別列車が、大陸横断中に強盗団のボス、リンク（チャールズ・ブロンソン）とゴーシュ（アラン・ドロン）一味に襲われる。この列車に積んである巨額の金貨強奪が目的だったが、連中はついでに大使たちが米国大統領に献上する予定の宝刀も奪い取る。ところが、前々からボスの座を狙っていたゴーシュが、リンクを殺そうとし、列車も爆破して去ってしまう。大使（中村哲）は部下の黒田重兵衛に七日間の期限内に宝刀を取り戻すよう命令を下し、重兵衛は傷ついたリンクを介抱しながら、今や共通の敵を追って、灼けつく荒野に向かって旅に出る。

日本のサムライと西部のガンマンという奇妙な組み合わせの中、二人の間に友情が生まれる。やがて、宝刀を持つゴーシュを見つけた二人は、この悪漢と対決するが、スキをついてゴーシュが重兵衛を撃つ。怒ったリンクは

ゴーシュの銃より素早く、自分のガンベルトにかかり、ゴーシュは崩れ落ちる——。

まさに西部劇に時代劇が融合した〝異色アクション〟と言うべき内容で、侍が西部を舞台に活躍するモチーフは以前からあったようだが、三船が実現させた本作は、その決定版とも言える作品である。荒唐無稽ではあるが、非常に面白い。

黒船来航に始まる日米交流史的に見ても、万延元年（1860）の咸臨丸による遣米使節団による大陸横断の史実があり、筆者自身、この時代の歴史に興味があるので、特に思い入れが深くて好きな作品である。もっとも『レッド・サン』が設定する時代は、なぜか1870年（元号だと明治三年に当たる）と、すでに明治時代となっているので、厳密に言うと、例え日本のミカド（天皇）の使いとはいえ、使節らが侍姿そのままの格好（裃に袴）であるのは、歴史考証的には疑問の向きもあろうが、三船の侍姿を見ると納得である。

撮影は、1971年初めから半年にわたってスペインのマドリードや同国南部の砂漠で行われている。基本プロットはその五年前の1966年からあり、まずアメリカのプロデューサーのテッド・リッチモンドが日本のサムライがアメリカの西部で活躍する話を思いつき、これを三船に持ちかけ、メジャー各社とも交渉を開始する。シナリオの改変は九回を重ね、その間、監督はエリア・カザン、ジョセフ・L・マンキーウイッツ、ジョシュア・ローガン、ラルフ・ネルソン、サム・ペキンパー、俳優もチャールトン・ヘストン、ロバート・ミッチャム、カーク・ダグラス、クリント・イーストウッド、

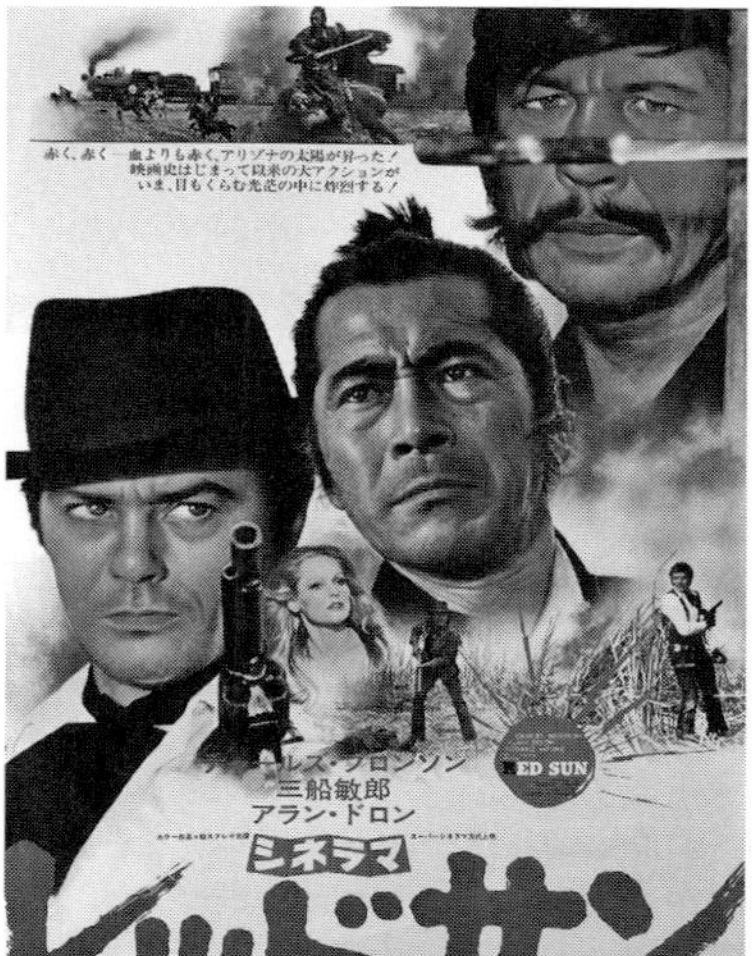

『レッド・サン』ポスター（山口勝弘氏提供）

ポール・ニューマン、イブ・モンタン、リー・マーヴィンらが、オーディションに応じたとのことである。しかし、アメリカ国内での映画製作の難しさからリッチモンドは、フランスのプロデューサーであったロベール・ドルフマンに話を持ち込み、彼のもとで『うたかたの恋』（1969）や『クリスマス・ツリー』（同）を撮ったテレンス・ヤング監督の手により、ようやく実現することとなる。三船は、「最終的にこの企画を知ったテレンス・ヤング監督が、自らドルフマンと話をつけて、実現の運びとなった」とパンフレットで述べているが、いずれにせよ国際的スケールを持った映画であることは間違いない。

三船は同じ頁で、例によって「映画史始まって以来、西部劇に初めて侍が登場したわけですが、それだけに侍が〝日本人〟として恥ずかしくない様に正しく描かれなければいけないので、企画、脚本の段階から終始、プロデューサー並びに監督とディスカッションを重ねました」と述べ、さらに「全世界から集まったそれぞれのベテラン・エキスパートが結集して製作された『レッド・サン』こそ、まさに最高のものです。今後の映画界に、こういう理想的なシステムで立派な作品が次々と製作されていくことを望みたいものです」と結んでいて、この作品への思い入れの深さを表明している。スケール、内容、出来の良さからいっても、やはり本作が三船敏郎の外国映画における代表作であろう。

日本国大使に扮する俳優・中村哲にも少し触れておきたい。中村はカナダ生まれの日系二世で、昭和十五年に帰国して東宝と契約、戦前、戦後を通じて、語学も堪能だったため、合作映画や東宝特撮の悪役や博士役で長く活躍した。こうした時代劇は珍しい。だがこの国際映画『レッド・サン』での大使役は堂々としていて、彼の代表作のひとつになったことも確かである。

本作は、幸い好評を受けたばかりか大ヒットとなり、以降、共演したアラン・ドロンとは「ダーバン」などのC

M制作を三船プロが請け負い、再び映画共演・製作を計画するなど、その友情は長く育まれることとなる。

引き続き、順風満帆に続くかと思われた三船の外国映画出演だが、私生活に関する個人的事情などが影響したためか、以後四年間も途絶えてしまう。ここで三船の「外国映画出演史」の前半部分が、とりあえずの終焉を迎えたと、筆者は個人的に考えている。そして以後、後半に出た諸作品と比較してみると、この四本目の外国映画『レッド・サン』が、面白さから言っても、三船のエネルギッシュぶりから見ても、その頂点となる作品だったように思う。

珍しい海外版宣材。ブロンソンと三船の中央に中村哲（三船プロ提供）

(5)『1941』（1979：米）

日本公開：昭和55年3月8日　監督：スティーヴン・スピルバーグ　共演者：ジョン・ベルーシ、ダン・エイクロイド、ネッド・ビーティ、クリストファー・リー、ナンシー・アレン　※DVD化

【三船の役柄】　司令官ミタムラ（潜水艦艦長）

真珠湾攻撃直後の1941年12月13日早朝、米ロサンゼルスの海岸に突如日本海軍の潜水艦が浮上する。羅針盤の故障から目標を失ってカリフォルニアの沖合に来たこの潜水艦の艦長ミタムラ（三船）の攻撃目標は、なぜか映画の都ハリウッドだ。敵艦出現を知って驚いた地元の連中と米軍は、当然大騒ぎである。空の勇士ワイルド・ビ

ル・ケルソー（ジョン・ベルーシ）を中心に陸海空軍入り乱れて、右往左往し、ロサンゼルスの街中は大パニックになる。おびただしい人間が出てきて、実物大セットを破壊しまくる超大作だが、誰がはっきりとした主人公でもなく、複数の登場人物が錯綜して出て、最後は遊園地の巨大観覧車が海に落ちて、終わりになる。

本作は三船敏郎や黒澤明を尊敬するスティーヴン・スピルバーグ監督が手掛けた戦争コメディで、三船の生真面目かつ可笑しい喜劇的演技が見られるので、ある種、貴重な作品である。

米国版宣材（三船プロ提供）

三船自身は、やはり帝国海軍潜水艦の艦長ということで、出演したのであろう。コメディだとしても、パンフレットを読むと、潜水艦のセットに対しては、例によって考証的な誤りを発見したので、「直ちに主役である〈伊号19〉の設計図、軍艦旗他、かつての大日本帝国海軍に関するあらゆる資料を集め持参」して訂正させている。日系三世、四世たちが扮する乗組員には、「帝国海軍乗員としての基本訓練に大半の時間が割かれ、どうにか形をつけた」三船だが、「捕虜にした樵のおじさんの持っていたキャラメルのオマケのコンパスで作戦を遂行するという、あり得ない設定となっているが、コメディのコメディたる所以を御理解下さり奇想天外な誤りを笑って見逃していただくよう、お願いするものである」と、謝っているかのような発言もしているので、自分たちが笑いものになるようなコメディとは思わず、真面目（?）な戦争大作と思って出演していたのかもしれない。もしかしたら完成した作品を見て、初めてその種の内容だったのか、と自覚したのではないだろうか。

いずれにしても、当のスピルバーグたちは、無邪気に戦争パロディを作る思いで、多分、気軽に三船に依頼したのだろう。その種の作品であることも説明したことだろうが、三船自身、自分が演じるからには、あくまで真面目かつ真剣に海軍の艦長をやりたかったと考えられる。三船が外国映画に出るときの姿勢は、いつも変わらないからだ。実際、その律儀な態度、姿勢がプラスに作用して、映画は充実したものとなっていた。

その証拠に三船が出るパートは、お笑い的部分（部下が「ハリウーッド!!」と何度も奇声を上げたりする）は見受けられるものの、冒頭から『ジョーズ』（1975）の曲とともに黒鉄《くろがね》の潜水艦が浮上し、やがて艦橋で、三船と同盟国ドイツの海軍士官クリストファー・リーがやり取りするあたりなど、『眼下の敵』（1957）のような重・厚な潜水艦映画になっており、両者のファンとしては非常に嬉しい演出である。艦内も『Uボート』（1981）のような雰囲気だ。対照的に行う行動は、喜劇的で、三船艦長の取った行為が、さらにロサンゼルス一帯の破壊描写にエスカレートを加えるので、見ていて素直に楽しい。

こうしてみると、スピルバーグ監督は、三船の性格やその演技から喜劇もできる才能（?）を引き出していたと言えるだろう。三船がなぜ帝国海軍の艦内設備や軍人の服装、メカ全般の考証及び表現に細かく気を配り、その正確さにうるさくこだわったのか、戦後生まれのスピルバーグと、軍事マニアだからこそ、こういう脚本を書いたのであろうプロデューサー兼任のジョン・ミリアス監督にも、うまく彼の意思は伝わり、壮大な戦争スペクタクルだが、コメディという不思議な味わいの作品が出来上がったと言えよう。

もっともスピルバーグ自身は、喜劇やコメディ、あるいは笑いを盛り込んだ温かい作風の作品より、やや暗めのシリアス路線を得意としている。『シンドラーのリスト』（1993）という陰鬱かつ重厚な反戦力作が代表作（念願のアカデミー監督賞受賞）であり、はるか後年の『プライベート・ライアン』

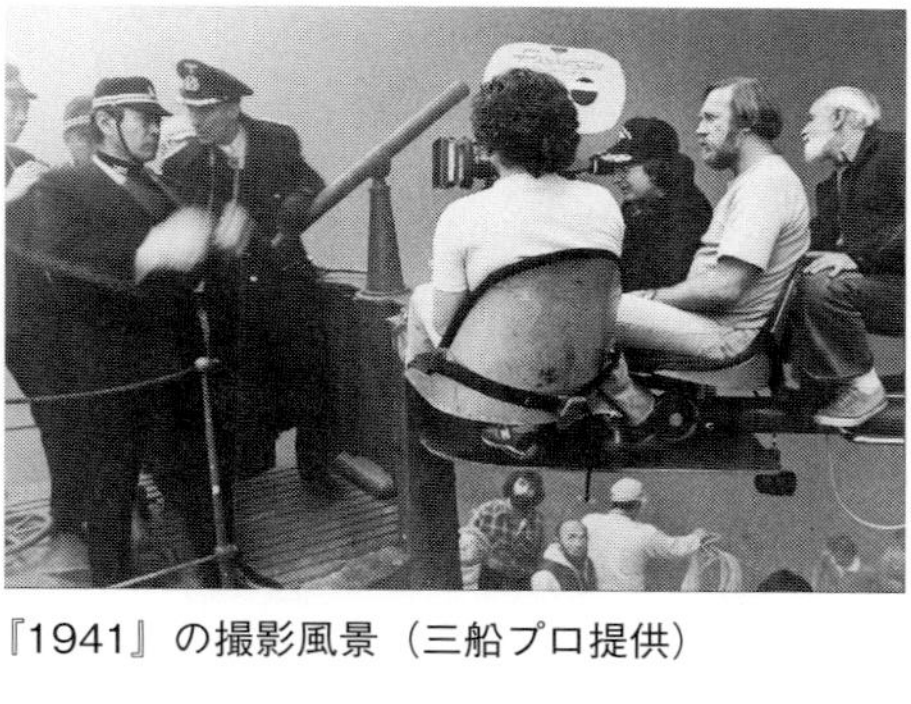

『1941』の撮影風景（三船プロ提供）

（１９９８）は、ノルマンディー上陸作戦を描いた戦争大作の秀作（これで二度目のアカデミー監督賞）だったので、こういう作風で三船が出た『１９４１』も見たかったと思うのは、ファンのない物ねだりであろうか。

なお、三船の部下を演じた俳優清水宏（「ハリウーッド!!」と叫ぶ役）の証言もパンフレットにあり、それらの記録から１９７８年９月から12月にかけて、一連の潜水艦出演シーンが撮影されたことが確認できる。映画は１９７９年12月13日、映画の設定日と同じ日に全米で公開された。

その他の三船敏郎出演外国映画

前項で紹介した五作品以外の、三船が出た外国映画十作品を簡単に紹介していこう。

まず『レッド・サン』から四年後に製作されたのが、ケン・アナキン監督の⑤『ペーパータイガー　太陽にかける橋』（１９７５：英）で、ここでの三船は、我が子（安藤一人）をゲリラに誘拐されてしまう東南アジア・クーラゴン（架空の国）の駐日大使カゴヤマ役。息子の家庭教師で、歴戦の勇士という触れ込みの英国紳士（デビッド・ニブン）が、勇気を振るって、活躍する冒険映画である。三船は息子を見守る愛情深い父親役の助演であり、日本刀を引き抜き、じっと見つめて心配したり、最後にヘリコプターで駆け付け息子を抱きしめる程度だが、三船の外交官役というのも珍しく、劇映画では唯一ではなかろうか。

次がジャック・スマイト監督の⑥『ミッドウェイ』（１９７６：米）で、１９４２年６月、ハワイの北西、西太平洋上のミッドウェイ島周辺で日米両国が激突した海戦を描いた戦争大作である。三船は、これで三度目となる連合艦隊司令長官　山本五十六を好演しているが、対するアメリカの太平洋艦隊司令長官チェスター・ニミッツにはヘンリー・フォンダが扮するなど、アメリカ側の面々がフォンダはじめ豪華キャストであるのに対して、日本側は、三船以外はすべて日系人俳優であるので、その雰囲気や描写に残念ながら違和感があった。撮影は１９７５年５月から三船出演場面も含めて、翌年初めまでかかり、終戦からほぼ三十年の１９７６年７月、アメリカ建国二百年を記念する作品として、日米同時公開された。

１９７７年には、三船は⑧『大統領の堕ちた日』（１９７９：米　日本未公開　ウィリアム・リチャード監督）という作品に出ている。１９６３年11月、アメリカ合衆国テキサス州ダラスで起きたケネディ大統領暗殺の謎を下敷きにしたミステリーで、残念ながら、脚本が良くない。暗殺年月日も大統領名も変えて、フィクションにしているが、事件の現場だけは歴史的事実と同じなので、まずそうした改変理由がよく分からない。

三船は、主人公（ジェフ・ブリッジス）の屋敷にいる日本人執事役でわずかの出番のみだったように思う。演技の見せ場もない。何のために出たのか、ファンとして理解に苦しむ端役である。もしかしたら編集段階で大幅に場面がカットされたのかもしれないが……。全米では１９７９年に公開されたが、日本では三船八本目の外国映画にして初めての日本未公開作に終わってしまった。

１９７８年は、⑦『武士道ブレード』（１９７８：米　日本未公開）という時代劇がある。黒船来航時の日本を舞台に、将軍家からアメリカへ献上する予定の太刀が、尊王攘夷派に奪われてしまい、日米の関係者がその奪還に協力するという『レッド・サン』的内容である。ほぼ日本ロケのアメリカ映画で、演出は東宝出身で『極底海底船ポーラボーラ』（１９７７）など合作映画の多い小谷承靖監督が「トム・コタニ」の名で担当した。

三船は幕府側特命全権大使の林大学頭として、堂々とした演技を見せている。全米では１９８１年になってようやく公開されたが、日本ではこれも未公開。『大統領の堕ちた日』と公開順番が逆になってしまった。

『１９４１』に続く１９８０年代最初の作は⑩『将軍』（１９８０：米　ジェリー・ロンドン監督）で、本来は十二時間もの長編テレビ

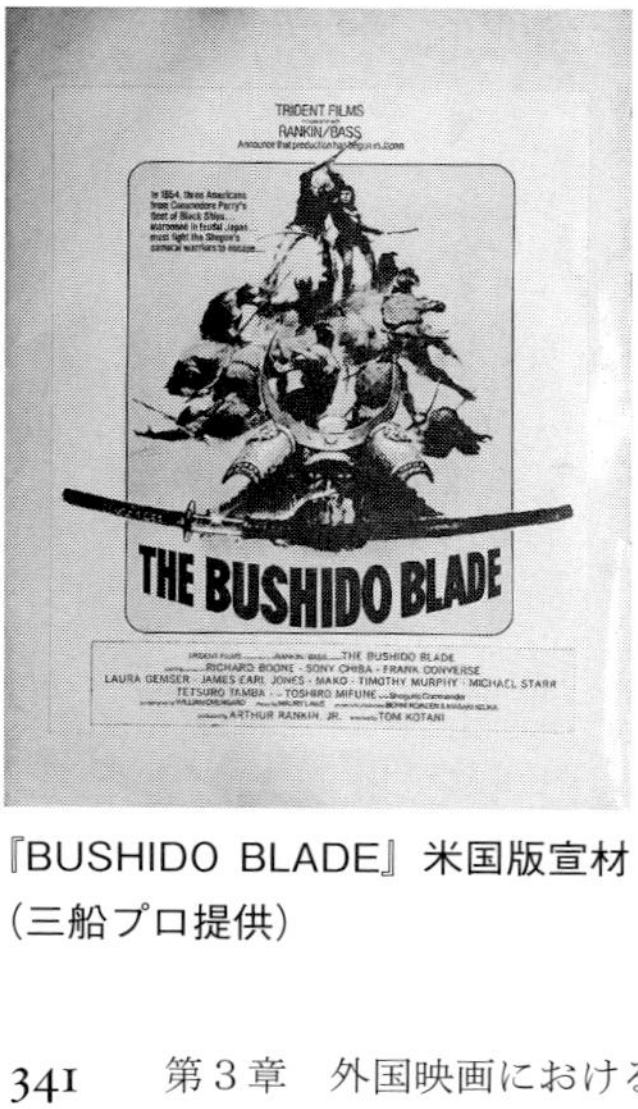

『BUSHIDO BLADE』米国版宣材
（三船プロ提供）

映画だが、日本ではまず劇場版が公開された。作家ジェームズ・クラベルの大河小説を原作とし、主人公のモデルは、徳川家康に仕えて「三浦按針」という名前を名乗った実在のイギリス人航海士・ウィリアム・アダムスである。天下分け目の戦いが迫る江戸時代初め、我が国に漂着したイギリス人航海士ブラックソーン（リチャード・チェンバレン）と武将虎長（三船）との交流、日本人通訳まりこ（島田陽子）の恋も描く。我が三船も、徳川家康を髣髴とさせる〈将軍〉虎長を威風堂々と演じている。

翌1981年には⑪『仁川』（1981：米韓合作　日本未公開）がある。1950年9月15日、米軍及び国連軍が、大韓民国（韓国）首都ソウルの西方20キロ地点の仁川（インチョン）に上陸、朝鮮民主主義人民共和国（北朝鮮）からソウル一帯を奪還する作戦を描いた戦争映画である。〃007〃シリーズを手掛け、三船とも西部劇『レッド・サン』以来のアクション映画の巨匠テレンス・ヤング監督は、製作費五十億円の大作として、1977年から約五年の歳月をかけて完成させたが、話の内容がお粗末とされ、米国公開時（1981年5月　ロサンゼルス・シネラマドーム）には上映反対運動が起きて、散々の大コケ。結果、本作は日本では公開されなかった。最高指揮官ダグラス・マッカーサー元帥には英国人のシェイクスピア俳優、サー・ローレンス・オリビエが扮し、わが三船敏郎は、元帝国海軍軍人サイトウ役として登場する。本作だけは、筆者も三船出演外国映画中、唯一の未見作であり、例え大失敗作の烙印を押されていても、三船の雄姿（？）とか、何かしらの見どころはあると信じているので、いつの日か見たいと思い続けている。

⑫『最後のサムライ　ザ・チャレンジ』（1982：米　日本未公開）は、ある日本刀を巡って、京都を舞台に日本の兄弟（三船と中村敦夫）が戦いを繰り広げるアクション映画。『グラン・プリ』以来三船と組むジョン・フランケンハイマー監督が、敬愛する黒澤明監督の『七人の侍』にオマージュを捧げるため、日本のサムライ魂を現代に伝えるアクションとして作ったものだが、見ると唖然としてしまう内容である。全編、岡崎宏三キャメラマンにより、1981年春に京都で撮影されているが、相も変わらずその日本描写は無茶苦茶で、日本未公開は致し方

ないかもしれない。かえってアメリカ側が日本を自分たちの眼で捉える際、どのようにイメージしたいか、またどんなものを観客に見せたいのか、理解できる気がしてくる。この点の日米のカルチャー・ギャップは見ていて非常に興味深かった。血糊噴出の後半のアクションシーンは、当時、大阪在住の武道家で、のちに『沈黙の――』シリーズで活躍するアクション俳優スティーブン・セガールが殺陣指導（他の場面は黒澤明作品での殺陣師久世竜が指導した由）したとあれば、その迫力も当然だし、彼の映画史的源流（ルーツ?）も垣間見るようで、興味深い。

続く外国映画⑬『兜』（1990：日・米・ユーゴスラビア　ゴードン・ヘスラー監督）は、1600年、関ヶ原の戦いで勝利した将軍徳川家康（三船）が、大坂の豊臣方に対抗するため、家臣の前田大五郎（ショー・コスギ）と、自分の息子頼宗（ケイン・コスギ）を新式鉄砲買い付けのためイスパニア（現在のスペイン）へ行かせる〝戦国モノ〟に西洋チャンバラ（剣劇）をくっつけたような娯楽時代劇。三船にとっても、前作『最後のサムライ・チャレンジ』以来八年ぶりの外国映画出演となった。三船敏郎の徳川家康というのも、考えてみると、『将軍』は確かに家康をモデルにした虎長という役名で、限りなく雰囲気は近かったが、やはり厳密には違っていて、これが初めて、かつ一本きりとなった（もっともテレビ『女たちの大阪城』でも家康は演じている）。ちなみに、三船は豊臣秀吉も『お吟さま』（昭53）でただ一度だけ演じている。もっとも家康も秀吉も三船が演じると、どちらも同じ感じに見える。三船とは『1941』以来の共演となるクリストファー・リーの国王フィリップも嬉しい配役である。撮影は1990年4月より開始され、翌1991年に日本公開された。主演のショー・コスギは、本名を小杉正一といい、若くして渡米して苦労を重ね、80年代の『燃えよニンジャ』（1981）から始まる〝ニンジャ〟シリーズの劇映画に主演、売れっ子のアクション俳優となった。

この1990年から1991年にかけて、さらに三船は⑭『シャドウ・オブ・ウルフ』（1991：カナダ／仏　日本未公開）という作品に出る。北緯70度の北極地方に住み、自らはイヌイットと呼ぶエスキモー族の悲劇を描いた人間ドラマで、三船がエスキモーの長老役に扮し、実際にカナダロケに参加して、体調を崩す遠因となる。筆者は、だいぶ以前にテレビ放映されたのをビデオ録画して見たきりなので、細部はうろ覚えであるが、割とリアリズム調に展開していた話が、ラスト、確か主人公たちを逃すため（か）、三船が崖から飛び降り、なぜだか巨大鳥に変身するので、びっくりしてしまった記憶がある。それまでのリアルな雰囲気から、いきなり妙な民話調ファンタジーになってしまうのだから、がっくりである。

三船は当初、ロケ地が極寒のカナダだったため、断るつもりだったらしいが、この作品の監督ジャック・ドルフマンが、『レッド・サン』のプロデューサーであったロベール・ドルフマンの息子だったので、気持ちを切り替えて出演したとのことだ。撮影は１９９０年11月から翌１９９１年初頭にかけて、もっとも寒い時期に行われたが、懸念どおり、それ以後は体調を崩して、俳優活動にセーブがかかるようになってしまう。編集を経て、アメリカやカナダでは１９９３年３月に公開されたが、さほどの評判は呼ばず、日本では未公開に終わる。三船没後の１９９８年、一部の新聞で追悼公開が報じられたが、いつのまにか沙汰止みになり、今に至るまで劇場公開されていないので、本作はあまり知られていない三船敏郎の外国作品かもしれない。

そして１９９３年、三船は⑮『ピクチャーブライド』（１９９４：米）という作品に出る。二十世紀初頭、不安と希望を抱いてハワイに日系移民として渡ってきた〈ピクチャーブライド〉（写真花嫁）の愛と苦難の姿を描く女性映画の佳作である。当時、多くの日本人女性が、たった一枚の写真を交換しただけで、ハワイに渡っていったという史実を背景に、ある夫婦（工藤夕貴、アキラ・タカヤマ）の歩みを追っている。監督のカヨ・ハッタも日系人の女性であった。

日米交流の歴史のある部分を確かに担っていた彼女たち〈ピクチャーブライド〉の生きた姿を女性らしい視点、感覚で描いていて、主人公の日本人女性リヨを演じた工藤夕貴（昭和46年生まれ）もこの作品についてパンフレットで「不思議な映画だと思うんです。日本人ってアメリカ人が作ったアメリカ映画は見慣れていても、アメリカ人が作った日本の映画（傍点・筆者）って見慣れていないと思うんです。でもアメリカ人と日本人っていうのは、国は離れているけど、同じ歴史を持っているわけですよね、〝ピクチャーブライド〟を通して。（中略）改めて日本の良さとか叙情的な部分を、日系アメリカ人の観点から見ることができるのも貴重なことだと思います」と述べている。この発言は、作品の真髄をよくついており、三船敏郎が自分の出る外国映画について常に考え、実践してきたことにも通じている。

肝心の三船敏郎は、映画の中盤でリヨたちが見物する無声映画の弁士役で特別出演している。ストーリーと直接は絡まない小さな役だが、着流し姿で登場し、相変わらずの存在感を発揮している。こうした弁士が日本国内のみならず、全世界の日本人がいるところに出張し、映画を説明していた歴史を考えると、大変興味深いものがある。この部分の撮影は、三船プロで確認した結果、１９９３年７月から８月にハワイで行われたことが判明。三船敏郎最後の外国映画出演となった。やや不本意な作品が続いていた三船であったが、最後に、心温まる女性の眼で捉えた日米交流史の小品佳作に出演してくれたことは、ファンとしても素直に嬉しい気持ちである。

本作で、三船敏郎の外国映画の長い軌跡はその幕を閉じる。１９６１年撮影の『価値ある男』からこの『ピクチャーブライド』までの三十二年間、十五本に及ぶ作品の数々を細かく紹介、分析することで、三船という偉大な俳優の活動の一端を追ってきたつもりだが、これは日米関係のみならず、国際交流、文化摩擦といった様々な異文化カルチャーを、筆者自身も含めて、我々日本人に深く考えさせることとなっていた事実に、改めて気づいた。

外国映画で三船が演じた役柄の数々は、将軍や幕末のサムライから始まって、第二次世界大戦の軍人、外交官、市井の人々など、異文化や異人と出会って、それと向き合わざるを得ない日本人や、逆に異なる文化を持つ先住民族など、日本という単一の国土や文化を超えた役割を担うグローバルなものだった。また、日本の戦後の歩みや現代史の流れも、三船の映画の表現と背中合わせのものであったように思える。

三船本人もそのことを常に考え、苦悩し、勉強して会得していったのだと思う。それぞれの作品で語っている言葉は、すべてそれを表していると言えないか。筆者は、そのことに改めて深い感銘を受ける。映画はやはり面白く、奥が深い。

構想や未映画化に終わった作品について

１９６０年代、初の外国映画『価値ある男』（１９６１：メキシコ）出演前後から、三船にはハリウッドを中心に諸外国から映画出演依頼が殺到するが、実はその遥か以前から、三船の外国映画出演依頼史（?）は、すでにその頁が開かれ始めていた。すなわち黒澤明監督の『羅生門』（昭25）が「ベネチア国際映画祭」グランプリを受賞し、稲垣浩監督『宮本武蔵』（昭29）が米アカデミー外国語映画賞を受けると、主演俳優である三船敏郎も諸外国で大きくクローズアップされ、この頃からオファーの報道が我が国でも認められるからである。

だが、半年から一年間は拘束される黒澤映画の大事な主演俳優として、また東宝最大の看板スターとして、専属先の東宝が出稼ぎを渋るなどの諸事情が影響したためか、あるいは、まだ三十代という若さも三船自身、考慮したのか、１９５０年代中に実現した例はない。

三船が外国映画に出始めるのは四十歳代からで、三船プロダクションを作り、自主製作もある程度可能になってきたことも背景にあったろう。自身、世界に羽ばたく国際俳優となる思いをいよいよ強くしていった時期でもあった。その証拠に、昭和35年9月、三船は、一ヶ月間の世界旅行から帰国した折、そこで受けたインタビューで、今までは会社（東宝のこと）の言いなりに仕事をしてきたが、今後は年に一回とは言わないが、二、三年に一度は自分の要求も受け入れてもらいたいとして、「僕は外国から、僕に出演を申し込んできている作品にはできるだけ出たいと思う」と発言している。各国の映画人と交流して、複数のオファーも受け、自信を持ったことは想像に難くない。記事も「三船も自己主張する覚悟を決めてきたようだから、彼の外国映画出演も実現の可能性が出てきた」と結んでいて、やはり俳優としての意欲や決意が、翌年の『価値ある男』に繋がったことは間違いない※1。

このように、１９６０年代から始まる三船敏郎の足跡と外国映画出演は切っても切れない重要な関係がある。三船が出演した外国作品は十五本に過ぎないが、三船主演で企画されたが流れたもの、三船から別俳優に代わって映画化されたものも少なくないと、当然考えられる。

こうした背景を念頭に、三船敏郎主演ないし共演、助演で依頼、企画されたものを、筆者が主宰する映画資料文庫所蔵の三船関連記事が出ている雑誌及び新聞コレクションから、１９５０年代から１９９０年代まで、つぶさに見て抽出したのが、以下の作品である。年代ごとの作品について、編年順で、別キャストで映画化（作品名『　』で表記）されたか、また未製作（作品名「　」で表記）に終わったか等、判る範囲内での情報をつけてある。

もちろんここに漏れた例はまだまだあると考えられ、これはほんの一部に過ぎないかもしれないことをお断りしておく。今後、三船プロ等、関係機関に眠る資料（台本など）の丹念な掘り起こしや確認が必要となることは言うまでもない。なお、紹介する作品は外国映画が主体だが、黒澤明監督作品などの邦画も一部入っている。

映画製作はしょせん水物であり、諸事情でお流れになった企画は枚挙にいとまがない。映画が完成したり、できなかったりしたのも単なる〈偶然〉と思うことすらある。だからこそ、何故に、これらの作品に三船は出演しなかったのか？　あるいは出られなかったのか？　その理由を、本稿ではでき得る限り考察していきたいと思う。歴史に「もしも…」は禁物かもしれないが、もし以下の作品が三船敏郎出演で映画化されていたら、どんなにかその後の映画史が実り豊かになったかもしれないと想像すると、三船の熱狂的ファンとしては、感慨無量である。

※1　「歌と映画と舞台　三船敏郎の外国みやげは　帰ってきた三船敏郎」『週刊生きる女性』１９６０年9月22日号、38頁。

●1950年代に企画された作品

■**『アッチラ大王』**（1950年代：伊）

この『アッチラ大王』という作品が、記録を見る限り、最も早く三船敏郎に出演依頼がなされた、先駆け的外国映画である。この作品は、三船自身が「『七人の侍』を撮影中に最初のイタリア映画『アッチラ大王』出演の話があって、すっかり決まっていたのだが、こちらの撮影が一年かかったため、お流れになった」（『婦人公論』1961年9月号）と述べているので、これが依頼第一号と考えてもよさそうである。内容は多分、当時イタリアで流行《はや》っていた古代史劇と思われ、当時の各種映画年鑑を見ても、名前が出てこないので、当初は、日本では公開されておらず、果たしてイタリアで実際作られたかどうかも確認できないと思われたが、『アッチラ大王』はイタリア語の原題で、我が国では『ユリシーズ』の題で公開されたことが分かった。

■**『ユリシーズ』**（1954：伊　監督：マリオ・カメリーニ　主演：カーク・ダグラス、アンソニー・クイン　昭和30年3月日本公開）

古代ギリシャを舞台に勇者ユリシーズが、〈一つ目巨人〉や〈魔女〉と戦うスペクタクルで、三船の代わりに起用された俳優が、カーク・ダグラスやアンソニー・クインらアメリカ人スターというところが、より国際的である。ちなみに。出来はB級らしい。

■**『南海漂流』**（1960：米　監督：ケン・アナキン　主演：ジョン・ミルズ、早川雪洲　昭和36年12月日本公開）

原題を「スイスファミリーロビンソン」といい、ロビンソン一家の有名な漂流記をウォルト・ディズニーが製作した家族向け映画である。三船は、早川雪洲扮する海賊の親分役を依頼されたのかもしれない。なお、監督のケン・アナキンとは、後年『ペーパータイガー 太陽にかける橋』（1975）で組むことになる。

●1960年代に企画された作品

■『バレン』（1960：伊＝仏＝英　監督：ニコラス・レイ　主演：アンソニー・クイン、谷洋子　昭和36年2月日本公開）

1960年代に入り、三船敏郎の外国映画出演は『価値ある男』以降、いよいよ本格化するが、三船主演で企画され、実現されなかった例も多くなってくる。『バレン』はアラスカや北極地方に住むエスキモー民族（現在ではイヌイット族と呼称される）の特異な習慣を描いた人間ドラマ。アンソニー・クイン扮するエスキモー人の夫が、訪ねてきた宣教師をもてなすために谷洋子の妻を提供したら、拒絶され、妻を侮辱されたと勘違いした彼は宣教師を殺してしまうというお話で、監督はジェームズ・ディーンが出た『理由なき反抗』（1955）が最も有名なニコラス・レイ。アクションからメロドラマ、『北京の55日』（1963）といったスペクタクル、戦争もの『最前線物語』（1980）など何でもこなした職人監督だったが、同時に『東京暗黒街 竹の家』（1955）や『クリムゾン・キモノ』（1959・日本未公開）といった日本を舞台にした作品を撮っていて、こうした傾向の作品を好んだのかもしれない。この『バレン』も当初は三船にイタリア人女優ジーナ・ロロブリジタの配役で、当時の週刊誌が華々しく（?）報じている。三船も、この時取り組んでいた『日本誕生』（昭34）の撮影が終了した秋以降なら出ても良い、と前向きだったが、やはり出られず、前記の配役に変更になったのだろう。同記事では過去にブリジット・バルドーとの共演話もあったことに触れていて、興味深い。

参考文献：「実現させたい三船・ジーナの共演―日本スターも世界の舞台へ―」『週刊新潮』1959年2月23日号、11頁。

■「酒呑童子」（1960）

「酒呑童子」は、平安時代を舞台にし、京都郊外の大江山を根城にする怪物「酒呑童子」を、朝廷に仕える武将源頼光が退治する伝説に基づいた日本的スペクタクル。日米合作の超大作として、監督は『無法松の一生』（昭33）でベネチア国際映画祭グランプリを受賞した稲垣浩が当たることになっていた。「シュタインドッジの冒険」との題名も伝わっているが、これは、酒呑童子は日本に漂着した大男の西洋人だったという伝承（一説によるとドイツ系とか）があるためであろう。

その配役は、酒呑童子に親日家で我が国でも人気が高かったウィリアム・ホールデンが予定されていて、三船は源頼光であった。この一連の報道は昭和35年の秋、9月から12月にかけてなされているが、この時期、三船は外国漫遊から帰国し、その抱負の中で洋画出演の意欲を語っているので、すでに大映京都がこの年の春に、長谷川一夫主演で『大江山酒呑童子』（田中徳三監督）として映画化していたというハンディもあったろうが、東宝版「酒呑童子」もある時期までは実現の方向だったと思われる。12月の報道では、「コロムビア映画と東宝の合作映画『酒顛童子』（稲垣浩監督）が、三船が源頼光、ウィリアム・ホールデンが酒顛童子に扮し、三船が世界の檜舞台で勝負をする」との具体的な内容となっており、「来春、担当プロデューサーが渡米して製作打ち合わせ」とある。

なお、両スターのギャラ（ともに当時）はホールデンが二億円、三船が二百五十万円で、現在とは貨幣価値が異なるとはいえ、やはり大きな格差がある。特撮も駆使したスペクタクル映画として、この作品は実現して欲しかったところだが、何故か映画化されなかった。以後も、かなり長い期間『ゴジラ』で有名な田中友幸製作、稲垣浩監督で、東宝ラインアップに載り続けたのだが、結局流れてしまい、ファンとしては大いに残念であった。やはりギャラの差だったのだろうか？　そうは考えたくないが……。

参考文献：「二枚目さんご機嫌いかが？　外国映画進出の三船」『週刊大衆』1960年9月26日号、56頁。
「スクリーン・トピックス　ヤンキーと決斗する三船敏郎　二億円と二五〇万円の勝負」『週刊実話』1960年12月14日増大号、77頁。

■「軍律」（1960）

「酒呑童子」とほぼ同時期に、「三船敏郎が初めて外国映画出演」と報じられたのが、日仏伊合作の国際オムニバス映画「軍律」という作品である。ビットリオ・デ・シーカ監督らが提唱とあり、そのタイトルから戦争映画と思われるが、詳しい内容は触れておらず、詳細は不明。ルネ・クレマン監督、黒澤明監督がそれぞれ仏編、日本編を演出担当とあり、三船はその日本編に出るとある。なお、「軍神」と報じた記事もあるが、「軍律」の誤りであろう。黒澤明側の資料（脚本とか）に果たしてこの「軍律」という作品があるのかは不明で、監督自身どう考えていたのかも、そのコメント、証言は確認できていない。『悪い奴ほどよく眠る』（昭35）の完成直後でもあり、このあとすぐ『用心棒』（昭36）の撮影に入るので、結局沙汰闇になったものと思われる。ちなみに、デ・シーカ、クレマン両監督もこの「軍律」というタイトルの作品を手がけた史実はない。もっとも、両者とも『ひまわり』（1970）や『パリは燃えているか?』（1966）といった戦争ドラマを撮っているので、この種の作品を考えていた可能性は高い。

参考文献：「スクリーン　二枚目さんご機嫌いかが？　外国映画進出の三船」『週刊大衆』1960年9月26日号、56頁。
「国際スターの道をゆく三船敏郎　『軍神』に出演する〝東洋のマスラオ〟」『週刊特ダネ実話』1960年10月15日号、70～71頁。

■「馬賊」（1964～1965）

『価値ある男』に出演した昭和36年頃から、三船敏郎には東宝を辞めてフリーになり、「三船プロダクション」の設立も考慮という報道が増えてくる。アメリカ映画、フランス映画、イギリス映画が三船起用を申し入れたとも言われ、それに出る腹を固めたとも噂された三船の東宝作品の出演本数は、この時期、確かに以前よりは少なくなっている。

昭和37年に「三船プロダクション」を設立した三船は、殺到する外国作品のオファーと並行して、三船プロでの自主製作も始める。同時期、他社のスター俳優もこぞって自身のプロダクションを作り始めるが、昭和39年秋に日活の石原裕次郎率いる石原プロとの共同製作で発表したのが、満州を舞台とした岡本喜八監督、山田信夫脚本の戦争映画「馬賊」であった。むろん三船・石原両スター初共演の超大作で、『独立愚連隊』の岡本監督というのも強力かつ楽しみな布陣であった。ところが、東宝、日活という映画会社同士が結ぶ「五社協定」の厚い壁に阻まれ、翌年には企画は頓挫。それぞれの専属会社のドル箱スターが互いにライバル会社の映画に出た例はそれまでなく、この時の軋轢やしこりで両者の不仲説まで飛んだが、以後も粘り強く共演の話を進めた結果、三船・石原の初共演は、黒部ダム完成を描いた昭和43年の『黒部の太陽』（熊井啓監督）でついに実現する。

石原裕次郎と三船は、以後『風林火山』（昭44）と『栄光の５０００キロ』（同）、『ある兵士の賭け』（昭45）の三本の劇映画で共演する。また岡本喜八とは、その後も三船プロ製作の『血と砂』（昭40）や『赤毛』（昭44）に監督として起用し、後年開設した「三船芸術学院」でも講師を依頼するなど、その関係は長く続いた。

参考文献：「芸能　映画配給権を獲得した三船敏郎　プロダクション設立説まで出るメキシコ映画出演」『週刊実話特報　創刊１００号記念特大号』１９６１年３月９日号、40頁。
「プロダクション社長の抱負《ママ》ふたりで前人未踏の境地を開く三船敏郎　石原裕次郎」『映画ジャーナル』１９６４年12月１日号、40～46頁。
「石原裕次郎と三船敏郎の冷めたい対立　世界にかける夢が破れたあとの二人　芸能特ダネ」『週刊実話』１９６５年４月12日号、18～19頁。

■「ウィリアム・アダムス（三浦按針）」（１９６５年頃）

『赤ひげ』（昭40）は、黒澤明監督と三船敏郎、十六本目の顔合わせにして最後となった秀作であるが、この頃になると撮影中から、東宝砧撮影所を訪れる各国の映画人の見学が多くなる。その中に『アラビアのロレンス』

（１９６２）の主演俳優ピーター・オトゥールがおり、折から来日したオトゥールに東宝が提案した企画が標記の作品である。

これは、江戸幕府を開く徳川家康に仕えたイギリス人航海士ウィリアム・アダムスの物語で、むろんオトゥールがアダムスである。東映を辞めてフリーになった沢島忠（のちの沢島正継）が監督、三船の出演も予定されていた。なお、岡本喜八を監督として起用するという案もあったようである。筆者は「東宝スタジオ」の脚本保管倉庫でこの作品の台本を確認しており、詳しい内容は不明だが、のちの『将軍』（１９８０）の実現にも影響を与えたのではなかろうか。三船との共演を喜んでいたとされるオトゥールだが、結局実現せず、両者の顔合わせは生涯を通じてなかった。

■『**カスター将軍**』（１９６７：米　監督：ロバート・シオドマク　主演：ロバート・ショー、ロバート・ライアン　昭和43年2月日本公開）

黒澤明監督渾身の力作『赤ひげ』が大ヒットしていた昭和40年、三船敏郎のもとに、二十世紀フォックスから、6月末クランクインの70ミリ超大作「カスター将軍の最後」という西部劇大作の出演依頼が来る。監督はフレッド・ジンネマン、出演はグレゴリー・ペック、リチャード・ウィドマーク、ロバート・ミッチャムで、三船はスー族の〈酋長〉役、ギャラは一億一千万円（当時の邦貨で）と報道されている。南北戦争後、第七騎兵隊の司令官として、インディアン討伐に総力を注いだ陸軍軍人ジョージ・A・カスターが、１８７６年、スー族やシャイアン族を中心としたインディアンの猛反撃に屈し、全滅する史実を映画化するものである。

当初、三船は出るつもりだったらしいが、西部劇史上に残るこの歴史ドラマで三船の役は将軍を打ち取る敵役であり、内容にも偏見があったようで、結局出演は断念する。この「カスター将軍の最後」は、当初の監督、出演者は大幅に変更となり、主役のカスター将軍はロバート・ショーが演じ、『カスター将軍』（１９６７）の邦題で公開された。最初に報じられた俳優は一人も出ていない。かくして三船は、同時期に依頼が来た、より立派な人物像を持った日本人として登場する『グラン・プリ』（１９６６）に出演することとなる。

なお、この記事では、『侍』（岡本喜八監督）のアメリカ公開ＰＲのため渡米した三船敏郎と、通訳を務めたハワイ生まれの日系二世女優・高美以子の仲を外電が報道したが、「疑問」と書かれている。高美以子はのちに、『ペーパータイガー　太陽にかける橋』（１９７５）で三船扮する駐日大使の夫人役で共演することとなる。

参考文献：「黒い噂の裏側を探る　海を渡ったミフネのロマンス」『実話雑誌』1965年8月号、75頁。

■「赤い太陽」（のちの『レッド・サン』）
■「恐怖の島」（のちの『太平洋の地獄』）

両作品とも標記の題名で日本公開され、大ヒットしたことは周知の事実であるが、ともに黒澤明作品で著名な脚本家・橋本忍が、原案というか当初のプロット、計画に関わっていたことを記しておく。昭和42年の『週刊朝日』によると、同年10月26日、パラマウント映画『赤い太陽』とＡＢＣ製作『太平洋の地獄』の二本のアメリカ映画のシナリオを引き受け、打ち合わせのため渡米した脚本家・橋本忍のインタビューとして、「赤い太陽」は完全なアメリカ西部劇で、主演の一人が三船敏郎であり、来年早々クランクイン「恐怖の島」は三船とリー・マーヴィンの顔合わせ、ＡＢＣ放送の劇場映画進出の第一作で米英シナリオライターとの合作、と伝えている。

「赤い太陽」というタイトルの映画化作品はなく、この時点での詳しい内容は不明だが、これが時代劇と西部劇がドッキングした『レッド・サン』（71：テレンス・ヤング監督）になった可能性は非常に高い（同作の日本語直訳でもある）。「恐怖の島」も、当初の配役のまま『太平洋の地獄』（１９６８：ジョン・ブアマン監督）として製作され、翌年日本公開された。映画の企画というものは、特に外国との合作という形を取る場合、かなり長くかかることが改めて認識される。

参考文献：「ハリウッドに切込む橋本忍　西部劇『赤い太陽』のシナリオを引受ける」『週刊朝日』１９６７年11月10日号、１０７頁。

■『トラ・トラ・トラ！』（１９７０：米　監督：リチャード・フライシャー、深作欣二、舛田利雄　主演：山村聰、ジニーソン・ロバーズ　昭和45年12月日本公開）

黒澤明監督と三船敏郎の黄金コンビは『赤ひげ』（昭40）が最後となり、以後、再び実現することはなかったが、１９６０年代から１９８０年代にかけて両者復活を思わせる動き、報道が幾多もなされている。三船が世界の「ミフネ」になったように、黒澤明監督も狭い日本映画界から世界の檜舞台へ羽ばたこうと、１９６０年代後半からいろいろ企画を進行させていくが、紆余曲折を経て、黒澤監督自身も翻弄されることになる。

まず手始めに昭和41年、アメリカで実際に起きた蒸気機関車の暴走をサスペンス・タッチで描く「暴走機関車」を、黒澤プロとして米国エンバシー・ピクチャーの協力で撮ろうとするが、うまく行かず、中止となってしまう。やがて翌42年になると、昭和16年12月８日のハワイ真珠湾攻撃を描く日米合作の超大作『トラ・トラ・トラ！』が、二十世紀フォックスで企画、日本側監督として黒澤明にその依頼がなされる。ちなみに「トラ・トラ・トラ」とは、真珠湾奇襲作戦を成功させた山本五十六長官が打った無線連絡の暗号文（ワレ攻撃ニ成功セリ）のことである。

三船敏郎も、黒澤明が監督であり、日本側の主人公は山本五十六長官であろうから、当然自分のところに出演依頼が来ると期待していたと考えられる。ところが、日本場面の演出を任された黒澤は、話の中枢を担う山本五十六ら当時の軍人たちを職業俳優ではなく、公募した一般人（社会人）に演じさせる方針——脇は、従来の黒澤組俳優で固める予定だったらしいが——を採り、コストを下げるため、従来の東宝ではなく、東映京都撮影所を使うことにしたことから、雲行きが怪しくなっていく。

この昭和42年当時、飛び交った多くの報道の中に、「黒澤明監督が米国二十世紀フォックスと結んで製作する『虎・虎・虎』（筆者注：のちの『トラ・トラ・トラ！』のこと）は、肝腎の主役スターの発表がなく、来年の秋までに主役を決めるとのことだが、当初二十世紀フォックスは三船主演を条件に黒澤プロ提携を持ち込んでおり、三船はフォックスの商売敵ＭＧＭの『グラン・プリ』に出演した関係で、難しいかもしれない」という記事※1がある。さらには、「東宝もおいそれと（三船の）外国作品出演を許すはずがなく、黒澤と（三船）は『赤ひげ』の赤字問題で犬猿の間柄」との、まったく無責任な内容の記載もあって、三船の苦悩やあせりに、火に油を注ぐ形となってしまったと考えられる。記事の中に三船の役柄の記述はないが、二十世紀フォックスが「山本五十六には三船を起用すること」と、黒澤監督に申し入れていたことも大いに考えられる。そして、黒澤が素人キャストで映画を撮り始め、これが失敗に終わると、今度は三船が「素人起用は職業俳優への重大な挑戦」との批判めいた発言をすることとなるのは、映画ファンならご承知のとおりである。

黒澤明が主役の山本五十六に三船を起用せず、なぜ雰囲気や似ているだけの「無名人＝素人起用」にこだわったのかは皆目分からない。黒澤自身、阿部嘉典『映画を愛した二人　黒澤明 三船敏郎』（報知新聞社、１９９５年）で素人の社会人を使ったことに対して「社会生活の年輪を経てきた素人の人たちの演技が、プロの俳優生活で年数を経てきた人たちの演技をはるかに上回る質の高いものだったことをどう考えるべきか。このことをプロの俳優さんたち、プロの映画人はよく考えて欲しい」との自説（但し降板当時の発言）を展開しているが、お金を払ってスターや好きな俳優の演技を見たいと思う観客への視点、気配りがやや欠落しているようにも思える。「得意のマルチカム方式撮影で人間を追い詰めてきた黒澤リアリズムはついに叙事的な映画『トラ・トラ・トラ！』で、プロのスターの作り付けの演技を画面から追放するところまで、たどりついたのだ。彼がやろうとしたことが実現したらすごい映画になっていたでしょうね」（映画評論家白井佳夫、同上書）と、黒澤を評価する声もあるにはあるのだが……。

かくして、肝心の素人俳優たちが、監督の思うような演技はすぐにはできないという問題が浮上、東映京都のスタッフともうまくいかなくなった黒澤は、撮影が始まってしばらく経った昭和43年12月、ノイローゼを理由に監督を解任（契約解除）されてしまう。

一方の三船は、やはり俳優として素直に山本五十六を演じてみたかったのだろう。一連のゴタゴタの渦中で東宝が横から企画して先に公開した『連合艦隊司令長官 山本五十六』（昭43）で、三船は念願の山本五十六を好演する。この映画は拙速に作られたにしては、けっして悪い出来ではない。三船自身も個人的に好きな作品として、晩年まで繰り返しビデオなどで鑑賞していたという。

三船を希望していた二十世紀フォックスだが、新たな体制で完成した『トラ・トラ・トラ！』で山本五十六を演じたのは、その三船との共演作も多い山村聰であった。日米とも出演俳優はやや地味な配役になったが、真珠湾攻撃を実際に再現したスペクタクル・シーンは凄い迫力で、日本では大ヒット。しかし、当の米国では「リメンバーパールハーバー」となる負け戦であり、さほど多くの観客を集められなかったことは、二十世紀フォックスとしては大きな計算違いであったろう。

この一連の出来事で、黒澤監督は、その自己の意識や思想などを、良くも悪くも変貌させる。しかし、周囲は、三船と黒澤のコンビが復活するかもしれないという期待を依然持ち続け、その期待は1970年代以降もさらに続

※1 「ハイライト　国際スター三船敏郎の悩み　黒澤監督の『虎・虎・虎』をめぐり」『週刊実話』1967年5月29日号、22頁。

くことになる。

●1970年代に企画された作品

■「ザ・ロンゲスト・ライド」（1973年頃）

『レッド・サン』の米国側プロデューサー、テッド・リッチモンドが、三船プロに持ち込んだ企画で、戦争もの（脱走もの？）と思われる。黒澤明監督の起用を考えていると、この当時の『キネマ旬報』誌が報じている。

■『デルス・ウザーラ』（1975：ソ連　監督：黒澤明　主演：マキシム・ムンズク、ユーリー・サローミン　昭和50年8月公開）

『トラ・トラ・トラ！』の降板から、小品『どですかでん』（昭45）を経て、『デルス・ウザーラ』を企画した黒澤監督が、当初主演のデルスに考えたのは「体の中からエネルギーを発散する、日本人には珍しいタイプの俳優」と評価する三船敏郎だったという話もある。しかし当時の三船は、自身のテレビ主演シリーズを抱えているうえ、三船プロの屋台骨を支える立場もあって、二年間もソ連（当時）での撮影のため身体を空けられない、という事情もあった。

昭和49年秋、ソ連邦シベリア地方で撮影していた黒澤監督のもとへ三船敏郎が陣中見舞いに訪れ、「小さな役でもいいですから、何か出させて頂けませんか」と直訴。これに黒澤が「三船ちゃんに端役をやらせるわけにはいかないよ」と、その申し出を断ったという話が、前掲『映画を愛した二人　黒澤明 三船敏郎』（194〜195頁）でも触れられている。黒澤自身、この当時はまだ、三船主演の企画を考えていたのかもしれない。

■「オビウム（アヘン）」（1977）

■「ウルトラ・シークレット」（1977）

■「ブルーアイ（または青い瞳、青い目のサムライ）」（1977）

昭和52年は三船プロが創立十五周年を迎える年で、それを記念する映画製作の報道が前年末になされている。

「オビウム（アヘン）」は、東南アジアの麻薬地帯を舞台にしたアクション企画。三船、アラン・ドロン、チャールズ・ブロンソンの三人が麻薬Gメンの役、監督はテレンス・ヤングである。これは『レッド・サン』の再現チームであり、製作費三十億円の大作として、1977年1月より東南アジアロケ、とされている。

「ウルトラ・シークレット」は、第二次世界大戦中のイギリス暗号部隊の動きを中心に、真珠湾攻撃、ノルマンディー上陸作戦などを描く製作費四十五億円の70ミリ戦争超大作。三船は山本五十六に扮し、共演はブロンソン、ドロン、ショーン・コネリー、バート・ランカスター、ローレンス・オリビエという豪華布陣で、「オビウム（アヘン）」に引き続いて6月から製作とある。こちらもスケールの大きな内容で、大いに期待してしまうが、結局両方とも映画化の進展はなかった。

「ブルーアイ」は、戦国時代の我が国に漂着した白人（青い目のサムライ）が、ある武将の養子になって、共に戦うという内容の時代劇らしいが、詳細は不明。『キネマ旬報』の新作情報で報じられていた内容は、そういうものだったと記憶する。アラン・ドロンが、その漂着した白人役に予定されていて、養父の戦国武将は当然、三船敏郎であろう。いかなる事情によるものか、残念ながら映画化は実現しなかった。別記事には、この共演者がドロンではなく、スティーブ・マックィーンになっているものもある。昭和52年4月17日、三船プロ創立十五周年記念パーティー出席のため来日したアラン・ドロンは、報道陣に「私は温泉が大好きなので、ミフネとぜひ箱根へ行きたい。彼と映画をいっしょに製作する話もある」と語っている。この「彼と映画をいっしょに製作する話」というのが、日本を舞台にした時代劇「ブルーアイ（青い目のサムライ）」の打ち合わせだったようだ。なお、このプロットが、のちに三船が出演した『武士道ブレード』（１９７８）になったとの指摘もあるが、断定は避けたい。

参考文献：「三船プロとヤング監督がコンビで映画　創立15周年記念」『サンデー毎日』１９７６年12月19日号、33頁。
「アラン・ドロンがさらけ出した男の素顔　世界の恋人12年ぶりの来日」『週刊明星』１９７７年５月１日号、31〜33頁。

■『おろしや国酔夢譚』（監督：佐藤純弥　主演：緒方拳、川谷拓三　平成４年６月公開）

江戸時代後期、太平洋を漂流し、果てはロシアまで流れ、世界を見聞した大黒屋光太夫の半生を映画化するもの。昭和53年当時、三船プロで製作する話が『キネマ旬報』新作情報欄で報じられている。三船が大黒屋光太夫を演じる予定だったかは不明である。平成４年に緒形拳主演で映画化されたが、ロシアロケもされたのに映画的スケールがあまり感じられない大味な出来の大作に終わった。

■『スター・ウォーズ』（１９７７：米　監督：ジョージ・ルーカス　主演：マーク・ハミル、ハリソン・フォード　昭和53年６月日本公開）

黒澤明を敬愛するジョージ・ルーカス監督が作ったSF映画は、今や大河長編シリーズと化しているが、主人公ルーク・スカイウォーカーの導師、オビ＝ワン・ケノビを当初、三船に演じてもらいたかったことは、有名な逸話である。代わりに、本来は「SFは大嫌い」らしい英国の名優アレック・ギネスが演じて、一世一代の当たり役になった。どうして三船は断ってしまったのだろうか。台本から幼稚で安っぽいスペース・オペラと感じてしまったのかもしれない。三船が、もしこのシリーズでオビ＝ワン・ケノビに扮していたら、彼のその後の映画人生も、映画史も一変していたに違いない。もっともアレック・ギネスもとても良く、共演のグランド・モフターキン役のピーター・カッシング、後期シリーズでのドゥークー伯爵役のクリストファー・リーともども、この大河ドラマは、SF怪奇バイプレーヤーマニアの筆者としては、うれしくなる配役で構成されている。後期作で若かりし頃のオビ＝ワン・ケノビを演じるユアン・マクレガーもまた良く、ディズニー製作のややファミリー向けシリーズと化した今も、故人の俳優がCGで復活（ピーター・カッシング）したりするので、こういうやり方は邪道でもあるが、なかなか目が離せない。しかし、当の三船自身は、こうしたSF自体に関心が低かったのかもしれない。

●1980年代に企画された作品

■「椿三十郎」の続編
■『影武者』（上杉謙信役）（監督：黒澤明　主演：仲代達矢、山崎努　昭和55年4月公開）
■『乱』（一文字景虎役）（監督：黒澤明　主演：仲代達矢、ピーター　昭和60年6月公開）

1970年代後半から黒澤明監督復活の機運が高まり、それとともに三船主演作が再び期待されるようになる。昭和51年頃、黒澤監督が東宝に『椿三十郎』続編の企画を持ちかけ、それが「松風三十郎」と名乗る浪人の話だったので、三船主演のアクション時代劇として東宝も大いに乗り、予算もほぼ決まり、正式に脚本を監督に依頼。すると、黒澤が提出してきたのは、のちの『乱』（昭60）の台本であったという。内容からあまりにも巨額の費用がかかることが予想されたため、代わりにもうひとつの企画『影武者』（昭55）が映画化されたという経緯は、周知の事実だが、肝心の三船主演作の話はどこに行ってしまったのだろうか。

しかし、黒澤監督は本来、〈続編嫌い〉で、本音では三船・三十郎はもう作る気がなかったと聞いた記憶がある。だが、この『椿三十郎』の続編を是非とも見たかったと思うのは、果たして筆者のみであろうか。

『影武者』も『乱』も力作ではあるが、黒澤自身が手掛けた脚本や話の展開にはいささか難もある。それでも三船敏郎が出演してくれていたら、両作品ともどこか救われていたかもしれない。しかし、主役の武田信玄（及びその影武者）と一文字景虎に扮したのは、黒澤作品でも三船との共演が多かった仲代達矢で、存在感のある役を生真面目に演じてはいたが、ただひたすら重々しい雰囲気に終始してしまった。考えてみると、仲代も三船という相手役があってこそ光るスターではなかったか。しかも当初の企画段階では、『影武者』の信玄役は勝新太郎であった。これに上杉謙信役だったという三船を組み合わせても素晴らしかったと思われる。勝も〈ワンマン的〉性格だったため、ほどなく黒澤監督と対立して、役を降りてしまい、残念でならない。

また、『乱』は三船が、特に出演を熱望していた作品と聞く。シェイクスピアの『リア王』を戦国時代に置き換えた武将の話であり、同じシェイクスピアの『マクベス』を翻案した『蜘蛛巣城』の武将と対比、比較するのは容易である。『蜘蛛巣城』の鷲津武時の延長上に『乱』の一文字景虎があるのも一目瞭然。壮年期の三船と老年期の三船の狂乱演技を見て、比較してみたかったと思う。

黒澤映画に、内容によって三船が出ない作品があっても良いが、三船が出ていない、カラーで撮られた後期の黒澤作品七本のどこかに少しでも三船が出ていたら、また評価は違ったのではなかろうか。

やはり、『赤ひげ』以降、およそ三十年間、両者のコンビ作がなかったという事実は、お互いにとってマイナスだったと思う。黒澤監督は、三船の魅力はすべて描き尽くしたつもりだったかもしれないが、まだまだ引き出せる魅力を最後まで三船は持っていたはずである。そして三船はそれをひたすら待ち続けたのであろう。二人の大ファンだったからこそ、そのように今も考えるのである。

■「孫悟空」

昭和57年頃、撮影が予定されていた三船敏郎が孫悟空に扮するスペクタクル大作。三船自身が熱心に実現に向けて進めた企画だという。猪八戒に相撲の元関脇高見山（のちの東関親方）、沙悟浄にサミー・デイビス・ジュニア（フランク・シナトラ一家の俳優・歌手）、三蔵法師にリッキー・シュローダー（当時、『チャンプ』等に出ていた子役スター）という異色配役がなされ、スティーヴン・スピルバーグ監督にも応援を頼むなど、スケールの大きいSFX大作を考えていたようだが、「六十歳過ぎて孫悟空なんて……」との周囲からの声もあり、また巨額の製作費を三船プロで負担できるのかという心配から幻に終わった。なお、三船プロに残された台本では監督が『ゴジラ』の本多猪四郎となっている。また、この企画は昭和50年頃からあったようで、当時からも報道されている。なにゆえ三船が中国の古典『西遊記』のヒーロー孫悟空を演じる気になったのかは、よく分からないが、扮装写真は残っている。堺正章や本木雅弘がテレビで孫悟空に扮し、それなりに面白かったこともあり、三船・孫悟空も見たかった思いはある。

幻となった孫悟空メイク
（三船プロ提供）

■『戦場にかける橋2　クワイ河からの帰還』（1989：米　監督：アンドリュー・V・マクラグレン　主演：エドワード・フォックス、仲代達矢　平成元年10月日本公開）

名作『戦場にかける橋』（1957）の正式な続篇のような題名だが、話に繋がりはない。捕虜収容所の日本側軍人が、収容するイギリス人捕虜を虐待しているところに、アメリカ人の空軍パイロットが加わる。やがて戦況の不利から、捕虜全員は日本へ移送されることになり、彼らはまず列車で運ばれ、次に日本船に乗せられる。船上で船の乗っ取りに成功し、さらには味方の潜水艦にも助けられてようやく自由を獲得する、というお話で、西部劇やアクションが得意のマクラグレン監督だから、その手の描写は退屈しないが、悪辣な日本軍人という単純な描き方には不快感を抱かざるを得ない。捕虜を日本に移送する指揮官の少佐が仲代達矢で、これが当初三船に依頼があった役柄であろう。

同作のことは、三船は昭和59年、映画評論家・水野晴郎との対談（『キネマ旬報』）で、初めて明かしている。これによると、最初は出るつもりだったが、後から送られてきた台本を詳しく読み、その内容に立腹、断ったのだという。さらに、『男はつらいよ 知床慕情』（昭62）出演当時に受けた朝日新聞インタビューでも、「（その脚本を）断っても、断っても送ってくるんだ」と述べており、製作側も三船出演にあくまで固執し、その実現を執念深く（?）狙っていたことが窺える。

結局、本作は第二次世界大戦ものもだいぶ作られなくなっていた89年に撮影、公開されたが、このクワイ河からみのビルマ（当時 現在はミャンマー）やマレー半島における戦争には英国と日本の権益が絡んでおり、英側は戦後もずっと「捕虜を虐待した」と主張、その怨みや怒りは深いように見える。

三船が嫌悪した内容だったことは、できあがった映画を見ても理解できる。仲代達矢個人は捕虜に思いやりのある軍人役を演じているが、全体の展開は日本への嫌悪感をもたらしかねない雰囲気を有していて、こちらもあまり楽しめなかった。三船が断ったので、仲代も代わりに依頼されて仕方なく出演したのかもしれない。なお、移送船の船長を演じたのは、岡本喜八監督の『日本のいちばん長い日』（昭42）で映画デビューした高橋悦史であった。多分、高橋悦史唯一の外国映画出演と思われるので、ここに特記しておきたい。

●1990年代最晩年までに企画された作品

■「ゴールデンサムライ」（1992年頃 ジョン・ギラーミン監督予定）

『戦場にかける橋パート2』（当初の題名は『戦場にかける橋2 クワイ河からの帰還』）と同様、三船は昭和59年に映画評論家・水野晴郎から受けたインタビューで、南アフリカで撮る映画のことを語っており、侍が出る話であることから、これが標記の「ゴールデンサムライ」のことだと思われる。どういう内容であるかは不明だが、同作は平成4年か平成5年頃、『タワーリング・インフェルノ』（1974）や『キングコング』（1976）などスペクタクル映画を手掛けた監督のジョン・ギラーミンが来日して、この題名の製作記者会見を開いており、筆者はそれを報じたスポーツ紙の記事を切り抜いた記憶がある。貴重な証拠物件として、この原稿執筆中も探してみたが、未だ見つかっていない。ここには、三船も出る予定だったことが触れてあり、大いに楽しみにしていたのだが、いつのまにか忘れ去られてしまった。ジョン・ギラーミン監督も近年、鬼籍に入ったが、もしかしたら監督側の資料にその痕跡（シノプシスなど）があるかもしれない。

■「パイナップル巨人軍」

平成4年頃にスポーツ新聞に載ったもので、引退している老人たちか、元プロ野球選手たちが、ハワイで再び野球をやるという話だったと記憶する。原作は喜多嶋隆で、野球などあまり関心のない筆者だが、三船敏郎出演と聞いては、耳目を立てないわけにはいかない。坂上二郎も共演（またもや！）とあったような気もする。坂上二郎初監督という報道もあったらしい。これも切り抜きしたはずの新聞記事が再確認できていないため、これ以上詳しいことが書けないのが残念である。

■『水の旅人　侍キッズ』（監督：大林宣彦　主演：山崎努、原田知世　平成5年7月公開）

本作は、平成5年夏休みに東宝系で公開された大林宣彦監督作品。少年と老武士姿の一寸法師（山崎努）の交流を描いたファンタジー児童劇だが、当初この老武士役には、三船敏郎の出演が予定されていた。だが、三船の体調が芳しくないことから、大林監督はやむを得ず山崎努に代えたとのことである。1990年代前半のこの時期、三船の体調に衰えが生じていたことはあまり報じられておらず、ファンとしては、何故出なくなったのかと訝しく思うだけであった。

■「宴のあと」

三船敏郎主演で黒澤明とはまた違った秀作を撮り続けた熊井啓監督が、三船没後の追悼文で、撮りたかったと、明かした企画である。「宴のあと」は、作家・三島由紀夫が昭和35年11月に発表した小説だが、翌36年3月、モデルとされた元外務大臣の政治家有田八郎が、三島をプライバシー侵害で訴えている。内容は、当時の有田夫妻をモデルにしたことがすぐに想像できる政治家の私生活に触れたものであり、その人物を三船敏郎で、という熊井監督の慧眼はなかなか興味深いものがある。おそらくは、長年温めていたいくつもの企画のひとつだったのであろう。実現はしなかったが、代わりに『深い河』（平7）出演へと繋がっていったものと思われる。

第3部

三船敏郎の光と影

TOSHIRO MIFUNE

三船敏郎と戦争
——自叙伝「私の人生劇場」より——

三船敏郎のバイオグラフィーについては、様々な媒体で紹介されているほか、三船プロダクションの公式ホームページでも見ることができる。本書でも冒頭で簡単な略歴を掲載したところだが、このたび当企画を立ち上げるに当たって「寺島映画資料文庫」から多くの文献・資料を借り受けたところ、三船敏郎自身が著した「私の人生劇場」なる自叙伝が『週刊アサヒ芸能』誌に連載されていたことが判った。大まかな経歴について述べた著作物は他にもあったが、これほど詳細な自叙伝があったことは誠に驚きであった。発見されたのは、連載第一回目に当たる1961年9月3日号のみとなるが、これが実に貴重な資料であることは文章に目を通せば一目瞭然。この回には、生まれてから軍隊生活を経て東宝に入社、そして『銀嶺の果て』に出演するまでの経歴が、三船敏郎自らの筆により、生々しく描写されているのだ。

編者としては、これをそのままそっくり掲載したかったところだが、本章ではこの記事を引用・抜粋しながら、「三船敏郎と戦争」と題して、三船の軍隊時代について述べさせていただくことにする。戦後すぐに——自らの意思に反して——俳優となった三船は、言わば〈戦争が生んだ俳優〉である。『静かなる決闘』や『野良犬』などで軍医や復員兵を演じ、戦争の影を引きずったいくつかの役で俳優生活のスタートを切った三船は、のちに繰り返し山本五十六や東郷平八郎といった海軍軍人を演じたばかりか、出演した戦争映画は十六本を数える。侍・武士もよく似合った三船だが、軍人役にもしばしばキャスティングされ、生涯に亘って延べ二十もの軍人・元軍人役を演じている。

本書を締めくくる第三部で、三船がいかに戦争と向き合ったかについて振り返ることは、俳優・三船の原点を知ることでもあり、誠に意義のあることと考える。

「私の人生劇場」では、まず自らの出生から父母のこと、中学時代の回想が次のように記されている。

「私は軍隊に入るまで、一度も内地での生活を経験しなかった。生まれたのは中国の青島《チンタオ》である。青島という町はかつてドイツが作った街で、どこかにヨーロッパの匂いが漂っていた。といって、今その記憶の糸をたぐってみても、なんら思い出は浮かんでこない。四歳の時、父に従って大連へ移り住んだからである。

父の徳造は明治四年、秋田県下の漢方医の子として生を受けた。二十歳の頃、東京へ出て漢方医の勉強をしたらしいが、どちらかといえばハイカラな性格で新しもの好きであった。上野付近の漢方医について修行しているうちに、当時としては珍しいカメラに興味を持ち始め、最後には漢方医になることを諦め、写真撮影の技術に専念するようになった。家は代々地主だったらしいが、祖父と意見が合わず、間もなく大陸へと渡った。その頃の中国は、日清戦争や義和団の変があって混乱していた。父は青島に本拠地を置き、大連、天津、山海関などにも出店を拡張した。写真屋が主な仕事だったが、事業欲が強く、貿易商みたいなこともやっていた。酒も飲まず、煙草も嗜まない堅物で、頭の中にあるのは愛国心と事業欲だった。

母のセンは後妻で、このほうは新潟県下の旗本の娘。父と同じように厳しい性格の持ち主だった。父の先妻には子供がなかった。私は父の四十八歳の子である。私は長男で、次が二つ下の弟で芳郎という。その下に女の子が生まれたが、幼いうちに死んだ。最後に、もう一人妹が生まれ、君子と名付けられた。

小学校、中学校は大連で過ごした。中学在学中に父が病床に伏したので、私は学校に通いながら家業の写真屋を切り回さなければならなかった。

といっても、家業をみるというのは名ばかりで、その実、三、四人いた使用人たちとぐるになって、いかにして店の金をごまかすかということに心を砕いた。まったくもって不肖の子であった。中学生の分際で酒の味をおぼえ、十五、六で悪所へ行ったのだからひどいものだ。

中学時代の思い出は他にあまりない。同じ年齢の同級生が子供に見えてしょうがなかった。大人のするようなことばかりしていたから、クラスメートで親しい者はいなかった」

こうして自叙伝を読んでいると、三船が家族への愛情を持たぬまま少年時代を過ごしたことが窺え、ニヒルで捨て鉢な性格が形成されても仕方なかったように思えてくる。

続いて三船の回想は、兵隊時代の話に移る。

「中学を出てブラブラしていたら、昭和十四年の徴兵検査で甲種合格、間もなく、公主嶺の第七航空教育隊へ入れられた。初年兵の第一期間六ヶ月を経て、牡丹江第八航空教育隊に転属。教育隊での任務は候補生の訓練助手、あまり面白い仕事ではなかった。上官は幹部候補生の試験を受けろと勧めてくれたが、現役兵は一年八ヶ月で満期除隊できるというので、同年兵が受験するのを横目で見ながら、じっと耐えた。初めの間は優秀な兵隊だったらしく、教育隊の助手として残された。

ところが、約束の一年八ヶ月が経っても、除隊となる風は少しもない。その頃から少しグレだした。いち早く上等兵には進級したが、その後五年近くの間はまったく進級がストップした。結局、足かけ七年も軍隊にいて上等兵どまりであった。

第七航空教育隊には通信、電気、写真、無線、気象などの各部門があった。私は家業が写真屋だったので、経験を買われて写真に配属された。

そのうちに教育隊は内地に移されることになった。満州の冬は寒く、候補生の中には凍傷にかかる者も出る始末で、教育隊の所在地としては不適だということになった。当然、私たちも教育隊と行動をともにした。公主嶺の第七教育隊は浜松、牡丹江海浪にあった第八教育隊は滋賀県の八日市へ……それぞれ移駐した。だから八日市には終戦間際まで四年ばかりいた。戦争が激しくなってからは、航空写真の訓練は少なくなり、爆薬を持って戦車の下に飛び込む演習ばかりやらされた。

終戦の年の五月初め、八日市から熊本県下の隈之庄という小さな飛行場へ転属を命じられた。ここでも航空写真の訓練はなく、飛行場の周辺にエンペイ壕を作ったり、タコツボを掘るのが主な任務であった。この飛行場は沖縄への特攻基地で、日本各地の航空隊から残存爆撃機が一機二機と集まってきて、それが五、六機になると編隊を組んで、真夜中に飛び立った。夜が明ける頃沖縄上空に達し、敵艦に体当たりするためであった。

飛行場の近くで作業をしていると、敗戦が間近に迫っているのがよく分かった。沖縄に飛び立っていく機の数がめっきり少なくなった。最後には一機もなくなった。軍民ともに有明海に面する地域に住む人たちは、米軍の本土上陸が行われるのを信ずるようになった。有明海から上がってくる公算が大きいと喧伝され、日一日と恐怖が地上を覆っていった。私は本気で死ぬことばかり考えていた……」

以上が三船上等兵の軍隊における体験談である。特攻のため沖縄に向かう若き兵士たちに三船がかけた言葉や思いは、他のインタビューや回想録で述べられているので、ご存知の方も多いだろう。ちなみに、谷口千吉監督によれば、三船は「炊事上等兵」で、美味いものばかり食べて、上官の言うことを聞かない代名詞のような存在だったというから、かなりの〝猛者〟であったことは間違いない。

続いては、終戦に際して三船が感じた家族への思いである。

「八月十五日、とうとう敗戦の日が来た。飛行場の真ん中につっ立って空を仰ぎ号泣する者、兵站《へいたん》の机にうつ伏す者、やっと妻子の待つ故郷に帰れると喜ぶ者。敗戦という冷厳な現実を受け取る人々の心境は様々であった。

私は軍隊に取られる前に母をなくし、戦局が押し詰まった頃、父を失っていた。八日市の航空教育隊にいた時、父危篤の電報を受け取り、休暇をもらって大連へ帰ったことがある。昭和十八年の早春。私は上官をうまく騙して、一ヶ月近くも大連にいた。内地は衣食住のあらゆる面で逼迫していたが、大陸はまだのんびりしていた。戦争の匂いはしていたが、危機感はなかった。父の病勢は一進一退した。それでもすでに七十歳を越える老齢だったから、いつ死魔に魅入られるか予測がつかなかった。私は一ヶ月近い休暇を自分なりに楽しんで帰隊した。父はそれから間もなくこの世を去った。今度は帰るわけにいかなかった。

明大法学部に在学中だった弟の芳郎も十八年の暮れ、第一次学徒出陣に加わり、間島省の陸軍予備士官学校に入った。家に残るのは妹の君子だけであった。

敗戦を知った時、私の頭をかすめた一抹の不安は、妹の身の上であった。両親がいなくなったあと、君子はひとり大連にとどまって、売り食いの生活を続けていた。女ひとりの生活は寂しかったに違いないが、私はある程度楽観していた。というのは、私たち兄妹には、父から受け継いだ独立心と人生に対する激しいファイトがあったからである。父は若くして家郷をあとにし、大陸へ渡った。外地へ出て行った大抵の日本人は、少し暮らし向きが良くなったり事業に成功したりすると、故郷に錦を飾るのが通例であった。頑固一徹の父は、こうしたことが大嫌いであった。『日本人は心が偏狭だ。一旦外地へ出向いたら、その地で骨を埋める覚悟がなければならない。小ゼニを貯めて故郷へ帰り、楽な老後を送ろうなどとケチな考えをもっている限り、日本の発展は望めない。英国やオランダなどの先進国を見てみろ。世界中どこへ行っても彼らの墓地があるではないか』というのが父の口癖であった。大連にも外国人墓地があった。父は大連の墓地の一角にピンピンしている時から土地を求め、自分の墓石まできざんで用意していた。『死んだらここに埋めてもらう。たとえ子供たちがいなくても、御坊が骨ぐらい投げ込んでくれるだろう』と語っていた。父の遺骨は妹が埋めてくれた。

そんな風だったから、私たち兄妹は本籍地の秋田の田舎のことは全然知らなかった。妹のことは気になったが、両親はすでに他界していたので、気分的には楽であった。

敗戦の報を聞いた時、『ざまあみやがれ。一年八ヶ月経ったら除隊させると言いながら、足かけ七年も引きとめやがって……。戦争なんかクソ食らえだっ』と思った。偽らない実感であった」


この先では、終戦後の三船の行動と軍隊への思いが綴られている。軍隊時代に八日市と隈之庄で過ごした三船は、他の〝内地〟はまったく知らなかったわけだから、さぞや心細かったことだろうが、そこはあの三船である。その行動には、映画で見る三船敏郎のような逞しさと図太さが感じられる。


「が、ともかく食わねばならん。私はすぐ八日市へ行こうと思った。熊本にはほんの二、三ヶ月しかいなかったので、土地勘がまったくなかった。親しい友人もいなかった。それに引きかえ、八日市は四年も五年もいたところなので、同寮や上官がいた。それも早く行かないと部隊が解散しそうなので、一日を争う必要があった。

私は軍隊が嫌いだったし、多少の洒落っ気もあったので、自分の手で軍服を改造した。まず、ズボンのヒザから下を切ってインスタント・ショート・パンツにした。上衣もヒジから先を切り落とし、半分を肩のほうへ折り返し、肩章のようにした。残暑が厳しかったから涼しくもあった。私はこの英国兵のようないでたちで第二の故郷ともいうべき八日市へ急いだ。列車は復員軍人や疎開先から帰る人たちでいっぱい、窓という窓には人間の手や足がはみ出していた。私はいささか冒険心も手伝って、機関車の前に乗った。鹿児島本線、山陽線を経由して、終戦の三日のちには八日市に着いた。旧知の人びとはまだ部隊に残っていた。航空写真の部隊には、外国製の精密なカメラやレンズなどがたくさんあった。私も少し分けてもらった。八日市にはひと月近くいた。部隊の倉庫にあった食料や被服を付近の民家に持って行き、ばらまいた。人びとから感謝されて、ねずみ小僧のような心境になっていた。

それからあとは、軍隊時代に部隊に出入りしていた業者の家を訪ねて回り、何日ずつかお世話になった。そんな生活ばかりもしておられないので、思い切って秋田の田舎にいちど帰ってみた。本籍地があるというだけで、顔見知りの人はほとんどいなかった。私は生来の楽天家だったが、この時だけは前途に少し不安を感じた。東京へ出て、習い覚えた写真の技術を生かそうと思い、漠然と上京した。横浜の杉田に友人が住んでいたので、それを頼りにして秋田を発った……」

次の節では、翌年昭和21年になってからの三船の苦労と希望が述べられている。いよいよ三船と東宝の出会いのときである。

「やがて新しい年がやってきた。写真の技術を生かそうと思ったが、世の中の人々は食べていくだけが精いっぱいで、写真館など一軒もなかった。写真の技術を生かせるのは、映画の撮影所くらいのものであった。その頃、東宝の撮影所に大山年治というカメラマンがいた。軍隊で一緒にいたこともあり、彼がとにかく履歴書を持ってこいと言う。カメラ助手くらいの職はあるかもしれないとの話であった。

ひと月ばかり経って、東宝撮影所へ出頭せよとの通知が舞い込んだ。喜び勇んで出かけていくと、俳優志望のテストであった。カメラ助手志望の願書は出したが、俳優になるつもりはなかった。おかしいと思っていろいろ調べてみた。ところが、事務所の手違いで私の履歴書は俳優志望のほうへ回されていた。試験当日のことだから、どうすることもできない。『ええ、どうにでもなれ。カメラ助手でなくても、ただ食っていければそれでよい』といった、なかば自棄の気持ちで俳優のテストを受けた。審査員の中には、監督の山本嘉次郎、女優の高峰秀子さんらがいた。

テストは朗読やセリフの言い回し、泣いたり笑ったりの表情審査などが含まれていた。その際、私が復員軍人の服装のまま出かけていったという話があるようだが、それは誤り伝えられている。私は、軍隊時代からこっそり持ち続けていた一張羅の背広を着て出かけた。型は古かったが、ちゃんとネクタイも結んでいった。靴だってバック・スキンである。ただし、これは部隊から持ち出した軍靴である。ご承知のように軍靴はつまり、バック・スキンだった。

テストの時覚えているのは、ある試験官が笑ってみろと言ったのに対し、『そんなに簡単に笑えるものではありません』と返答したことである。おかげで私は、補欠ということになった。第一回の東宝ニューフェイスは男が十八人、女が三十人の計四十八人であった。あれから十五年、ほとんどの人が映画界から去って行った。今残っているのは、男で堀雄二、伊豆肇の両君くらいなものである。二人とも現在、テレビで活躍している。伊豆君などは今、シナリオ・ライターも兼ねている。女では久我美子さんくらいなものだ。補欠でやっとすべり込んだ私が、一番長くこの稼業で命を伸ばしているのだから、人間の運命なんてどうなるものか、分からない」

ニューフェイス試験に臨む三船（三船プロ提供）

俳優になるつもりはさらさらなかったことや、面接試験における傍若無人な（?）エピソード、補欠採用された経緯などについては、本書でも繰り返し述べたところである。面接での三船のふてぶてしい態度は、軍隊生活で心が荒んでいたせい――実際、三船は「軍隊が嫌いだった」と書いている――であろうし、軍隊時代の思い出、特に特攻隊員を見送った経験については、のちのちまで子息の史郎氏や武志氏の前で涙をボロボロ流しながら、『お前ら、こんな話を聞いて、俺の気持ちが分かるか』と語っていたというから、三船の心に長く〝傷〟として残ったことは確かだ。仲間たちが皆、南方の戦地へと回され、自分だけが生きて帰って来られた、という忸怩たる思いもあったろう。外国映画などで日本軍の軍人としての言動に間違いやおかしな点があれば、どんな大監督だろうが、必ず訂正させた三船である。死んでいった兵隊たちへの強い思いが、こうした行動や信念に繋がっていることは間違いない。

このあと俳優としての新生活が述べられて、連載の第一回目は終わる。軍隊生活が三船に与えた影響とは関係ないが、戦後の一般庶民の苦労が垣間見られ、誠に興味深いものがあるので、そのまま掲載することとする。

「いよいよ俳優としての養成期間が始まった。もともとテレ屋だった私は、カメラの前に立つと胸がドキドキした。カメラの前に立つとはいいながら、エキストラである。それでも二、三本撮った。はっきりした記憶はないが、電車賃くらいのサラリーをもらっていた。その頃は交通事情が悪く、横浜から成城の東宝撮影所まで通うのに三時間近くかかった。電車が混むので、いつも復員服を来て通勤した。学徒出陣で軍に従っていた弟とめぐり会ったのもその前後である。弟と二人の共同生活で第一歩を踏み出した。食糧難の時代で、私は飯ごうに米を一合ずつ入れて撮影所へ通った。米がなくなると、弟と二人で秋田の親類を訪ねて買い出しに行った。

上野駅から出る列車はいつも満員だった。私たち兄弟は親類を歩き回って米を集めた。ヤミ屋が米どころ秋田へどっとくり込み、なかなか思うようには集まらなかった。ある親類など『ヤミ屋に売れば一俵七百円で買ってくれるが、お前たちだから六百円にまけておく』と、恩着せがましく言いながら分けてくれた。

私は一俵の米をトランクふたつに入れ、東京まで運んだ。汽車賃がかかるので、そう度々は行けない。だから一度出かければ、最低一俵は持ち帰った。重労働であった。二人はつとめて食い延ばしをはかり、ひとり一日分の定量を一合と決めた。

そんな生活が続く中で、あの有名な東宝大争議が起こった。この争議で、私を東宝に入れてくれた大山カメラマンが辞めた。俳優陣でも大物が次々に辞めていった。その中には長谷川一夫、大河内傳次郎、黒川弥太郎、山田五十鈴などのベテランが含まれていた。争議が終わったあと、東宝は大きな穴が開いたように寂しくなった。

大物が抜けたとはいいながら、映画を作らないわけにはいかない。黒沢門下の谷口千吉監督がデビュー第一作のメガホンをとることになった。シナリオは黒沢明の筆になるものであった。題名は『銀嶺の果て』。主役級がいなくなったので、若い俳優でイキの良い奴を起用しようということになったらしい。私は人相が悪いので、ギャング役として登場することになった――」

三船敏郎手製によるコート。
素材は軍隊支給の毛布だという
(神田亨氏撮影)

ここから先はどなたも知っているスター・三船敏郎へと変貌していくので、転載も引用の必要もないだろう。ただ、この連載からは、――その役が一兵卒の復員兵であれ、連合艦隊司令長官であれ、さらにはこれが気の狂った部隊長役であれ――、三船の心の奥底には戦争への強い嫌悪があったことが見て取れる。世界のミフネは、こうした戦争への思いを常に心に秘めて、軍人役を演じていたのである。その鋭い眼差しは、軍隊生活を経験した者にしか出せない「哀しい眼光」なのかもしれない。

三船敏郎 結婚式

結婚式
Report

三船敏郎は、『石中先生行状記』公開直前の昭和25年1月5日、同じ第一回〝東宝ニューフェイス〟の同期生だった吉峰幸子さんと、目出度く結婚式を挙行する。このことは、『映画クラブ』（1950年3月号、スタア社）という当時の映画雑誌に詳しく記されているので、これを要約してご紹介してみたい。なにせ三船の結婚式の模様が紹介された記事を見つけるのは、今や非常に困難。本誌は、今となっては大変貴重な記録を残してくれたことになる。

ここではまず、お二人の結婚に当たって、新婦の父親である吉峰長利氏が、娘を映画俳優と結婚させることに逡巡された苦悩の様子が明かされている。

そもそも長利氏は、娘が映画女優になることすら「とんでもない不届きな了見」だとして、あきらめさせたほどの「大変な頑固者」である。しかし、いつの間にか幸子さんは、三船敏郎という男性と生涯を共にする決意を、心に深く刻みつけていた。それを知った父は、大変に苦しむが、娘を好きな男と一緒にさせてやりたい気持ちも人一倍強かった。

そこで長利氏は、人を介して三船敏郎という人物について、付き合いの深い黒澤明監督と志村喬に訊いてみることにしたという。そして、黒澤と志村による三船の人物評は、次のようなものであった。

「三船君という男は、酒は呑むが、人物は絶対に保証する」。なるほど、今考えてもまったくそのとおりの調査結果で、ここからは三船が若い頃からすでに酒好きだったことと、真面目で堅実な人柄が皆から買われていたことが窺い知られる。長利氏も初めて会った三船にすっかり惚れ込み、自らも酒豪だったこともあって、正月は三日三晩、二人で痛飲。その夜を語り明かしたということだ。

以下は、初めて新婦の父・長利氏が三船に会ったときの話である。もともと「映画俳優などという者は、柔軟で、軽佻浮薄な人種とばかり思い込んでいた」長利氏だったが、いざ三船に会ってみれば、「堂々とした体躯のうちに謙虚な心が見て取られ、

三船敏郎 結婚式

そして文化人であって、芸術家でもある」三船敏郎という人物に目を瞠り、すっかり惚れ込んでしまう。「互いの心に触れあうものが感じられた」義父と花婿は、その日から本当の家族のように親しくなったという。

昭和24年の12月9日には結納の儀が取り交わされ、トントン拍子でことが進む。そして、4月に予定されていた結婚式は、新年早々の1月5日に繰り上げられる。

三船の希望により、式場は「青山学院の教会」と決まり、媒酌人は山本嘉次郎監督に依頼。幸子夫人は、「出来る限り手軽に式を済ませる」という、これもまた三船の意向に従って、自ら希望した〝文金高島田〟ではなく、純白の〝ウェディングドレス〟姿で、目黒の自宅を出る。

午後二時から執り行われた結婚式には、新郎の親代わり※1として志村喬夫妻が参列したほか、当日の午後四時に目黒の「雅叙園」で行われた結婚披露宴には、招待客百数十名が参会。新郎新婦は、ニューフェイスの同期である若山セツ子や伊豆肇、それに池部良、小杉義男、千石規子、濱田百合子といった俳優仲間から、熱い祝福を受ける。「雅叙園」の門前には、多くのファンが詰めかけ、中には一言お祝いの言葉を言いたいと、はるばる九州から駆けつけてきた熱烈なファンもいたとのことだ。

結婚式写真（三船プロ提供）

この時、三船は報道陣に向かって「ぼくは美しいワイフと、子供が三人くらい、そしてワイフの手料理と、温かい雰囲気が待っている家庭さえ得られるならば、他にはなにもいりません……」と語っている。なんと翌朝には、この年の俳優としての初仕事となる太泉映画『脱獄』（映画芸術協会提携／監督：山本嘉次郎）の江東地区でのロケーション※2に向かって行ったというから、当時の三船がいかに精力的に仕事に取り組んでいたかが分かろうというものだ。

記事にはさらに、「最も苦労したこと」として「家の問題」が取り上げられている。ここでは、それまで三船が「成城の近くに八畳一間を友人と二人で借りていた」との記述が見られる。これこそが、岡本喜八監督と「1〜2年ほど共同生活を送った下宿」だったと思われる※3が、この住まいの場所の特定には未だ至っていない。岡本監督が「撮影所から走って十分ばかりのところ」（「ただただ右往左往」晶文社）と語る、この共同下宿の場所はいったいどこだったのか？

三船が八方手を尽くして探した結果、志村喬の世話により、当時の志村家の近くにあった、元満鉄病院の院長・内野氏の敷地で、病院として使う予定であった建物の一部を借りることができる。入口が二つあるのが、幸子夫人のお眼鏡にかなった理由だという。権利金は五万円、間代が月五千円と、当時の相場でも破格の値段であったが、結婚の日が待ちきれない二人は、ここに新居を構えることを決めたという。

なお、ご子息の三船史郎さんに伺った話では、当地の住所表示は「成城町七七七」であったそうだから、実にお目出度い地番だったことになる。のちに三船が、この家の斜め前にあった内野氏の自宅と地所ごと交換し、引っ越しを行ったことは、前著『成城映画散歩』に記したとおりである。

※1 プロフィールなどでは、三船は昭和15年に兵役に就いて以来、父母とは一度も会っていないとされている。
※2 松竹の高峰三枝子との初共演作。広告記事には、この日1月6日が撮影初日であったと記されている。
※3 岡本監督の証言によれば、『銀嶺の果て』で三ヶ月ばかり山ごもりして帰ってすぐのこと」とあるから、一緒に下宿生活を送った時期は、昭和22年から24年にかけてのこととなる。

第2章

三船プロダクションのトリッセンスタジオと三船芸術学院

世田谷区内のもうひとつの撮影所と映画学校

矢野　進

はじめに

本章は、三船敏郎が代表を務めた三船プロダクションが世田谷区成城に設立した撮影所と映画学校について、その活動の歴史を概観するものである。区内には東宝撮影所（現・東宝スタジオ）をはじめ、映画の全盛期にはその関連の映画スタジオが点在していた。世田谷が、とりわけ成城界隈が、映画の街であることは誰もがよく知るところだ。トーキー映画のフィルム研究から始まった写真化学研究所（通称P・C・L）が昭和7年に設立され、それはやがてピー・シー・エル映画製作所となり、東宝撮影所を経て現在の東宝スタジオへと発展した。さらに成城には、かつてもうひとつ撮影所が存在した。それが三船プロダクションのトリッセンスタジオである。

だが、戦後日本映画を代表する映画スター、三船敏郎が世田谷の成城に居を構え、映画スタジオと映画学校を経営していたことは、徐々に人々の記憶から失われつつあり、当時を知る関係者も少なくなってきている。それらについてのまとまった記述もほとんど見られないことから、今回、三船プロダクションの協力を得て、当時の資料や文献を参照しつつその記述を試みる。

三船プロダクションに現在残されている撮影所関係の資料は以下のとおりである。

(1) 「東京都世田谷区成城町1129番地　建築予定図及使用図」（A4・1枚もの）
(2) 「三船プロダクション　スタジオ・ガイド（施設写真アルバム）」（四ツ切・フリーアルバム1冊）
(3) 「三船プロダクション　スタジオ案内　パンフレット」（A4・中綴じ）
(4) 「三船プロダクション　トリッセンスタジオ　パンフレット」（B5・二つ折り・スタジオ料金表挟み込み1冊）
(5) 「三船プロダクション　創立十五周年　パンフレット」（A4・中綴じ）
(6) 「三船プロダクション　経歴書（昭和55年）」（B5・中綴じ）
(7) 「三船プロダクション　芸能部　パンフレット」（A4・三つ折り）
(8) 「三船プロダクション　芸能部　新人俳優紹介　パンフレット」（A4・二つ折り）

成城の撮影所　トリッセンスタジオ　昭和37年−昭和59年

昭和37年、映画俳優・三船敏郎は、意を決して自らのプロダクションを設立する。映画界に入ってから16年目、四十二歳であった。男性の四十二歳といえば、二十五歳、六十一歳と並び、男の厄年、それも大厄に当たる。人生において最も活力が漲るとともに、社会や家庭でも責任が増す時期ということでもある。名称は株式会社三船プロダクションとし、設立は昭和37年7月2日。本社を世田谷区成城9−30−7に置き、中央区銀座7−10−8には銀座事務所を構えた。世田谷の本社には製作部、企画部、総務部を、銀座の事務所にはCM製作部と芸能部を置いた。代表取締役には三船が、専務取締役には美術監督の植田寛が、取締役には森岩雄、藤本眞澄、川喜多長政の名が並ぶ。

当時の映画界はテレビの普及に押されて斜陽化し、東宝は製作部門（砧撮影所）の閉鎖が囁かれていた。1960、昭和34年に東宝演劇部内のテレビ制作室はテレビ部に昇格して、東宝は映画、演劇、テレビの3部門体制へと移行する。同年に黒澤明は黒澤プロダクションを設立するが、これは『隠し砦の三悪人』（東宝、昭和33年公開）の撮影予定期間オーバーによる大幅な予算超過に業を煮やした東宝が、監督の黒澤にも応分のリスクを負担させるために科した枷と言われている。

三船の場合については、息子の史郎氏が次のように回想する。

「父はある日東宝に呼ばれて、日比谷の本社の重役室で、『東宝は砧のスタジオを閉鎖する。君は、プロダクションを作って、自分のところで映画を作れ。仕事は回すから』と言われたそうです。ですから、最初は東宝の重役の森岩雄さんとか、川喜多長政さんとか、藤本眞澄さんたちも役員に入られていました」。（松田美智子『サムライ評伝三船敏郎』文藝春秋、2014年より）

映画監督の高瀬昌弘は「三船敏郎の時代」と副題のある自著『東宝撮影所物語』（東宝出版商品事業室、2003年）で、別の視点から三船がプロダクション設立にかけた思いを推測する。

「その理由は、黒澤さんの枠から飛び出して、東宝とは別の映画作りがしたい。それが三船敏郎の想いではなかったろうか。プロデューサー三船敏郎として、思いのままの東京時代劇を撮りたい。きっとニューフェイス以来、三船の胸の奥に秘められていたに違いない想いを、総てぶち込んでの仕事が『風林火山』（昭和44年公開）であったのだろう。三船敏郎には三船の夢があった」。

高瀬の言葉を裏づけるように、後に三船が自ら山本勘助（武田信玄の伝説の軍師）を演じた『風林火山』は、五社協定（松竹、東宝、大映、新東宝、東映の五社が昭和28年に調印し、専属俳優や監督の引き抜き禁止などを定めた）への挑戦であった。俳優プロダクションの代表である石原裕次郎と中村錦之助（萬屋錦之介）に、それぞれ上杉謙信、武田信玄として出演を請い、東映の佐久間良子には主演の由布姫を、自ら東映に出演することを条件に、

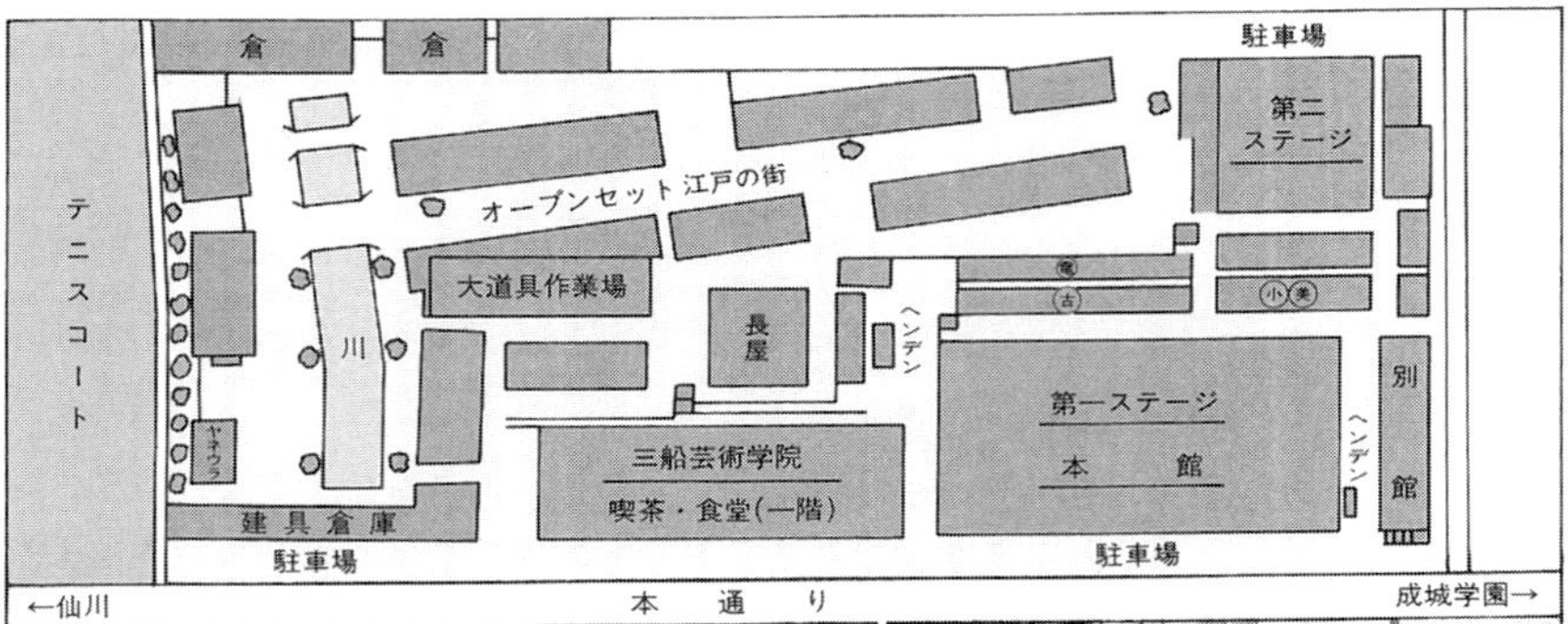
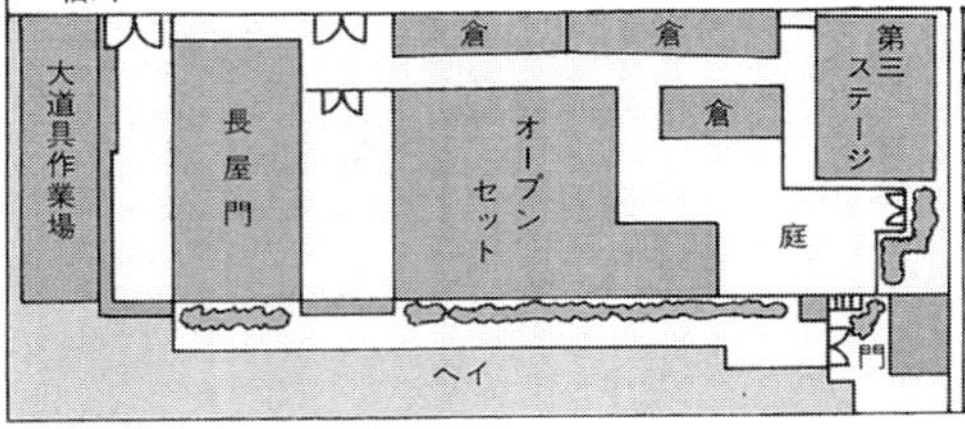

三船プロダクション玄関

オープンセット　江戸の街

ダビングルーム

オープンセット　長屋門

喫茶・食堂

三船プロダクション撮影所全体図（1981〜83年頃）

「三船プロダクション トリッセンスタジオ パンフレット」より

大川博社長から出演承諾を引き出した。そしてこの作品は三船プロダクションの代表作のひとつとなった。

三船敏郎がプロダクションを設立すると、俳優プロダクションが次々と誕生した。昭和38年に日活の石原裕次郎が石原プロモーションを、昭和42年に大映の勝新太郎が勝プロダクションを、昭和43年には東映の中村錦之助が中村プロダクションを設立して独立した。これらを総称して四大スタープロダクションと呼ぶ。

三船プロダクションの第1回作品は、『五十万人の遺産』（三船プロ・宝塚映画（（ ）内は製作会社を表す。二社以上の場合は・で列記）、昭和38年公開）である。まだ自社の撮影所を持っていないため、東宝系の宝塚映画と提携しての撮影となった。主演は三船だが、藤本眞澄の勧めで監督も三船が務め、メインの製作スタッフは黒澤組で固められ、黒澤自身も編集を手伝った。興行ランキングで7位、二億八千四百八十万円の興行収入を得て、まずまずの成功を手にした。それ以降は主に世田谷の東宝撮影所などを使って、昭和40年には、俳優デビューからしばらくの間一緒に下宿していたことのある岡本喜八監督で『侍』（三船プロ・東宝）と『血と砂』（三船プロ・東宝）を製作。昭和41年には、谷口千吉監督の『奇巌城の冒険』（三船プロ・東宝）と福田純監督の『怒濤一万浬』（三船プロ）が製作された。

昭和41年、三船は世田谷区成城町1129番地（現・成城九丁目）に二千坪の土地を取得し、念願のスタジオ建設に着手する。道路（現・成城富士見橋通り）を一本隔てれば調布市入間である（のちに入間側の土地も取得）。スタジオの建設は東急建設が請負う。当時の東急建設社長の五島昇は三船に別の土地を提案したが、三船は住み慣れた成城にこだわったという。スタジオの建築中、三船は初めて出演するハリウッド映画『グラン・プリ』（アメリカ映画、昭和42年日本公開）の撮影のため、日本を離れていた。三船がF1チームのオーナーを演じたこの映画のギャランティーは30万ドル（当時の日本円で約一億八百万円）。その映画の出演料をつぎ込んで、新スタジオのためにアリフレックスのキャメラやナグラの録音機など撮影機材をロサンゼルスで購入した。

スタジオにステージは二つ。第1ステージ（百三十六坪・449㎡）は天井高が10ｍで主に映画に、第2ステージ（九十九坪・３２７㎡）の天井高はその半分でテレビなどに使用。時代劇のオープン（二千百五十坪：7，１００㎡）まで備え、もちろん録音スタジオ（ダビング・ルーム、ミキシング・ルーム、編集室）も併設する本格的な施設である。のちには、通りを隔てた調布市側に取得した土地に第3ステージとオープンセットが建つ。昭和56年以降に発行されたと思われる「トリッセンスタジオ　パンフレット」に記された設備には「最大電気容量４００ｋＷ可能／全ステージ同時録音可能／出演者用控室／スタッフルーム・シャワールーム／メイク室・衣装着付室／ガス・水道・キッチン設備／喫茶・食堂・駐車場」とある。スタジオ内に設けられた「トリッセン」というティールームは、三つの船に由来し、スタジオの愛称でもある。三船は黒澤監督の作品は『赤ひげ』（東宝・黒澤プロ、昭和40年公開）を最後に出演することはなかったが、元社員の田島勝彦は「本社事務所の一階に、黒澤監督に使ってもらうための『黒澤プロダクション』と言う木彫りの看板をかけた部屋を作った」と語る。（『サムライ　評伝三船敏郎』より）この部屋については黒澤監督の子息・久雄氏も確認している。

新スタジオの第一作は、小林正樹監督『上意討ち　拝領妻始末』（三船プロ・東宝）である。中抜きをせず順撮りにこだわり撮影日数を超過する小林に、経営者でもある三船はヤキモキさせられた。

撮影の遅れは小林監督の流儀にのみ起因しただけではなく、撮影監督の山田一夫は当時の撮影事情について次のように話す。

「三船プロでの映画作りは、少数スタッフの編成です。当然他の独立プロと同様に、一人が何役も仕事を分担します。また、三船プロのステージは映画撮影を目的としては建築許可されず、住宅という名目で完成されたことにより、電力が家庭用事業所用を並用した感じで、２００ｋＷまでしか使用出来ない為セット撮影は苦しいものでした。大きなライトが使えませんので、５００Ｗ、１ｋＷといった小さいライトを集めてのライティングですから能率が上がらないこともあります」（前掲『サムライ　評伝三船敏郎』より、初出の『浪漫工房』第8号では「家庭用住宅用」とある）。

だが、作品は第28回ベネチア国際映画祭で国際映画評論家連盟賞を受賞し、国内外で高い評価を得た。この後、三船プロダクションは会社の規模を拡大して、企画や製作の社員だけでなく、撮影所スタッフも拡充する。

次に三船が映画界に挑んだ作品が、関西電力が約7年の歳月をかけて完成させた黒部第4ダムの建設記録の映画化である。それは石原裕次郎の石原プロと合同で製作するという、常識破りの企画であった。日活の熊井啓を監督に起用した、初のスタープロによる合作『黒部の太陽』（三船プロ・石原プロ、昭和43年公開）である。三船も石原も、ともに東宝と日活という映画会社との専属契約に縛られており、五社協定への挑戦には並々ならぬ困難を伴った。完成した『黒部の太陽』は同年最大のヒット作となり、旧態然とした日本映画界に一石を投じた。その収益はさらに撮影所の設備拡充に当てられる。そして再び五社協定に挑戦することになったのが、前述の『風林火山』（三船プロ、昭和44年公開）であった。

三船が後年に『キネマ旬報』（No.892、1984年8月15日発行）に寄稿した「〈我等の生涯の最良の映画〉パラオ島で決意した「風林火山」」の中にその作品への思いが詳しく記されている。

「大分前からだが正月には藤本〔眞澄〕邸に大勢集まって、ワイワイ騒ぐ楽しい慣わしがあった。屠蘇気分の私に、藤本氏は一冊の台本を渡され、〝やってみないか〟といわれた。これが『風林火山』だった。

井上靖原作のこの名著は、時代劇が看板の東映も狙っていたし、松竹からも映画化の申し入れがあったとも聞いていた。橋本忍・国弘威雄両氏の脚本は完全だし、主人公山本勘助も俳優にとって魅力十分である。やりたいと思ったが、丁度『太平洋の地獄』の撮影のため、パラオ島に缶詰めになる直前だった。（中略）暑さと、煌めく南の海、毎日五時起床、六時出発、南国の日の暮れは遅く一日、目一杯撮って船に帰り晩めしは九時頃という単調な毎日にいささかホームシックのなかで、突然『風林火山』を製作しよう、という想いが突き上げてきた。矢も楯もたまらない。帰ってくるやもう全力投球である。一番の難題は、巨匠黒澤監督もこの作品に惚れ込まれて、タイトルバックのコンテまで既に出来上がっているとの事だった。勿論、黒澤監督にやっていただけるのなら完成度に問題はないが、問題は、製作は三船プロであって、大東宝株式会社ではないという点である。製作費と日数が違う」。

プロデューサーの三船は、会社経営者の立場からも「黒澤監督でやっていただく力は、三船プロにはなかった」と記し、皆の勧めで監督は稲垣浩に決まった。黒澤、稲垣両監督の間で困難な調整の任を受けたのが田中友幸だった。凋落傾向にあった映画界において五社協定の拘束力も緩み、思いどおりにキャスティングが進んだ三船は、プロデューサーとしての大任も果たした。映画は興行的にも大ヒットして、これまでの借金をすべて返済。大型時代劇製作の実績が評価されて、テレビ時代劇への参画の端緒を開いた作品ともなった。同年公開の映画には、この稲垣浩監督『風林火山』（三船プロ）のほか、岡本喜八監督『赤毛』（三船プロ）と沢島忠監督『新選組』（三船プロ）がある。

だが一方では、すでに映画界の低迷は止まらず、昭和45年頃を境に映画会社各社は抜本的な業務の見直しを行う。東宝は製作部門を分社化して切り離し、昭和46年には撮影所製作部を分離独立させて株式会社東宝映画を設立する。東宝撮影所は東宝スタジオへと名称を変更し、撮影所は実質的に貸スタジオとなった。

三船プロでは、この頃より劇映画からテレビ映画へと製作の主軸が移り始める。すでにテレビ映画第一作となる『桃太郎侍』（昭和42年、NTV〔日本テレビ〕）や『昔三九郎』（昭和43年、NTV）といった時代劇作品を手掛けていた。全二十六話の時代劇『五人の野武士』（昭和43・44年、NTV）では稲垣浩を監修に迎え、三船のテレビ映画初主演作品となった。

1970年代に入って製作された映画は、稲垣浩監督『待ち伏せ』（三船プロ、昭和45年公開）、松森健監督『二人だけの朝』（三船プロ、昭和46年公開）、中島貞夫監督『犬笛』（三船プロ、昭和53年公開）のわずか三本にとどまる。『二人だけの朝』は三船史郎出演二作目。『待ち伏せ』では勝新太郎、中村錦之助、石原裕次郎などが出演するも興行的に振るわず、稲垣浩はこれが最後の監督作品となった。『犬笛』は「三船プロ創立15周年記念作品」と銘打ち、三船プロ芸能部所属の竹下景子と竜雷太が起用される。だが、斎藤光正監督『戦国自衛隊』（角川春樹事務所、昭和54年公開）とトム・コタニ〔小谷承靖〕監督『武士道ブレード』（アメリカ・イギリス合作映画、昭和56年米英公開・日本未公開）では、三船プロは製作協力にとどまり、テレビ中心の製作体制へと移行する。テレビの画面に登場する馬たちは、福島県の相馬で『風林火山』の合戦の撮影をした際、撮影で使った馬五頭を譲り受けたもので、スタジオに設けた馬房で馬の世話をしたのは、成城大学では馬術部に所属した三船史郎だった。

１９７０年代に三船プロダクションで製作された主なテレビ映画は次に列挙するとおりである。時代劇が多いのは前述の『風林火山』が評価されたことに加え、スタジオ内に設《しつら》えた江戸の町のオープンセットが重宝されたためでもある。都内で唯一時代劇が撮影できるオープンセットを持つスタジオだった。何と言っても映画作りの醍醐味はコスチュームプレイにあり、三船映画の魅力は殺陣の迫力にあった。三船主演の『荒野の素浪人』は『椿三十郎』（東宝、昭和37年公開）をモチーフとしたヒット作でシリーズ化された。

時代劇『大忠臣蔵』（昭和46–48年〔放映年を記載。月日は省略〕、ＮＥＴ〔テレビ朝日〕）
時代劇『荒野の素浪人』（昭和47–48・49年、ＮＥＴ）
時代劇『荒野の用心棒』（昭和48年、ＮＥＴ）
時代劇『大江戸捜査網』（昭和48年、東京12 ch〔テレビ東京〕）
時代劇『浮世絵女ねずみ小僧（第３シリーズ）』（昭和49年、ＣＸ〔フジテレビ〕）
時代劇『破れ傘刀舟悪人狩り』（昭和49–52年、ＮＥＴ）
時代劇『剣と風と子守唄』（昭和50年、ＮＴＶ）
時代劇『隠し目付参上』（昭和51年、ＭＢＳ〔ＭＢＳテレビ〕）
時代劇『人魚亭異聞 無法街の素浪人』（昭和51年、ＮＥＴ）
時代劇『江戸特捜指令』（昭和51–52年、ＭＢＳ）
現代劇『欲望の河』（昭和51年、ＴＨＫ〔東海テレビ放送〕）

時代劇『破れ奉行』（昭和52年、ＡＮＢ〔テレビ朝日〕、制作協力のみ）
現代劇『青春の甘き香り』（昭和52年、ＴＨＫ）
現代劇『森村誠一シリーズ・暗黒流砂』（昭和52年、ＭＢＳ）
現代劇『森村誠一シリーズⅡ・青春の証明』（昭和53年、ＭＢＳ）
時代劇『江戸の鷹 御用部屋犯科帖』（昭和53年、ＡＮＢ）
現代劇『横溝正史シリーズⅡ・第6作「女王蜂」・第9作「迷路荘の惨劇」』（昭和53年、ＭＢＳ）
時代劇『江戸を斬るⅣ』（昭和54年、ＴＢＳ、制作協力のみ）
現代劇『高木彬光シリーズ・検事霧島三郎』（昭和54年、ＭＢＳ）
時代劇『江戸の牙』（昭和54-55年、ＡＮＢ）
現代劇『駆け込みビル7号室』（昭和54年、ＣＸ）

昭和54年に端を発したプロダクション内の内紛は、スタジオ経営にも大きく影を落とした。それは専務の田中壽一が、三船プロの所属俳優を根こそぎ引き抜き独立するという会社の分裂だった。

「竜雷太、多岐川裕美、秋野暢子、真行寺君枝、夏圭子、岡田可愛、勝野洋らテレビの連続ドラマやコマーシャルなどで活躍していた俳優二十五名と、阿知波信介芸能部長やマネージャー、社員数名を連れ、『田中プロモーション』を設立した。田中に付いていかなかったのは、夏木陽介、かたせ梨乃、竹下景子、そして北川美佳ら、ごく少数の俳優だけだった。さらに田中は、本社の田上純司を含む社員数名も引き抜いた」（前掲『サムライ 評伝三船敏郎』より）。

この時期、映画製作は殆ど行われず、「企画：三船史郎」とクレジットのある藤田敏八監督『海燕ジョーの奇跡』

（三船プロ・松竹富士、昭和59年公開）と『七人の侍』をモチーフとした学園ドラマで、中村幻児監督『V・マドンナ大戦争』（三船プロ・松竹富士・ジョイパックフィルム・キャニオンレコード、昭和60年公開）のわずか二作にとどまる。

一方のテレビ映画では、『駆け込みビル7号室』の視聴率が契約目標に達せず、三ヶ月繰り上げて打ち切られた衝撃は大きく、二時間枠のシリーズものから一話完結の番組へと移り変わってゆく。方向性を模索する中、三船が経営するミュンヘンのレストランを任されていた史郎は副社長として呼び戻され、昭和56年にスタジオ内に設立された俳優やスタッフを養成する学校「三船芸術学院」の運営にあたった。

現代劇『黄金の犬』（昭和55年、NTV）
〈時代劇スペシャル〉『素浪人罷り通る』シリーズ（昭和56・57・58年、CX）
〈時代劇スペシャル〉『新吾十番勝負』シリーズ（昭和56・57年、CX）
〈時代劇スペシャル〉『十六文からす堂』シリーズ（昭和56・57・58・59年、CX）
時代劇『文吾捕物帳』（昭和56–57年、ANB）
〈火曜サスペンス劇場〉『球形の荒野』（昭和56年、NTV）
〈火曜サスペンス劇場〉『10万分の1の偶然』（昭和56年、NTV）
現代劇『幸福の黄色いハンカチ』（昭和57年、TBS）
〈火曜サスペンス劇場〉『木に登る犬』（昭和58年、NTV）

そして、田原俊彦主演のテレビ映画〈時代劇スペシャル〉『燃えて、散る　炎の剣士　沖田総司』（昭和59年4月2日放送、NTV）の制作を最後に、昭和59年にはスタジオは遂に閉鎖されることになる。

映画学校　三船芸術学院　昭和56年－昭和59年

昭和56年、三船はスタジオの敷地内に三船芸術学院を設けた。この年、三船史郎は父の三船プロに入社して副社長となり、開校に尽力する。学院開設のきっかけは、二年前の三船プロ内の内紛で、俳優やスタッフの大量の退社にあった。そのため三船は、役者やスタッフの育成に乗り出すことになったのである。三船芸術学院は撮影所内に併設した本格的な俳優養成学校でありながら、運営は短期間にとどまったため、残念なことに学校の詳細についてはあまり知られていない。今回、三船プロダクションに残されている次の資料を整理することで、活動の概要を紹介する。

(1)「三船芸術学院　概要」（A４・中綴じ）
(2)「三船芸術学院　パンフレット」（A４・二つ折り）
(3)「三船芸術学院　パンフレット　昭和56年４月開講」（A４・二つ折り）
(4)「三船芸術学院　募集要項　昭和56年度」（A４・二つ折り）
(5)「三船芸術学院だより」昭和57年７月１日発行（A４・二つ折り）
(6)「三船芸術学院　修了公演　本科一部第一期生　パンフレット」（B５・中綴じ）
(7)「三船芸術学院　修了公演　本科二部第一期生　パンフレット」（B５・中綴じ）
(8)「三船芸術学院　修了公演　本科二部第二期生　パンフレット」（B５・三つ折り）
(9)「三船芸術学院　発表会　児童科初等部中等部　パンフレット」（B５・三つ折り）
(10)「三船芸術学院　修了公演　（本科一部第二期生、本科二部第三期生）　パンフレット」（B５・三つ折り）

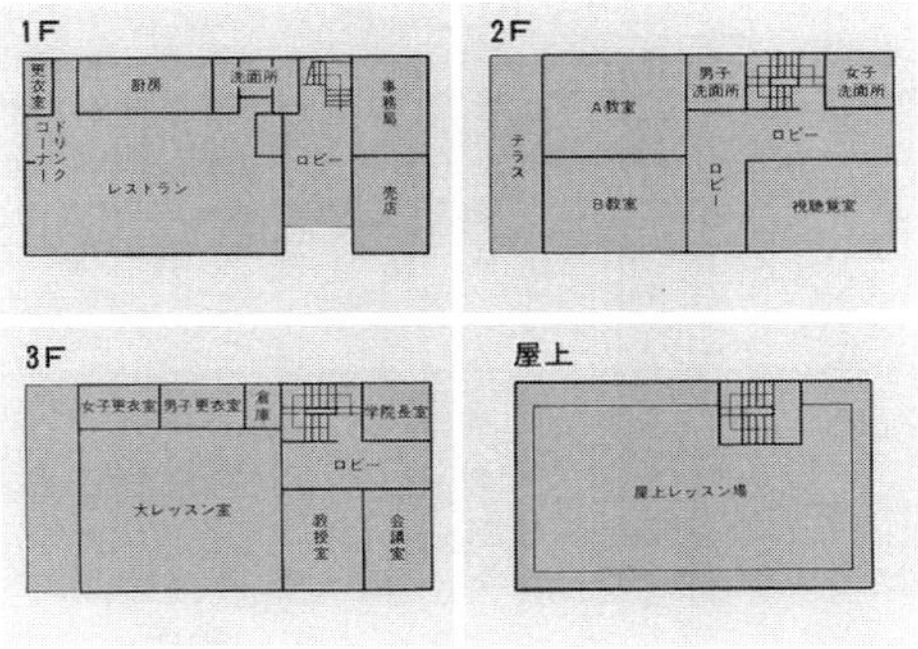

1.食　　堂	12.ミーティング・ルーム
2.事　務　局	13.レ ッ ス ン 場
3.ティールーム	14.会　議　室
4.教　務　部	15.図　書　室
5.ホ　ー　ル	16.更　衣　室
6.学　生　課	17.講 師 研 究 室
7.販　売　部	18.体操・アクション訓練所
8.一般講義用教室	19.V T R 設 備
9.化　粧　室	20.映 写 設 備
10.休憩用ロビー	21.音 響 設 備
11.映　写　室	22.撮 影 設 備

三船芸術学院

「三船芸術学院 パンフレット」より

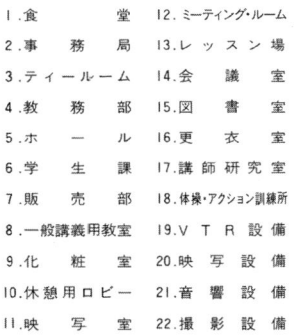

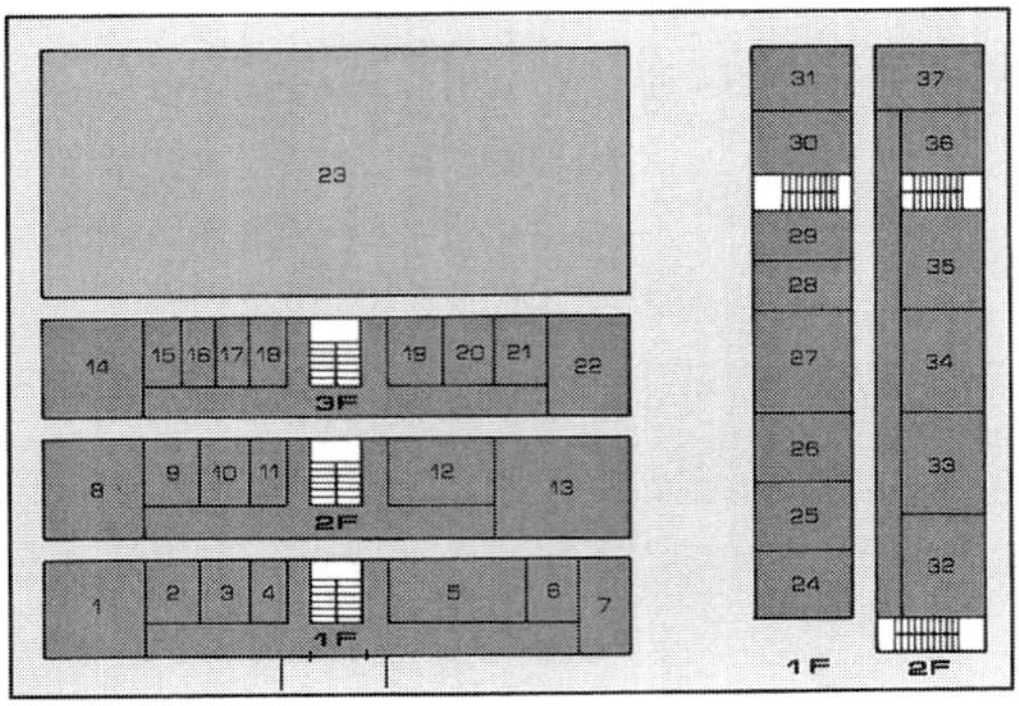

1. 社長室
2. 技術課
3. キャメラ・ルーム
4. 洗面所
5. 制作部
6. コンピュータ・ルーム
7. 総務部
8. 編集室A
9. 編集室B
10. 編集室C
11. 洗面所
12. ミキシング・ルーム
13. ダビング・ルーム
14. 編集室D
15. メークアップ・ルーム
16. ボイラー・ルーム
17. バス・ルーム
18. 洗面所
19. アクター・ルームA
20. アクター・ルームB
21. アクター・ルームC
22. アクター・ルームD
23. 第1ステージ
24. 第1会議室
25. 第2会議室
26. 芸能部

三船プロダクション

「三船芸術学院 パンフレット」より

三船プロダクションの撮影所と直結した、実践的環境です。

オープンセット　長屋門

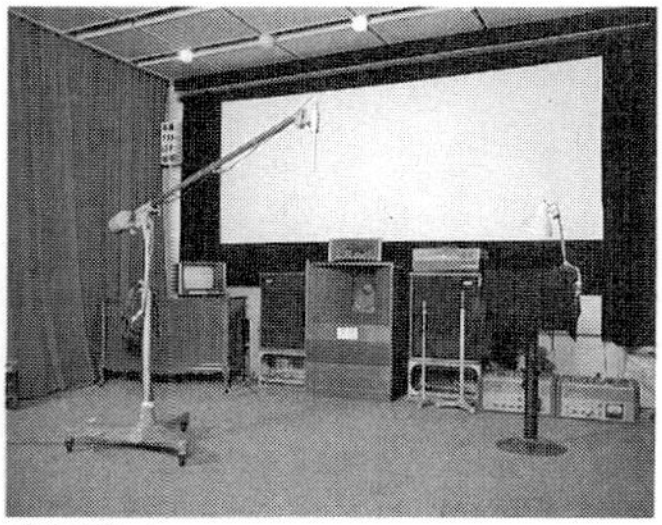

ダビングルーム

オープンセット　江戸の町

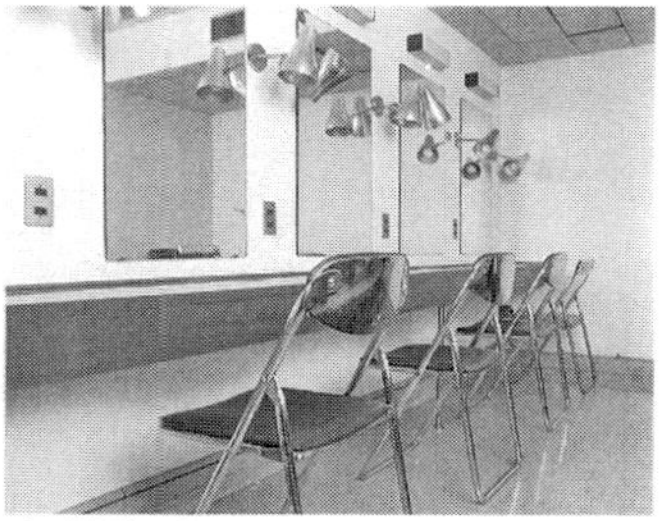

メークアップルーム

27. 企画部
28. 専務室
29. バス・ルーム
30. ボイラー・ルーム
31. ミキシング・ルーム
32. メークアップ・ルーム
33. アクター・ルーム
34. 衣裳室
35. 衣裳室
36. メークアップ・ルーム
37. メークアップ・ルーム
38. 駐車場
39. 三船芸術学院
40. テラス
41. 駐車場
42. オープンセット・川端
43. 大道具作業場
44. オープンセット・長屋
45. オープンセット・町屋
46. オープンセット・裏町
47. 小道具室
48. 電気課
49. 美術課
50. スタッフ・ルーム
51. 機材倉庫
52. 第2ステージ

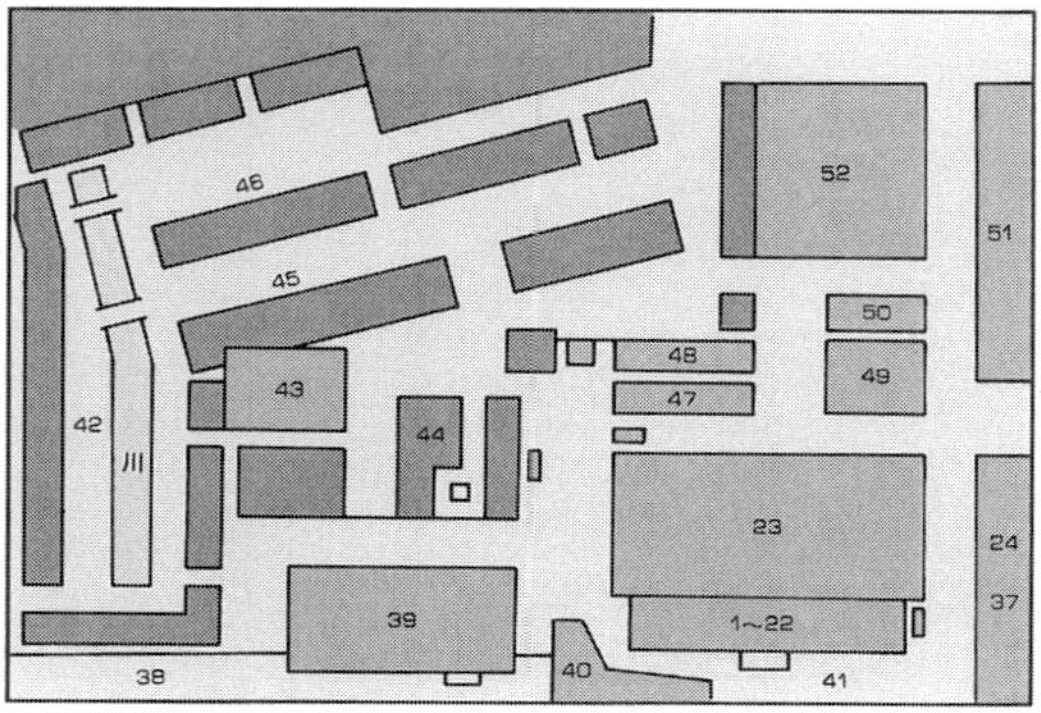

「三船芸術学院 概要」より

⑾「三船カルチャーセンター〈特別講座〉パンフレット」（B5・二つ折り）

学院校舎は昭和55年10月6日に着工され、翌年の昭和56年3月5日に完成した。1階に学院事務局と学院レストラン。2階には第1・第2教室と視聴覚教室。3階に大レッスン場、学科長室、教授室、会議室、図書室。屋上には屋外レッスン場があった。

昭和56年4月16日には落成式が行われ、4月1日に開校した第1期生の入学式が世田谷区砧区民会館で行われた。砧区民会館は三船プロダクションから成城学園前駅方向に南に進んだ駅の東側、成城大学の隣に位置する。来賓の大場啓二区長（当時）と学院顧問を務める森繁久彌が祝辞を述べ、森繁は演技者の心構えについて話した。会場には本科一部の生徒百二十名、本科二部生百二十名、児童科六十名とその保護者たちが集った。

入学式で三船敏郎は理事長として次のように述べた。

「皆さんは、いくつかの難関を通って、めでたく本日、入学式を迎えられたわけですが、先ずは、お芽出とうございました。

大きな夢と、希望をもって、皆さんはこの道を選ばれたことと思いますが、どの道を選ぶとしても一つの道を極めるということは、並大抵のことではないという事を申上げておきたいと思います。

『素質』はみんな生れながらにしてもっている。それを如何にして発揮するか、玉磨かざれば光りなし。それに只々、自分が努力する他ないと思います。

私ごとで恐縮ですが、私も三十数年前、この道を志ざして東宝の試験を受けたところ、見事に落っこっちゃった。そして補欠のような形で入れて貰ったのですが、皆んなについてゆく為に人一倍、いや二倍も三倍も努力して来たつもりです。ハングリイの時代も永かったし、辛い事も悲しい事も、口惜しい事も沢山あった。

しかし、歯をくいしばってどうにか今日迄努力して生きて来る事が出来ましたが、私も還暦を過ぎ、熟年を迎えましたが、まだまだ、人間としても役者としても、一人前になれたとは思っておりません。人間は、生涯が勉強だと思います。

皆さんもどうかこの学校を一年か二年で卒業したからといって、翌日から一人前になれるなどと云う甘い考えは持たないで下さい。学校は、基礎、基本、基本を教えてくれるところです。

ここで基本を確《しっか》り勉強し、それを応用し、自分の力で磨きをかけることです。どうかこの事を正しく理解し、新しい人生の第一歩を、希望をもって着実に踏み出して貰いたいと思います。そして皆さんが、次の時代を担う立派な人達に育ってくれる事を心から願っておる次第です」〔原文ママ〕。

学院生は本科と児童科に分かれ、メインの本科には、一部（昼間部）と二部（夜間部）があった。一部の修業年限は二年、二部は一年だが、一年間の授業時間数はともに週十八時間と定めている。また募集人員はどちらもともに百二十名であった。一部は一年次が月・水・金曜日、二年次が火・木・土曜日と入れ違いになっている。入学資格は「高校在学、又は同等の学力を有する健康な男女（十六歳以上）」とある。また児童科の方は、六歳から十五歳までの男女を対象とし、修業年限は随時、授業は日曜日の昼間、週に6時間の授業を行った。募集人員は六十名である。

本科生のカリキュラムは講義と実技に分けられる。

講義には、演技基礎論、俳優論、演技研究、脚本・戯曲論、映画概論、演劇概論、放送概論、映像概論、映画作品研究、大衆芸能論、英語・教養講座がある。実技には、基礎演習、基礎実習、日舞、洋舞、ミーム〔マイム〕、映画演技、舞台演技、話法、音楽、課外実習、修了公演がある。児童科についても記すと、発声基礎、基礎演技、児童演技、音楽練習、日舞、洋舞、パントマイム、体操、話法、一般教育、修了発表会がある。

学院長は、医学博士で上智大学文学部教授を務めた森田浩一郎が就任。顧問に放送評論家の小谷正一、俳優の森繁久彌、元早稲田大学教授の印南喬〔印南高一〕を迎えた。講師陣は錚々たる顔ぶれである。専任講師に、岩村久雄（文学座演出家）、宇仁貫三（アクション監督）、小松恒穂（舞踊家）、貞永方久（映画監督）、中山昭二（俳優）、蜷川幸雄（演出家）、福田純（映画監督）、藤原新平（文学座演出家）、藤間紫（藤間流・俳優）、ロバート・ベネット・ベア〔ロバート・レッド・ベア〕（演出家）など。特別講師には、石上三登志（映画評論家）、石堂淑朗（脚本家）、大竹省二（写真家）、岡本喜八（映画監督）、恩地日出夫（映画監督）、開高健（作家）、菊島隆三（脚本家）、神代辰巳（映画監督）、黒柳徹子（俳優）、小林亜星（作曲家）、新藤兼人（映画監督）、鈴木清順（映画監督）、夏木陽介（俳優）、沼田曜一（俳優）、藤島泰輔（作家）、藤田敏八（映画監督）、船村徹（作曲家）、松尾昭典（映画監督）、三橋達也（俳優）、森山周一郎（俳優）、山田信夫（脚本家）、淀川長治（映画評論家）らがおり、客員講師として山田五十鈴（俳優）の名も見られる。

実技の「表現訓練」では、人間としての生理的行動や性格分析をしっかりとつかみ、脚本に従った演技プランを組み立てる力を育成し、「肉体訓練」では、洋舞や日舞、ミーム、アクションなどを通して、全身を使っての表現を身につけさせることが狙いであった。さらに国際化する芸能活動に必須項目として、英会話の履修が義務づけられていた。

夏休み期間には、全学院生対象の「親睦会」として、江ノ島海岸での海水浴が催された。昭和56年には生徒や父兄、総勢三百五十名が大型バス6台に分乗して参加。また「アクション合宿ゼミ」が河口湖で行われ、宇仁貫三による殺陣の特訓が三泊四日で開かれた。

本科生の実技に設けられた「課外授業」に関しては、基礎訓練を一通り終えた一学期末より、実践教育の課外活動として、実際の撮影現場に参加しての授業が行われた。三船プロダクションで制作される『大江戸捜査網』（東京12ch）をはじめ他社制作の作品にも延べ七百名を超える学院生が参加している。

実技の仕上げは、これまでの授業の成果を発表する「修了公演」となる。入学式を行った砧区民会館を主会場に、三船プロダクションの撮影所スタッフの全面協力により、劇と殺陣が披露される。初年度の本科一部一期生は、『にしん場』（作：中江良夫、演出：岩村久雄）と『ストリートシーン』（作：エルマー・ライス、演出：岩村久雄）が砧区民会館で、『裟婆に脱帽』（作：松木ひろし、演出：藤原新平）が狛江福祉会館で上演され、それぞれ宇仁貫三による演出の殺陣も披露された。二部一期生は『二号』（作：飯沢匡、演出：藤原新平）、洋舞『三つの舟唄』（振付・演出：小松恒穂）、殺陣『孤刀乱舞』（指導・演出：宇仁貫三）、『にしん場』（同上）、英語劇『ヴァージン・クラブス』（作・演出：ロバート・ベネット・ベア）、アンサンブル・ミーム『ジャンヌ・ダルク』（作・演出：丹野一雄）が砧区民会館で上演された。

案内パンフレットに載った学院生の言葉には次のものがある。

「期待どおり、講師の先生方も一流ばかりで基礎から熱心に教えてくださいます。ビデオ、レッスン室など設備も立派だし、そのうえ三船プロのオープンセットで練習することもできます。無断欠席が重なるとその授業は除名になるという厳しさも学院の特色です」。（第1期生・宅間奈津子）

「仲間は俳優に限らず監督や脚本家志望も多く、授業態度はマジメ。精神的に鍛えられる毎日です。（中略）オーディションやTV出演などのチャンスに恵まれているのも本学院の魅力ですね」。（第1期生・松原昇）

卒業生は『大江戸捜査網』（東京12 ch）や『暁に斬る！』（KTV〔関西テレビ〕）のほか、『太陽にほえろ！』（NTV）や『ザ・ハングマン』（ANB）のほか、東宝の映画などにも出演し、テレビ、映画、舞台で活躍を始める。また卒業生のうち十三名（昭和57年7月当時）が三船プロダクションの芸能部に所属した。

ところが、順風満帆に進んでいたかのように見えた三船芸術学院も、経営難により昭和59年3月をもって活動停止となる。わずか三年間の活動であった。建物の建設費と維持費、人件費などが回収できず、負債は八億を超えていたと言われる。同時に撮影所も閉鎖を余儀なくされ、二つのステージを含む敷地の半分近くを売却処分することを条件に、現在三船プロダクションのあるマンション「東高成城ペアシティ三船」（地上9階、53戸）が昭和62年に建設された。

撮影所を併設した本格的な俳優学校は、映画関係者の一部にのみ知られるにとどまり、こうして短命にしてその役割を終えた。

最後に、三船芸術学院で学んだ学院生の活動に触れておく。

本科二部第一期生には俳優の小野明良がいる。小野は立教大学で拳法部の主将を務め、『大脱走』（アメリカ映画、昭和38年日本公開）のスティーブ・マックィーンに憧れて俳優の道を目指し、経済学部4年進級時に三船芸術学院に入学した。卒業後は三船プロダクションに所属し、俳優活動の傍ら撮影所のスタッフも経験。三船プロ作品に多数出演した。撮影所の閉鎖とともに三船プロが活動を縮小してゆくなか、三船プロ芸能部にいたスタッフが中心となり、俳優部所属の数人で「三船芸能座」（のちに「三船アクターズ」に改名）を起こし、小劇場で公演を重ねたこともある。現在はフリーで、バイプレイヤーとしてテレビや映画で活躍する。

また、本科一部第二期生には寺島進が在籍していた。寺島は学院で宇仁貫三の殺陣の指導を受け、その奥深さと面白さに魅了されて、卒業後は殺陣師集団「剣友会」に所属、斬られ役からアクション・スタントまでをもこなす俳優の道に進む。松田優作の初監督作品『ア・ホーマンス』（キティ・フィルム、昭和61年公開）に大島組組員の役で映画デビュー。北野武監督『その男、凶暴につき』（松竹富士、平成元年公開）の出演をきっかけに北野監督作品の常連となり、今や北野映画には欠かせない存在となっている。

おわりに

三船敏郎の父は大連で写真館を経営していたことがある。子供の頃に手伝いをしたその写真の腕を見込まれて、三船は戦時中に軍隊で航空写真を扱う部隊に配属された。三船が映画界に入るきっかけとなったのは、復員後に、東宝撮影所の撮影部に所属していた元上官を頼って、撮影部の助手を希望して東宝撮影所へやってきたことであった。ところが諸説あるが、ニューフェイス募集の方に書類が回された結果、俳優選考を受けることになってしまった。もともと作る側のスタッフに興味のあった三船にとって、自由に撮影できる自分のスタジオを持つことやニューフェイス時代に東宝で学んだ俳優養成教育の体験が学院創設への夢へと繋がっていることは想像に難くない。

数多くの代表作がある中で、三船自身が〈我等の生涯の最良の映画〉として選んだ作品が『風林火山』であったことは、「パラオ島で決意した『風林火山』」（前掲書）に記されたとおりである。そこでは、終戦後の混乱の中で東宝争議が勃発し、ストライキにより東宝では映画の製作ができず、企画を携えてスタッフとともに他社のスタジオで撮影をしなければならなかった苦い経験にも触れている。それははじめての独立プロダクション体験であり、大争議で大物俳優がスタジオを去り、若手監督や新人俳優でも、自前のスタジオがなくとも映画が作れたことを思い起こすのであった。このとき三船は「もの造りとは何か」を身を持って学んだ。

この文章が発表されたのは昭和59年の8月。文中では自身の撮影所の閉鎖には触れてはいないが、春頃に週刊誌で報じられた後だけに、胸中を察するに余りある。「プロデューサーにとっては最悪の時代となったが、何と言っても、ものを造り出す喜びは大きい。苦難が大きい程喜びも大きい。現状を厳しく見つめて、みんなで知恵を出し合い、協力して、スピルバーグやルーカスのように頑張っていくしかない」とその文章を結び、スタジオを失い困難な会社の舵取りのなかで三船は新たな決意を示した。スタジオ内の社長室には、武者小路実篤の書「この道より我を生かす道なし　この道を歩く」が掲げられていたという。日本映画界に俳優としてだけでなく、製作や興行のあり方にも変革をもたらした三船敏郎。まさに映画という「もの造り」に捧げた生涯といえよう。

三船敏郎出演作品一覧
(映画・テレビ映画・テレビドラマ・ヴァラエティー番組・CM)

寺島正芳

TOSHIRO MIFUNE

1. 三船敏郎が出演した劇映画について

三船敏郎がその生涯に出演した劇映画は、各種データ記録や三船プロ所蔵関連資料を慎重かつ詳細に調査した結果、全百五十一本と判明した。主演や助演、本人役やノンクレジット等で出た特別出演作品も含めて、である。本稿では、外国映画十五本（テレビ映画の劇場公開版及び日本未公開作を含む）と併せ、その全出演作品をリスト化してお示しする。

三船敏郎に関しては、これまで黒澤明監督作品ばかりが注目を浴びるだけで、その他の作品は取るに足らないかの如く扱われていたように思う。だが、黒澤作品は三船出演作品のわずか十六本を占めるに過ぎない。もちろんどれも秀作、力作揃いであることは言うまでもないが、残り百三十五本にも三船の様々な個性、あらゆる魅力が結集している。

ここでは、とりあえず正確なデータ（出演作品内訳など）を紹介することを第一に心掛けたため、個々の作品の詳細な分析は差し控えた。外国映画は別稿で紹介・分析している。

■凡例

●年代の明記は原則として、元号、（西暦）の順番としたが、その限りでない場合もある。

●三船敏郎が出演した劇映画作品のうち、外国映画も邦画も原則、（日本）公開順に紹介している。日本未公開作も原則、出演順（と推定される）に紹介した。出演順、撮影順ではないことをあらかじめお断りしておく。ただし、三船の外国作品のうち、製作が前年から跨いだり、複数年かかったとおぼしきものや日本未公開作は、把握できた限り、製作年度（ないし日本での公開年）に基準を置いている。

●作品によって、前後篇に分かれたものがあるが、公開日が違う場合、それぞれ単独の作品として数えている。（例：『新馬鹿時代』前後篇など）

●各作品のタイトル横のデータは、原則として製作・配給会社名、色彩、封切日、公開映画会社別系統、上映時間（不明の場合は巻数か尺数）、併映作品の有無、製作者、監督、脚本、撮影、音楽、三船の役名、主な共演者、キネマ旬報紹介及び批評掲載号（人名は評者）、パンフレット販売の有無、備考の順である。以上のデータ記録は、『キネマ旬報』、東宝社史等、各種映画文献の記載に依った。

●上映時間に関して、参考にした文献によって若干の差異があった場合は、最長時間を提示してある。また上映時間が不明の場合は、フィルム缶の巻数及び尺数で表記してある。

●共演者、出演者の芸名について。役者によってはその芸名を変える例も少なくない（例えば、小沢栄太郎は一時期、栄とも称していた）。本稿では、その俳優がすでに引退ないし故人の場合は（のちの〜）、現在も現役で活躍されている場合は（現・〜）と区分表記してある。その芸名表記は、該当作品に出演していた時点に合わせている。

●併映作品とは、邦画の封切り二本立て上映（ブロック・ブッキング）の際の添え物作品のことで、大手映画会社が、二十世紀末の1990年代にフリー・ブッキング（一本立て、入れ替え制を原則とする）及びシネコンに上映形態を移行させたため、現在ではほとんど行われていない。

●三船出演劇映画作品の紹介及び批評掲載号（人名は評者）として、参考にした『キネマ旬報』とは、大正8（1919）年7月に創刊されたわが国最古の映画雑誌で、戦前は昭和15（1940）年秋の戦時統合で廃刊となり、戦時中の『映画旬報』（昭和18年末まで刊行）を経て、昭和21（1946）年3月1日号（再建No.1）から再建出発したが、昭和25（1950）年4月上旬号（No.79）でいったん休刊し、10月下旬号（復刊No.1）から再び復刊、フィルムでの映画製作の時代がほぼ終わり、デジタルシネマ（DCP）に移行した二十一世紀の今日まで続いている。平成29（2017）年現在、紙齢はすでに1700番台を重ねる。

よって、同誌での昭和21年から同25年4月までの号は数字の頭に再建をつけ、同25年10月以降の復刊号には何もつけないこととする。

●クレジット、スタッフ、キャスト、物語、解説、受賞の項目は、当時のパンフレット、キネマ旬報等各種資料を参考にした。また作品によっては筆者所蔵のビデオ、DVDを再見してチェックし、まとめた。

●パンフレットの販売について。データ表記中の不明（現物未確認）とは文字どおり、該当作品のパンフレットが本書刊行時までに確認できなかったものである。

パンフレットとは従来、日本独特のもので、劇場で販売されている上映作品の解説書をいう。プログラムとも称するが、番組（上映作品）構成も「プログラム」というので、「パンフレット」で統一した。戦後に限って言えば、洋画は日本で公開されたものは、ほぼすべて製作されていたと推定されるが、邦画の場合は特別の作品（いわゆる大型作品：A級作品　東宝の場合、黒澤明作品や特撮作品など）のみ、製作販売されたようだ。逆に言えばパンフレットが作られた作品は、東宝としても力を入れたものであろう。

三船敏郎は東宝を代表するスターでもあり、出演した作品はほぼすべてA級作品だったので、作られなかったと思われる作品は若干あるにせよ、パンフレットの製作販売は全活動期間、ある程度まで確認できた。

2. 三船敏郎出演全劇映画リスト（総数百五十一本）

●昭和22（1947）年　三本出演

1.『銀嶺の果て』製作・配給：東宝　色彩：モノクロ　公開日：8月5日　東宝系　上映時間：1時間25分　併映作品：無し　製作：田中友幸　監督：谷口千吉　脚本：黒澤明・谷口千吉　撮影：瀬川順一　音楽：伊福部昭　三船の役名：江島（強盗団のひとり）　共演者：志村喬、若山セツ子、河野秋武、高堂国典、花沢徳衛　キネマ旬報紹介：5月1日号（再建No.13）　キネマ旬報批評：9月1日号（飯田心美　再建No.19）　パンフレット販売：あり　備考：黒澤明の盟友谷口千吉監督のデビュー作。助監督に岡本喜八（但しノンクレジット）

2.『新馬鹿時代　前篇』製作・配給：東宝　色彩：モノクロ　公開日：10月12日　東宝系　上映時間：7巻2106m　併映作品：無し　製作：本木荘二郎　監督：山本嘉次郎　脚本：小国英雄　撮影：伊藤武夫・浦島進　音楽：古関裕而　三船の役名：大野源三郎　共演者：古川緑波、榎本健一、花井蘭子、高田稔、三益愛子、渡辺篤　キネマ旬報紹介：7月下旬号（再建No.16）　キネマ旬報批評：11月上旬号（旗一兵　再建No.22）　パンフレット販売：不明（現物未確認）　備考：榎本健一劇団、ロッパ一座提携。『銀嶺の果て』と公開順序が逆になったが、本作が三船敏郎のデビュー作品になる

3.「新馬鹿時代　後篇」製作・配給：東宝　色彩：モノクロ　公開日：10月26日　東宝系　上映時間：8巻2421m　併映作品：無し　製作：本木荘二郎　監督：山本嘉次郎　製作：本木荘二郎　脚本：小国英雄　撮影：伊藤武夫・浦島進　音楽：古関裕而　三船の役名：大野源三郎　共演者：古川緑波、榎本健一、花井蘭子、高田稔、三益愛子、渡辺篤　キネマ旬報紹介：7月下旬号（再建No.16）　キネマ旬報批評：11月上旬号（旗一兵　再建No.22）　パンフレット販売：不明（現物未確認）

●昭和23（1948）年　一本出演

4.『酔いどれ天使』製作・配給：東宝　色彩：モノクロ　公開日：4月27日　東宝系　上映時間：1時間38分　併映作品：無し　製作：本木荘二郎　監督：黒澤明　脚本：黒澤明・植草圭之助　撮影：伊藤武夫　音楽：早坂文雄　三船の役名：松永（町のヤクザ）　共演者：志村喬、木暮実千代、山本礼三郎、千石規子、久我美子　キネマ旬報紹介：新年特大号（再建No.25）　キネマ旬報批評：5月下旬号（特集映画批評　登川直樹・水町青磁　再建No.34）　パンフレット販売：あり　備考：黒澤明作品に初出演

●昭和24（1949）年　三本出演

5.『静かなる決闘』製作：大映東京　配給：大映　色彩：モノクロ　公開日：3月13日　大映系　上映時間：1時間35分　併映作品：無し　監督：黒澤明　脚本：黒澤明・谷口千吉　原作：菊田一夫　撮影：相坂操一　音楽：伊福部昭　三船の役名：藤崎恭二（医師）　共演者：志村喬、三条美紀、千石規子、中北千枝子、植村謙二郎　キネマ旬報紹介：2月上旬号（再建No.51）　キネマ旬報批評：4月下旬号（北川冬彦　再建No.56）　パンフレット販売：あり

6.『ジャコ万と鉄』製作：東宝・49年プロ　配給：東宝　色彩：モノクロ　公開日：7月11日　東宝系　上映時間：1時間31分　併映作品：無し　製作：田中友幸　監督：谷口千吉　脚本：黒澤明・谷口千吉　原作：梶野悳三「鰊漁場」より　撮影：瀬川順一　音楽：伊福部昭　三船の役名：鉄（網元の息子）　共演者：月形龍之介、浜田百合子、進藤英太郎、久我美子、英百合子、清川虹子、藤原釜足、花沢徳衛　キネマ旬報紹介：昭和23年4月上旬号（再建No.31）　キネマ旬報批評：8月上旬号（北川冬彦　再建No.64）　パンフレット販売：あり

7.『野良犬』製作：新東宝・映画芸術協会　配給：東宝　色彩：モノクロ　公開日：10月17日　東宝系　上映時間：2時間1分　併映作品：無し　製作：本木荘二郎　監督：黒澤明　脚本：黒澤明・菊島隆三　撮影：中井朝一　音楽：早坂文雄　三船の役名：村上五郎刑事　共演者：志村喬、淡路恵子、木村功、千石規子、三好栄子　キネマ旬報紹介：9月上旬号（再建No.65）　キネマ旬報批評：12月上旬号（滋野辰彦　再建No.71）　パンフレット販売：あり　備考：助監督に本多猪四郎

●昭和25（1950）年 五本出演

8.『石中先生行状記』製作：新東宝・藤本プロ 配給：東宝 色彩：モノクロ 公開日：1月22日 東宝系 上映時間：1時間25分 併映作品：無し 製作：藤本眞澄 監督：成瀬巳喜男 脚本：八木隆一郎 原作：石坂洋次郎 撮影：鈴木博 三船の役名：長沢貞作 共演者：池部良、堀雄二、若山セツ子、杉葉子、渡辺篤、藤原釜足 キネマ旬報紹介：昭和24年10月下旬号（再建No.68） キネマ旬報批評：3月上旬号（北川冬彦 再建No.77） パンフレット販売：不明（現物未確認） 備考：成瀬巳喜男作品に初出演

9.『脱獄』製作：太泉映画・映画芸術協会 配給：東映 色彩：モノクロ 公開日：3月5日 東映系 上映時間：11巻2883m 併映作品：無し 製作：本木荘二郎 監督・脚本：山本嘉次郎 撮影：中井朝一 音楽：服部正 三船の役名：新吉 共演者：高峰三枝子、志村喬、小沢栄（のちの小沢栄太郎）、三島雅夫、三好栄子 キネマ旬報紹介：昭和24年決算特別号（再建No.77） キネマ旬報批評：無し パンフレット販売：あり 備考：太泉映画は現在の東映東京（大泉）撮影所になる

10.『醜聞（スキャンダル）』製作：松竹大船 配給：松竹 色彩：モノクロ 公開日：4月30日 松竹系 上映時間：1時間44分 併映作品：無し 企画：本木荘二郎（映画芸術協会） 製作：小出孝 監督：黒澤明 脚本：黒澤明・植草圭之助 撮影：生方敏夫 音楽：早坂文雄 三船の役名：青江一郎（画家） 共演者：山口淑子、志村喬、桂木洋子、小沢栄（のちの小沢栄太郎）、北林谷栄 キネマ旬報紹介：4月上旬号（再建No.79） キネマ旬報批評：無し パンフレット販売：あり

11.『婚約指環（エンゲージリング）』製作：松竹大船・田中絹代プロ 配給：松竹 色彩：モノクロ 公開日：7月2日 松竹系 上映時間：1時間37分 併映作品：無し 製作：木下惠介・桑田良太郎 監督・脚本：木下惠介 撮影：楠田浩之 音楽：木下忠司 三船の役名：江間猛（医師） 共演者：田中絹代、宇野重吉、薄田研二、増田順二（のちの増田順司）、吉川満子 キネマ旬報紹介及び批評：無し パンフレット販売：あり 備考：木下惠介作品唯一の出演

12.『羅生門』製作：大映京都 配給：大映 色彩：モノクロ 公開日：8月26日 大映系 10月12日 グランプリ凱旋ロードショー公開 有楽町スバル座 上映時間：1時間25分 併映作品：無し 製作：箕浦甚吾 企画：本木荘二郎（映画芸術協会） 監督：黒澤明 脚本：黒澤明・植草圭之助 原作：芥川龍之介 撮影：宮川一夫 音楽：早坂文雄 三船の役名：多襄丸 共演者：京マチ子、森雅之、志村喬、千秋実、上田吉二郎、本間文子 キネマ旬報紹介：昭和25年10月下旬号（復刊No.1） キネマ旬報批評：無し パンフレット販売：あり

●昭和26（1951）年 八本出演

13.『愛と憎しみの彼方へ』製作：映画芸術協会 配給：東宝 色彩：モノクロ 公開日：1月11日 東宝系 上映時間：1時間47分 併映作品：無し 製作：田中友幸 監督：谷口千吉 脚本：谷口千吉・黒澤明 原作：寒川光太郎「脱獄囚」より 撮影：玉井正夫 音楽：伊福部昭 三船の役名：坂田五郎（オホーツク不動） 共演者：水戸光子、池部良、志村喬、小沢栄（のちの小沢栄太郎）、上田吉二郎、木村功、稲葉義男、田島義文、三津田健、清水元、近藤宏、佐野浅夫 キネマ旬報紹介：昭和25年11月下旬号（No.3） キネマ旬報批評：2月上旬号（飯島正 No.8） パンフレット販売：あり

14.『悲歌（エレジー）』製作：東宝・映画芸術家協会 配給：東宝 色彩：モノクロ 公開日：2月24日 東宝系 上映時間：1時間50分 併映作品：無し 製作：本木荘二郎 企画：星野和平 監督：山本嘉次郎 脚本：小国英雄・山本嘉次郎 原作：小国英雄「聖春婦」より 撮影：中井朝一 音楽：渡辺浦人 三船の役名：土岐大輔（検事） 共演者：上原謙、高峰三枝子、志村喬、青山杉作、三好栄子 キネマ旬報紹介：2月上旬号（No.8 但し仮題『聖春婦』として紹介） キネマ旬報批評：3月下旬号（飯島正 No.11） パンフレット販売：あり

15.『白痴』製作：松竹大船 配給：松竹 色彩：モノクロ 公開日：5月23日先行ロードショー 東劇 6月1日 松竹系 上映時間：2時間50分 併映作品：無し 企画：本木荘二郎（映画芸術協会） 製作：小出孝 監督：黒澤明 脚本：黒澤明・久板栄二郎 原作：ドストエフスキー 撮影：生方敏夫 音楽：早坂文雄 三船の役名：赤間伝吉 共演者：原節子、久我美子、志村喬、森雅之、東山千栄子、左卜全 キネマ旬報紹介：3月下旬号（No.11） キネマ旬報批評：6月下旬号（飯島正 No.17） パンフレット販売：あり

16.『海賊船』製作・配給：東宝 色彩：モノクロ 公開日：7月13日 東宝系 上映時間：1時間50分 併映作品：無し 製作：本木荘二郎・菅和久 監督：稲垣浩 脚本：小国英雄 撮影：鈴木博 音楽：深井史郎 三

船の役名：虎　共演者：浅茅しのぶ、大谷友右衛門、田崎潤、森繁久彌、上田吉二郎　キネマ旬報紹介：7月上旬号（№18）　キネマ旬報批評：8月上旬号（滋野辰彦　№20）　パンフレット販売：あり

17.『戦後派お化け大会』　製作・配給：新東宝　色彩：モノクロ　公開日：8月3日　新東宝系　上映時間：1時間42分　併映作品：無し　製作：本木荘二郎・菅和久　監督：佐伯清　脚本：井手俊郎・井上梅次　原作：石坂洋次郎　撮影：横山実　音楽：深井史郎　三船の役名：川上謙二（サーカスのピエロ）　共演者：小林桂樹、杉葉子、キネマ旬報紹介：7月下旬号（№19）　キネマ旬報批評：9月特別号（上野一郎　№22）　パンフレット販売：不明（現物未確認）　備考：『石中先生行状記』（50）の続篇

18.『決闘巌流島　完結佐々木小次郎』　製作・配給：東宝　色彩：モノクロ　公開日：10月26日　東宝系　上映時間：1時間38分　併映作品：無し　製作：森田信義・宮城鎮治　監督：稲垣浩　脚本：村上元三・松浦健郎・藤木弓　原作：村上元三「佐々木小次郎」より　撮影：飯村正　音楽：深井史郎　三船の役名：宮本武蔵　共演者：大谷友右衛門、山根寿子、徳大寺伸、浜田百合子、藤原釜足　キネマ旬報紹介：10月上旬号（№24）　キネマ旬報批評：12月上旬号（双葉十三郎　№28）　パンフレット販売：あり

19.『馬喰一代』　製作：大映東京　配給：大映　色彩：モノクロ　公開日：12月7日　大映系　上映時間：1時間53分　併映作品：無し　製作：本木荘二郎　監督：木村恵吾　脚本：木村恵吾・成沢昌茂　原作：中山正男　撮影：峰重義　音楽：渡辺浦人　三船の役名：片山米太郎（馬喰）　共演者：京マチ子、志村喬、菅井一郎　キネマ旬報紹介：10月下旬号（№25）　キネマ旬報批評：昭和27年1月下旬号（上野一郎　№30）　パンフレット販売：あり

20.『女ごころ誰か知る』　製作・配給：東宝　色彩：モノクロ　公開日：12月21日　東宝系　上映時間：1時間47分　併映作品：無し　製作：本木荘二郎　監督：山本嘉次郎　脚本：八住利雄・山本嘉次郎　原作：北條誠　撮影：中井朝一　音楽：渡辺浦人　三船の役名：スポーツ用品店主人水野　共演者：池部良、高峰三枝子、香川京子、飯田蝶子、清水将夫　キネマ旬報紹介：12月上旬号（№28）　キネマ旬報批評：無し　パンフレット販売：不明（現物未確認）

●昭和27（1952）年　八本出演

21.『荒木又右衛門　決闘鍵屋の辻』　製作・配給：東宝　色彩：モノクロ　公開日：1月3日　東宝系　上映時間：1時間22分　併映作品：無し　製作：本木荘二郎　監督：森一生　脚本：黒澤明　撮影：山崎一雄　音楽：西悟郎　三船の役名：荒木又右衛門　共演者：浜田百合子、志村喬、片山明彦、千秋実、加東大介、徳大寺伸　キネマ旬報紹介：1月上旬新年特別号（№29）　キネマ旬報批評：2月上旬号（上野一郎　№31）　パンフレット販売：あり

22.『霧笛』　製作・配給：東宝　色彩：モノクロ　公開日：3月5日　東宝系　上映時間：11巻2723m　併映作品：無し　製作：田中友幸　監督：谷口千吉　脚本：八住利雄・谷口千吉　原作：大仏次郎　撮影：玉井正夫　音楽：斎藤一郎・飯田利夫　三船の役名：千代吉　共演者：山口淑子、ボッブ・ブース、志村喬、村上冬樹、千石規子　キネマ旬報紹介：3月上旬号（№33）　キネマ旬報批評：5月特別号（大黒東洋士　№37）　パンフレット販売：あり

23.『西鶴一代女』　製作：児井プロ・新東宝　配給：新東宝　色彩：モノクロ　公開日：4月3日先行ロードショー　新宿日活ほか日活洋画系　4月17日　新東宝系　上映時間：2時間28分　併映作品：無し　製作：児井英生　監督：溝口健二　脚本：依田義賢　原作：井原西鶴　監修：吉井勇　撮影：平野好美　音楽：斎藤一郎　三船の役名：公家の若党勝之介　共演者：田中絹代、山根寿子、宇野重吉、進藤英太郎、菅井一郎、沢村貞子　キネマ旬報紹介：3月上旬号（№33）　キネマ旬報批評：4月下旬号（登川直樹　№36）　パンフレット販売：あり　備考：溝口健二作品唯一の出演

24.『金の卵　Golden Girl』　製作・配給：東宝　色彩：モノクロ　公開日：5月14日　東宝系　上映時間：1時間47分　併映作品：無し　製作：藤本真澄　監督：千葉泰樹　脚本：井手俊郎　撮影：横山実　音楽：古関裕而　三船の役名：本人（特別出演）　共演者：島崎雪子、岡田茉莉子、香川京子、小泉博、小林桂樹、二本柳寛　キネマ旬報紹介：4月下旬号（№36）　キネマ旬報批評：6月上旬号（登川直樹　№39）　パンフレット販売：あり

25.『戦国無頼』　製作・配給：東宝　色彩：モノクロ　公開日：5月22日　東宝系　上映時間：2時間15分　併映作品：無し　製作：田中友幸　監督：稲垣浩　脚本：稲垣浩・黒澤明　原作：井上靖　撮影：飯村正　音楽：団伊玖磨　三船の役名：佐々疾風之介　共演者：三国連太郎、山口淑子、浅茅しのぶ、市川段四郎、志村喬、青山杉作　キネマ旬報紹介：4月下旬号（№36）　キネマ旬報批評：6月下旬号（登川直樹　№40）　パンフ

レット販売：あり

26.『東京の恋人』製作・配給：東宝　色彩：モノクロ　公開日：7月15日　東宝系　上映時間：1時間37分　併映作品：無し　製作：藤本真澄・熊谷久虎　監督：千葉泰樹　脚本：井手俊郎・吉田二三夫　撮影：飯村正　音楽：飯田信夫　三船の役名：黒川（宝石職人）　共演者：原節子、杉葉子、藤間紫、小泉博、森繁久彌、清川虹子　キネマ旬報紹介：夏期特別号（No.41）　キネマ旬報批評：無し　パンフレット販売：あり

27.『激流』製作・配給：東宝　色彩：モノクロ　公開日：10月23日　東宝系　上映時間：1時間36分　併映作品：無し　製作：田中友幸　監督：谷口千吉　脚本：西亀元貞・谷口千吉　撮影：山田一夫　音楽：伊福部昭　三船の役名：小杉俊介（ダム技師）　共演者：久慈あさみ、若山セツ子、田代百合子、島崎雪子、清水将夫、多々良純　キネマ旬報紹介：9月上旬号（No.45）　キネマ旬報批評：11月下旬号（双葉十三郎　No.51）　パンフレット販売：あり

28.『港へ来た男』製作・配給：東宝　色彩：モノクロ　公開日：11月27日　東宝系　上映時間：1時間28分　併映作品：無し　製作：田中友幸　監督：本多猪四郎　脚本：本多猪四郎・成沢昌茂　原作：梶野悳三「踊れよ怒涛」より　撮影：完倉泰一　音楽：斎藤一郎　三船の役名：新沼五郎（天洋丸運転士）　共演者：久慈あさみ、志村喬、田代百合子、小泉博、左卜全、藤原釜足　キネマ旬報紹介：11月上旬号（No.50）　キネマ旬報批評：昭和28年新春特別号（双葉十三郎　No.53）　パンフレット販売：あり

●昭和28（1953）年　四本出演

29.『吹けよ春風』製作・配給：東宝　色彩：モノクロ　公開日：1月15日　東宝系　上映時間：1時間23分　併映作品：無し　製作：田中友幸　監督：谷口千吉　脚本：黒澤明・谷口千吉　撮影：飯村正　音楽：芥川也寸志　三船の役名：松村（タクシー運転手）　共演者：三国連太郎、山根寿子、山村聰、越路吹雪、岡田茉莉子、青山京子　キネマ旬報紹介：1月下旬号（No.55）　キネマ旬報批評：2月下旬号（登川直樹　No.57）　パンフレット販売：あり

30.『抱擁』製作・配給：東宝　色彩：モノクロ　公開日：3月11日　東宝系　上映時間：1時間27分　併映作品：無し　製作：田中友幸　監督：マキノ雅弘　脚本：西亀元貞・梅田晴夫　原案：八住利雄　撮影：飯村正　音楽：芥川也寸志　三船の役名：伸吉・早川（営林技師及びギャングの二役）　共演者：山口淑子、志村喬、小泉博、平田昭彦、山本廉　キネマ旬報紹介：3月上旬号（No.58）　キネマ旬報批評：5月下旬号（滋野辰彦　No.64）　パンフレット販売：あり　備考：助監督時代の岡本喜八がスキー場面を演出した

31.『ひまわり娘』製作・配給：東宝　色彩：モノクロ　公開日：3月26日　東宝系　上映時間：1時間43分　併映作品：無し　製作：藤本真澄　監督：千葉泰樹　脚本：長谷川公之　原作：源氏鶏太　撮影：山田一夫　音楽：黛敏郎　三船の役名：日立一平　共演者：有馬稲子、伊豆肇、木匠マユリ、中村伸郎　キネマ旬報紹介：2月下旬号（No.57）　キネマ旬報批評：7月下旬号（上野一郎　No.68）　パンフレット販売：不明（現物未確認）

32.『太平洋の鷲』製作・配給：東宝　色彩：モノクロ　公開日：10月21日　東宝系　上映時間：1時間59分　併映作品：無し　製作：本木荘二郎　監督：本多猪四郎　特技監督：円谷英二　脚本：橋本忍　撮影：山田一夫　音楽：古関裕而　三船の役名：空母飛龍の雷撃隊長友永大尉　共演者：大河内伝次郎、三国連太郎、志村喬、小林桂樹、他東宝オールスター　キネマ旬報紹介：秋の特別号（No.75）　キネマ旬報批評：11月下旬号（上野一郎　No.78）　パンフレット販売：あり　備考：戦後初の海空戦映画

●昭和29（1954）年　四本出演

33.『七人の侍』製作・配給：東宝　色彩：モノクロ　公開日：4月26日　東宝系　上映時間：3時間27分　併映作品：無し　製作：本木荘二郎　監督：黒澤明　脚本：黒澤明・橋本忍・小国英雄　撮影：中井朝一　音楽：早坂文雄　三船の役名：菊千代（七人の侍のひとり）　共演者：志村喬、木村功、加東大介、宮口精二、千秋実、稲葉義男、藤原釜足、土屋嘉男、津島恵子、島崎雪子、高堂国典　キネマ旬報紹介：3月上旬号（No.85）　キネマ旬報批評：6月下旬号（上野一郎　No.94）　パンフレット販売：あり

34.『宮本武蔵』製作・配給：東宝　色彩：カラー　公開日：9月26日　東宝系　上映時間：1時間43分　併映作品：無し　製作：滝村和男　監督：稲垣浩　脚本：稲垣浩・若尾徳平　原作：吉川英治　撮影：安本淳　音楽：団伊玖磨　三船の役名：宮本武蔵　共演者：三国連太郎、尾上九朗右衛門、八千草薫、岡田茉莉子、水戸光子、平田昭彦、堺左千夫　キネマ旬報紹介：9月下旬号（No.100）　キネマ旬報批評：11月上旬号（品田雄

吉　No.１０３）　パンフレット販売：あり　備考：55年度米国アカデミー外国語映画賞受賞。三船初のカラー作品

35．『潮騒』製作・配給：東宝　色彩：モノクロ　公開日：10月20日　東宝系　上映時間：1時間36分　併映作品：無し　製作：田中友幸　監督：谷口千吉　脚本：谷口千吉・中村真一郎　原作：三島由紀夫　撮影：完倉泰一　音楽：黛敏郎　賛助：伊勢志摩国立公園　三船の役名：歌島丸船長（特別出演）　共演者：久保明、青山京子、太刀川洋一（のちの太刀川寛）、上田吉二郎、小杉義男、沢村貞子、加東大介、東野英治郎　キネマ旬報紹介：9月上旬号（No.99）　キネマ旬報批評：11月下旬号（高季彦　No.１０４）　パンフレット販売：あり

36．『密輸船』製作・配給：東宝　色彩：モノクロ　公開日：11月30日　東宝系　上映時間：1時間54分　併映作品：無し　製作：本木荘二郎　監督：杉江敏男　脚本：小国英雄・宮田輝明　原案：高野竜雄　撮影：飯村正　音楽：早坂文雄　三船の役名：津田栄一（麻薬取締官）　共演者：久慈あさみ、北川町子、徳大寺伸、土屋嘉男、ボッブ・ブース　キネマ旬報紹介：10月下旬号（No.１０２）　キネマ旬報批評：昭和30年1月下旬号（滋野辰彦　No.１０９）　パンフレット販売：あり

●昭和30（１９５５）年　六本出演

37．『男性No.1』製作・配給：東宝　色彩：モノクロ　公開日：1月3日　東宝系　上映時間：10巻２６２６ｍ　併映作品：『初笑い底抜け旅日記』（青柳信雄監督　榎本健一、柳家金語楼出演）　製作：本木荘二郎　監督：山本嘉次郎　脚本：井手雅人　原案：菊島隆三　撮影：山田一夫　音楽：団伊玖磨　三船の役名：ビュイックの牧　共演者：鶴田浩二、岡田茉莉子、越路吹雪、藤木悠、徳大寺伸　キネマ旬報紹介：昭和29年12月下旬号（No.１０７）　キネマ旬報批評：無し　パンフレット販売：あり　備考：松竹より東宝へ移籍してきた鶴田浩二との初共演作

38．『天下泰平』製作・配給：東宝　色彩：モノクロ　公開日：1月29日　東宝系　上映時間：10巻２５４６ｍ　併映作品：無し　製作：堀江史朗　監督：杉江敏男　脚本：八田尚之　原作：源氏鶏太　撮影：完倉泰一　音楽：飯田信夫　三船の役名：立春大吉　共演者：久慈あさみ、宝田明、司葉子、佐野周二、笠智衆、森川信　キネマ旬報紹介：2月上旬号（No.１１０）　キネマ旬報批評：無し　パンフレット販売：不明（現物未確認）

39．『続天下泰平』製作・配給：東宝　色彩：モノクロ　公開日：2月20日　東宝系　上映時間：1時間15分　併映作品：無し　製作：堀江史朗　監督：杉江敏男　脚本：西島大・龍野敏　原作：源氏鶏太　撮影：完倉泰一　音楽：飯田信夫　三船の役名：立春大吉　共演者：久慈あさみ、宝田明、佐野周二、笠智衆、寿美花代　キネマ旬報紹介：3月上旬号（No.１１２）　キネマ旬報批評：陽春特別号（林勝俊　No.１１５）　パンフレット販売：不明（現物未確認）

40．『男ありて』製作・配給：東宝　色彩：モノクロ　公開日：5月10日　東宝系　上映時間：1時間49分　併映作品：無し　製作：渾大防五郎　監督：丸山誠治　脚本：菊島隆三　撮影：玉井正夫　音楽：斎藤一郎　三船の役名：プロ野球スパローズ選手矢野主将　共演者：志村喬、藤木悠、土屋嘉男、岡田茉莉子、夏川静江、清水将夫、加東大介　キネマ旬報紹介：5月下旬号（No.１１９）　キネマ旬報批評：6月上旬号（双葉十三郎　No.１２０）　パンフレット販売：あり

41．『続宮本武蔵　一乗寺の決闘』製作・配給：東宝　色彩：カラー　公開日：7月12日　東宝系　上映時間：1時間44分　併映作品：『疾風の晴太郎』（佐藤幸也監督　沖諒太郎、杉山昌三九出演）　製作：滝村和男　監督：稲垣浩　脚本：稲垣浩・若尾徳平　原作：吉川英治　撮影：安本淳　音楽：団伊玖磨　三船の役名：宮本武蔵　共演者：鶴田浩二、尾上九朗右衛門、八千草薫、岡田茉莉子、水戸光子、平田昭彦、堺左千夫　キネマ旬報紹介：7月下旬号（No.１２４）　キネマ旬報批評：9月上旬号（村上忠久　No.１２７）　パンフレット販売：あり

42．『生きものの記録』製作・配給：東宝　色彩：モノクロ　公開日：11月22日　東宝系　上映時間：1時間44分　併映作品：無し　製作：本木荘二郎　監督：黒澤明　脚本：黒澤明・橋本忍・小国英雄　撮影：中井朝一　音楽：早坂文雄　三船の役名：中島喜一老人　共演者：志村喬、青山京子、千秋実、佐田豊、三好栄子、清水将夫、根岸明美、土屋嘉男、東野英治郎、中村伸郎　キネマ旬報紹介：11月上旬号（No.１３１）　キネマ旬報批評：12月下旬号（井沢淳　No.１３４）　パンフレット販売：あり

●昭和31（１９５６）年　七本出演

43．『宮本武蔵完結篇　決闘巌流島』製作・配給：東宝　色彩：カラー　公開日：1月3日　東宝系　上映時間：1時間45分　併映作品：『へそくり社長』（千葉泰樹監督　森繁久彌、小林桂樹、司葉子出演）　製作：滝村和男　監督：稲垣浩　脚本：稲垣浩・若尾徳平　原作：吉川英治　撮影：山田一

夫　音楽：団伊玖磨　三船の役名：宮本武蔵　共演者：鶴田浩二、志村喬、八千草薫、岡田茉莉子、嵯峨三智子　キネマ旬報紹介：1月下旬号（No.136）　キネマ旬報批評：3月下旬号（小菅春生　No.141）　パンフレット販売：あり

44．『黒帯三国志』製作・配給：東宝　色彩：モノクロ　公開日：1月29日　東宝系　上映時間：1時間35分　併映作品：『彼奴を逃すな』（鈴木英夫監督　木村功、津島恵子出演）　製作：田中友幸　監督：谷口千吉　脚本：松浦健郎・山崎巌・谷口千吉　原作：下村明　撮影：飯村正　音楽：伊福部昭　三船の役名：小関昌彦　共演者：佐分利信、小堀明男、岡田茉莉子、香川京子、久慈あさみ　キネマ旬報紹介：2月上旬号（No.138）　キネマ旬報批評：3月下旬号（近田千造　No.141）　パンフレット販売：あり

45．『暗黒街』製作・配給：東宝　色彩：モノクロ　公開日：2月26日　東宝系　上映時間：1時間38分　併映作品：『奥様は大学生』（杉江敏男監督　香川京子、中村メイ子、木村功出演）　製作：本木荘二郎　監督：山本嘉次郎　脚本：若尾徳平　原作：菊島隆三　撮影：遠藤精一　音楽：団伊玖磨　三船の役名：熊田捜査主任　共演者：鶴田浩二、志村喬、青山京子、根岸明美、小泉博　キネマ旬報紹介：3月上旬号（No.140）　キネマ旬報批評：春の特別号（小菅春生　No.142）　パンフレット販売：あり

46．『愛情の決算』製作・配給：東宝　色彩：モノクロ　公開日：3月28日　東宝系　上映時間：1時間53分　併映作品：無し　製作：藤本眞澄・宇佐美仁　監督：佐分利信　脚本：井手俊郎　原作：今日出海「この十年」より　撮影：山田一夫　音楽：団伊玖磨　三船の役名：大平俊太郎　共演者：佐分利信、原節子、小林桂樹、八千草薫、浜田百合子　キネマ旬報紹介：3月下旬号（No.141）　キネマ旬報批評：4月下旬号（小菅春生　No.143）　パンフレット販売：あり

47．『妻の心』製作・配給：東宝　色彩：モノクロ　公開日：5月3日　上映時間：1時間38分　併映作品：『青い芽』（鈴木英夫監督　雪村いづみ、司葉子、宝田明共演）　製作：藤本真澄　監督：成瀬巳喜男　脚本：井手俊郎　撮影：玉井正夫　音楽：斎藤一郎　三船の役名：竹村健吉　共演者：高峰秀子、小林桂樹、根岸明美、杉葉子、千秋実、加東大介　キネマ旬報紹介：5月上旬号（No.145）　キネマ旬報批評：6月上旬号（小菅春生　No.147）　パンフレット販売：あり

48．『ならず者』製作・配給：東宝　公開日：5月10日　東宝系　色彩：モノクロ　上映時間：1時間36分　併映作品：『のり平の浮気大学　愉快な家族』（丸林久信監督　三木のり平、中田康子、森啓子出演）　製作：田中友幸　監督：青柳信雄　脚本：木村武・中田晴久　原作：佐々木武観「拓林飯場」より　撮影：遠藤精一　音楽：佐藤勝　三船の役名：寛次　共演者：岡田茉莉子、白川由美、志村喬、千秋実、清川虹子、太刀川洋一　キネマ旬報紹介：5月下旬号（No.146）　キネマ旬報批評：夏の特別号（小菅春生　No.149）　パンフレット販売：あり

49．『囚人船』製作・配給：東宝　色彩：モノクロ　公開日：8月8日　東宝系　上映時間：1時間47分　併映作品：『お嬢さん登場』（山本嘉次郎監督　雪村いづみ、池部良出演）　製作：堀江史朗　監督：稲垣浩　脚本：稲垣浩・村田武雄　撮影：飯村正　音楽：仁木他喜雄　三船の役名：松尾徳蔵（愛宕丸船長）　共演者：岡田茉莉子、上田吉二郎、田崎潤、小杉義男、小泉博　キネマ旬報紹介：8月上旬号（No.152）　キネマ旬報批評：9月下旬号（小菅春生　No.156）　パンフレット販売：あり

●昭和32（1957）年　七本出演

50．『蜘蛛巣城』製作・配給：東宝　色彩：モノクロ　公開日：1月15日　東宝系　上映時間：1時間41分　併映作品：『星空の街』（小田基義監督　小坂一也、青山京子、藤木悠出演）　製作：黒澤明・本木荘二郎　監督：黒澤明　脚本：黒澤明・橋本忍・小国英雄・菊島隆三　原案：ウィリアム・シェークスピア「マクベス」より　撮影：中井朝一　音楽：佐藤勝　三船の役名：鷲津義時　共演者：山田五十鈴、志村喬、千秋実、久保明、浪花千栄子、太刀川洋一（のちの太刀川寛）、中村伸郎　キネマ旬報紹介：昭和31年11月上旬号（No.159）　キネマ旬報批評：2月下旬号（北川冬彦　No.169）　パンフレット販売：あり

51．『嵐の中の男』製作・配給：東宝　色彩：モノクロ　公開日：2月5日　東宝系　上映時間：1時間36分　併映作品：『極楽島物語』（佐伯幸三監督　宝田明、佐原健二、草笛光子出演）　製作：田中友幸　監督：谷口千吉　脚本：松浦健郎・谷口千吉　撮影：山田一夫　音楽：渡辺浦人　三船の役名：渡三郎　共演者：香川京子、小堀明男、根岸明美、磯村みどり、柳永二郎、平田昭彦　キネマ旬報紹介：2月特別号（No.168）　キネマ旬報批評：3月上旬号（多田道太郎　No.170）　パンフレット販売：あり

52．『この二人に幸あれ』製作・配給：東宝　色彩：モノクロ　公開日：2月19日　東宝系　上映時間：1時間34分　併映作品：無し　製作：堀江史朗　監督：本多猪四郎　脚本：松山善三　撮影：小泉一　音楽：中田喜直

三船の役名：丸山俊夫　共演者：小泉博、白川由美、津島恵子、志村喬、藤原釜足、夏川静江　キネマ旬報紹介：2月下旬号（No.169）　キネマ旬報批評：3月下旬号（小菅春生　No.171）　パンフレット販売：不明（現物未確認）

53．『柳生武芸帳』製作・配給：東宝　色彩：カラー　公開日：4月14日先行ロードショー　日比谷千代田劇場　4月23日　東宝系　上映時間：1時間49分　併映作品：無し　併映作品：『東京だよおッ母さん』（斎藤達雄監督　島倉千代子、杉葉子、太刀川洋一出演）製作：田中友幸　監督：稲垣浩　脚本：稲垣浩・木村武　原作：五味康祐　撮影：飯村正　音楽：伊福部昭　三船の役名：大月多三郎（霧の多三郎）　共演者：鶴田浩二、久我美子、岡田茉莉子、大河内伝次郎、香川京子、中村扇雀（現・三代目中村鴈治郎）、平田昭彦、岩井半四郎　キネマ旬報紹介：5月下旬号（No.175）　キネマ旬報批評：6月上旬号（井沢淳　No.177）　パンフレット販売：あり

54．『危険な英雄』製作・配給：東宝　色彩：モノクロ　公開日：7月30日　東宝系　併映作品：『黒部峡谷』（西尾善介監督　記録映画）　上映時間：1時間32分　製作：金子正且　監督：鈴木英夫　脚本：須川栄三　潤色：長谷川公之　撮影：中井朝一　音楽：芥川也寸志　三船の役名：川田選手（少年野球チームの監督役　特別出演）　共演者：石原慎太郎、司葉子、小沢栄太郎、志村喬、仲代達矢、宮口精二、三津田健　キネマ旬報紹介：7月下旬号（No.181）　キネマ旬報批評：9月特別号（創刊一〇〇〇号記念特集号　田中穣　No.185）　パンフレット販売：不明（現物未確認）

55．『どん底』製作・配給：東宝　色彩：モノクロ　公開日：9月17日先行ロードショー　日比谷千代田劇場　10月1日　東宝系　上映時間：2時間5分　併映作品：『東北の神武たち』（市川崑監督　芥川比呂志、左卜全、千秋実出演）　製作・監督：黒澤明　脚本：黒澤明・小国英雄　原作：ゴーリキー　撮影：山崎市雄　音楽：佐藤勝　三船の役名：捨吉　共演者：山田五十鈴、根岸明美、千秋実、香川京子、藤原釜足、左卜全、中村鴈治郎　キネマ旬報紹介：秋の特別号（No.187）　キネマ旬報批評：11月下旬号（北川冬彦　No.191）　パンフレット販売：あり

56．『下町』製作・配給：東宝　色彩：モノクロ　公開日：10月29日先行ロードショー　日比谷千代田劇場　11月5日　東宝系　併映作品：無し　上映時間：59分　製作：藤本真澄　監督：千葉泰樹　脚本：笠原良三・吉田精弥　撮影：西垣六郎　音楽：伊福部昭　三船の役名：鶴石芳雄　共演者：山田五十鈴、田中春男、多々良純、淡路恵子、村田千栄子　キネマ旬報紹介：10月下旬号（No.188）　キネマ旬報批評：昭和33年新年特別号（杉山平一　No.194）　パンフレット販売：あり

●昭和33（1958）年　七本出演

57．『柳生武芸帳　双竜秘剣』製作・配給：東宝　色彩：カラー・東宝スコープ　公開日：1月3日　東宝系　上映時間：1時間46分　併映作品：『社長三代記』（松林宗恵監督　森繁久彌、小林桂樹出演）製作：田中友幸　監督：稲垣浩　脚本：稲垣浩・若尾徳平　原作：五味康祐　撮影：中井朝一　音楽：伊福部昭　三船の役名：大月多三郎（霧の多三郎）　共演者：鶴田浩二、久我美子、岡田茉莉子、大河内伝次郎、左卜全、乙羽信子、中村扇雀（現・三代目中村鴈治郎）、松本幸四郎（先代　のちの松本白鸚）　キネマ旬報紹介：昭和32年12月下旬号（No.193）　キネマ旬報批評：3月上旬号（瓜生忠夫　No.198）　パンフレット販売：あり　備考：三船初の東宝スコープ（シネマスコープ）作品

58．『東京の休日』製作・配給：東宝　色彩：カラー・東宝スコープ　公開日：4月15日　東宝系　上映時間：12巻2381m　併映作品：『喧嘩も楽し』（青柳信雄監督　ミヤコ蝶々、南都雄二、柳家金語楼出演）製作：堀江史朗　監督：山本嘉次郎　脚本：井手俊郎・山本嘉次郎　撮影：山崎市雄　音楽：松井八郎　三船の役名：寺の使い　共演者：山口淑子、宝田明、司葉子、八千草薫、小林桂樹、小杉義男、小泉博　キネマ旬報紹介：4月上旬号（No.201）　キネマ旬報批評：無し　パンフレット販売：不明（現物未確認）　備考：山口淑子の芸能生活引退記念作品

59．『無法松の一生』製作・配給：東宝　色彩：カラー・東宝スコープ　公開日：4月22日　東宝系　上映時間：1時間44分　併映作品：無し　製作：田中友幸　監督：稲垣浩　脚本：伊丹万作・稲垣浩　原作：岩井俊作「富島松五郎伝」より　撮影：山田一夫　音楽：団伊玖磨　三船の役名：富島松五郎（車引き）　共演者：高峰秀子、芥川比呂志、飯田蝶子、笠智衆、多々良純、田中春男、土屋嘉男、中村伸郎　キネマ旬報紹介：4月上旬号（No.201）　キネマ旬報批評：7月下旬号（田山力哉　No.210）　パンフレット販売：あり　備考：ベネチア国際映画祭グランプリ受賞作品

60．『弥次喜多道中記』製作・配給：東宝　色彩：カラー・東宝スコープ　公開日：4月29日　東宝系　上映時間：1時間53分　併映作品：無し　製作：藤本真澄・山本紫朗　監督：千葉泰樹　脚本：笠原良三　原作：十返

舎一九　撮影：西垣六郎　音楽：古関裕而　三船の役名：田谷敏之進（仇討ちする侍）　共演者：小林桂樹、加東大介、池部良、乙羽信子、淡路恵子、宝田明、雪村いづみ、草笛光子、三木のり平　キネマ旬報紹介：4月下旬号（No.２０２）　キネマ旬報批評：7月下旬号（押川義行　No.２１０）　パンフレット販売：あり

61.『結婚のすべて』製作・配給：東宝　色彩：モノクロ　公開日：5月26日　東宝系上映時間：1時間25分　併映作品：『太鼓たゝいて笛吹いて』（杉江敏男監督　宮城まり子、小泉博、草笛光子出演）　製作：金子正且　監督：岡本喜八　脚本：白坂依志夫　撮影：中井朝一　音楽：馬渡誠一　三船の役名：劇団の演出家（ノンクレジット）　共演者：雪村いづみ、新珠三千代、上原謙、三橋達也、仲代達矢、山田真二、団令子、藤間紫　キネマ旬報紹介：4月下旬号（No.２０２）　キネマ旬報批評：8月上旬号（岡田誠三　No.２１１）　パンフレット販売：あり　備考：鬼才岡本喜八監督のデビュー作。三船はノンクレジットで特別出演

62.『人生劇場　青春篇』製作・配給：東宝　色彩：カラー・東宝スコープ　公開日：11月23日　東宝系　上映時間：1時間48分　併映作品：『次郎長意外伝　灰神楽木曾の火祭』（青柳信雄監督　三木のり平、中田康子、小泉博出演）　製作：佐藤一郎　監督：杉江敏男　脚本：椎名竜治　構成：八住利雄　原作：尾崎士郎　撮影：完倉泰一　音楽：神津善行　三船の役名：飛車角　共演者：池部良、森繁久彌、志村喬、草笛光子、滝花久子、東野英治郎　キネマ旬報紹介：11月下旬号（No.２１８）　キネマ旬報批評：昭和34年3月下旬号（小倉真実　No.２２８）　パンフレット販売：あり

63.『隠し砦の三悪人』製作・配給：東宝　色彩：モノクロ・東宝スコープ　公開日：12月28日　東宝系　色彩：モノクロ・東宝スコープ　上映時間：2時間19分　併映作品：『巨人軍物語』（大峰晴演出　記録映画）　製作：黒澤明・藤本真澄　監督：黒澤明　脚本：菊島隆三・小国英雄・橋本忍・黒澤明　撮影：山崎市雄　音楽：佐藤勝　三船の役名：真壁六郎太　共演者：千秋実、上原美佐、藤原釜足、藤田進、志村喬　キネマ旬報紹介：11月上旬号（No.２１７）　キネマ旬報批評：昭和34年1月下旬号（特集批評　花田清輝・井沢淳　No.２２４）　及び2月下旬号（北川冬彦　No.２２６）　パンフレット販売：あり

●昭和34（１９５９）年　五本出演

64.『暗黒街の顔役』製作・配給：東宝　色彩：カラー・東宝スコープ　公開日：1月15日　東宝系　上映時間：1時間35分　併映作品：『グラマ島の誘惑』（川島雄三監督　森繁久彌、フランキー堺出演）　製作：田中友幸　監督：岡本喜八　脚本：西亀元貞・関沢新一　撮影：中井朝一　音楽：佐藤勝　三船の役名：樫村大助　共演者：鶴田浩二、宝田明、白川由美、河津清三郎、田中春男、草笛光子、夏木陽介　キネマ旬報紹介：1月下旬号（No.２２４）　キネマ旬報批評：3月上旬号（小菅春生　No.２２７）　パンフレット販売：あり

65.『或る剣豪の生涯』製作・配給：東宝　色彩：カラー・東宝スコープ　公開日：4月28日　東宝系　上映時間：1時間51分　併映作品：『狐と狸』（千葉泰樹監督　加東大介、小林桂樹、水野久美出演）　製作：田中友幸　監督・脚本：稲垣浩　原案：エドモン・ロスタン「シラノ・ド・ベルジュラック」より　撮影：山田一夫　音楽：伊福部昭　三船の役名：駒木平八郎　共演者：司葉子、宝田明、淡路恵子、河津清三郎、平田昭彦、藤原釜足、三好栄子　キネマ旬報紹介：5月下旬号（No.２３３）　キネマ旬報批評：6月上旬号（小倉真美　No.２３４）　パンフレット販売：あり

66.『戦国群盗伝』製作・配給：東宝　色彩：カラー・東宝スコープ　公開日：8月9日　東宝系　上映時間：1時間55分　併映作品：『新・三等重役』（筧正典監督　森繁久彌、加東大介、小林桂樹出演）　製作：藤本真澄・西野一夫　監督：杉江敏男　脚本：山中貞雄　潤色：黒澤明　原作：三好十郎　撮影：鈴木武　音楽：団伊玖磨　三船の役名：甲斐六郎　共演者：鶴田浩二、上原美佐、司葉子、志村喬、平田昭彦、河津清三郎、千秋実　キネマ旬報紹介：8月上旬号（No.２３８）　キネマ旬報批評：9月上旬号（戸田隆雄　No.２４１）　パンフレット販売：あり

67.『独立愚連隊』製作・配給：東宝　色彩：モノクロ・東宝スコープ　公開日：10月6日　東宝系　上映時間：1時間48分　併映作品：『若い恋人たち』（千葉泰樹監督　宝田明、夏木陽介、司葉子出演）　製作：田中友幸　監督・脚本：岡本喜八　撮影：逢沢譲　音楽：佐藤勝　三船の役名：大隊長児玉大尉　共演者：佐藤允、雪村いづみ、鶴田浩二、上原美佐、江原達怡、中丸忠雄、夏木陽介、中谷一郎　キネマ旬報紹介：秋の特別号（No.２４３）　キネマ旬報批評：11月下旬号（瓜生忠夫　No.２４６）　パンフレット販売：あり

68.『日本誕生』製作・配給：東宝　色彩：カラー・東宝スコープ　公開

日：11月1日　東宝系　上映時間：3時間2分　併映作品：『燃えろ聖火』（小笠原基生構成　記録映画）　製作：田中友幸・藤本真澄　監督：稲垣浩　特技監督：円谷英二　脚本：八住利雄・菊島隆三　撮影：山田一夫　音楽：伊福部昭　三船の役名：日本武尊（ヤマトタケルノミコト）・須佐之男命（スサノオノミコト　二役）　共演者：原節子、司葉子、宝田明、鶴田浩二、田中絹代、香川京子、中村鴈治郎、他東宝オールスター　キネマ旬報紹介：11月上旬号（No.245）　キネマ旬報批評：12月上旬号（小菅春生　No.247）　パンフレット販売：あり　備考：東宝映画一〇〇〇本製作記念

●昭和35（1960）年　六本出演

69．『暗黒街の対決』製作・配給：東宝　色彩：カラー・東宝スコープ　公開日：1月3日　東宝系　上映時間：1時間35分　併映作品：『天下の大泥棒　白浪五人男』（佐伯幸三監督　森繁久彌、加東大介、淡島千景出演）　製作：田中友幸　監督：岡本喜八　脚本：関沢新一　原作：大藪春彦（「血の罠」より）　撮影：山田一夫　音楽：佐藤勝　三船の役名：藤丘三郎　共演者：鶴田浩二、司葉子、夏木陽介、河津清三郎、佐藤允、田崎潤、平田昭彦、中丸忠雄、ミッキー・カーチス　キネマ旬報紹介：1月上旬号（No.249）　キネマ旬報批評：2月上旬特別号（清水晶　No.251）　パンフレット販売：あり

70．『国定忠治』製作・配給：東宝　色彩：カラー・東宝スコープ　公開日：3月29日　東宝系　上映時間：1時間41分　併映作品：『サラリーマン出世太閤記・完結篇　花婿部長No.1』（筧正典監督　小林桂樹、加東大介、団令子出演）　製作：藤本真澄　監督：谷口千吉　脚本：新藤兼人　撮影：西垣六郎　音楽：佐藤勝　三船の役名：国定忠治　共演者：加東大介、夏木陽介、藤木悠、新珠三千代、水野久美、藤田進、丹波哲郎、東野英治郎　キネマ旬報紹介：4月上旬号（No.256）　キネマ旬報批評：4月下旬号（小菅春生　No.257）　パンフレット販売：あり

71．『ハワイ・ミッドウェイ大海空戦　太平洋の嵐』製作・配給：東宝　色彩：カラー・東宝スコープ　公開日：4月26日　東宝系　上映時間：1時間58分　併映作品：『新・三等重役　当たるも八卦の巻』（杉江敏男監督　森繁久彌、加東大介、小林桂樹出演）　製作：田中友幸　監督：松林宗恵　特技監督：円谷英二　脚本：橋本忍・国弘威雄　撮影：山田一夫　音楽：団伊玖磨　三船の役名：山口多聞（二航戦司令官）　共演者：夏木陽介、佐藤允、小林桂樹、鶴田浩二、宝田明、上原美佐、加東大介　キネマ旬報紹介：5月上旬号（No.258）　キネマ旬報批評：5月下旬号（淀川長治　No.259）　パンフレット販売：あり

72．『男対男』製作・配給：東宝　色彩：カラー・東宝スコープ　公開日：8月14日　東宝系　上映時間：1時間35分　併映作品：『ふんどし医者』（稲垣浩監督　森繁久彌、原節子、夏木陽介、山村聰出演）　製作：田中友幸　監督：谷口千吉　脚本：池田一朗・小川英　撮影：西垣六郎　音楽：佐藤勝　三船の役名：梶（増江海運班長）　共演者：池部良、加山雄三、白川由美、星由里子、北あけみ、志村喬、平田昭彦　キネマ旬報紹介：9月上旬号（No.266）　キネマ旬報批評：9月下旬号（小菅春生　No.267）　パンフレット販売：あり　備考：加山雄三のデビュー作

73．『悪い奴ほどよく眠る』製作：東宝・黒澤プロ　配給：東宝　色彩：モノクロ・東宝スコープ　公開日：9月15日先行ロードショー　有楽座　10月1日　東宝系　上映時間：2時間32分　併映作品：『秋立ちぬ』（成瀬巳喜男監督　乙羽信子、夏木陽介、大沢健三郎出演）　製作：田中友幸・黒澤明　監督：黒澤明　脚本：小国英雄・久板栄二郎・黒澤明・菊島隆三・橋本忍　撮影：逢沢譲　音楽：佐藤勝　三船の役名：日本未利用土地開発公団総裁秘書西幸一　共演者：三橋達也、森雅之、志村喬、香川京子、藤原釜足、西村晃、加藤武、菅井きん　キネマ旬報紹介及び批評：秋の特別号（井沢淳　No.268）　パンフレット販売：あり

74．『サラリーマン忠臣蔵』製作・配給：東宝　色彩：カラー・東宝スコープ　公開日：12月25日　東宝系　上映時間：7巻2739m　併映作品：『サザエさんとエプロンおばさん』（青柳信雄監督　江利チエミ、三益愛子、高島忠夫出演）　製作：藤本真澄　監督：杉江敏男　脚本：笠原良三　原案：井原康男　撮影：完倉泰一　音楽：神津善行　三船の役名：桃井和雄（桃井産業社長）　共演者：森繁久彌、加東大介、小林桂樹、池部良、宝田明、司葉子、東野英治郎、柳永二郎、他東宝オールスター　キネマ旬報紹介：昭和36年1月上旬号（No.275）　キネマ旬報批評：無し　パンフレット販売：無し

●昭和36（1961）年　五本出演

75．『大坂城物語』製作・配給：東宝　色彩：カラー・東宝スコープ　公開日：1月3日　東宝系　上映時間：1時間35分　併映作品：『暗黒街の弾痕』（岡本喜八監督　加山雄三、佐藤允、浜美枝出演）　製作：田中友幸

監督：稲垣浩　脚本：木村武・稲垣浩　原作：村上元三　撮影：山田一夫　音楽：伊福部昭　三船の役名：茂兵衛　共演者：星由里子、志村喬、香川京子、久我美子、山田五十鈴、田崎潤、夏木陽介、河津清三郎　キネマ旬報紹介：1月下旬号（№276）　キネマ旬報批評：2月下旬号（北川冬彦　№278）　パンフレット販売：あり

76．『続サラリーマン忠臣蔵』製作・配給：東宝　色彩：カラー・東宝スコープ　公開日：2月25日　東宝系　上映時間：1時間50分　併映作品：『背広三四郎　男は度胸』（岩城英二監督　船戸順、佐原健二、白川由美出演）　製作：藤本眞澄　監督：杉江敏男　脚本：笠原良三　原案：井原康男　撮影：完倉泰一　音楽：神津善行　三船の役名：桃井和雄（桃井産業社長）　共演者：森繁久彌、加東大介、小林桂樹、宝田明、司葉子、東野英治郎、他東宝オールスター　キネマ旬報紹介：3月下旬号（№280）　キネマ旬報批評：4月下旬号（飯田心美　№283）　パンフレット販売：無し

77．『用心棒』製作：東宝・黒澤プロ　配給：東宝　色彩：モノクロ・東宝スコープ　公開日：4月25日　東宝系　上映時間：1時間50分　併映作品：『社長道中記』（松林宗恵監督　森繁久彌、小林桂樹、団令子出演）　製作：田中友幸・菊島隆三　監督：黒澤明　脚本：黒澤明・菊島隆三　撮影：宮川一夫　音楽：佐藤勝　三船の役名：桑畑三十郎　共演者：山田五十鈴、仲代達矢、司葉子、加東大介、志村喬、河津清三郎、藤原釜足、藤田進、西村晃、加藤武　キネマ旬報紹介：5月上旬号（№284）　キネマ旬報批評：6月上旬号（北川冬彦　№286）　パンフレット販売：あり

78．『ゲンと不動明王』製作・配給：東宝　色彩：モノクロ・東宝スコープ　公開日：9月17日　東宝系　上映時間：1時間42分　併映作品：『アッちゃんのベビーギャング』（杉江敏男監督　小林桂樹、淡路恵子、中村勘九郎出演）　製作・監督：稲垣浩　特技監督：円谷英二　脚本：井手俊郎・松山善三　原作：宮口しづえ　撮影：山田一夫・有川貞昌　音楽：団伊玖磨　三船の役名：不動明王（特別出演）　共演者：小柳徹、坂部尚子、笠智衆、乙羽信子、千秋実、夏木陽介、浜美枝　キネマ旬報紹介：9月下旬号（№294）　キネマ旬報批評：11月上旬号（北川冬彦　№297）　パンフレット販売：無し

79．『価値ある男』製作：メキシコ　イスマエル・ロドリゲス・プロ　配給：東和KK・東宝　色彩：モノクロ・シネマスコープ　公開日：11月3日　日比谷映画　上映時間：1時間40分　併映作品：無し　製作・監督：イスマエル・ロドリゲス　原作：ロハリオ・バルリガ・リバス　脚色：イスマエル・ロドリゲス／ビセンテ・オローナ　撮影：ガブリエル・フィゲロア　音楽：ラウル・ラビスタ　三船の役名：トルハーノ　共演者：コルンバ・ドミンゲス、フロール・シルベストレ　キネマ旬報紹介：12月上旬号（№299）　キネマ旬報批評：12月下旬号（北川冬彦　№301）　パンフレット販売：あり　備考：三船初の外国映画出演作。『用心棒』撮影終了後、メキシコにて撮影に臨んだ

●昭和37（1962）年　四本出演

80．『椿三十郎』製作：東宝・黒澤プロ　配給：東宝　色彩：モノクロ・東宝スコープ　公開日：1月1日　東宝系　上映時間：1時間36分　併映作品：『サラリーマン清水港』（松林宗恵監督　森繁久彌、小林桂樹、加東大介出演）　製作：田中友幸・菊島隆三　監督：黒澤明　脚本：小国英雄・黒澤明・菊島隆三　原作：山本周五郎「日々平安」より　撮影：小泉福造・斎藤孝雄　音楽：佐藤勝　三船の役名：椿三十郎　共演者：仲代達矢、加山雄三、小林桂樹、久保明、団令子、志村喬、伊藤雄之助、入江たか子、清水将夫　キネマ旬報紹介：正月特別号（№303）　キネマ旬報批評：2月決算特別号（岩崎昶　№304）　パンフレット販売：あり

81．『どぶろくの辰』製作・配給：東宝　色彩：カラー・東宝スコープ　公開日：4月29日　東宝系　上映時間：1時間55分　併映作品：『社長洋行記』（松林宗恵監督　森繁久彌、尤敏、小林桂樹、加東大介出演）　製作：田中友幸　監督：稲垣浩　脚本：井手雅人・八住利雄　原作：中江良夫　撮影：山田一夫　音楽：石井歓　三船の役名：辰　共演者：三橋達也、淡島千景、池内淳子、有島一郎、田崎潤　キネマ旬報紹介：5月下旬号（№311）　キネマ旬報批評：6月上旬号（小倉真美　№313）　パンフレット販売：あり

82．『続社長洋行記』製作・配給：東宝　色彩：カラー・東宝スコープ　公開日：6月1日　東宝系　上映時間：1時間30分　併映作品：『どぶ鼠作戦』（岡本喜八監督　加山雄三、夏木陽介、佐藤允出演）　製作：藤本眞澄　監督：杉江敏男　脚本：笠原良三　撮影：完倉泰一　音楽：神津善行　三船の役名：華僑の青年実業家（尤敏の婚約者役）　共演者：森繁久彌、加東大介、小林桂樹、尤敏、三木のり平、フランキー堺　キネマ旬報紹介：7月下旬号（№317）　キネマ旬報批評：無し　パンフレット販売：あり　備考：香港を舞台にした東宝名物社長シリーズに三船敏郎が特別出演

した珍品

83．『忠臣蔵花の巻 雪の巻』製作・配給：東宝 色彩：カラー・東宝スコープ 公開日：11月3日 東宝系 上映時間：3時間26分 併映作品：『大いなる黒部』（山添哲監督 記録映画） 製作：藤本眞澄・田中友幸・稲垣浩 監督：稲垣浩 脚本：八住利雄 撮影：山田一夫 音楽：伊福部昭 三船の役名：俵星玄蕃 共演者：松本幸四郎（のちの初代松本白鸚）、加山雄三、原節子、司葉子、新珠三千代、他東宝オールスター キネマ旬報紹介：11月上旬号（No.325） キネマ旬報批評：12月下旬号（北川冬彦 No.329） パンフレット販売：あり 備考：東宝映画戦後初の忠臣蔵作品

●昭和38（1963）年 四本出演

84．『太平洋の翼』製作・配給：東宝 色彩：カラー・東宝スコープ 公開日：1月3日 東宝系 上映時間：1時間41分 併映作品：『社長漫遊記』（松林宗恵監督 森繁久彌、小林桂樹、加東大介出演） 製作：田中友幸・田実泰良 監督：松林宗恵 特技監督：円谷英二 脚本：須崎勝彌 撮影：鈴木武・有川貞昌・富岡素敏 音楽：団伊玖磨 三船の役名：千田中佐（航空参謀） 共演者：加山雄三、夏木陽介、佐藤允、渥美清、星由里子、志村喬、西村晃、池部良 キネマ旬報紹介及び批評：2月決算特別号（深沢哲也 No.332） パンフレット販売：あり

85．『天国と地獄』製作：東宝・黒澤プロ 配給：東宝 色彩：モノクロ・東宝スコープ 公開日：3月1日 東宝系 上映時間：2時間24分 併映作品：『続社長漫遊記』（松林宗恵監督 森繁久彌、小林桂樹、加東大介出演） 製作：田中友幸・菊島隆三 監督：黒澤明 脚本：小国英雄・黒澤明・菊島隆三・久板栄二郎 原作：エド・マクベイン「キングの身代金」より 撮影：中井朝一・斎藤孝雄 音楽：佐藤勝 三船の役名：権藤金吾（ナショナルシューズ常務） 共演者：仲代達矢、三橋達也、香川京子、山崎努、木村功、加藤武、伊藤雄之助 キネマ旬報紹介及び批評：4月上旬特別号（井沢淳 No.336） パンフレット販売：あり

86．『五十万人の遺産』製作：宝塚映画・三船プロ 配給：東宝 色彩：モノクロ・東宝スコープ 公開日：4月28日 東宝系 上映時間：1時間36分 併映作品：『社長外遊記』（松林宗恵監督 森繁久彌、小林桂樹、加東大介出演） 製作：藤本眞澄・田中友幸 監督：三船敏郎 脚本：菊島隆三 撮影：斎藤孝雄 音楽：佐藤勝 三船の役名：松尾武市（元陸軍少佐） 共演者：仲代達矢、三橋達也、山崎努、星由里子、浜美枝、土屋嘉男、中村哲 キネマ旬報紹介：5月下旬号（No.340） キネマ旬報批評：6月下旬号（北川冬彦 No.342） パンフレット販売：あり 備考：三船敏郎初にして唯一の監督主演作品。この年の2月から3月にかけてフィリピンロケを行った

87．『大盗賊』製作・配給：東宝 色彩：カラー・東宝スコープ 公開日：10月26日 東宝系 上映時間：1時間37分 併映作品：『クレージー作戦くたばれ！無責任』（坪島孝監督 クレージーキャッツ、浜美枝、藤山陽子、淡路恵子出演） 製作：田中友幸・角田健一郎 監督：谷口千吉 脚本：木村武・関沢新一 構成：八住利雄 撮影：斎藤孝雄 音楽：佐藤勝 三船の役名：呂宋助左衛門 共演者：佐藤允、水野久美、浜美枝、有島一郎、草笛光子、船戸順、若林映子、志村喬、天本英世 キネマ旬報紹介：11月上旬号（No.352） キネマ旬報批評：12月上・下旬合併号（小菅春生 No.354） パンフレット販売：あり

●昭和39（1964）年 一本出演

88．『士魂魔道 大龍巻』製作：宝塚映画 配給：東宝 色彩：カラー・東宝スコープ 公開日：1月3日 東宝系 上映時間：8巻2906米 併映作品：『社長紳士録』（松林宗恵監督 森繁久彌、小林桂樹、加東大介、司葉子出演） 製作：田中友幸 監督：稲垣浩 特技監督：円谷英二 脚本：木村武・稲垣浩 撮影：山田一夫・有川貞昌 音楽：石井歓 三船の役名：明石守重（謎の虚無僧） 共演者：市川染五郎（現・二代目松本幸四郎） 星由里子、夏木陽介、佐藤允、久我美子、水野久美 キネマ旬報紹介：2月上旬号（No.357） キネマ旬報批評：無し パンフレット販売：あり 備考：この昭和39年は、大作『赤ひげ』の撮影に終始し、三船作品はこれ一本のみであった

●昭和40（1965）年 五本出演

89．『侍』製作：東宝・三船プロ 配給：東宝 色彩：モノクロ・東宝スコープ 公開日：1月3日 東宝系 上映時間：2時間2分 併映作品：『社長忍法帖』（松林宗恵監督 森繁久彌、小林桂樹、加東大介、団令子出演） 製作：田中友幸・三輪礼二 監督：岡本喜八 脚本：橋本忍 原作：郡司次郎正「侍ニッポン」より 撮影：村井博 音楽：佐藤勝 三船

の役名：新納鶴千代　共演者：小林桂樹、新珠三千代、八千草薫、伊藤雄之助、松本幸四郎（のちの初代松本白鸚）　キネマ旬報紹介：新年特別号（№382）　キネマ旬報批評：3月下旬号（大黒東洋士　№387）　パンフレット販売：無し

90.『赤ひげ』製作：東宝・黒澤プロ　配給：東宝　色彩：モノクロ・東宝スコープ　公開日：4月3日先行ロードショー　日比谷スカラ座　4月24日　東宝系　上映時間：3時間5分　併映作品：『かわいい浩宮さま』（解説：宮田輝　記録映画）　製作：田中友幸・菊島隆三　監督：黒澤明　脚本：井手雅人・小国英雄・黒澤明・菊島隆三　原作：山本周五郎「赤ひげ診療譚」より　撮影：中井朝一・斎藤孝雄　音楽：佐藤勝　三船の役名：新出去定　共演者：加山雄三、団令子、山崎努、内藤洋子、香川京子、桑野みゆき、二木てるみ、根岸明美、志村喬、藤山陽子、土屋嘉男　キネマ旬報紹介：4月下旬号（№389）　キネマ旬報批評：6月下旬号（白井佳夫　№393）　パンフレット販売：あり　備考：黒澤明作品16本目にして最後の出演

91.『姿三四郎』製作：宝塚映画・黒澤プロ　配給：東宝　色彩：モノクロ・東宝スコープ　公開日：5月29日　東宝系　上映時間：2時間39分　併映作品：『日本一のゴマすり男』（古沢憲吾監督　植木等、浜美枝、有島一郎、藤田まこと、進藤英太郎出演）　製作：黒澤明・田中友幸　監督：内川清一郎　脚本：黒澤明　原作：富田常雄　撮影：小泉福造　音楽：佐藤勝　三船の役名：矢野正五郎　共演者：加山雄三、山崎努、岡田英次、伊藤雄之助、九重佑三子、加東大介　キネマ旬報紹介：6月下旬号（№393）　キネマ旬報批評：7月下旬号（小倉真美　№395）　パンフレット販売：無し

92.『太平洋奇跡の作戦　キスカ』製作・配給：東宝　色彩：モノクロ・東宝スコープ　公開日：6月19日先行ロードショー　日比谷映画　7月4日　東宝系　上映時間：1時間44分　併映作品：『喜劇駅前金融』（佐伯幸三監督　森繁久彌、伴淳三郎、フランキー堺、淡路恵子、淡島千景出演）　製作：田中友幸・田実泰良　監督：丸山誠治　特技監督：円谷英二　脚本：須崎勝彌　原作：千早正隆「太平洋海戦最大の奇跡」より　撮影：西垣六郎　音楽：団伊玖磨　三船の役名：大村海軍少将　共演者：山村聰、志村喬、佐藤允、中丸忠雄、西村晃、藤田進、平田昭彦、田崎潤、黒部進　キネマ旬報紹介：6月下旬号（№393）　キネマ旬報批評：8月上旬号（飯田心美　№396）　パンフレット販売：あり

93.『血と砂』製作：東宝・三船プロ　配給：東宝　色彩：モノクロ・東宝スコープ　公開日：9月18日　東宝系　上映時間：2時間12分　併映作品：『喜劇各駅停車』（井上和男監督　森繁久彌、三木のり平、岡田茉莉子、森光子出演）　製作：田中友幸　監督：岡本喜八　脚本：佐治乾・岡本喜八　原作：伊藤桂一「悲しき戦記」より　撮影：西垣六郎　音楽：佐藤勝　三船の役名：小杉曹長　共演者：仲代達矢、佐藤允、団令子、伊藤雄之助、名古屋章、天本英世　キネマ旬報紹介：9月下旬号（№399）　キネマ旬報批評：10月下旬号（小倉真美　№401）　パンフレット販売：無し

●昭和41（1966）年　五本出演

94.『暴れ豪右衛門』製作・配給：東宝　色彩：モノクロ・東宝スコープ　公開日：1月15日　東宝系　上映時間：1時間40分　併映作品：『喜劇駅前弁天』（佐伯幸三監督　森繁久彌、伴淳三郎、フランキー堺、淡路恵子、淡島千景出演）　製作：田中友幸・稲垣浩　監督：稲垣浩　脚本：井手雅人・稲垣浩　撮影：山田一夫　音楽：石井歓　三船の役名：信夫の豪右衛門　共演者：佐藤允、田村亮、星由里子、平田昭彦、大空真弓、乙羽信子、西村晃　キネマ旬報紹介及び批評：2月下旬号（北川冬彦　№409）　パンフレット販売：無し

95.『大菩薩峠』製作：東宝・宝塚映画　配給：東宝　色彩：モノクロ・東宝スコープ　公開日：2月25日　東宝系　上映時間：2時間　併映作品：『続社長行状記』（松林宗恵監督　森繁久彌、小林桂樹、加東大介出演）　製作：藤本真澄・佐藤正之・南里金春　監督：岡本喜八　脚本：橋本忍　原作：中里介山　撮影：村井博　音楽：佐藤勝　三船の役名：島田虎之助　共演者：仲代達矢、加山雄三、新珠三千代、内藤洋子、中丸忠雄、藤原釜足、佐々木孝丸、中谷一郎　キネマ旬報紹介：3月上旬号（№410）　キネマ旬報批評：5月上旬号（白井佳夫　№414）　パンフレット販売：あり

96.『奇巌城の冒険』製作：東宝・三船プロ　配給：東宝　色彩：カラー・東宝スコープ公開日：4月28日　東宝系　上映時間：1時間43分　併映作品：『喜劇駅前漫画』（佐伯幸三監督　森繁久彌、伴淳三郎、フランキー堺、淡路恵子、池内淳子出演）　製作：田中友幸　監督：谷口千吉　脚本：馬淵薫　原作：太宰治「走れメロス」より　撮影：山田一夫　音楽：伊福部昭　三船の役名：大角　共演者：三橋達也、佐藤允、中丸忠雄、浜美枝、白川由美、平田昭彦、有島一郎、天本英世　キネマ旬報紹介：5月

上旬号（No.414） キネマ旬報批評：6月下旬号（平井輝章 No.417） パンフレット販売：不明（現物未確認）

97.『怒涛一万浬』製作：三船プロ 配給：東宝 色彩：モノクロ・東宝スコープ 公開日：7月13日 東宝系 上映時間：1時間42分 併映作品：『ゼロ・ファイター大空中戦』（森谷司郎監督 加山雄三、佐藤允、中丸忠雄、久保明、千秋実、藤田進出演） 製作：田中友幸・武中孝一 監督：福田純 脚本：小川英・福田純・関沢新一 撮影：斎藤孝雄 音楽：佐藤勝 三船の役名：村上平八郎（漁撈長） 共演者：三橋達也、佐藤允、田村亮、浜美枝、平田昭彦、中丸忠雄 キネマ旬報紹介：6月下旬号（No.418） キネマ旬報批評：8月下旬号（大黒東洋士 No.421） パンフレット販売：あり

98.『グラン・プリ』製作：ジョン・フランケンハイマー／ダグラス&レイス・プロ 配給：米・MGM 色彩：カラー・パナビジョン／70ミリ 公開日：昭和42年2月1日 テアトル東京 上映時間：3時間5分 併映作品：無し 製作：エドワード・ルイス 監督：ジョン・フランケンハイマー 原作・脚本：ロバート・アラン・アーサー 撮影：ライオネル・リンドン 音楽：モーリス・ジャール レース技術顧問：ジム・ラッセル／ジョー・ボンナー 三船の役名：矢村（本田宗一郎がモデル） 共演者：ジェームズ・ガーナー、イブ・モンタン、エバ・マリーセイント キネマ旬報紹介：昭和41年12月下旬号（No.429） キネマ旬報批評：昭和42年3月下旬号（岡本博 No.435） パンフレット販売：あり

●昭和42（1967）年 二本出演

99.『上意討ち 拝領妻始末』製作：東宝・三船プロ 配給：東宝 色彩：モノクロ・東宝スコープ 公開日：5月27日先行ロードショー 有楽座 6月3日 東宝系 上映時間：2時間8分 併映作品：『続社長千一夜』（松林宗恵監督 森繁久彌、小林桂樹、加東大介出演） 製作：田中友幸 監督：小林正樹 脚本：橋本忍 原作：滝口康彦 撮影：山田一夫 音楽：武満徹 三船の役名：笹原伊三郎 共演者：仲代達矢、司葉子、加藤剛、江原達怡、市原悦子、大塚道子、山形勲、神山繁、佐々木孝丸 キネマ旬報紹介：5月下旬号（No.439） キネマ旬報批評：7月下旬号（白井佳夫 No.443） パンフレット販売：あり

100.『日本のいちばん長い日』製作・配給：東宝 色彩：モノクロ・東宝スコープ 公開日：8月3日先行ロードショー 有楽座 8月12日 東宝系 上映時間：2時間38分 併映作品：『皇太子同妃両殿下の南米ご訪問』（解説北出清五郎 記録映画） 製作：田中友幸 監督：岡本喜八 脚本：橋本忍 原作：大宅壮一 撮影：村井博 音楽：佐藤勝 三船の役名：阿南陸相 共演者：山村聰、志村喬、加山雄三、松本幸四郎（のちの初代松本白鸚）、他東宝オールスター、日本映画演劇陣総出演 キネマ旬報紹介：6月上旬号（No.441） キネマ旬報批評：9月上旬号（特集批評 井沢淳・佐藤忠男 No.447）及び9月下旬号（押川義行 No.449） パンフレット販売：あり

●昭和43（1968）年 四本出演

101.『黒部の太陽』製作：三船プロ・石原プロ 配給：日活 色彩：カラー 公開日：2月17日先行ロードショー 日比谷映画 3月1日 日活系 色彩：カラー 上映時間：3時間15分 企画：中井景 監督：熊井啓 脚本：井手雅人・熊井啓 原作：本木正次「日本人の記録・黒部の太陽」より 撮影：金宇満司 音楽：黛敏郎 三船の役名：北川（黒四建設事務所次長） 共演者：石原裕次郎、志村喬、滝沢修、佐野周二、宇野重吉、寺尾聡、高峰三枝子、奈良岡朋子 キネマ旬報紹介：2月下旬号（No.461） キネマ旬報批評：3月下旬号（登川直樹 No.463） パンフレット販売：あり

102.『連合艦隊司令長官 山本五十六』製作・配給：東宝 色彩：カラー・シネマスコープ 公開日：8月14日 東宝系 上映時間：2時間11分 併映作品：『空想天国』（松森健監督 谷啓、酒井和歌子、ハナ肇、宝田明出演） 製作：田中友幸 監督：丸山誠治 特技監督：円谷英二 脚本：須崎勝彌・丸山誠治 撮影：山田一夫 音楽：佐藤勝 三船の役名：山本五十六 共演者：加山雄三、司葉子、黒沢年男、佐藤允、加東大介、森雅之、酒井和歌子、松本幸四郎（のちの初代松本白鸚）、辰巳柳太郎 キネマ旬報紹介：7月下旬号（No.473） キネマ旬報批評：9月下旬号（杉山平一 No.478） パンフレット販売：あり

103.『祇園祭』製作：日本映画復興協会 配給：松竹映配 色彩：カラー 公開日：11月23日 松竹洋画系 松竹セントラルほか 上映時間：2時間48分 製作：小川衿一郎・久保圭之介・浮田洋一 企画：伊藤大輔 監督：山内鉄也 脚本：鈴木尚之・鈴木邦夫 原作：西口克己 撮影：川崎新太郎 音楽：佐藤勝 三船の役名：馬借の親方熊左 共演者：中村錦之助（のちの萬屋錦之介）、岩下志麻、田中邦衛、高倉健、下元勉、滝花

久子、志村喬　キネマ旬報紹介：12月上旬号（No.484）　キネマ旬報批評：昭和44年正月特別号（佐藤忠男　No.487）　パンフレット販売：あり

104．『太平洋の地獄』製作：米・セルマー・ベネディクト・プロ　配給：松竹映配　色彩：カラー・パナビジョン／70ミリ　公開日：12月21日　丸の内ピカデリーほか　上映時間：1時間44分　併映作品：無し　製作総指揮：ヘンリー・G・サパースタイン／セリック・J・セリッグマン　監督：ジョン・ブアマン　製作・原案：ルーベン・バーコビッチ　脚色：アレクサンダー・ジェイコブス／エリック・バーコビッチ／橋本忍　撮影：コンラッド・ホール　音楽：ラロ・シフリン　三船の役名：日本人将校　共演者：リー・マービン（米国軍人　レッド）　キネマ旬報紹介：12月下旬号（No.485）　キネマ旬報批評：昭和44年2月決算特別号（井沢淳　No.488）　パンフレット販売：あり　備考：出演者二人のみで、セリフは日本語、英語で字幕スーパー無しの異色戦争映画

●昭和44（1969）年　五本出演

105．『風林火山』製作：三船プロ　配給：東宝　色彩：カラー・シネマスコープ　公開日：2月1日先行ロードショー　日比谷映画　3月1日東宝系　上映時間：2時間45分　併映作品：『北日本を飛ぶ』（小林千種監督　記録映画）　製作：三船敏郎・田中友幸・西川善男・稲垣浩　監督：稲垣浩　脚本：橋本忍・国弘威雄　原作：井上靖　撮影：山田一夫　音楽：佐藤勝　三船の役名：山本勘助　共演者：佐久間良子、中村錦之助（のちの萬屋錦之介）、石原裕次郎、中村賀津雄（現・中村嘉葎雄）、大空真弓、久我美子、平田昭彦、土屋嘉男、中村翫右衛門、緒形拳　キネマ旬報紹介：昭和43年12月下旬号（No.485）　キネマ旬報批評：3月下旬号（南部圭之助　No.491）　パンフレット販売：あり

106．『栄光への5000キロ』製作：石原プロ　配給：松竹映配　色彩：カラー　公開日：7月19日　松竹洋画系　松竹セントラルほか　色彩：カラー　上映時間：2時間57分　製作：石原裕次郎・中井景　監督：蔵原惟繕　脚本：山田信夫　原作：笠原剛三　撮影：金宇満司　音楽：黛敏郎　三船の役名：高瀬雄一郎（日産自動車常務取締役）　共演者：石原裕次郎、仲代達矢、浅丘ルリ子、伊丹十三、アラン・キュニー　キネマ旬報紹介：7月下旬号（No.500）　キネマ旬報批評：8月下旬号（井沢淳　No.502）　パンフレット販売：あり

107．『日本海大海戦』製作・配給：東宝　色彩：カラー・シネマスコープ　公開日：8月13日　東宝系　上映時間：2時間8分　併映作品：『コント55号　人類の大弱点』（福田純監督　萩本欽一、坂上二郎、岡田可愛、白川由美出演）　製作：田中友幸　監督：丸山誠治　特技監督：円谷英二　脚本：八住利雄　撮影：村井博　音楽：佐藤勝　三船の役名：東郷平八郎　共演者：加山雄三、佐藤允、笠智衆、仲代達矢、黒沢年男、草笛光子、柳永二郎、小泉博、松本幸四郎（のちの初代松本白鸚）、辰巳柳太郎　キネマ旬報紹介：8月下旬号（No.502）　キネマ旬報批評：9月上旬号（佐藤忠男　No.504）　パンフレット販売：あり

108．『赤毛』製作：三船プロ　配給：東宝　色彩：カラー・シネマスコープ　公開日：10月10日　上映時間：1時間45分　併映作品：『コント55号　俺は忍者の孫の孫』（福田純監督　萩本欽一、坂上二郎、高橋紀子、伴淳三郎、柳家金語楼出演）　製作：三船敏郎・西川善男　監督：岡本喜八　脚本：岡本喜八・廣澤栄　撮影：斎藤孝雄　音楽：佐藤勝　三船の役名：赤毛の権三　共演者：岩下志麻、高橋悦史、吉村実子、岡田可愛、田村高広、寺田農、神山繁、望月優子　キネマ旬報紹介：10月下旬号（No.507）　キネマ旬報批評：11月上旬号（押川義行　No.508）　パンフレット販売：あり

109．『新選組』製作：三船プロ　配給：東宝　色彩：カラー・シネマスコープ　公開日：12月5日先行ロードショー　日比谷映画　昭和45年1月1日　東宝系　上映時間：2時間3分　併映作品：『ブラボー！　若大将』（岩内克己監督　加山雄三、酒井和歌子、大矢茂、田中邦衛出演）　製作：三船敏郎・西川善男・稲垣浩　監督：沢島忠（のちの沢島正継）　脚本：松浦健郎　撮影：山田一夫　音楽：佐藤勝　三船の役名：近藤勇　共演者：小林桂樹、司葉子、三国連太郎、北大路欣也、田村高広、星由里子、中村錦之助（のちの萬屋錦之介）、池内淳子　キネマ旬報紹介及び批評：昭和45年新年特別号（平井輝章　No.513）　パンフレット販売：あり　備考：三船敏郎100本出演記念作品として製作されたが、正確には109本目

●昭和45（1970）年　五本出演

110．『座頭市と用心棒』製作：勝プロ　配給：大映　色彩：カラー・ビスタビジョン　公開日：1月15日　大映系　上映時間：1時間56分　併映作品：『女組長』（マキノ雅弘監督　江波杏子、佐藤允、水野久美、山田五

十鈴出演） 製作：勝新太郎 監督：岡本喜八 脚本：岡本喜八・吉田哲郎 撮影：宮川一夫 音楽：伊福部昭 三船の役名：用心棒（佐々大作） 共演者：勝新太郎、若尾文子、米倉斉加年、細川俊之、神山繁、岸田森、滝沢修、嵐寛寿郎、寺田農 キネマ旬報紹介：2月決算特別号（No.515） キネマ旬報批評：3月上旬号（佐藤忠男 No.517） パンフレット販売：あり

111．『幕末』製作：中村プロ 配給：東宝 色彩：カラー・シネマスコープ 公開日：2月14日先行ロードショー 有楽座 2月28日 東宝系 上映時間：2時間1分 併映作品：『続社長学ABC』（松林宗恵監督 森繁久彌、小林桂樹、加東大介、関口宏出演） 製作：小川衿一郎 監督・脚本：伊藤大輔 撮影：山田一夫 音楽：佐藤勝 三船の役名：後藤象二郎 共演者：中村錦之助（のちの萬屋錦之介）、小林桂樹、仲代達矢、吉永小百合、中村賀津雄（現・中村嘉葎雄）、江利チエミ、仲谷昇、山形勲 キネマ旬報紹介：2月下旬号（No.516） キネマ旬報批評：3月下旬号（斉藤正治 No.519） パンフレット販売：あり

112．『待ち伏せ』製作：三船プロ 配給：東宝 色彩：カラー・シネマスコープ 公開日：4月29日 東宝系 上映時間：1時間55分 併映作品：『お色気コミック 不思議な仲間』（児玉進監督 夏木陽介、林与一、ジュディ・オング、団令子出演） 製作：三船敏郎・西川善男 監督：稲垣浩 脚本：藤木弓・小国英雄・高岩肇・宮川一郎 撮影：山田一夫 音楽：佐藤勝 三船の役名：鎬刀三郎 共演者：石原裕次郎、勝新太郎、中村錦之助（のちの萬屋錦之介）、浅丘ルリ子、市川中車、有島一郎、土屋嘉男 キネマ旬報紹介：5月上旬号（No.522） キネマ旬報批評：6月上旬号（飯田心美 No.524） パンフレット販売：あり 備考：三船・石原・勝・中村の四大スターが共演した唯一の作品

113．『ある兵士の賭け』製作：石原プロ 配給：松竹映配 色彩：カラー 公開日：6月6日 松竹洋画系 松竹セントラルほか 上映時間：2時間16分 企画：中井景 監督：千野皓司・ヴィンセント・フォートレイ 脚本：ジェームズ三木・ヴィンセント・フォートレイ 撮影：金宇満司・奥村裕治 音楽：黛敏郎 三船の役名：衣笠忠雄 共演者：石原裕次郎、デール・ロバートソン、浅丘ルリ子、新珠三千代、フランキー堺 キネマ旬報紹介：6月上旬号（No.524） キネマ旬報批評：夏の特別号（林玉樹 No.527） パンフレット販売：あり

114．『激動の昭和史 軍閥』製作・配給：東宝 色彩：カラー・シネマスコープ 公開日：8月11日先行ロードショー 有楽座 9月12日 東宝系 上映時間：2時間14分 併映作品：『ひらヒラ社員夕日くん』（石田勝心監督 なべおさみ、黒沢年男、浜美枝、大矢茂出演） 製作：藤本真澄・針生宏 監督：堀川弘通 脚本：笠原良三 撮影：山田一夫 音楽：真鍋理一郎 三船の役名：山本五十六 共演者：小林桂樹、加山雄三、山村聰、三橋達也、東宝オールスター キネマ旬報紹介及び批評：9月上旬号（瓜生忠夫 No.531） パンフレット販売：あり 備考：三船の実質的に旧体制下における最後の東宝映画出演作。以後7年間は邦画に出演しなくなる

●昭和46（1971）年 一本出演

115．『レッド・サン』製作：仏・レ・フィルム・コロナ／スペイン・ナショナル・ジェネラル 配給：東和 色彩：カラー・パナビジョン／70ミリ 公開日：11月26日 テアトル東京 上映時間：1時間55分 併映作品：無し 製作：ロベール・ドルフマン 製作協力：テッド・リッチモンド 監督：テレンス・ヤング 脚本：レアド・ケーニヒ 撮影：アンリ・アルカン 音楽：モーリス・ジャール 三船の役名：黒田重兵衛 共演者：チャールズ・ブロンソン、アラン・ドロン、ウルスラ・アンドレス、キャプシーヌ、中村哲、田中浩 キネマ旬報紹介：12月下旬号（No.568） キネマ旬報批評：昭和47年正月特別号（品田雄吉 No.569） パンフレット販売：あり

●昭和50（1975）年 一本出演

116．『ペーパータイガー 太陽にかける橋』製作：英・ユアン・ロイド・プロ 配給：東宝東和 色彩：カラー・ビスタビジョン／シネラマ 公開日：昭和51年5月1日 テアトル東京 上映時間：1時間46分 併映作品：無し 製作：ユアン・ロイド 監督：ケン・アナキン 脚本：ジャック・デイビス 撮影：ジョン・カブレラ 音楽：ロイ・ブッド 三船の役名：カゴヤマ大使（東南アジア クーラゴン国駐日大使） 共演者：デビッド・ニブン、ハーディ・クリューガー、安藤一人、高美以子 キネマ旬報紹介：昭和51年5月上旬号（No.682） キネマ旬報批評：昭和51年5月下旬号（石上三登志 No.683） パンフレット販売：あり

●昭和51（1976）年 一本出演

117.『ミッドウェイ』製作：米・ウォルター・ミリッシュ・コーポレーション 配給：CIC 色彩：カラー・パナビジョン／シネラマ 公開日：7月31日 テアトル東京ほか 上映時間：2時間11分 併映作品：無し 製作：ウォルター・ミリッシュ 監督：ジャック・スマイト 脚本：ドナルド・S・サンフォード 撮影：ハリー・ストラドリング・JR 音楽：ジョン・ウィリアムズ 三船の役名：山本五十六 共演者：チャールトン・ヘストン、ヘンリー・フォンダ、ジェームズ・コバーン、ロバート・ミッチャム、ジェームズ繁田 キネマ旬報紹介及び批評：8月上旬号（加古明光 No.688） パンフレット販売：あり 備考：三船は三度目の山本五十六役

●昭和52（1977）年 二本出演

118.『人間の証明』製作：角川春樹事務所 配給：東映 色彩：カラー 公開日：10月8日 東宝洋画系 上映時間：2時間12分 併映作品：無し 製作：角川春樹 プロデューサー：吉田達／サイモン・ツエー 監督：佐藤純弥 原作：森村誠一 脚本：松山善三 撮影：姫田真佐久 音楽：大野雄二 三船の役名：郡陽平国会議員 共演者：岡田茉莉子、ジョー山中、岩城滉一、松田優作、ジョージ・ケネディ、鶴田浩二、ハナ肇、伴淳三郎、竹下景子、北林谷栄 キネマ旬報紹介：10月下旬号（No.719） キネマ旬報批評：11月下旬号（大黒東洋士・押川義行 No.721） パンフレット販売：あり

119.『日本の首領 野望篇』製作：東映京都 配給：東映 色彩：カラー 公開日：10月29日 東映系 上映時間：2時間21分 併映作品：無し 企画：俊藤浩滋・日下部五朗・松平乗道・田岡満 監督：中島貞夫 脚本：高田宏治 原作：飯干晃一 撮影：増田敏雄 音楽：黛敏郎 三船の役名：大石剛介（関東同盟理事長） 共演者：佐分利信、菅原文太、高橋悦史、大谷直子、内田朝雄、稲葉義男、安部徹、桜町弘子、西村晃、仲谷昇、森山周一郎（ナレーター） キネマ旬報紹介：11月下旬号（No.721） キネマ旬報批評：12月下旬号（中邑宗雄・上野昂志 No.723） パンフレット販売：あり

●昭和53（1978）年 七本出演

120.『柳生一族の陰謀』製作：東映京都・東映太秦映画村 配給：東映 色彩：カラー 公開日：1月21日 東映系 上映時間：2時10分 併映作品：無し 企画：高岩淡・日下部五朗・本田達男・三村敬三 監督：深作欣二 原作・脚本：高田宏治 撮影：宮島義勇 音楽：津島利章 三船の役名：尾張大納言義直 共演者：萬屋錦之介、千葉真一、松方弘樹、渡瀬恒彦、西郷輝彦、岡田茉莉子、丹波哲郎、金子信雄、三田佳子、藤巻潤、峰岸徹、江波杏子 キネマ旬報紹介：2月上旬号（No.727） キネマ旬報批評：3月上旬号（滝沢一・市原安夫 No.729） パンフレット販売：あり

121.『犬笛』製作：三船プロ 配給：東宝 色彩：カラー 公開日：4月1日 東宝系 上映時間：2時間19分 併映作品：無し 製作：三船敏郎・田中寿一・伊藤満 監督：中島貞夫 脚本：菊島隆三・金子武郎 撮影：斎藤孝雄 音楽：小林亜星 三船の役名：村田武雄（海上保安庁巡視船船長） 共演者：菅原文太、北大路欣也、原田芳雄、竹下景子、酒井和歌子、坂上二郎、山村聰 キネマ旬報紹介：4月上旬春の特別号（No.731） キネマ旬報批評：5月上旬号（斉藤正治 No.734） パンフレット販売：あり 備考：三船プロ創立十五周年記念作品

122.『お吟さま』製作：宝塚映画 配給：東宝 色彩：カラー 公開日：6月3日先行ロードショー 日比谷映画 6月24日 東宝系 上映時間：2時間34分 併映作品：無し 製作：松本常保・大志万恭子・下條宗夫 監督：熊井啓 脚本：依田義賢 原作：今東光 撮影：岡崎宏三 音楽：伊福部昭 三船の役名：豊臣秀吉 共演者：志村喬、中野良子、中村吉右衛門、中村敦夫、加藤武 キネマ旬報紹介：5月上旬号（No.736） キネマ旬報批評：7月下旬号（押川義行・小藤田千栄子 No.739） パンフレット販売：あり 備考：三船と志村（千利休）最後の共演作

123.『日本の首領 完結篇』製作：東映京都 配給：東映 公開日：9月9日 東映系色彩：カラー 上映時間：2時間11分 併映作品：無し 企画：俊藤浩滋・日下部五朗・松平乗道・田岡満 監督：中島貞夫 脚本：高田宏治 原作：飯干晃一 撮影：増田敏雄 音楽：黛敏郎 三船の役名：大石剛介（関東同盟理事長） 共演者：佐分利信、菅原文太、片岡千恵蔵、高橋悦史、大谷直子、稲葉義男、安部徹、桜町弘子、西村晃、仲谷昇、森山周一郎（ナレーター） キネマ旬報紹介：10月上旬秋の特別号（No.744） キネマ旬報批評：10月下旬号（中邑宗雄・西脇英夫 No.

746）パンフレット販売：あり　備考：東映の御大スター片岡千恵蔵と唯一の共演作。但し片岡の役（右翼の黒幕）は前作『野望篇』では内田朝雄が演じていた

124．『赤穂城断絶』製作：東映京都・東映太秦映画村　配給：東映　公開日：10月28日　東映系　色彩：カラー　上映時間：2時間20分　併映作品：無し　企画：高岩淡・日下部五朗・本田達男・三村敬三　監督：深作欣二　原作・脚本：高田宏治　撮影：宮島義勇　音楽：津島利章　三船の役名：土屋主税　共演者：萬屋錦之介、千葉真一、松方弘樹、渡瀬恒彦、西郷輝彦、岡田茉莉子、丹波哲郎、金子信雄、三田佳子、藤巻潤、峰岸徹、江波杏子　キネマ旬報紹介：11月下旬号（No.748）キネマ旬報批評：12月上旬号（西脇英夫　No.749）パンフレット販売：あり

125．『水戸黄門』製作：東映京都　配給：東映　公開日：12月23日　東映系　色彩：カラー　上映時間：1時間28分　併映作品：『トラック野郎一番星北へ帰る』（鈴木則文監督　菅原文太、愛川欽也、黒沢年男、大谷直子出演）企画：葉村彰子・高岩淡　監督：山内鉄也　脚本：葉村彰子　撮影：増田敏雄　音楽：木下忠司　三船の役名：前田家城代家老奥村作左衛門　共演者：東野英治郎、里見浩太朗、横内正、中谷一郎、高橋元太郎、栗原小巻　キネマ旬報紹介：11月下旬号（No.748）キネマ旬報批評：昭和54年2月上旬号（中邑宗雄　No.753）パンフレット販売：あり　備考：昭和44年から続く大ヒットテレビ時代劇の劇場版として製作

126．『武士道ブレード』製作：米・ランキン／バス・プロダクション／トライデント・フィルムズ　配給：アクエリアス・リリーシング　米国公開日：1981年　日本未公開　色彩：カラー　上映時間：1時間43分　製作総指揮：ジュールズ・ベイス　製作：ベニー・コルゼン／アーサー・ランキン・ジュニア／飯塚正樹　監督：トム・コタニ（小谷承靖）脚本：ウィリアム・オーバーガード　撮影：上田正治　音楽：モーリー・ローズ　三船の役名：林復斎　共演者：リチャード・ブーン、フランク・コンバース、ジェームズ・アール・ジョーンズ、丹波哲郎、千葉真一、天津敏、浅野真弓

●昭和54（1979）年　四本出演

127．『大統領の堕ちた日』製作：米　配給：不詳　米国公開日：1979年5月11日　日本未公開　色彩：カラー　上映時間：1時間36分　製作総指揮：レオナード・J・ゴールドバーグ／ロバート・スターリング　製作：フレッド・カルーソ　監督・脚本：ウィリアム・リチャード　撮影：ビルモス・ジグモンド　音楽：モーリス・ジャール　三船の役名：キース（秘書）共演者：ジェフ・ブリッジス、ジョン・ヒューストン、アンソニー・パーキンス、スターリング・ヘイドン

128．『金田一耕助の冒険』製作：角川春樹事務所　配給：東映　色彩：カラー　公開日：7月14日　東宝洋画系　上映時間：1時間53分　併映作品：無し　製作：角川春樹　プロデューサー：元村武　監督：大林宣彦　脚本：斎藤耕一・中野顕彰　撮影：木村大作　音楽：小林克己　三船の役名：11代目金田一耕助（特別出演）共演者：古谷一行、田中邦衛、熊谷美由紀、坂上二郎　キネマ旬報紹介及び批評：8月下旬号（白川星紀　No.767）パンフレット販売：あり

129．『隠密同心　大江戸捜査網』製作：東京12チャンネル（現・テレビ東京）製作協力：三船プロ　配給：東宝　色彩：カラー　公開日：12月1日　東宝系　上映時間：1時間36分　併映作品：『花街の母』（西河克己監督　松尾嘉代、古手川祐子、峰竜太、仲谷昇出演）製作：国保徳丸・元村武・小川清澄・内藤三郎　監督：松尾昭典　脚本：小川英・胡桃哲　撮影：山田一夫　音楽：玉木宏樹　三船の役名：松平定信　共演者：松方弘樹、瑳川哲朗、土田早苗、かたせ梨乃、中村竹弥、芦田伸介　キネマ旬報紹介：12月下旬号（No.776）キネマ旬報批評：昭和55年1月下旬号（中邑宗雄　No.778）パンフレット販売：あり　備考：東京12チャンネル開局一五周年記念作品。三船プロ製作の人気テレビシリーズの劇場版映画化

130．『1941』製作：米・Aチーム・プロ　配給：コロムビア　色彩：カラー・パナビジョン／70ミリ　公開日：昭和55年3月8日　丸の内ピカデリーほか　上映時間：2時間　併映作品：無し　製作総指揮：ジョン・ミリアス　製作：バズ・ファイシャンズ　監督：スティーブン・スピルバーグ　脚本：ロバート・ゼメキス／ボブ・ゲイル　撮影：ウィリアム・A・フレイカー　音楽：ジョン・ウィリアムズ　三船の役名：司令官ミタムラ　共演者：ダン・エイクロイド、ジョン・ベルーシ、ロバート・スタック、クリストファー・リー、ウォーレン・オーツ　キネマ旬報紹介：4月上旬号（No.783）キネマ旬報批評：4月下旬号（川又千秋　No.784）パンフレット販売：あり

●昭和55（1980）年　二本出演

131．『二百三高地』製作：東映東京　配給：東映　色彩：カラー・ワイド　公開日：8月2日　東映系　上映時間：3時間5分　併映作品：無し　企画：天尾完次・太田浩児ほか　監督：舛田利雄　特技監督：中野昭慶　脚本：笠原和夫　撮影：飯村雅彦　音楽：山本直純　三船の役名：明治天皇　共演者：仲代達矢、あおい輝彦、永島敏行、夏目雅子、松尾嘉代、森繁久彌、天知茂、内藤武敏（ナレーター）　キネマ旬報紹介及び批評：8月下旬号（中邑宗雄　No.792）　パンフレット販売：あり

132．『将軍』製作：米・パラマウント・テレビジョン　配給：東宝　色彩：カラー・ビスタビジョンサイズ　公開日：11月8日　東宝系　上映時間：2時間40分　併映作品：無し　製作：ジェームズ・クラベル／エリック・バーコビッチ　監督：ジェリー・ロンドン　脚本：エリック・バーコビッチ　原作：ジェームズ・クラベル　撮影：アンドリュー・ラズロ　音楽：モーリス・ジャール　三船の役名：虎長　共演者：リチャード・チェンバレン、島田陽子、フランキー堺、目黒祐樹、金子信雄、夏木陽介、宮口精二、アラン・バデル　キネマ旬報紹介：12月下旬号（戦後復刊800号記念特別号　No.800）　キネマ旬報批評：12月上旬号（山根祥敬　No.799）　パンフレット販売：あり　備考：日米合作の大作テレビシリーズとして製作されたが、日本ではまず総編集版が上映され、翌年、テレビミニシリーズとして放映（テレビ朝日系）された

●昭和56（1981）年　一本出演

133．『仁川（インチョン）』製作：米・ワンウェイ・プロダクション／韓国・世界基督教統一神霊協会　配給：MGM／UA　米国公開日：1981年5月4日　ロサンゼルス・シネラマドーム　日本未公開　色彩：カラー　上映時間：2時間20分　製作総指揮：文鮮明　製作：シドニー・ベッカーマン／石井光治　監督：テレンス・ヤング　脚本：ロビン・ムーア　撮影：ブルース・サーティス　音楽：ジェリー・ゴールドスミス　三船の役名：斉藤（元軍人）　共演者：ローレンス・オリビエ、ベン・ギャザラ、ジャクリーン・ビセット、デビッド・ジャンセン

●昭和57（1982）年　二本出演

134．『最後のサムライ ザ・チャレンジ』製作：米・CBSシアトリカルフィルム　配給：不詳　米国公開日：1982年7月23日　日本未公開　色彩：カラー　上映時間：1時間49分　製作：ロン・ベックマン　監督：ジョン・フランケンハイマー　脚本：ジョン・セイルズ／リチャード・マックスウエル　撮影：岡崎宏三　音楽：ジェリー・ゴールドスミス　三船の役名：吉田（兄）　共演者：スコット・グレン、中村敦夫、宮口精二、稲葉義男、島田正吾

135．『制覇』製作：東映京都　配給：東映　公開日：10月30日　東映系　色彩：カラー　上映時間：2時間20分　併映作品：無し　企画：俊藤浩滋・高岩淡・田岡満　プロデューサー：佐藤雅夫ほか　監督：中島貞夫　脚本：中島貞夫・西澤裕子　原作：志茂田景樹　撮影：鈴木達夫　音楽：山本直純　三船の役名：田所政雄（谷口組々長）　共演者：岡田茉莉子、中井貴恵、高岡健二、秋吉久美子、菅原文太、若山富三郎、丹波哲郎、鶴田浩二、小林旭、梅宮辰夫　キネマ旬報紹介：11月上旬号（No.847）　キネマ旬報批評：12月上旬号（中邑宗雄　No.849）　パンフレット販売：あり

●昭和58（1983）年　二本出演

136．『人生劇場』製作：東映東京　配給：東映　色彩：カラー・ビスタビジョン　公開日：1月29日　東映系　上映時間：2時間18分　併映作品：無し　企画：高岩淡・佐藤雅夫ほか　監督：深作欣二・中島貞夫・佐藤純弥　脚本：野上龍雄ほか　撮影：安藤庄平ほか　音楽：甲斐正人　三船の役名：青成瓢太郎　共演者：永島敏行、松坂慶子、中井貴恵、松方弘樹、若山富三郎　キネマ旬報紹介：4月下旬号（No.857）　キネマ旬報批評：3月下旬号（西脇英夫・秋本鉄次　No.856）　パンフレット販売：あり

137．『日本海大海戦　海ゆかば』製作：東映東京　配給：東映　色彩：カラー・ビスタビジョン　公開日：6月4日　東映系　上映時間：2時間11分　併映作品：無し　企画：天尾完次・太田浩児ほか　監督：舛田利雄　特技監督：中野昭慶　脚本：笠原和夫　撮影：飯村雅彦　音楽：伊部晴美　三船の役名：東郷平八郎　共演者：沖田浩之、三原順子（現・三原じゅん子衆議院議員）、佐藤浩市、丹波哲郎、平幹二朗、仲代達矢（ナレーター）

キネマ旬報紹介：7月上旬号（No.864） キネマ旬報批評：6月下旬号（西脇英夫 No.863） パンフレット販売：あり 備考：三船は二度目の東郷平八郎役

●昭和59（1984）年 一本出演

138．『海燕ジョーの奇跡』製作：三船プロ 配給：松竹富士 色彩：カラー 公開日：4月28日 松竹洋画系 東劇ほか 上映時間：2時間13分 併映作品：無し 製作：奥山和由 プロデューサー：鍋島寿夫 監督：藤田敏八 脚本：神波史男・内田栄一・藤田敏八 撮影：鈴木達夫 音楽：宇崎竜童 三船の役名：漁師 共演者：時任三郎、藤谷美和子、清水健太郎、田中邦衛、原田芳雄、原泉 キネマ旬報紹介：6月下旬号（No.888） キネマ旬報批評：6月上旬号（高橋聡 No.887） パンフレット販売：あり

●昭和60（1985）年 一本出演

139．『聖女伝説』製作・配給：松竹富士 色彩：カラー 公開日：3月23日 松竹洋画系 東劇ほか 上映時間：2時間2分 併映作品：無し 製作：奥山和由 プロデューサー：鍋島寿夫 監督：村川透 脚本：塩田千種 撮影：長沼六男 音楽：フランシス・レイ 三船の役名：神崎弘造 共演者：郷ひろみ、岩下志麻、小野みゆき、岩城滉一、成田三樹夫 キネマ旬報紹介：4月上旬号（No.907） キネマ旬報批評：4月下旬号（秋本鉄次 No.908） パンフレット販売：あり

●昭和61（1986）年 一本出演

140．『玄海つれづれ節』製作：東映東京 配給：東映 色彩：カラー 公開日：1月15日 東映系 上映時間：2時間15分 併映作品：無し 企画：岡田裕介・坂上順・和田徹 原作：吉田兼好 監督：出目昌伸 脚本：下飯坂菊馬・兵頭剛 撮影：飯村雅彦 音楽：星勝 三船の役名：松藤九兵衛 共演者：吉永小百合、八代亜紀、風間杜夫、草笛光子、仲谷昇、村田知栄子 キネマ旬報紹介：2月下旬決算特別号（No.930） キネマ旬報批評：3月上旬号（高橋聡 No.931） パンフレット販売：あり

●昭和62（1987）年 三本出演

141．『シャタラー』製作：渡辺プロダクション・フィルムセレクト 配給：東宝 色彩：カラー・ビスタビジョン 公開日：6月13日 東宝系 上映時間：2時間8分 併映作品：無し 製作総指揮：渡邊晋 製作：熊田朝男 監督：トニーノ・ヴァレリ 原作：ヤスオ・タナミ（田波靖男） 撮影：ジュリオ・アルボニコ 音楽：トット・テイラー 三船の役名：英国ロイズ社特別調査員村井 共演者：吉川晃司、アンディー・J・フォレスト、マリナ・スマ、ベアトリーチェ・リング、ダリラ・デイ・ラザロ キネマ旬報紹介：7月下旬号（No.964） キネマ旬報批評：昭和63年2月上旬号（北川れい子 No.977） パンフレット販売：あり 備考：全編イタリアロケ、イタリア人スタッフ、キャストで撮られた日伊合作の日本映画

142．『男はつらいよ 知床慕情』製作：松竹映像 配給：松竹 色彩：カラー 公開日：8月15日 松竹系 上映時間：1時間47分 併映作品：『塀の中の懲りない面々』（森崎東監督 藤竜也、植木等、小柳ルミ子、柳葉敏郎出演） プロデューサー：島津清 原作・監督・脚本：山田洋次 撮影：高羽哲夫 音楽：山本直純 三船の役名：上野順吉（獣医） 共演者：渥美清、竹下景子、淡路恵子、笠智衆、油井昌由樹 キネマ旬報紹介：10月下旬号（No.970） キネマ旬報批評：10月上旬号（尾形敏行 No.969） パンフレット販売：あり

143．『竹取物語』製作：東宝映画・フジテレビジョン 配給：東宝 公開日：9月26日 色彩：カラー・ビスタビジョンサイズ 上映時間：2時間45分 併映作品：無し 製作：田中友幸・羽佐間重彰 プロデューサー：角井優・藤井浩明・新坂純一 監督：市川崑 特技監督：中野昭慶 脚本：菊島隆三・石上三登志・日高真也・市川崑 撮影：小林節雄 音楽：谷川賢作 三船の役名：竹取の翁 共演者：沢口靖子、若尾文子、石坂浩二、中井貴一、春風亭小朝、コント山口君と竹田君、伊東四朗、常田富士男、浜村純 キネマ旬報紹介：11月上旬号（No.971） キネマ旬報批評：12月上旬号（田中千世子 No.973） パンフレット販売：あり

●平成元（1989）年 三本出演

144．『春来る鬼』製作：アナック 配給：松竹 公開日：4月15日 松竹洋画系 丸の内ピカデリーほか 色彩：カラー 上映時間：2時間17分

併映作品：無し　製作総指揮・監督：小林旭　プロデューサー：井上和男　脚本：菊島隆三　原作：須知徳平　撮影：鈴木義勝　音楽：佐藤勝　三船の役名：くっくねの爺　共演者：松田勝、若山幸子、滝田栄、津島恵子、ハナ肇、桜むつ子　キネマ旬報紹介：5月下旬号（No.1010）　キネマ旬報批評：5月上旬号（高橋聡　No.1009）　パンフレット販売：あり

145.『CFガール』製作：エイジェント21・東芝映像ソフト・三井物産石油　配給：東映クラシックフィルム　公開日：10月7日　色彩：カラー　上映時間：1時間38分　併映作品：無し　製作：松橋邦芳ほか　監督：橋本以蔵　脚本：中本博通・橋本以蔵　撮影：柳島克己　音楽：世良公則　三船の役名：長谷周一郎　共演者：世良公則、高岡早紀、浅野ゆう子、岡田真澄　キネマ旬報紹介：11月下旬号（No.1022）　キネマ旬報批評：11月上旬号（高橋聡　No.1021）　パンフレット販売：あり

146.『千利休・本覚坊遺文』製作：西友　配給：東宝　公開日：10月7日　東宝系　色彩：カラー　上映時間：1時間47分　併映作品：無し　製作総指揮：高丘季昭　製作：山口一信　監督：熊井啓　脚本：依田義賢　原作：井上靖　撮影：栃沢正夫　音楽：松村禎三　三船の役名：千利休　共演者：奥田瑛二、萬屋錦之介、加藤剛、芦田伸介、上條恒彦、東野英治郎　キネマ旬報紹介・批評：11月上旬号（高沢瑛一　No.1021）　パンフレット販売：あり

●平成2（1990）年　一本出演

147.『兜』製作：日・米・ユーゴスラビア合作　ショー・コスギコーポレーション　配給：東宝東和　色彩：カラー・シネマスコープ　公開日：平成3年4月27日　東宝洋画系　ニュー東宝シネマ1ほか　上映時間：1時間46分　併映作品：無し　製作：ショー・コスギ　監督：ゴードン・ヘスラー　脚本：ネルソン・ギディング　原案：ネルソン・ギディング／ショー・コスギ　撮影：ジョン・コナー　音楽：ジョン・スコット　三船の役名：徳川家康　共演者：ショー・コスギ、ケイン・コスギ、ノーマン・ロイド、クリストファー・リー、ロナルド・ピックアップ、高田美和、清川虹子　キネマ旬報紹介：5月下旬号（No.1058）　キネマ旬報批評：無し　パンフレット販売：あり

●平成3（1991）年　二本出演

148.『ストロベリー・ロード』製作：東京宝映テレビ・フジテレビジョン　配給：東宝　公開日：4月27日　東宝洋画系　日比谷スカラ座ほか　色彩：カラー　上映時間：1時間57分　併映作品：無し　製作：貝山知弘・堀口壽一　監督：蔵原惟繕　脚本：山田信夫　原作：石川好　撮影：加藤雄大　音楽：フレッド・カーリン　三船の役名：田岡　共演者：松平健、桜田淳子、夏木マリ、石橋保、三木のり平　キネマ旬報紹介：6月上旬号（No.1059）　キネマ旬報批評：無し　パンフレット販売：あり

149.『シャドウ・オブ・ウルフ』製作：カナダ・フランス　配給：不詳　色彩：カラー　米国公開日：1993年3月　日本未公開　上映時間：1時間52分　製作：クロード・レジェ　監督：ジャック・ドルフマン　脚本：ルディ・ワーリッツアー／エヴァン・ジョーンズ　原作：イブ・テリオー　撮影：ビリー・ウィリアムズ　音楽：モーリス・ジャール　三船の役名：クルマク（エスキモーの長老）　共演者：ルー・ダイヤモンド・フィリップス、ジョン・サザーランド、ジェニファー・テイリー、ニコラス・キャンベル　備考：平成2年秋から翌3年初頭にかけて、三船はカナダ極寒地でのロケに参加し、体調を崩す要因となる

●平成6（1994）年　一本出演

150.『ピクチャー・ブライド』製作：ミラマックス・インターナショナル／サウザンド・クレインズ・フィルムワークス　配給：日本ビクター　色彩：カラー・ビスタビジョンサイズ　公開日：平成8年6月8日　六本木恵比寿ガーデンシネマ　上映時間：1時間31分　併映作品：無し　製作総指揮：ポール・アンダーソン　製作：リサ・オノデラ　監督：カヨ・ハッタ　脚本：カヨ・ハッタ／マリ・ハッタ　撮影：クラウディオ・ロシャ　音楽：マーク・アドラー　三船の役名：無声映画の弁士（特別出演）　共演者：工藤夕貴、アキラ・タカヤマ、タムリン・トミタ、ケリー・ヒロユキ・タガワ、杉葉子、ノブ・マッカーシー（ナレーター）　キネマ旬報特集：5月下旬特別号（No.1192　紹介は無し）　キネマ旬報批評：無し　パンフレット販売：あり　備考：三船最後の外国作品にして、最後の劇場公開作品。平成5年7月にハワイロケに参加した

●平成7（1995）年 一本出演

151．『深い河』 製作：『深い河』製作委員会・株式会社仕事 配給：東宝 色彩：カラー 公開日：6月24日 東宝系 上映時間：2時間10分 併映作品：無し 製作：佐藤正之 監督・脚本：熊井啓 原作：遠藤周作 撮影：栃沢正夫 音楽：松村禎三 協力：在日インド大使館・在日インド政府観光局ほか 三船の役名：塚田 共演者：奥田瑛二、井川比佐志、秋吉久美子、香川京子、沼田曜一、菅井きん キネマ旬報特集：5月下旬特別号（No.1161 紹介は無し） キネマ旬報批評：9月上旬号（中西愛子 No.1170） パンフレット販売：あり 備考：三船の遺作。三船の生涯最後の演技となる出演場面は、平成6年9月に撮影された

3．三船敏郎出演テレビ映画・テレビドラマ・ヴァラエティー番組・CMリスト

本稿は、三船敏郎がその生涯に出演したテレビ映画及びドラマ、ヴァラエティー・CMの記録解説である。

(1)三船敏郎のテレビ出演史

我が国で本格的にテレビ放送が始まったのは、昭和28年2月1日からである。この年、松竹映画『君の名は』の大ヒットなどにより、映画界は史上空前の好景気、高収入に沸いていた。その後、同33年に観客動員数は十二億人（国民一人ひとりが年十数回、映画館に足を運んだ勘定）というピークに達する。以後の興行収入は、動員数で言えば多少上向きの年もあったにせよ、減少ないし停滞の一途（二億人には到達していない）を辿っている。

劇映画の衰退と相俟って、こうした映画スターをテレビに引っ張り出そうという動きも顕著になっていった。映画各社は、以前から専属映画俳優の他社出演やテレビ出演を禁じた五社協定を結んでいたが、1960年代以降はその効力も薄れ、東宝が誇るA級スター・三船敏郎も昭和39年に、「アリナミン」のCMに「飲んでますか」でテレビに登場。スターの紹介番組『スター千一夜』（フジテレビ系）に顔を出すなど、徐々にお茶の間の顔となっていく。

三船敏郎のテレビドラマは、昭和42年の東宝テレビ部制作の『太陽のあいつ』（TBS系）のゲスト出演が最初であるが、同時期に三船プロのスタジオが開かれ、映画及びテレビドラマの請負制作が開始されるので、三船のテレビでの活躍は、三船プロの開設、拡大の時代とともに始まった、と言えよう。さらに、昭和47年からの『荒野の素浪人』シリーズ（NET／現・テレビ朝日系）で、映画の代表作のひとつでもある『用心棒』（昭36）の素浪人役を取り込み、以後、テレビでの役柄のイメージを決定づける。三船の活発なテレビ出演は、同59年まで続くが、

その無口で豪放磊落（?）な役柄は、タイトルや中身が変わっても概ね共通していた。ファンとしては、やはりそのイメージを愛していたわけであるが……。数少ない現代劇でも無口で頑固な父親役が多かった三船である。

また、１９６０年代から１９８０年代までの約二十年間に作られた、これらのテレビ作品群を詳しく調べると、特にそのゲスト出演者に関しては、東宝時代、劇映画の数々で共演した俳優、バイプレーヤーと再共演している例が少なくない。さらには、東宝以外の松竹、大映、東映、日活、新東宝出身で、映画では共演していない多彩な男女優たちや、当時の新人俳優、アイドルたちと、テレビの時代劇等で初顔合わせしている事例も多く、非常に興味深い。

こうして見ると、三船敏郎のテレビ出演の歴史は、三船プロの歩みとも重なっている。自身が経営する三船プロのため、ある時期、出る劇映画は傍役に甘んじ、長期間、拘束される海外作品もあえて避け、そうしたテレビ映画、ドラマに大車輪の如く出演し続けたことは、イメージの固定化、限定化というマイナス面はあったかもしれないが、熱狂的ファンにとっては、毎週、三船がテレビで見られる、という点においてはある意味、ぜいたくで至福の時代であったとも思う。

だが、昭和59年に三船スタジオの閉鎖が余儀なくされると、その後は急速に三船のテレビ出演は減ってしまうので、旺盛（?）なテレビ出演は、１９８０年代前半（六十四歳であった）で終わったと言ってよい。往年の映画スターでもある三船の、異なる面が見られる数少ないヴァラエティー番組『8時だよ全員集合』（ＴＢＳ）や『今夜は最高』（日本テレビ）の出演も、やはり１９８０年代前半までに集中していて、どれも今や貴重な映像である。それから最晩年までの約十年間の出演作品は同年齢、同世代の俳優と比べても、やはり少なく感じられ、ファンとしては正直、寂しい限りであった。

最後のテレビ映画出演は、七十歳となった平成2年の『天と地と 黎明篇』であった。ＣＭ出演もこの時期を境になくなり、以後は健康の問題もあって、数本の劇映画に出たのみで、その長い芸歴に終止符が打たれることになる。

■凡例

●本稿は、三船敏郎が出演したテレビ（テレビ映画及びテレビドラマ、ヴァラエティーその他、CM）出演記録の解説である。三船がその生涯を通じて出演したドラマに関しては、ほぼすべて把握・紹介できたかと自負するところではあるが、ヴァラエティーやクイズ番組、その他（例えばワイドショーの出演など）については、漏れもあると考えられる。

●年代の明記は原則として、元号、（西暦）の順番としたが、その限りでない場合もある。

●「テレビ」、「TV」のように漢字、英字と入り交ざっている表記もある。

●基本原則として、タイトル、サブタイトル、レギュラー共演者・ゲスト出演者名、あら筋、判る限りのスタッフ名を記載した。名前は各種番組の表記に基づく。

●出演者について。俳優によっては芸名に変更が見られる場合がある。その俳優が現在、引退か故人の場合は（のちの～）、健在か現役の場合は（現・～）と原則、区別表記してある。

●ビデオ撮影の場合、監督は〈演出〉と称している。フィルム撮影のテレビ映画は〈監督〉と称している。

●基本原則として、放映、放送日順に掲載している。

●三船が全話出演したレギュラー出演したドラマは、サブタイトル及び各回出演ゲストは紙面の都合上、明記していない。ともにゲストの人数が膨大であるためだが、できる限りの人物表記は施している。

●ビデオ、DVD販売の有無は、あえて載せていない。

●以下のデータ記録は、当時の新聞縮刷版、テレビガイド、各種雑誌や文献、ウィキペディア等を参考に作成した。

●昭和42（1967）年

「太陽のあいつ」 4月27日～7月20日 TBS 毎週木曜 午後7時～7時30分 全13話 カラー 制作：TBS・東宝

［スタッフ］原案：松木ひろし 監督：岩内克巳・野長瀬三摩地・島津昇一 脚本：松木ひろし他 音楽：いずみたく 主題歌：ジャニーズ『太陽のあいつ』（作詞：岩谷時子／作曲：いずみたく）

［キャスト］矢吹渡（週刊誌記者矢吹一成）、今陽子、久保明、砂塚秀夫、飯田蝶子、二瓶正也、勝部義夫、当銀長太郎らがレギュラー出演。三船敏郎：本人役（第3話ゲスト出演）

［解説］三船敏郎が初めてテレビ出演したドラマ。伊豆半島から上京して、週刊誌『週刊青春』の記者になった主人公が、ライバル誌と競争しながら取材を繰り広げる内容で、毎回芸能界やスポーツ界の有名人、東宝怪獣（ガイラなど）までが実名で登場する異色青春ドラマ。ゲストとして宝田明、中島春雄、黒部進、土屋嘉男、桜井浩子、加藤春哉、中真千子、加山雄三、山本嘉次郎、古沢憲吾、浜美枝、塩沢とき、佐原健二、有島一郎などの東宝俳優、監督たちが大挙出演している。三船は主人公が取材するスター本人役として出ている。東宝制作の初のカラー・テレビドラマ。

［出演回］

第3話「青春活殺剣」（5月11日放映）

●昭和43（1968）年

「五人の野武士」 昭和43年10月8日～44年4月1日 日本テレビ 毎週火曜 午後8時～8時56分 全26話 モノクロ 制作：日本テレビ・三船プロ 協力：東宝

［スタッフ］監修：稲垣浩 製作：小糸章淳・渡辺信彦 監督：内出好古・西山正輝・萩原遼・丸輝夫ほか 脚本：笠原良三・高岩肇・岡本喜八ほか 撮影：斎藤孝雄ほか 美術：植田寛ほか 録音：藤縄正一ほか 照明：秋池深仁ほか 編集：相良久 音楽：津島利章 助監督：安井治ほか 製作担当者：山崎英一 殺陣：久世竜・三船プロ七曜会 ナレーター：舛方勝宏

［キャスト］三船敏郎：船山次郎義景（第1・2・14・15・17・26話出演 計6回出演）他に宝田明：利南八郎太、中山仁：伴右近、松山省二：甘楽主水介、人見明：伊賀良五兵衛、堺左千夫：四方弁之進、高橋俊行：山中三太夫などがセミレギュラー出演。

［解説］三船敏郎初めての連続テレビ時代劇。波乱渦巻く戦国時代を舞台に、それぞれに野望を持つ複数の野武士たちが、行く先々で事件や戦乱に遭遇し、互いに反目し合いながらも、時には協力して活躍する姿を描く。タイトルに謳っているとおり、主人公や毎回活躍する面々は固定されていないが、メインは三船以外の宝田ら五人の野武士たち。三船はそうした連中が一目置く剣豪役で、取りまとめ的役柄で出演したが、全話には出ていない。監督は稲垣浩監督門下の丸輝夫、東映や大映、新東宝で娯楽時代劇を撮ったベテラン内田好吉や西山正輝、萩原遼などが担当した。また脚本は、岡本喜八監督が第17・24話を手掛けたが、残念ながら演出はしていない。

［出演回］
第1話「帰って来た剣豪」（10月8日放映）
第2話「剣豪暁の対決」（10月15日放映）
第14話「血闘虎谷の関」（昭和44年1月7日放映）
第15話「剣豪故郷へ行く」（1月14日放映）
第17話「群狼」（1月28日放映）
第26話「天下を蹴る」（4月1日放映）
［主なゲスト］佐野周二、加藤武、内田良平、大原麗子、東千代之介など

●昭和46（1971）年

「大忠臣蔵」 1月5日～12月28日 NETテレビ（現・テレビ朝日）毎週火曜 午後9時～9時56分 52話 カラー 制作：NETテレビ・三船プロ
［スタッフ］プロデューサー：勝田康三・西川善男 監督：土居通芳・村山三男・西山正輝・丸輝夫・古川卓己 脚本：池田一朗・柴英三郎・高岩肇・宮川一郎 撮影：斎藤孝雄 美術：植田寛 編集：阿良木佳弘 音楽：富田勲 監督補佐：安井治 助監督：鹿島章弘 殺陣：久世竜・宇仁貫三 ナレーター：小山田宗徳
［キャスト］三船敏郎：大石内蔵助、司葉子：大石りく、尾上菊五郎：浅野内匠頭、佐久間良子：遥泉院、市川中車・市川小太夫：吉良上野介、ほか映画演劇テレビ陣オールスター
［解説］三船敏郎が唯一、大石内蔵助に扮した連続テレビ時代劇。当時の民放時代劇としては、NHK大河ドラマに匹敵する超大型作品で、主役から傍役に至るまで、当時、活躍していた各映画会社出身の俳優、歌舞伎、舞台、テレビで人気のタレント、コメディアンなどが多数出演しており、今や映像の中においてのみ見られる故人の名優も多くて、現在見直しても、遜色はない。なお吉良上野介に扮した市川中車は東宝版『忠臣蔵花の巻 雪の巻』でも同じ役であったが、放映中の6月に亡くなり、この時点で第46話まで撮影終了していたので、第47話から実弟の二代目市川小太夫が吉良を演じた。監督は稲垣浩監督門下の丸輝夫、大映や新東宝出身の村山三男や西山正輝、土居通芳などが担当した。脚本は池田一朗と柴英三郎の二人がほとんどを担当している。この年の三船は、『大忠臣蔵』とスペインで行われた西部劇『レッド・サン』撮影に明け暮れた。
［主なゲスト］松本幸四郎（のちの初代松本白鸚）、中村錦之助（のちの萬屋錦之介）、勝新太郎、コント55号（萩本欽一・坂上二郎）、丹波哲郎、大友柳太朗、中村梅之助、東千代之介、京塚昌子、志村喬など

●昭和47（1972）年

「荒野の素浪人（第1シリーズ）」 昭和47年1月4日～昭和48年3月27日 NETテレビ（現・テレビ朝日）毎週火曜 午後9時～9時56分 全65話 カラー 制作：NETテレビ・三船プロ
［スタッフ］プロデューサー：勝田康三・西川善男・伊藤満・安井治 監督：土居通芳・村山三男・西山正輝・丸輝夫・石川義寛・池広一夫ほか 脚本：池田一朗・柴英三郎・津田幸夫・須崎勝弥・廣澤栄・ジェームズ三木ほか 撮影：斎藤孝雄 美術：植田寛ほか 音楽：菊池俊輔 殺陣：久世竜・宇仁貫三 ナレーター：寺田農
［キャスト］三船敏郎：峠九十郎、大出俊：鮎香之介、坂上二郎：すっぽんの次郎吉、梶芽衣子：からっ風のお紋（第1・2・11・13・21・26・27・32・35・41話出演 計10回出演）、小川真由美：濡れつばめのお柳（第53～59・61・62・65話出演 計8回出演）
［解説］三船敏郎が、『用心棒』（昭36）における「桑畑三十郎」そのままの素浪人に扮した西部劇風時代劇で、三船自身、黒澤明監督に許可を得て製作したという。文字どおり、三船の無口で豪快なイメージそのもののキャラクターであり、テレビ出演作品における代表作と言える。この風来坊的用心棒が、気の向くまま各地を旅し、悪を退治するお話の本作、毎回付き合う他のレギュラーは、大出俊扮する白い短筒の使い手「五連発の旦那」こと鮎香之介（じつはさる大名のご落胤）、坂上二郎扮する死んだふりが得意な笑わせ役「すっぽんの次郎吉」のふたりだが、両者にとってもテレビ時代劇の代表作となった。特に、坂上二郎は以後、多数の三船出演作に長く付き合う役者となる。視聴率的にも大当たりとなり、第1、第2シリーズ合わせて、全104話も作られた。なお、第1シリーズと第2シリーズでは三船の髪型が違っていて、前者は「ムシリ」、後者は「総髪」スタイルであった。
［主なゲスト］宮口精二、葉山良二、和田浩治、村松英子、吉田輝雄、石浜朗、大友柳太朗、加東大介など

●昭和48（1973）年

「荒野の用心棒」 4月3日～12月25日 NETテレビ（現・テレビ朝日）毎週火曜 午後9時～9時56分 全39話 カラー 制作：NETテレビ・三船

プロ
［スタッフ］プロデューサー：勝田康三・田中寿一・安井治・菜穂進　監督：土居通芳・村山三男・西山正輝・丸輝夫・石川義寛・宮越澄ほか　脚本：池田一朗・柴英三郎・津田幸夫・須崎勝弥・廣澤栄・石森史郎ほか　撮影：斎藤孝雄　美術：植田寛　音楽：菊池俊輔　殺陣：宇仁貫三　ナレーター：江原真二郎
［キャスト］三船敏郎：旅の素浪人（じつは峠九十郎　第3・5・7・9・11話出演　計5回出演）、夏木陽介：秋月左馬之介、竜雷太：速見雷蔵、渡哲也：餅鬼十郎、坂上二郎：すっぽんの三吉、篠ヒロ子：流れ星のおりん（第27話よりレギュラー）
［解説］天保年間、新型のライフル銃や爆雷、槍の使い手である浪人組三人が用心棒として活躍するマカロニ・ウエスタン風の時代劇。「素浪人」シリーズの第二弾だが、主役は夏木陽介ら若手にバトンタッチされている。三船敏郎は「旅の素浪人」役とクレジットされているが、前作と同じ峠九十郎そのままの役柄でスピンオフ、計五話にゲスト出演した。
［出演回］
第3話「兇弾は女地獄に炸裂して…」（4月17日放映）
第5話「風神峠に群狼を待ち伏せて…」（5月1日放映）
第7話「鷲ノ巣谷に死の影が走って…」（5月15日放映）
第9話「女豹は黄金の嵐を呼んで…」（5月29日放映）
第11話「武器なき闘いに怒りをこめて…」（6月12日放映）
［主なゲスト］地井武男、寺島達夫、内田良平、牧紀子など

●昭和49（1974）年

「荒野の素浪人（第2シリーズ）」1月1日〜9月24日　NETテレビ（現・テレビ朝日）毎週火曜　午後9時〜9時56分　全39話　カラー　制作：NETテレビ・三船プロ
［スタッフ］プロデューサー：勝田康三・伊藤満　監督：土居通芳・村山三男・西山正輝・森谷司郎・出目昌伸・丸輝夫・石川義寛・田中徳三・池広一夫ほか　脚本：池田一朗・柴英三郎・中村努・橋本忍・津田幸夫・須崎勝弥・杉山義法・ジェームズ三木ほか　撮影：斎藤孝雄　美術：川島泰造　音楽：佐藤勝　殺陣：久世竜　ナレーター：岸田森
［キャスト］三船敏郎：峠九十郎、大出俊：鮎香之介、坂上二郎：すっぽんの次郎吉
［解説］三船敏郎最大の当たり役シリーズの続編。引き続きの内容だが、監督陣に黒澤明門下の森谷司郎、出目昌伸、大映時代劇の俊英・田中徳三、池広一夫が新たに加わり、『用心棒』的世界が、毎週繰り広げられた。脚本に橋本忍が参加していること（第6話のみだが）も見逃せない。
［主なゲスト］竹下景子、倍賞美津子、岩崎加根子、三原葉子、嵐寛寿郎、岡田真澄など

●昭和50（1975）年

「剣と風の子守唄」4月1日〜9月30日　日本テレビ　毎週火曜　午後9時〜9時55分　全27話　カラー　制作：日本テレビ・三船プロ
［スタッフ］プロデューサー：伊藤満・安田輝・長富忠裕　監督：池広一夫・田中徳三・村山三男・丸輝夫・降旗康男ほか　脚本：杉山義法・小川英・胡桃哲・津田幸夫・中村努ほか　撮影：斎藤孝雄　音楽：小林亜星　歌：斎藤こず恵　殺陣：山口博義　ナレーター：鈴木瑞穂
［キャスト］三船敏郎：砦十三郎、中村敦夫：あかねの左源太、斎藤こず恵：小雪、赤塚真人：ひぐれの文吉
［解説］江戸時代後期、幕府隠密であった砦十三郎（三船敏郎）は、幕府に反逆したため、江戸を追放される。一人娘（斎藤こず恵）を同僚で後輩の左源太（中村敦夫）に託したが、その彼には十三郎抹殺の密命が下った。この時から両者の追いつ追われつの旅が始まった――。当時、NHK朝の連続テレビ小説『鳩子の海』で人気を博した子役・斎藤こず恵を配した三船版『子連れ狼』的内容。むろん『荒野の素浪人』的世界も加味されていて、楽しめる。
［主なゲスト］宇都宮雅代、岡田裕介、野際陽子、緑魔子、志村喬など

●昭和51（1976）年

「隠し目付参上」4月3日〜9月25日　TBSテレビ　毎週土曜　午後10時〜10時54分　全26話　カラー　制作：毎日放送（MBS）・三船プロ
［スタッフ］プロデューサー：青木民男・小糸章淳・伊藤満　監督：池広一夫・坪島孝・長谷和夫ほか　脚本：小川英・宮川一郎ほか　撮影：斎藤孝雄　美術：植田寛　音楽：猪又公章
［キャスト］三船敏郎：九十九《つくも》内膳正・松平伊豆守信明（二役　第1〜4・7・10・11・18・26話出演　計9回出演）、江守徹：春楽（からくり先生）、

竜雷太：吉岡鉄五郎、沖雅也：左吉、大谷直子：芸者菊次、秋野暢子：韋駄天のお駒

［解説］時の幕府老中松平伊豆守信明の命により秘かに組織された「隠し目付」がその頭脳とからくりを駆使して、腐敗した世情にはびこる悪を成敗していく時代劇。組織の首領は、松平伊豆守の異母兄の素浪人（またもや）九十九内膳正。これを三船が二役で演じている。隠し目付の指揮官は、普段はからくり師として活躍している春楽（江守徹）で、毎回、奇抜な仕掛けで悪を滅ぼしていく。

［出演回］
第1話「天にのぼったか地にもぐったか」（4月3日放映）
第2話「吉原は燃えているか」（4月10日放映）
第3話「誰が道明寺を舞ったか」（4月17日放映）
第4話「念には念を入れすぎたか」（4月24日放映）
第7話「金か命か体面か」（5月15日放映）
第10話「鬼も十八番茶も出花か」（6月5日放映）
第11話「天一坊がまた出たか」（6月12日放映）
第18話「オランダ人形は人間仕掛けのカラクリか」（7月31日放映）
第26話「神が仕掛けた大からくりか」（9月25日放映）
［主なゲスト］鮎川いづみ、藤巻潤、平田昭彦、天本英世、清水紘治など

「人魚亭異聞　無法街の素浪人」4月28日〜9月22日　NETテレビ（現・テレビ朝日）毎週水曜　午後9時〜9時54分　全23話　カラー　制作：NETテレビ・三船プロ
［スタッフ］プロデューサー：勝田康三・木村博人　監督：村山三男・森谷司郎・原田隆司・宮越澄ほか　脚本：池田一朗・大工原正泰・大野靖子・津田幸於ほか　撮影：斎藤孝雄　音楽：平尾昌晃　水中バレエ：近藤玲子水中バレエ団（よみうりランド）
［キャスト］三船敏郎：ミスターの旦那、若林豪：千鳥玄之進（明治政府の密偵）、小川真由美：北小路冴子（人魚亭のマダム）、大村崑：なんでもやの平助、夏夕介：ちんぴら譲次、オスマン・ユセフ：ヘボン先生、ナレーター：吉岡晋也
［解説］三船プロ製作の「素浪人」シリーズ第三弾で最終作。明治維新直後の横浜を舞台に、「水中レビュー」を売り物にしたホテル「人魚亭」を寝ぐらにするアメリカ帰りの浪人、通称「ミスターの旦那」（三船）が悪人たちを退治する内容。三船が活躍する文明開化期の横浜は、開拓時代のアメリカ西部の無法地帯といった趣きで、和洋入り乱れた時代風俗は、まさに和製西部劇と言える。例えば、相棒の千鳥（若林）は西部のガンマンさながらの洋装（アラン・ドロン的?・）でびしっと決めているが、三船は素浪人そのままの風体なので、これは『レッド・サン』の世界にも通底していよう。
［主なゲスト］成田三樹夫、根上淳、本郷功次郎、水野久美、前田吟など

「江戸特捜指令」昭和51年10月2日〜昭和52年3月26日　TBSテレビ　毎週土曜　午後10時〜10時54分　全26話　カラー　制作：毎日放送（MBS）・三船プロ
［スタッフ］プロデューサー：青木民男・小糸章淳・伊藤満　監督：野田幸男・池広一夫・坪島孝・長谷和夫ほか　脚本：小川英・胡桃哲ほか　脚本協力：ジャック・プロダクション　撮影：斎藤孝雄ほか　音楽：菊池俊輔
［キャスト］三船敏郎：九十九《つくも》内膳正・松平伊豆守信明（第1話出演）、中村敦夫：幻々舎一斎、竜雷太：松五郎、原田大二郎：辰、五十嵐淳子：小雪、秋野暢子：お町、山城新伍：夢介、エバ：おえん、ナレーター：山内雅人
［解説］好評だった『隠し目付参上』シリーズの第二弾。天保年間、将軍家斉の治世下、将軍直属の秘密捜査隊「隠し目付」が、悪を倒す時代劇。リーダーは、表向きは芝居の戯作者幻々舎一斎（中村）で、三船は前シリーズから引継ぎ的に第1話のみの出演。他のゲストはハナ肇、小池朝雄など
［出演回］
第1話「忽然！荒野に大名屋敷」（10月2日放映）

●昭和52（1977）年

「大江戸捜査網　壮烈！首領暁に死す」7月16日　東京12チャンネル（現・テレビ東京）毎週土曜　午後9時〜9時55分　第171話（通算第301話三百回記念）カラー　制作：東京12チャンネル・三船プロ
［スタッフ］プロデューサー：岡哲夫・元村武・木村博人　監督：天野恒幸　脚本：胡桃哲・中野顕彰　撮影：山田一夫　音楽：玉木宏樹　殺陣：高倉英二　ナレーター：黒沢良
［キャスト］三船敏郎：大滝幽玄、里見浩太朗、瑳川哲朗
［解説］昭和47年から放映されている時代劇長寿シリーズの三百回記念作に三船敏郎がゲスト出演したもの。この年のテレビ出演作品はこれ一本のみ。三船の役は元公儀介借人。

●昭和53（1978）年

「江戸の鷹　御用部屋犯科帖」 1月10日～9月26日　テレビ朝日　毎週火曜　午後9時～9時54分　全38話　カラー　制作：テレビ朝日・三船プロ

［スタッフ］プロデューサー：勝田康三・菜穂進・元村武　監督：森崎東・村山三男・宮越澄・吉川一義・原田隆司・松尾昭典ほか　脚本：池田一朗・津田幸於・小川英・大工原正泰・国弘威雄ほか　撮影：斎藤孝雄ほか　音楽：菊池俊輔　殺陣：山口博義

［キャスト］三船敏郎：内山勘兵衛、田中健：若杉新之助、中谷一郎：一柳角太郎、田中邦衛：風見鉄平、坂上二郎：雉兵衛、奈良富士子：お小夜、伊佐山ひろ子：夜鷹のおたか、岡田英次：田沼意次、西村晃：鳴神烈堂、里見浩太朗：将軍家治、ナレーター：黒沢良

［解説］腐敗した幕府老中田沼意次の支配下、斬り捨て御免の権限を持ったお鷹組が、あらゆる悪と戦う痛快時代劇。三船扮する内山勘兵衛は、表向き、将軍が鷹狩り時に差配する御鷹匠支配頭という役職だが、時の十代将軍家治（里見）より秘かに、直属の秘密捜査機関「お鷹組」の長に任命される。不正に苦しむ人々が、目安箱に訴状を入れると、将軍の前で開封され、それに目を通した将軍が、鷹に括りつけられた指令書を秘かにお鷹組に届けさせ、行動開始……となる。対峙する敵の連中（田沼意次や鳴神烈堂）も相当悪らつな連中として描かれ、体制内部での凄まじい権力闘争はかなりの凄味がある。余談だが、「お鷹組」の紋章（オープニング冒頭にアップで映る）は、『仮面ライダー』の悪の組織ショッカーのそれと似ている。

［主なゲスト］江波杏子、かたせ梨乃、宮下順子、稲葉義男、土屋嘉男、平田昭彦、三上真一郎、伊吹吾郎など

●昭和54（1979）年

「江戸を斬る第4部　辻斬りは北辰一刀流」 4月2日　TBS　毎週土曜　午後9時～9時55分　第8話　カラー　制作：TBS・CAL　制作協力：三船プロ

［スタッフ］プロデューサー：監督：山内鉄也　撮影：山田一夫　音楽：木下忠司

［キャスト］三船敏郎：千葉周作（特別出演）、西郷輝彦

［解説］昭和47年から放映されている時代劇長寿シリーズ。西郷輝彦が江戸南町奉行遠山金四郎に扮する。三船は剣の達人役で出演した。

「検事霧島三郎」 4月7日～7月28日　TBSテレビ　毎週土曜　午後10時～10時54分　全17話　カラー　制作：毎日放送（MBS）・三船プロ

［スタッフ］プロデューサー：池田徹朗・伊藤満　監督：池広一夫・蔵原惟繕・長谷部安春ほか　脚本：服部佳・鴨井達比古・安部徹郎ほか　音楽：坂田晃一

［キャスト］三船敏郎：森検事正、竹脇無我：霧島三郎、多岐川裕美：竜田恭子、土橋昌也：竜田弁護士

［解説］東京地検の検事・霧島の婚約者の父竜田が殺人容疑を受けたまま失踪してしまう。霧島は検事の身で犯罪者の娘とは結婚できないと辞表を提出するが、上司の森検事正は、捜査の指揮をとるようすすめる……。映画化もされた推理作家高木彬光原作のドラマ。三船は主人公の上司役で第一部にのみ出演。

［出演回］

第1部（4月7日～5月19日放映）

「赤穂浪士」 4月16日～12月24日　テレビ朝日開局20周年記念番組　テレビ朝日　毎週月曜　午後9時～9時54分　全36話　カラー　制作：テレビ朝日・東映京都・中村プロ

［スタッフ］製作総指揮：高岩淡　プロデューサー：並河正夫　監督：沢島正継・田中徳三・大洲斎・松島稔・村山三男の五名　脚本：新藤兼人・下飯坂菊馬・田坂啓ほか　原作：大佛次郎　撮影：伊佐山巌ほか　音楽：武満徹　ナレーター：宇野重吉

［キャスト］萬屋錦之介：大石内蔵助、岸田今日子：大石りく、松平健：浅野内匠頭、松坂慶子：遥泉院、小沢栄太郎：吉良上野介、ほか映画・演劇・テレビ陣オールスター

［解説］萬屋錦之介が、大石内蔵助に扮した連続テレビ時代劇。萬屋は前年の『赤穂城断絶』（78）に続いての大石役だが、良くも悪くも深作欣二監督の個性が強い映画版と違って、テレビ版は忠臣蔵の著名なエピソード群を丁寧かつオーソドックスに描き、落ち着いて見られる大作時代劇となっている。三船敏郎は、内蔵助が江戸へ潜入する際に化ける京の公家九条家の家臣立花左近の本物役として特別出演、大石と直接面談に及び、その真意を悟って、そのまま通す。

［出演回］

第30話「大石東下り」（11月12日放映）

「江戸の牙」昭和54年10月2日〜昭和55年3月25日　テレビ朝日　毎週火曜　午後9時〜9時54分　全26話　カラー　制作：テレビ朝日・三船プロ
［スタッフ］プロデューサー：片岡政義・元村武・木村博人　監督：池広一夫・松尾昭典・吉川一義ほか　脚本：中村勝行・津田幸於・土橋成男・大工原正泰ほか　撮影：斎藤孝雄ほか　音楽：伊部晴美　ナレーター：黒沢良
［キャスト］三船敏郎：朝比奈軍兵衛（第1・17・26話出演　計三回出演）、天地茂：剣精四郎、若林豪：大熊伝十郎、坂上二郎：金丸半兵衛、藤村俊二：間兵助、白戸真理：橘紫乃、竹下景子：朝比奈雪（第1・17・25・26話出演　計四回出演）
［解説］時は天保年間、表向きは町奉行所内で河川業務を担当する本所方の下級役人剣精四郎（天知）ら四名は、実は特命捜査班「江戸の牙」であった。三船敏郎扮する朝比奈軍兵衛は、五千石の直参旗本で、「江戸の牙」の影の創設者である。その彼らが悪と対決する活躍を描いたアクション時代劇。三船は「御前」と尊称されていて、出演は計三回と少ないが、代わりに天知茂が総取締役として魅せる。レギュラーの時代劇は意外に数少なかった天知主演作であり、彼の殺陣、口跡もたっぷり堪能できる貴重な作品と言えよう。
［出演回］
第1話「炎上！　赤馬を斬れ」（10月2日放映）
第17話「見習同心・純白夜に死す」（1月22日放映）
第26話「死斗　男たちの挽歌」（3月25日放映）
［主なゲスト］池波志乃、市毛良枝、岸田森、平田昭彦、山本麟一など

「駆け込みビル7号室」10月13日〜12月29日　フジテレビ　毎週土曜　午後10時〜10時54分　全11話　カラー　制作：フジテレビ・三船プロ
［スタッフ］プロデューサー：伊藤満　監督：西村潔・池広一夫・吉川一義・長谷和夫の四名　脚本：小川英・石川孝人・安部徹郎ほか　擬斗：高倉英二　音楽：槌田靖識
［キャスト］三船敏郎：三枝剛介弁護士（三枝法律事務所々長）、勝野洋：友田昇（新米弁護士）、坂上二郎：西市太郎、他に谷川みゆき、有川雄司、麻世れいら、中山一也、新谷由美子
［解説］三船敏郎が正義漢の弁護士に扮する。三船のテレビ出演は時代劇が多かったので、現代劇のシリーズは珍しい。東京新橋駅前の雑居ビルにある「三枝法律事務所」の主宰者三枝（三船）と、新米弁護士だが熱血漢でもある友田（勝野）を中心にした面々が、さまざまな事件を依頼され、解決していく事件シリーズ。坂上二郎はそこの事務員役で、例によってムードメーカー的役柄を担っている。ただ、フジテレビが設定した「目標視聴率制度」をクリアできず、残念なことに、当初予定の半分である全十一話で、打ち切りとなってしまった。
［主なゲスト］神山繁、森下愛子、根上淳、岡田英次など

●昭和56（1981）年

「関ケ原」1月2日〜1月4日　TBS創立30周年記念番組　特別企画7時間ドラマ　TBSテレビ　金曜〜日曜　午後9時〜10時55分　全3話　カラー　制作：TBSテレビ
［スタッフ］制作：大山勝美　プロデューサー：岩本貞己・中川善晴　演出：高橋一郎・鴨下信一　脚本：早坂暁　原作：司馬遼太郎　殺陣：國井正廣　音楽：山本直純
［キャスト］三船敏郎：島左近、森繁久彌：徳川家康、加藤剛：石田三成、他に三国連太郎、松坂慶子、杉村春子、栗原小巻、丹波哲郎、宇野重吉、藤岡弘、三浦友和など映画・演劇・テレビ陣オールスター
［解説］天下分け目の戦いである関ヶ原の合戦を空前のスケール、豪華キャストで描いた正月向け大型時代劇。全三回のそれぞれの話数を「夜」と表現している。三船は西軍の知将島左近に扮したが、なぜか『風林火山』や『ある剣豪の生涯』の役柄を彷彿とさせる。
本作は80年代当時に存命していた新旧俳優の豪華出演陣で作られていて、今振り返ると、このキャストで、東宝か東映あたりで映画化していても良かったかと思う。
［出演回］
第1夜「夢のまた夢」（1月2日放送）
第2夜「さらば友よ」（1月3日放送）
第3夜「男たちの祭」（1月4日放送）

「新吾十番勝負第一部」5月15日　フジテレビ時代劇スペシャル　午後8時〜9時54分　カラー　制作：フジテレビ・三船プロ
［スタッフ］制作：伊藤供雄　企画：元村武・能村庸一　監督：斎藤光正　脚本：石川孝人・吉田義人　原作：川口松太郎　殺陣：高倉英二　音楽：高橋五郎
［キャスト］三船敏郎：梅井多聞、国広富之：葵新吾（美女丸。じつは吉宗

のご落胤)、岡田奈々：お縫、かたせ梨乃：弁天小僧、大出俊：徳川吉宗、大山克巳：柳生一之真、田中浩：日本駄右衛門、鈴木瑞穂：井上河内守、青木義朗：大岡越前守、永井智雄：安藤対馬守、ナレーター：乙羽信子、他に小林勝彦、三谷昇、上野山功一など
[解説]この年4月から始まった時代劇スペシャルの三船出演第一弾。徳川吉宗の隠し子葵新吾の活躍を描く。三船は新吾の育ての親梅井多聞役で出演。川口松太郎の原作は、大川橋蔵主演の東映版シリーズが有名。

「娘よ！ 愛と涙の翼で翔べ」 7月9日 日本テレビ 木曜ゴールデンドラマ 毎週木曜日 午後9時〜10時54分 カラー 制作：よみうりテレビ
[スタッフ] 制作：大山勝美 プロデューサー：岩本貞己・中川善晴 演出：吉川一義 脚本：杉山義法 原作：大塚美枝子
[キャスト]千秋実、三船敏郎、田中裕子、かたせ梨乃など
[解説]元ゼロ戦操縦士の父（千秋）の志を継いで、娘（田中）がパイロットのライセンスに挑み、遊覧航空会社を作るまでの奮闘記。三船は千秋の友人役で出演。

「球形の荒野」 9月29日 日本テレビ 火曜サスペンス劇場（第1回）午後9時〜10時54分 カラー 制作：日本テレビ・三船プロ
[スタッフ] 制作：飯田康之 企画：小坂敬・山本時雄 監督：恩地日出夫 脚本：石松愛弘 原作：松本清張 音楽：木森利幸 主題歌：岩崎宏美（聖女たちのララバイ）
[キャスト] 三船敏郎：野上顕一郎（元外交官）、島田陽子：その娘久美子、中村雅俊：新聞記者添田、他に香川京子、池部良、西村晃、高橋昌也、柳生博、戸浦六宏、高城淳一、本間優二、石田太郎、内田稔、八木昌子、木田三千雄、夏木順平、松本清張（ノンクレジット）、三船芸術学院など
[解説] この年から始まった2時間ドラマの草分け「火曜サスペンス劇場」の第一回目に三船が出演したもの。第二次世界大戦中、スイス・ジュネーブの日本領事館に勤務し、終戦直前に現地で客死したと聞かされていた父が、およそ三十年後の現在（80年代初頭当時）、奈良や京都で目撃される。娘は婚約者の新聞記者とともに、その謎と父の足跡に迫る——。松本清張原作のミステリーの映像化で、先に同じ題名、別キャストで、松竹で映画化（昭和50年・貞永方久監督）されている。監督の恩地日出夫は東宝出身だが、自身の劇映画での三船起用はなぜかなく、これが唯一の作品となった。原作者の松本清張もカメオ出演している。

「文吾捕物帳」 昭和56年10月20日〜昭和57年4月13日 テレビ朝日 毎週火曜 午後9時〜9時54分 全26話 カラー 制作：テレビ朝日・三船プロ
[スタッフ] プロデューサー：片岡政義・元村武 監督：小野田嘉幹・宮越澄・斎藤光正・吉川一義ほか 脚本：小川英・土橋成男ほか 原作：松本清張 撮影：斎藤孝雄ほか 音楽：佐藤勝 殺陣：宇仁貫三 ナレーター：滝田裕介
[キャスト] 三船敏郎：千葉周作（第5・10・13・18・26話出演 計5回出演）、滝田栄：文吾（岡っ引き）、片平なぎさ：お駒、渡辺篤史：平太、小島三児：多助、浅茅陽子：お千代、泉ピン子：お近、片岡孝夫：兵頭忠四郎（北町奉行）、平幹二朗：片桐夏之進（北町奉行所同心）
[解説] 江戸時代後期の文化文政期、浅草・両国界隈を舞台に亡父の後を継いで、目明しの職務に就いた文吾が、難事件に取り組む。三船敏郎は道場主役で特別出演。
[出演回]
第5話「悲しき魔剣」（11月17日放映）
第10話「復讐さざんかの舞」（12月22日放映）
第13話「白日夢の赤い花」（1月12日放映）
第18話「ここほれ子猫」（2月16日放映）
第26話「ろくでなしの涙」（4月13日放映
[主なゲスト] 高松英郎、岡田茉莉子、武智豊子、尾藤イサオなど

「素浪人罷り通る」 10月30日 フジテレビ時代劇スペシャル 午後8時〜9時54分 カラー 制作：フジテレビ・三船プロ
[スタッフ] 制作：青木民雄 企画：元村武・能村庸一 プロデューサー：前原満司 監督：池広一夫 脚本：田坂啓 殺陣：宇仁貫三 音楽：佐藤勝
[キャスト] 三船敏郎：素浪人春夏秋冬、西郷輝彦：結城小十郎、佐藤友美：おゆき、竹田かほり：タキ、鈴木瑞穂：別所主馬、他に草薙幸二郎、常田富士男、花沢徳衛、今福将雄、平泉征（現・平泉成）、江幡高志、木村元、森章二、梅津栄、三角八郎など
[解説] 時代劇スペシャルに、満を持して（?）登場した三船主演の素浪人シリーズ第一弾で、『荒野の素浪人』のカムバック的作品。ヤクザの一団を叩きのめした素浪人春夏秋冬が、農民の娘から父の仇を取ってほしいと依頼される。相手は、とある藩の家老結城（西郷）とのことだが、調べると黒幕は別にいるらしい……。

●昭和57（1982）年

「新吾十番勝負第2部」3月26日　フジテレビ時代劇スペシャル　午後8時～9時54分　カラー　制作：フジテレビ・三船プロ
［スタッフ］制作：伊藤供雄　企画：元村武・能村庸一　監督：斎藤光正　脚本：石川孝人・吉田義人　原作：川口松太郎　殺陣：高倉英二　音楽：高橋五郎
［キャスト］三船敏郎：梅井多聞、国広富之：葵新吾（美女丸。じつは吉宗のご落胤）、岡田奈々：お縫、かたせ梨乃：弁天小僧、大出俊：徳川吉宗、大山克巳：柳生一之真、田中浩：日本駄右衛門、斉藤とも子：須栄、内藤武敏：淀屋辰五郎、小林昭二：大坂城代黒田豊前、井上昭文：柳生但馬守、織本順吉：久世大和守、ナレーター：乙羽信子、他に西田良、珠めぐみ、山本昌平、長谷川明男、成川哲夫など
［解説］前年からのシリーズ第二弾。武者修行の旅に出た新吾が大坂城代の悪事に立ち向かう。三船は引き続き育ての親役で出るが、次の第三作（7月放映）には出ず、国広主演のシリーズもその三作で終わった。

「素浪人罷り通る　暁の死闘」5月7日　フジテレビ時代劇スペシャル　午後8時～9時54分　カラー　制作：フジテレビ・三船プロ
［スタッフ］制作：高橋憲行　企画：伊藤満・高橋久仁男　プロデューサー：石坂久美男　監督：松尾昭典　脚本：村尾昭・中野顕彰　殺陣：山口博義　音楽：佐藤勝
［キャスト］三船敏郎：素浪人春夏秋冬、泉谷しげる：多助、千石規子：たね、伊豆肇：坂部、伊沢一郎：津上、他に青木義朗、近藤宏、中村竜三郎、秋谷陽子、遠藤征慈、八名信夫、木田三千雄など
［解説］三船主演の素浪人シリーズ第二弾。今回は、笠間藩七万石のお世継ぎ騒動に巻き込まれた素浪人の活躍を描く。

「幸福の黄色いハンカチ」8月29日～9月26日　TBSテレビ　毎週日曜午後8時～8時55分　全5話　カラー　制作：TBSテレビ・三船プロ
［スタッフ］プロデューサー：元村武・石坂久美男・山本典助　演出：栗山富夫　脚本：高橋正國・朝間義隆・黒土三男　原作：山田洋次／ピート・ハミル　音楽：佐藤勝
［キャスト］三船敏郎、菅原文太、泉ピン子、田中好子、音無真喜子、光石研、三波伸介、アパッチけん、浅野真弓、関敬六など
［解説］名匠山田洋次監督の同名代表作のテレビ版。映画で高倉健が扮したムショ帰りの男勇作を菅原文太が演じ、三船はその実兄役（4～5話のみ）を演ずる。

「素浪人罷り通る　血煙りの宿」10月29日　フジテレビ時代劇スペシャル　午後8時～9時54分　カラー　制作：フジテレビ・三船プロ
［スタッフ］制作：河井正一　企画：伊藤満・高橋久仁男　プロデューサー：水谷和彦　監督：吉川一義　脚本：津田幸於・村尾昭　殺陣：宇仁貫三　音楽：佐藤勝
［キャスト］三船敏郎：素浪人春夏秋冬、荒井注：半兵衛、佐藤オリエ：お銀、中尾彬：弥九郎、高橋長英：真崎源之助、ナレーター：矢島正明、他に木村元、佐野アツ子、金井大、片桐竜次、佐藤B作、潮健児、粟津號など
［解説］三船主演の素浪人シリーズ第三弾。信濃路は矢崎宿にやってきた素浪人は庄屋の娘の婚礼に出くわすが、その晩、庄屋の家に野党の一味が忍び込んでくる。豪快な一匹狼は、剛剣を振るって野党集団と対決する。

●昭和58（1983）年

「勇者は語らず」2月7日～10日　NHK　テレビジョン放送開始30周年記念ドラマ　月曜～木曜　午後7時30分～8時45分　全4話　カラー　制作：NHKテレビ
［スタッフ］制作：近藤晋　演出：和田勉　脚本：岩間芳樹　原作：城山三郎　音楽：湯浅譲二　協力：日産自動車・鈴鹿サーキット
［キャスト］三船敏郎：カワナ自動車川奈会長、山崎努、永島敏行、名取裕子、純子（現・富司純子）、丹波哲郎、鶴田浩二、柴田恭兵、二谷英明、夏木マリ、山内明、中条静夫、近藤洋介、他に加藤治子、鳳八千代、加藤和夫、角野卓造など
［解説］三船敏郎のNHK初出演ドラマ。ある自動車メーカーが社運を賭けてアメリカ進出を図るが、そこには日米両国のさまざまな思惑、軋轢が待っていた……。当時の日米経済摩擦を背景にした社会派ドラマ。
［出演回］
第1話「いま、日米自動車戦争は」（2月7日放送）
第2話「きょう、オハイオの大地に立つ」（2月8日放送）
第3話「きのう、ふたりは戦友だった」（2月9日放送）
第4話「あした、生きるために」（2月10日放送）

「素浪人罷り通る　去るも地獄残るも地獄」2月18日　フジテレビ時代劇スペシャル　午後8時～9時54分　カラー　制作：フジテレビ・三船プロ
［スタッフ］制作：中島智之　プロデューサー：新藤次郎　監督：吉川一義　脚本：新藤兼人　殺陣：高倉英二　音楽：佐藤勝
［キャスト］三船敏郎：素浪人春夏秋冬、沖雅也：仙十郎、夏木マリ：お紋、かとうかずこ：ゆき、小池朝雄：三右衛門、江藤潤：作造、殿山泰司：亀吉、他に外山高士、平泉成、早川雄三、大木正司、丹古母鬼馬二など
［解説］三船主演の素浪人シリーズ第四弾。とある宿場で少年と出会った素浪人は、少年の叔母がいる村まで行くことにする。ところが、その村では庄屋と代官がグルとなり、悪攻を成すがままにしていた。素浪人は農民とともに戦いに参加する。

「素浪人罷り通る　涙に消えた三日極楽」4月8日　フジテレビ時代劇スペシャル　午後8時～9時54分　カラー　制作：フジテレビ・三船プロ
［スタッフ］制作：中島智之　プロデューサー：新藤次郎　監督：井上昭　脚本：星川清司　殺陣：高倉英二　音楽：佐藤勝
［キャスト］三船敏郎：素浪人春夏秋冬、杉田かおる：おふく、宮下順子：おらく、下條アトム：三之助、石橋蓮司：板倉、田口計：唐津屋、他に浜田晃、梅津栄、木田三千雄、吉野佳子など
［解説］三船主演の素浪人シリーズ第五弾。素浪人はひょんなことから、行きずりの娘（杉田）と父娘暮らしをする羽目となる。この娘が奉公先である唐津屋から悪事の証拠となる書付を盗み出していたため、素浪人はその陰謀に巻き込まれる……。

「素浪人罷り通る　矢立峠に裏切りを見た」8月5日　フジテレビ時代劇スペシャル　午後8時～9時54分　カラー　制作：フジテレビ・三船プロ
［スタッフ］制作：中島智之　プロデューサー：新藤次郎　監督：鷹森立一　脚本：宮川一郎　殺陣：高倉英二　音楽：佐藤勝
［キャスト］三船敏郎：素浪人春夏秋冬、若林豪：山岡大二郎、范文雀：おそで、戸浦六宏：入船屋、西沢利明：松山、他に伊沢一郎、遠藤征慈、中山昭二、広瀬昌助など
［解説］三船主演の素浪人シリーズ第六弾。奥州南部領山中矢立峠で、素浪人は津軽藩の回し者と疑われ、銃撃されてしまった。傷ついた彼を助けた兵学者山岡（若林）は、南部・津軽の二百年に亘る対立を語る。両藩の争いに巻き込まれた素浪人は、またまた正義の剣を振るう。『素浪人罷り通る』がメインタイトルの最終作。

「女たちの大阪城　よみうりテレビ開局25年・日本テレビ開局30年特別企画」11月3日　日本テレビ　木曜ゴールデンドラマ　午後9時～11時24分　カラー　制作：よみうりテレビ・三船プロ
［スタッフ］制作：大山勝美　プロデューサー：岩本貞己・中川善晴　演出：荻野慶人・天野恒幸　脚本：新藤兼人　原作：大塚美枝子
［キャスト］三船敏郎：徳川家康、岩下志麻、古手川祐子、泉ピン子、泉谷しげる、原田大二郎、高橋悦史、司葉子、田村高広、芦田伸介、勝新太郎、三国連太郎、伊豆肇、風見章子、東郷晴子、具志堅用高、白井義男など
［解説］豊臣秀吉（三国）の正妻北政所（岩下）と愛妾淀君（古手川）の対立、確執を中心に描いた戦国絵巻。

「魔境　殺生谷の秘密」11月10日　フジテレビ時代劇スペシャル　午後8時～9時54分　カラー　制作：フジテレビ・三船プロ
［スタッフ］制作：寺田真也　プロデューサー：新藤次郎　監督：西村潔　脚本：星川清司　殺陣：高倉英二　音楽：佐藤勝
［キャスト］三船敏郎：素浪人、今福将雄：老武士島田閑兵衛、他に佳那晃子、財津一郎、赤座美代子、峰岸徹、南利明、長谷川弘など
［解説］本作のみ『素浪人罷り通る』の表題は付けられていないが、雰囲気的にはシリーズ第七弾であり、最終作となった。甲州の隠し金山を巡って、無実の罪で死んだ男の汚名を晴らすため、三船演じる素浪人が活躍する。

●昭和59（1984）年

「山河燃ゆ」1月8日～12月23日　NHK　大河ドラマ　毎週日曜　午後8時～8時45分　全51話　カラー　制作：NHKテレビ
［スタッフ］制作：近藤晋　演出：村上佑二ほか　脚本：市川森一ほか　原作：山崎豊子『二つの祖国』　音楽：林光
［キャスト］三船敏郎：天羽乙七、津島恵子：天羽テル、松本幸四郎：天羽賢治、西田敏行：天羽忠、堤大二郎：天羽勇、柏原芳恵：天羽春子、池部良：ケニー松原、沢田研二：チャーリー田宮、島田陽子：井本椰子、大原麗子：三島典子、鶴田浩二：東郷茂徳、他に篠田三郎、柴田恭兵、渡辺謙、児玉清、ケント・ギルバートなど
［解説］戦前から戦後の昭和激動期、日本とアメリカに分かれたある家族の

物語。三船は鹿児島から米国ロサンゼルスに移住し、クリーニング店を営む一世に扮し、津島恵子がその夫人役。息子（松本・西田ら）たち二世は、不幸にも第二次世界大戦では日米に分かれて対決、父は強制収容所に送られる。やがて戦後を迎え……。近現代を舞台にした作品が多い山崎豊子の原作を下敷きにＮＨＫ大河ドラマが、昭和時代を初めて取り上げた。なお本作が、三船敏郎最後のレギュラードラマとなった。

「燃えて、散る　炎の剣士沖田総司」4月2日　時代劇スペシャル　午後9時～10時48分　カラー　制作：日本テレビ・三船プロ　制作協力：ジャニーズ事務所

［スタッフ］制作：山本時雄　プロデューサー：鍋島寿夫・新藤次郎　監督：斎藤光正　脚本：高田宏治　殺陣：高倉英二　音楽：大谷和夫

［キャスト］三船敏郎：剣の師匠、田原俊彦：沖田総司、他に石原真理子、市毛良枝、柴田恭兵、若林豪、梅宮辰夫、菅貫太郎、平泉成、岩本多代、小林重四郎、大屋政子、宮口二郎、北町嘉朗、伊吹徹、鈴木瑞穂（ナレーター）、三船芸術学院など。三船は沖田の剣の師匠役で出演。

［解説］新選組結成以前の武州多摩を舞台に、血気盛んな時期の沖田総司を描く。80年代、一世を風靡したアイドル「たのきんトリオ」のひとり田原俊彦が、珍しく時代劇に主演したもの。この年、スタジオを閉鎖する三船プロ最後の制作となった。

「夏の出逢い」8月26日　ＴＢＳテレビ　東芝日曜劇場（第１４４２回）午後9時～9時54分　カラー　制作：ＴＢＳテレビ

［スタッフ］プロデューサー：石井ふく子　演出：坂崎彰　脚本：服部佳

［キャスト］三船敏郎：大貫剛也、金田賢一：その息子信也、戸川京子、水谷良重（現・水谷八重子）、金内吉男、佐良直美など

［解説］那須高原で牧場を営む父と獣医の息子の交情を、オールロケで描いたドラマ。

●昭和62（１９８７）年

「天下の御意見番罷り通る！　彦左衛門外記」9月10日　傑作時代劇　午後8時～8時54分　カラー　制作：テレビ朝日・東映

［スタッフ］監督：松尾昭典　脚本：宮川一郎　原作：山本周五郎、音楽：津島利章

［キャスト］三船敏郎：大久保彦左衛門、田中美佐子、藤村俊二、堤大二郎、誠直也など

［解説］老いて、もうろくしてきた、かつての天下のご意見番大久保彦左衛門の下へ若い娘（田中美佐子）が奉公人としてやって来る……。

●平成2（１９９０）年

「特別企画　天と地と　黎明篇」4月20日　金曜ロードショー　午後9時～10時54分　カラー　制作：日本テレビ・ユニオン映画

［スタッフ］監督：小沼勝　脚本：吉原勲　原作：海音寺潮五郎

［キャスト］三船敏郎：長尾為景、大沢樹生、秋吉久美子、田中健、渡瀬恒彦など

［解説］三船敏郎最後のテレビ出演作品。戦国時代、川中島の戦い以前の若かりし頃の長尾景虎（のちの上杉謙信：大沢樹生）の活躍を描いた時代劇。三船はその父親の越後守護代・為景に扮した。

⑵三船敏郎テレビヴァラエティー・その他トーク番組等出演作品

本稿は、三船敏郎が出演したヴァラエティーやトーク番組、その他のテレビ記録解説である。なお、把握できた番組のみの紹介に留めてある。

●昭和55（1980）年

「8時だよ全員集合」 12月27日　TBSテレビ　土曜　午後8時〜8時54分　カラー　制作：TBSテレビ

［解説］いかりや長介をリーダーとするドリフターズによる、毎週土曜日放送の公開生番組。当時の正月大型番組「関ケ原」の宣伝も兼ね、冒頭のコント劇では、三船は戦国武将に扮して、いかりやと共演、ヒゲダンスも披露し、恒例の少年少女合唱隊コーナーでは、当時のお約束である早口言葉（生麦、生米、生卵……）にも挑戦して、爆笑を誘った。

●昭和59（1984）年

「今夜は最高！スペシャル　タモリと陽子で生放送　三船敏郎の〝敏ちゃんとギャグろう〟」 4月7日　日本テレビ　土曜　午後10時5分〜11時30分　カラー　制作：日本テレビ

［解説］タモリの司会で、毎回ゲストの男女優やタレントが、コント劇とトーク及び歌を披露するバラエティー番組に、御大三船が出演した貴重な作品。踊りも披露している。他のゲストに島田陽子、谷啓ら。

●昭和60（1985）年

「第3回　巨泉のワールドスタークイズ」 4月9日　日本テレビ　火曜　午後7時〜8時54分　カラー　制作：日本テレビ

［解説］国内外のスターたちが、自身に関する秘密や秘話をVTRで紹介しながら、クイズを出題、解答者が推理、得点を競うクイズ&トーク番組。三船は原田知世、加山雄三、吉川晃司、スティービー・ワンダーらと出演（解答者ではない）した。司会は大橋巨泉。

●1960〜1990年代　その他の番組

三船敏郎の最初のテレビ出演は、60年代前半、内外のスターを紹介するトーク番組『スター千一夜』（フジテレビ系）だと思われる。以後、ドラマは別として、70年代以降は、『徹子の部屋』（テレビ朝日系）、『悪友親友』（81〜84年　TBS系）などのトーク番組にゲスト出演した。80年代から始まる『ドリフ大爆笑』（フジテレビ系）も出演しているとの情報も得たが、今のところ未確認である。筆者は、97〜98年にかけて、その死去を伝えるワイドショー、「人となり」を紹介するドキュメンタリーの類いも含めて、ビデオデッキ時代に少なからず録画したのだが、二十一世紀今日のDVD、ブルーレイの時代では再生不可能になってしまっている。しかし、こうした録画テープは、その当時のCMも含めて記録されているタイムカプセルなので、廃棄せず、再び〈再生〉できる日まで、とりあえずは保管し続けている。また三船の私生活を取り上げたワイドショーも数多くあったが、すべての番組タイトルを挙げるのも不可能かつ無意味と思われたので、割愛した。

⑶三船敏郎CM出演作品

三船敏郎のCM出演史は昭和39年の武田薬品アリナミンから始まる。彼がつぶやく「飲んでますか」のセリフは、続く昭和45年のサッポロビールの「男は黙ってサッポロビール」の惹句とともに我が国CM史に残っている。両方のCMとも一時期、複数のヴァージョン（西部篇やタンカー篇など）が作られ、流されていたので、こうした作品を、三船研究の見地から専門アーカイブス等で改めて見直したいと思う。

丸八真綿（ファートン）の「うーん、寝てみたい」も三船テレビ出演全盛期の1970年代であろう。これも言葉だけがなぜか生き続けている（記憶に残っている）歴史的CMと言え、やはり三船の凄すぎる存在感の賜物だろう。はっきりその映像が記憶に焼き付いているのは、晩年の清涼飲料水（シンビーノ・ジャワティーストレート）と、永禄建設（乾坤一擲、山を穿つ）のCMである。前者は顔だけの三船が清涼飲料水を飲みながら、クルクル回り、商品名を言う映像だったと思う。後者は三船が鎧武者姿で登場し、後ろではなぜか全裸の若い女性が後ろ姿で横笛を吹いているという濃い映像で、三船が重々しくかつビシッと、「乾坤一擲、山を穿つ」とセリフを言うので、強烈であった。今にして思うと、何を訴えたいのかよく分からないCMだったのだが……。考えてみると、時代は1990年代初頭、二十世紀最後のバブル好景気末期であった。さらに後記、「三船敏郎の出演CM」の最後にある原子力発電所安全PRはまったく見た記憶はない。東日本大震災を経た重い現実から振り返ると、これは今や三船最後の幻（?）の映像作品かもしれない。

こうした三船の屈託のない、そして自信に満ちた（?）姿が拝めるCM作品群と、終戦直後の焼け跡から高度経済成長を背景にひたすら努力・伸張してきた戦後の我が国の歩みと、どこか重なる思いがするのは、筆者だけだろうか?　これは三船の何事も全力投球かつ生真面目な姿勢が如実に出ているからだ、と思う。そう、三船はある意味、「昭和のお父さん」そのものであったのだ。つまり三船のCMは昭和テイストで、もう二度と作れないものなのである。

なお、こうした一連の三船ＣＭにある部分、大きく関与していたのが、映画評論家の故石上三登志氏で、本名を今村昭といい、本業は大手広告代理店電通のプランナーであった。同じ岡本喜八監督ごひいきがらみで、生前、監督を通して何度かお会いし、親しく交流させていただいたが、三船のエピソードなどお聞きしておけば良かったと思う。ただ、彼はサッポロビールの三船ＣＭ制作に関わったエピソードなど、自身のＣＭ足跡史をまとめた『アイ・ラブ・コマーシャル　体験的ＣＭ紳士録』（朝日ソノラマ、１９９２年）という貴重な著作を残されており、本稿を書くのに、大いに参考になったことを付記しておきたい。

■三船敏郎の出演ＣＭ

・武田薬品（アリナミン　飲んでますか　１９６４年～）
・サッポロビール（男は黙ってサッポロビール　１９７０年～）
・丸八真綿（ファートン　うーん寝てみたい　１９７０年代）
・清涼飲料水（シンビーノ・ジャワティーストレート　１９９１年）
・永禄建設（乾坤一擲、山を穿つ　１９９１年）
・原子力発電所安全ＰＲ（電気はどこにも埋まっていない　時期不明）
等々

■三船敏郎その他の出演作品

・カラオケ映像ビデオ作品（「娘よ」のイメージビデオ）が女性週刊誌に掲載（90年代初め）された。三船はビデオ内の父親に扮している。

三船敏郎　受賞歴

※写真はすべて三船プロダクション提供

【海外】

1951年　ベネチア国際映画祭グランプリ（金獅子賞）『羅生門』
1954年　ベネチア国際映画祭銀獅子賞『七人の侍』
1955年　アカデミー外国語映画賞『宮本武蔵』
1957年　リスボン映画祭特別賞『蜘蛛巣城』
1958年　ベネチア国際映画祭グランプリ（金獅子賞）『無法松の一生』
1959年　ベルリン国際映画祭国際批評家連盟賞『隠し砦の三悪人』
1961年　ベネチア国際映画祭主演男優賞『用心棒』
1962年　ゴールデン・グローブ賞シルバーグローブ『価値ある男』
1965年　ベネチア国際映画祭主演男優賞・国際カトリック映画事務局賞／サン・ジョルジュ賞・ベネチア市賞『赤ひげ』
モスクワ映画祭ソ連映画人同盟賞『赤ひげ』
1967年　ベネチア国際映画祭国際批評家連盟賞『上意討ち　拝領妻始末』

オスカー像、稲垣浩監督と共に

ニューヨーク映画祭優秀作品賞『上意討ち　拝領妻始末』
ロンドン映画祭優秀作品賞『上意討ち　拝領妻始末』
1981年　エミー賞主演男優賞ノミネート『将軍』
1986年　米カリフォルニア大学LA校より「UCLA」メダル
1989年　ベネチア国際映画祭銀獅子賞『本覚坊遺文　千利休』
2016年　ハリウッド殿堂（WALK OF FAME）入り

UCLA メダル

ベネチアにて　川喜多かしこと共に

ベネチア国際映画祭にて

【国内】

昭和26年　ブルーリボン主演男優賞『馬喰一代』『女ごころ誰か知る』
昭和32年　毎日映画コンクール主演男優賞『蜘蛛巣城』『どん底』『下町』
昭和36年　ブルーリボン主演男優賞及び特別賞『用心棒』『価値ある男』
　　　　　キネマ旬報男優賞『用心棒』『大坂城物語』
昭和37年　日本映画記者会最優秀主演男優賞『用心棒』『価値ある男』
昭和40年　ブルーリボン主演男優賞『赤ひげ』
昭和41年　ブルーリボン特別賞『グラン・プリ』出演など国際的活躍により
昭和42年　芸術選奨文部大臣賞『上意打ち 拝領妻始末』『グラン・プリ』
　　　　　ゴールデンアロー賞 大賞
昭和43年　キネマ旬報男優賞『黒部の太陽』『連合艦隊司令長官 山本五十六』『祇園祭』
　　　　　文部省青少年映画賞最優秀作品賞『黒部の太陽』
昭和44年　文部省青少年映画賞最優秀作品賞『風林火山』
昭和61年　紫綬褒章　芸術活動に対して
昭和62年　ブルーリボン助演男優賞『男はつらいよ 知床慕情』
　　　　　毎日映画コンクール男優助演賞『男はつらいよ 知床慕情』
昭和63年　日本アカデミー賞優秀助演男優賞『男はつらいよ 知床慕情』『竹取物語』
　　　　　第6回川喜多賞
平成5年　勲三等瑞宝章

平成7年　日本アカデミー賞会長特別賞　国際的大スターとしての活躍により

平成9年　毎日映画コンクール特別賞　黒澤明作品などの国際的評価により

　　　　　ゴールデンアロー賞　特別賞

平成10年　日本アカデミー賞会長特別賞　世界を魅了した戦後最大の俳優により

勲三等瑞宝章

あとがき

お読みいただいたように、本書は筆者による極めて一方的、個人的な〈三船敏郎賛歌〉である。特に、選出した主演作「この10本」は、筆者が同時代的に体験してきた作品がほとんど（番外篇を含め九本！）を占めており、後追いで見た作品は、デビュー作の『銀嶺の果て』から筆者が誕生した昭和30年公開の『天下泰平』までの四作品のみとなる。

したがって、これらの映画の中の三船敏郎は、幼少期から少年時代までの筆者が憧れを抱いた〝アイドル・スター〟そのものであり、冷静な眼で作品を解説できたかどうかは、極めて怪しい。逆に、助演作の「この10本」には、封切時には見ることが叶わなかった映画が七本も入っている。これにより、のちのちになってから――すなわち冷静な眼で見るようになってから――、筆者が三船の助演者としての真髄に気づかされた事実がお分かりいただけるであろう。

作品篇には、中学生時代から書き溜めてきた東宝映画鑑賞録（これを筆者は「東宝見聞録」と称している）の文章を、――文体や口調は多少直しているものの――そのまま引用した箇所もある。稚拙な「映画鑑賞感想文」みたいでお恥ずかしい限りだが、封切当時の率直な三船への思いと時代の空気を少しでも知っていただきたいと考え、あえて掲載した次第である。

映画ばかり見ていて、いったいどんな子供だったのかと怪訝に思われそうだが、筆者の小中学生時代は文字どおり「東宝映画」と共にあった。前著『成城映画散歩』の序文にも記したとおり、実家の商家が東宝映画専門館「山形宝塚劇場」の株主をしていた関係から、幼少時より筆者は東宝映画を見放題。これらの映画で都会の香りを嗅ぎ、自分で言うのもなんだが、大人の〈もの言い〉やさりげないユーモア、洗練さを身につけることができた。歌や音楽で表現することの楽しさも知ったし、何よりも映画の面白さ・素晴らしさを学ぶことができた。まこと映画は、〝人生の鑑＝教師〟である。

そんな筆者にとって、その表現者の中心にいたのが、三船敏郎であり植木等である。この書では三船敏郎の「この10本」を選ばせていただいたが、次著では植木等とクレージー・キャッツの「この10本」をご紹介する予定である。片や〝歌わない映画スター〟、こなた〝歌う映画スター〟の代表のような俳優だが、どちらも子供の筆者には魅力溢れる存在であった。

また、作品篇では、期せずしてデビュー作から遺作までの二十六作品を網羅することとなった。役者としてのスタートラインから成長期、円熟期を経て、キャリアの晩年に至るまでを通して眺めれば、三船敏郎の演技のメソッド——その強いまなざしによる画面の緊張化——をいささかなりとも実感いただけるのではないか？　是非機会を設けて、この中のいくつかの作品だけでもじっくりとご覧になってみていただきたい。そうすれば、貴方も三船の「まなざし」に射ぬかれること請け合いである。

三船敏郎出演映画の監督だが、実は一番多いのが稲垣浩である。その数二十本。全十六本の黒澤明より四本も多いことに驚かれる方も多いだろう。同じ〝巨匠〟でも稲垣は黒澤と違って、かなり多作の映画作家だったし、黒澤は昭和40年公開の『赤ひげ』を最後に、三船とのコンビを解消してしまったので、これは致し方ないことである。しかし、その稲垣と黒澤の監督作にしても、三船敏郎の出演映画全百五十一本のうち、わずか十分の一ほどでしかない。これで、いかに三船が他の監督の映画にもたくさん出ていたかがお分かりいただけるであろう。

東宝時代に限るが、出演作が多い順に他の監督名を挙げると、十三本の谷口千吉に続いて、岡本喜八が十本、杉江敏男が意外に多く八本、黒澤と谷口の師匠である山本嘉次郎が七本、千葉泰樹が五本、丸山誠治が四本、成瀬巳喜男と本多猪四郎が三本ずつ、ということになる。東宝映画ではないが、木下恵介や溝口健二の作品にも一本ずつ出演作があるのが、嬉しいところだ。ちなみに三船は、小津安二郎とはかすりもしなかったが、これは想像することすら難しい。あのような口調で喋る三船を、一度は見てみたかった気もするが……。

黒澤の弟子筋では、堀川弘通、出目昌伸の作品に一本ずつ出ている三船だが、何故か森谷司郎とは——テレビ映画は別として——一度も組んでいない。黒澤の血を最も受け継いだ森谷とは、案外いいコンビになったと思うが、一時の森谷は青春路線に走っていたので、二人の遭遇は実現せずに終わってしまった。

晩年には、熊井啓や中島貞夫と多く組み、市川崑、山田洋次、深作欣二、大林宣彦の映画にも出演、意外にも多くの監督と仕事を共にした三船。現在でも、中島貞夫が名誉実行委員長を務める『京都国際映画祭』では「三船敏郎賞」が設けられ、第一回目は役所広司、その後も仲代達矢、阿部寛、浅野忠信といった国際的に活躍する俳優に授与されている。

何度も申し上げるが、三船敏郎は数少ない〝歌わない映画スター〟であり、映画一本で勝負した、本当の意味での「映画俳優」の一人である。シリーズものを持たなかったため、非常に幅広い役柄をこなしたこともすでに述べた。レコードは出したことがあるが、黒澤明からのクレームにより、結局はこれ一枚のみとなった。しかし、これは実際のところ、俳優・三船にとってはまったくの正解！　世界に進出するような映画俳優が歌なんぞ歌うものではないことは、他の〝歌う映画スター〟の実例を見れば、たちどころに首肯いただけることと思う。

ご家族に伺えば、三船敏郎は晩年に至るまで常に姿勢正しく、食事中はもとより、自らの出演映画をビデオで見るときなどでも、いつも背筋をピンと伸ばしていて、ゴロリと横になっている姿など一度も見たことがないという。このエピソードからも三船さんは、最後の最後まで〝俳優・三船敏郎〟を貫き通したことが窺われ、「ラスト・サムライ」の称号は与えられるべくして与えられたと言ってよいだろう。

表紙には、筆者が封切時には絶対に見ることができなかった『酔いどれ天使』（昭和23年）における三船敏郎のスチール（主人公のヤクザ・松永の宣材写真）を掲載している。２０１６年にハリウッド殿堂入りを果たした際、三船プロダクションから頂戴した式典の招待状にもこのポートレイトが使われていて、これほど陰影と深みのある三船敏郎の肖像写真にはお目にかかったことがなかったことから、是非にと、このスチールを使用させていただいた次第だ。その強い眼差しには、共著者の小河原女史ならずとも、思わずハートを射抜かれてしまうこと必定。本書がこの写真のインパクトに負けないような内容になったかどうかは、読者の皆さんの判定を仰ぐしかないが、三船さんとご家族に少しでも恩返しができたとしたら、筆者としては大きな幸せである。

作品ごとに掲載したスチール写真は、これまであまり書籍や雑誌等に掲載されたことがないものを厳選した。ポスターも同様である。三船敏郎本人による発言も、初出誌に掲載以来、ほとんど採録されたことのないものばかりだし、「三船敏郎を語る」に引用した三船に関する発言も、ご覧になった方はそう多くはないはずだ。ましてや、全出演作品リストには、映画のみならずテレビ映画、テレビドラマはもちろん、ヴァラエティー番組、ＣＭ作品まで網羅している。これも本邦初、いや全世界初のこととなるので、資料的価値はかなり高いと考えている。

原稿の執筆に当たっては、小河原あや氏（美学・映画学研究）、矢野進氏（世田谷美術館美術課長）、寺島正芳氏

（映画史研究）の力をお借りした。これにより、俳優・三船敏郎の偉業に多角的な視点から迫ることができたのではないかと思う。掲載写真については、前著『成城映画散歩』に引き続き、神田亨氏にお手伝いいただいた。出版に先立ち、黒澤明研究で著名な西村雄一郎・谷川建司の両氏と懇談の場を持てたのも、非常に有意義なことであった。また、2017年秋に催された素晴らしい展示会「世界のミフネと呼ばれた男」の実行委員会代表・笹井隆男さんからいただいた助言も、大変ありがたいものであった。皆さんには、この場を借りて御礼申し上げる。

出版を推進してくれた白桃書房の大矢栄一郎社長と、お会いする度に映画本出版に関する心得を説いてくださった二見書房の米田郷之氏にも謝意を表したい。米田さんを紹介してくれたのは、サザン・オールスターズのベーシスト・関口和之氏である。関口さんからは、ソロ・アルバム『ウクレレ・カレンダー』（1997）の一曲「スターダスト音頭」の歌唱を任せていただくという光栄に預かった。それは筆者が、植木等とクレージー・キャッツの楽曲の研究と実践で、多少は知られた存在だったからだが、その関口氏を紹介してくれたのが、もともとの友人・斎藤誠君とその先輩格・桑田佳祐氏である。このように、いろいろなご縁が本書の実現に繋がっている。ちなみに、『植木等、この10本』出版の折には、斎藤〝誠ちゃん〟に植木等がいかに優れた歌手：音楽家であったかを論じていただこうと考えている。

加えて、「殿堂入り式典」が行われたハリウッドでご一緒したポスター蒐集家の山口勝弘さんとご息女・貴砂子さん、湯川幹夫・和江さんご夫妻、福田メアリーさんとお嬢さんの亜里沙ちゃん、そして、何よりも三船敏郎のご家族であり、三船プロダクションの経営を担う三船史郎さん、暁美さん、力也さんのお三方には特別な感謝を捧げたい。ハリウッドで過ごした五日間は、筆者の一生の宝物である。

こうして「あとがき」を書き進めている中、力也さんから伺ったのが、スティーヴン・スピルバーグ監督の新作『レディ・プレイヤー1』に、三船敏郎が意外な形で〝出演〟する、という驚きのニュースであった。2018年春公開のこの映画は近未来の2045年が舞台となり、主人公がバーチャル世界の理想郷「オアシス」の中でトレジャーハンティングに挑む姿を描くものだそうだが、その「オアシス」に世界中の人気キャラクターが出てくる中、我らが三船敏郎も〝隠れキャラ〟＝アバターとして登場するのだという。どういった形であの三船敏郎が未来世界を描く映画に登場するのか？　これは見てのお楽しみとしか言いようがないが、この事実はいかに三船敏郎が、スピルバーグをはじめとした世界の映画人から、リスペクトを浴び続けているかの証しである。我々三船ファンは、これほど世界に通用する映画人を持ったことをもっと誇りに感じてよく、これは世界のミフネを日本からも発信する努力をさらに払わねばならないと、つくづく思わされたニュースであった。

本書の執筆・製作を始めてから、土屋嘉男、中島春雄、夏木陽介の各氏の訃報に接することとなった。三船敏郎と関わりを持った方々がこの世を去られるということは、三船さんに関する記憶が薄れていくことに他ならない。しかし、彼らの発言はしっかりと残っている。そして、これらを末永く語り継いでいくのは、筆者ら三船敏郎を愛する者に課せられた責務である。今後も、三船敏郎について語ったコメントをさらに集成することをお約束するとともに、本書を東宝映画と三船さんに関わったすべての方々、加えて若き日の筆者に、三船敏郎と黒澤映画の素晴らしさ切々と説いてくれた我が父、髙田寿朗（奇しくも名をトシロウという）、そして誰よりも、成城が生んだ〝世界のミフネ〟、三船敏郎その人に捧げたい。

こんな「三船本」を作るのが〝日本一の三船ファン〟を自称する筆者の役目と、勝手に考えてのことであったが、読者の皆さんに筆者の〈思い〉が少しでも届いていれば幸いである。2020年に、生誕百年の時を迎える三船敏郎。その折にも何らかの形で、三船賛歌を奏でたいと念じて……。

厳冬の一夜、子供の頃、山形宝塚劇場で見た三船敏郎の雄姿を偲んで記す。

高田　雅彦

主要参考文献（順不同）

『近代映画　風林火山　特集号』１９６９年2月号臨時増刊（近代映画社）
『浪漫工房　特集　国際スター　三船敏郎　その偉大なる愛』第8号（創作工房）
『ノーサイド』１９９５年2月号（文藝春秋）
『［講座］日本映画⑤　戦後映画の展開』今村昌平・佐藤忠男・新藤兼人・鶴見俊輔・山田洋次編（岩波書店）
『わが心の稲垣浩』高瀬昌弘（ワイズ出版）
『東宝砧撮影所物語【三船敏郎の時代】』高瀬昌弘（東宝）
『東宝監督群像　砧の青春』高瀬昌弘（東宝）
『砧撮影所とぼくの青春』恩地日出夫（文藝春秋）
『毎日ムック　三船敏郎　さいごのサムライ』（毎日新聞社）
『アサヒグラフ　追悼　三船敏郎　男』１９９８年１・25増刊号（朝日新聞社）
『キネマ旬報』№１２４９（１９９８年3月上旬号）他（キネマ旬報社）
『黒部の太陽　ミフネと裕次郎』熊井　啓（新潮社）
『サムライ　評伝三船敏郎』松田美智子（文藝春秋）
『５００人の証言　この道　三船敏郎』（日刊スポーツ新聞社）
『週刊アサヒ芸能』１９６１年9月3日号（徳間書店）
『映画を愛した二人　黒澤明と三船敏郎』阿部嘉典（報知新聞社）
『血の王座　黒澤明と三船敏郎の映画世界』上島春彦（作品社）

『黒澤明と三船敏郎』スチュアート・ガルブレイス4世（亜紀書房）
『蝦蟇の油—自伝のようなもの』黒澤明（岩波書店）
『全集 黒澤明』全7巻（岩波書店）
『黒澤明 夢のあしあと』黒澤明研究会編（共同通信社）
『黒澤明と『用心棒』』都築政昭（朝日ソノラマ）
『黒澤明と『赤ひげ』』都築政昭（朝日ソノラマ）
『クロサワさ〜ん 黒澤明との素晴らしき日々』土屋嘉男（新潮社）
『評伝 黒澤明』堀川弘通（毎日新聞社）
『複眼の映像 私と黒澤明』橋本 忍（文藝春秋）
『黒澤明 VS．ハリウッド『トラ・トラ・トラ！』その謎のすべて』田草川弘（文藝春秋）
『もう一度天気待ち』野上照代（思想社）
『男ありて 志村喬の世界』澤地久枝（文藝春秋）
『殉愛 原節子と小津安二郎』西村雄一郎（新潮社）
『映画俳優 池部良』志村美代子・弓桁あや（ワイズ出版）
『演技者—小林桂樹の全仕事』小林桂樹・草壁久四郎（ワイズ出版）
『好き勝手 夏木陽介 スターの時代』轟夕起夫（講談社）
『映畫読本 成瀬巳喜男』田中眞澄・阿部嘉昭・木全公彦・丹野達弥編（フィルムアート社）
『成瀬巳喜男を観る』平能哲也（ワイズ出版）
『その場所に映画ありて プロデューサー金子正且の仕事』金子正且・鈴村たけし（ワイズ出版）
『ファンタスティックコレクション 本多猪四郎全仕事』竹内博編（朝日ソノラマ）

『岡本喜八全仕事データ事典』寺島正芳編著（私家版）
『ただただ右往左往』岡本喜八（晶文社）
『Ｋｉｈａｃｈｉフォービートのアルチザン 岡本喜八全作品集』（東宝出版事業室）
『マジメとフマジメの間』岡本喜八（筑摩書房）
『光線を描き続けてきた男 飯塚定雄』飯塚定雄・松本肇（洋泉社）
『文藝春秋 増刊 鮮やかに生きた昭和の１００人』２０１３年5月号（文藝春秋）
『ハリウッドの日本人『映画』に現れた日米文化摩擦』垣井道弘（文藝春秋）
『イエローフェイス ハリウッド映画にみるアジア人の肖像』村上由見子（朝日新聞社）
『シネマの京都をたどる』蔵田敏明（淡交社）
『味わい方叢書 映画の味わい方』児玉数夫（明治書院）
『娯楽映画の世界 ミュージカル』児玉数夫（社会思想社）
『西洋シネマ体系 ぼくの採点表』Ⅰ～Ⅳ、双葉十三郎（トパーズプレス）
『新潮 三島由紀夫没後三十年』２０００年11月臨時増刊号（新潮社）
『ＣＭ25年史』全日本ＣＭ協議会編（講談社）
『アイ・ラブ・コマーシャル 体験的ＣＭ紳士録』石上三登志（朝日ソノラマ）
『マッカーサー大戦回顧録』ダグラス・マッカーサー著、津島一夫訳（中公文庫）
「未完の超大作映画を追え!!」（『映画秘宝』２０１４年7月号、46～60頁所収、洋泉社）
各種パンフレット、宣材、映画雑誌、週刊誌、新聞記事などの三船敏郎発言、インタビュー採録

▨執筆者略歴

高田 雅彦（たかだ まさひこ）編著者

『七人の侍』と『ゴジラ』公開の翌年、昭和30（1955）年１月に山形市で生まれる。

実家が東宝の封切館の株主だったことから、幼少時より東宝映画を浴びるように見て育つ。小・中学校時代は、三船敏郎と植木等、そしてゴジラが三大アイドルであった。

父親の強い薦めにより見始めた黒澤映画には特に熱中。以来、日本映画とりわけ東宝映画の研究を続ける。大学は東宝撮影所に程近い成城大学に進学、卒業後も40年に亘り成城学園に勤務する。

平成29（2017）年には、成城でロケされた映画50本を紹介する『成城映画散歩―あの名画も、この傑作も、みな東宝映画誕生の地・成城で撮られた』（白桃書房）を出版。本著では、当地に住んだ二大映画人、黒澤明と三船敏郎に関する驚きのエピソードも掲載している。

現在は、ロケ地巡りツアー「世田谷映画散歩」の講師や、大学内外における講演、映画文筆活動などと共に、植木等に影響されて始めた音楽活動（昭和歌謡の再現）も継続して行う。

次作として、植木等出演作とクレージー・ソングを紹介する著書『植木等、この10本』を準備中。

小河原 あや（おがわら あや）第１部 第２章

美学・映画学研究。共著に『映像人類学《シネ・アンスロポロジー》：人類学の新たな実践へ』（せりか書房、2014年）、共訳に『ヒッチコック』（インスクリプト、2015年）等。

三船敏郎が『ミッドウェイ』をはじめ海外で活躍していた昭和51（1976）年に生まれる。

三船を意識したのは、大学在学中。友人が現代の俳優に目もくれず、すでに亡き三船の大ファンで、夏のアメリカ短期留学にまで関連書を大事に持っていくのを目にした時だ。当時は驚いたが、今はその気持がよく分かる。三船の格好良さ、その存在感は永遠不滅だからだ。

寺島 正芳（てらしま まさよし）第２部 第３章、三船敏郎出演作品一覧

昭和41（1966）年11月３日、『ゴジラ』公開日と同じ日に生まれる。映画史研究家。

日本大学文理学部史学科・同大学院博士前期課程を卒業・修了後、歴史系博物館に学芸員として勤務。近現代史中心の歴史研究、展示、図録執筆に長く従事する。

岡本喜八監督に私淑し、長く交流、喜八プロにて監督が遺した資料の整理に携わる。その成果を2014年『岡本喜八全仕事データ事典』（私家版）として発表。同著は2015年度日本自費出版文化賞佳作に入選する。

傍ら東宝映画関係―岡本喜八・特撮など―を中心に古今東西の映画資料を収集、「寺島映画資料文庫」として保存。一部の資料は2015年、世田谷美術館特別展「東宝スタジオ展　映画＝創造の現場」で展示される。

2017年、『成城映画散歩』（高田雅彦著）の関連映画資料掲載及び編集に協力する。

矢野 進（やの すすむ）第３部 第２章

昭和38（1963）年生まれ。世田谷美術館学芸員／美術課長。担当した主な展覧会に、「映画と世田谷」、「瀧口修造と武満徹展」、「生誕100年 映画監督・成瀬巳喜男」、「植草甚一　マイ・フェイヴァリット・シングス」、「市川崑の世界」、「東宝スタジオ展　映画＝創造の現場」、「花森安治の仕事」など。関心領域は東宝砧撮影所を中心とした世田谷の文化史。映画関連に「「青年たちのアジール」としてのＰ・Ｃ・Ｌ―瀧口修造と音画芸術研究所『川向ふの青春』」（『世田谷美術館紀要』第11号、2010年）、「写真化学研究所第１回作品『ほろよひ人生』と伊原宇三郎《トーキー撮影風景》」（『世田谷美術館紀要』第13号、2012年）など。

三船敏郎《みふねとしろう》、この10本《ぽん》

黒澤映画《くろさわえいが》だけではない、世界《せかい》のミフネ

発行日——2018年 4 月26日　初 版 発 行　〈検印省略〉

監　修——株式会社三船プロダクション

編著者　—高田 雅彦《たかだ まさひこ》

装丁・デザイン——岡本 和泉《おかもと いずみ》

編集協力——寺島 正芳《てらしま まさよし》

協　力——東宝株式会社、株式会社三船プロダクション、
成城大学図書館、今井田能壽、神田 亨、
宮﨑修多

資料提供——TOHOマーケティング株式会社、
寺島映画資料文庫、山口勝弘

※注記のない写真・資料は、すべて「寺島映画資料文庫」提供による。

発行者——大矢栄一郎

発行所——株式会社 白桃書房《はくとうしょぼう》

〒101-0021　東京都千代田区外神田5-1-15
☎03-3836-4781　Ⓕ03-3836-9370　振替00100-4-20192
http://www.hakutou.co.jp/

印刷・製本——藤原印刷

ISBN 978-4-561-51101-4 C1074